普通高等教育土建学科专业"十二五"规划教材
全国高职高专教育土建类专业教学指导委员会规划推荐教材

建筑工程资料管理实训

（第二版）

（土建类专业适用）

本教材编审委员会组织编写

李 光 主编

中国建筑工业出版社

图书在版编目（CIP）数据

建筑工程资料管理实训/李光主编．—2版．—北京：中国建筑工业出版社，2013.8

普通高等教育土建学科专业"十二五"规划教材．全国高职高专教育土建类专业教学指导委员会规划推荐教材．土建类专业适用

ISBN 978-7-112-15790-7

Ⅰ.①建… Ⅱ.①李… Ⅲ.①建筑工程-技术档案-档案管理-高等职业教育-教材 Ⅳ.①G275.3

中国版本图书馆CIP数据核字（2013）第207773号

本教材是土建类专业系列实训教材之一，突出了"以能力为本位"的指导思想，以建筑施工企业资料员为培养目标。全书分为两部分：第一部分为建筑工程技术资料管理基本知识，包括建筑工程技术资料管理的概念、建筑工程施工资料管理、工程准备阶段资料管理、监理单位文件资料管理、施工单位文件资料管理、建筑工程竣工验收备案管理；第二部分为建筑工程资料管理专业技能实务。

本书可供土建类专业及相关专业高职院校教学使用，也可供相关工程技术人员参考。

责任编辑：朱首明　李　明
责任设计：陈　旭
责任校对：张　颖　王雪竹

普通高等教育土建学科专业"十二五"规划教材
全国高职高专教育土建类专业教学指导委员会规划推荐教材
建筑工程资料管理实训（第二版）
（土建类专业适用）
本教材编审委员会组织编写
李　光　主编

*

中国建筑工业出版社出版、发行（北京西郊百万庄）
各地新华书店、建筑书店经销
北京红光制版公司制版
北京同文印刷有限责任公司印刷

*

开本：787×1092毫米　1/16　印张：25½　字数：570千字
2013年9月第二版　2017年7月第二十次印刷
定价：**46.00**元
ISBN 978-7-112-15790-7
（24527）

版权所有　翻印必究
如有印装质量问题，可寄本社退换
（邮政编码　100037）

修订版教材编审委员会名单

主　任：赵　研

副主任：危道军　胡兴福　王　强

委　员（按姓氏笔画为序）：

丁天庭	于　英	卫顺学	王付全	王武齐
王春宁	王爱勋	邓宗国	左　涛	石立安
占启芳	卢经杨	白　俊	白　峰	冯光灿
朱首明	朱勇年	刘　静	刘立新	池　斌
孙玉红	孙现申	李　光	李社生	杨太生
何　辉	张　弘	张　伟	张若美	张学宏
张鲁风	张瑞生	吴承霞	宋新龙	陈东佐
陈年和	武佩牛	林　密	季　翔	周建郑
赵琼梅	赵慧琳	胡伦坚	侯洪涛	姚谨英
夏玲涛	黄春蕾	梁建民	鲁　军	廖　涛
熊　峰	颜晓荣	潘立本	薛国威	魏鸿汉

第一版教材编审委员会名单

主　任：杜国城

副主任：杨力彬　赵　研

委　员：（按姓氏笔画排序）

　　　　王春宁　白　峰　危道军　李　光　张若美

　　　　张瑞生　季　翔　赵兴仁　姚谨英

修订版序言

本套教材第一版是 2003 年由原土建学科高职教学指导委员会根据"研究、咨询、指导、服务"的工作宗旨，本着为高职土建施工类专业教学提供优质资源、规范办学行为、提高人才培养质量的原则，在对建筑工程技术专业人才培养方案进行深入研究、论证的基础上，组织全国骨干高职高专院校的优秀编者按照系列开发建设的思路编写的，首批编写了《建筑识图与构造》、《建筑材料》、《建筑力学》、《建筑结构》、《地基与基础》、《建筑施工技术》、《高层建筑施工》、《建筑施工组织》、《建筑工程计量与计价》、《建筑工程测量》、《工程项目招投标与合同管理》等 11 门主干课程教材。本套教材自 2004 年面世以来，被全国有关高职高专院校广泛选用，得到了普遍赞誉，在专业建设、课程改革和日常教学中发挥了重要的作用，并于 2006 年全部被评为国家及建设部"十一五"规划教材。在此期间，按照构建理论和实践两个课程体系，根据人才培养需求不断拓展系列教材涵盖面的工作思路，又编写完成了《建筑工程识图实训》、《建筑施工技术管理实训》、《建筑施工组织与造价管理实训》、《建筑工程质量与安全管理实训》、《建筑工程资料管理实训》、《建筑工程技术资料管理》、《建筑法规概论》、《建筑 CAD》、《建筑工程英语》、《建筑工程质量与安全管理》、《现代木结构工程施工与管理》、《混凝土与砌体结构》等 12 门课程教材，使本套教材的总量达到 23 部，进一步完善了教材体系，拓宽了适用领域，突出了适应性和与岗位对接的紧密程度，为各院校根据不同的课程体系选用教材提供了丰厚的教学资源，在 2011 年 2 月又全部被评为住房和城乡建设部"十二五"规划教材。

本次修订是在 2006 年第一次修订之后组织的第二次系统性的完善建设工作，主要目的是为了适应专业建设发展的需要，适应课程改革对教材提出的新要求，及时吸取新标准、新技术、新材料和新的管理模式，更好地为提高学校的人才培养质量服务。为了确保本次修订工作的顺利完成，土建施工类专业分指导委员会会同中国建筑工业出版社于 2011 年 9 月在西安市召开了专门的工作会议，就本次教材修订工作进行了深入的研究、论证、协商和部署。本次修订工作是在认真组织前期论证、广泛征集使用院校意见、紧密结合岗位需求、及时跟进专业和课程改革进程的基础上实施的。在整体修订方案的框架内，各位主编均提出了明确和细致的修订方案、切实可行的工作思路和进度计划，为确保修订质量提供了思想和技术方面的保障。

修订版序言

今后，要继续坚持"保持先进、动态发展、强调服务、不断完善"的教材建设思路，不片面追求在教材版次上的整齐划一，根据实际情况及时对具备修订条件的教材进行修订和完善，以保证本套教材的生命和活力，同时还要在行动导向课程教材的开发建设方面积极探索，在专业专门化方向及拓展课程教材编写方面有所作为，使本套教材在适应领域方面不断扩展，在适应课程模式方面不断更新，在课程体系中继续上下延伸，不断为提高高职土建施工类专业人才培养质量做出贡献。

全国高职高专教育土建类专业教学指导委员会
土建施工类专业分指导委员会
2012 年 5 月

第一版序言

2004年12月,在"原高等学校土建学科教学指导委员会高等职业教育专业委员会"(以下简称"原土建学科高职委")的基础上重新组建了全国统一名称的"高职高专教育土建类专业教学指导委员会"(以下简称"土建类专业教指委"),继续承担在教育部、建设部的领导下对全国土建类高等职业教育进行"研究、咨询、指导、服务"的责任。组织全国的优秀编者编写土建类高职高专教材推荐给全国各院校使用是教学指导委员会的一项重要工作。2003年"原土建学科高职委"精心组织编写的"建筑工程技术"专业12门主干课程教材《建筑识图与构造》、《建筑力学》、《建筑结构》(第二版)、《地基与基础》、《建筑材料》、《建筑施工技术》(第二版)、《建筑施工组织》、《建筑工程计量与计价》、《建筑工程测量》、《高层建筑施工》、《工程项目招投标与合同管理》、《建筑法规概论》,较好地体现了土建类高等职业教育的特色,以其权威性、先进性、实用性受到全国同行的普遍赞誉,于2006年全部被教育部和建设部评为国家级和部级"十一五"规划教材。总结这套教材使用中发现的一些不尽如人意的地方,考虑近年来出现的新材料、新设备、新工艺、新技术、新规范急需编入教材,土建类专业教指委土建施工类专业指导分委员会于2006年5月在南昌召开专门会议,对这套教材的修订进行了认真充分的研讨,形成了共识后才正式着手教材的修订。修订版教材将于2007年由中国建筑工业出版社陆续出版、发行。

现行的"建筑工程技术"专业的指导性培养方案是由"原土建学科高职委"于2002年组织编制的,该方案贯彻了培养"施工型"、"能力型"、"成品型"人才的指导思想,实践教学明显加强,实践时数占总教学时数的50%,但大量实践教学的内容还停留在由实践教学大纲和实习指导书来规定的水平,由实践教学承担的培养岗位职业能力的内容、方法、手段缺乏科学性和系统性,这种粗放、单薄的关于实践教学内容的规定,与以能力为本位的培养目标存在很大的差距。土建类专业教指委的专家们敏感地意识到了这个差距,于2004年开始在西宁召开会议正式启动了实践教学内容体系建设工作,通过全国各院校专家的共同努力,很快取得了共识,以毕业生必备的岗位职业能力为总目标,以培养目标能力分解的各项综合能力为子目标,把相近的子目标整合为一门门实训课程,以这一门门实训课程为主,以理论教学中的一项项实践性环节为辅,构建一个与理论教学内容体系相对独立、相互渗透、互相支撑的实践教学内容新体系。为了编好实训教材,2005年间土建类

第一版序言

专业教指委土建施工类专业指导分委员会多次召开会议,研讨有关问题,最终确定编写《建筑工程识图实训》、《建筑施工技术管理实训》、《建筑施工组织与造价管理实训》、《建筑工程质量与安全管理实训》、《建筑工程资料管理实训》5本实训教材,并聘请工程经历丰富的10位专家担任主编和主审,对各位主编提出的编写大纲也进行了认真研讨,随后编写工作才正式展开。实训教材计划2007年由中国建筑工业出版社陆续出版、发行,届时土建类专业就会有12门主干课程教材和5本与其配套的实训教材供各院校使用。编写实训教材是一项原创性的工作,困难多,难度大,在此向参与5门实训教材编审工作的专家们表示深深的谢意。

教学改革是一项在艰苦探索中不断深化的过程,我们又向前艰难地迈出了一大步,我们坚信方向是正确的,我们还要一如既往地走下去。相信这5本实训教材的面世和使用,一定会使土建类高等职业教育走进"以就业为导向、以能力为本位"的新境界。

高职高专教育土建类专业教学指导委员会
2006 年 11 月

修订版前言

本书是普通高等教育土建学科专业"十一五"、"十二五"规划教材，高职高专土建类专业教学指导委员会土建施工类专业指导分委员会组织编写的实训教材之一。主要用于高职高专建筑工程技术专业实践技能训练，是建筑工程技术专业职业岗位实践技能培训教材。

本书在此次修订过程中，结合住房和城乡建设部 2012 年 1 月 1 日正式实施的《建筑与市政工程施工现场专业人员职业标准》的要求和近几年出版修订的相关专业规范重新编写。本教材的内容满足《建筑与市政工程施工现场专业人员职业标准》中有关资料员的职业标准和其中与资料员岗位有关的能力考核要求。在编写过程中严格依据《建设工程文件归档整理规范》GB/T 50328—2001、《建筑工程资料管理规程》JGJ/T 185—2009、《建筑工程质量验收统一标准》GB 50300—2001 及建筑工程质量专业验收规范等国家现行的有关规范、规程和技术标准。

本教材共分建筑工程资料管理基本知识、建筑工程资料管理专业技能实务两部分内容。建筑工程资料管理基本知识主要包含了建筑工程资料管理的基本概念、基本规定、基本内容、基本工作方法和程序。专业技能实务主要包含了与资料员职业岗位工作相关的专业基础理论和技术知识。专业技能主要体现如何运用相关知识完成资料管理工作任务的能力及实践能力评价的方法和要点。

本套教材在修订过程中重点突出建筑施工现场资料管理人员的工作职责、工作内容及工作程序。特别是在专业实务部分依据工程实例，按照管理程序，形成前期的资料管理计划的编制、中期资料技术交底的管理、后期资料收集、分类组卷移交的全过程管理模式，力求符合《建筑与市政工程施工现场专业人员职业标准》中有关资料员的职业标准，使学生基本掌握建筑工程技术专业资料管理岗位的实践技能。

本套教材由新疆建设职业技术学院李光担任主编，并编写了第一部分"建筑工程资料管理基本知识"，第二部分"实训与能力评价工作任务 1~4"，山西建筑职业技术学院宋岩丽参与第一部分内容的编写。新疆伊犁州建设教育中心李虎进、李顺江、编写了"建筑工程施工资料管理技能实训"。湖州职业技术学院刘晓勤编写了"实训与能力评价工作任务 5~9"。

本书参考借鉴了其他学者的部分研究成果，在此向他们表示衷心的感谢。

限于时间和水平，难免存在不足之处，敬请广大读者批评指正。

第一版前言

本书是高职高专土建类专业教学指导委员会土建施工类专业指导分委员会组织编写的实训教材之一。主要用于高职高专建筑工程技术专业实践技能训练，是一本实践技能培训教材。它以建筑施工企业建造师、技术员、质量员、资料员为实训对象。以实际工程项目为案例进行教学分析，采用指导与具体实际训练相结合的教学方法，以建筑识图与构造、建筑力学与结构、施工技术、施工组织、工程材料、质量安全控制等相关教材为基础，以能够完成一般常见类型建设项目资料填写、收集、整理、归档的全过程资料管理工作为培养目标。

本书是建筑工程技术专业的一门实践性课程，通过该门课程的学习将使学生掌握工程技术资料填写收集的基本方法，并通过实际训练、案例学习和项目实训掌握建筑工程技术资料管理的技能，对培养学生的专业岗位能力，迅速成长为具有实际操作能力的施工技术管理人才有重要作用。

本书阐述了建设项目全过程中各阶段和各参与单位资料编制的内容，重点系统地介绍施工阶段施工技术资料的编制内容、要求及方法。教材编写紧密结合工程实例，以具体项目为框架，简化理论阐述，重实用、重案例。通过本书的学习，使读者能够掌握建设工程技术资料管理的基本知识，具有初步编制建筑工程技术资料的能力。

本书依据《建设工程质量管理条例》、《建筑工程施工质量验收统一标准》、《建筑工程质量验收规范》、《建设工程文件归档整理规范》等有关法律、法规和技术标准组织编写。

本书共包括两部分：第1部分建设工程资料管理概述由新疆建设职业技术学院李光编写；第2部分的项目2、项目3由新疆建设标准办公室李建国编写；项目1、项目4由新疆建设职业技术学院李光编写，项目5由四川建筑职业技术学院刘鉴秋编写；项目6由李光、李建国共同编写。全书由山西建筑职业技术学院白峰主审。

本书参考借鉴了其他学者的部分研究成果，在此向他们表示衷心的感谢。

由于编者水平有限，书中难免存在不妥和疏漏之处，恳切希望读者批评指正。

目 录 CONTENTS

第1部分 建筑工程资料管理基本知识

1 建筑工程资料管理的概念 ……………………………………………… 2
  1.1 建筑工程资料管理的意义 ……………………………………………… 2
  1.2 建筑工程资料管理的基本概念 ………………………………………… 2
    1.2.1 建筑工程资料 …………………………………………………… 2
    1.2.2 建筑工程资料管理 ……………………………………………… 3
    1.2.3 建设工程档案 …………………………………………………… 3

2 建筑工程资料管理 ……………………………………………………… 4
  2.1 工程资料管理职责 ……………………………………………………… 4
  2.2 建筑工程资料分类 ……………………………………………………… 5
  2.3 建筑工程资料管理的规定 ……………………………………………… 5
    2.3.1 工程资料管理的基本规定 ……………………………………… 5
    2.3.2 工程资料填写、编制、审核及审批的规定 …………………… 6
    2.3.3 工程资料编号规定 ……………………………………………… 6
    2.3.4 工程资料收集、整理与组卷的规定 …………………………… 7
    2.3.5 工程资料的组卷的方法和要求 ………………………………… 7
    2.3.6 案卷装订与图纸折叠 …………………………………………… 10
    2.3.7 卷盒、卷夹、案卷脊背 ………………………………………… 12
    2.3.8 工程资料移交与归档的规定 …………………………………… 12
    2.3.9 工程资料类别、来源及保存要求的规定 ……………………… 13
    2.3.10 建筑工程分部（子分部）工程、分项工程、检验批划分
          及代号索引划分的规定 ………………………………………… 26

3 工程准备阶段资料管理 ………………………………………………… 44
  3.1 决策立项文件 …………………………………………………………… 45
  3.2 建设用地文件 …………………………………………………………… 45
  3.3 勘察设计文件 …………………………………………………………… 46

目录

  3.4 招投标及合同文件 ·· 47
  3.5 开工文件 ·· 47
  3.6 商务文件 ·· 50

4 监理单位文件资料管理 ·· 51
  4.1 监理管理资料 ·· 51
    4.1.1 监理规划 ··· 51
    4.1.2 监理实施细则 ··· 51
    4.1.3 监理月报 ··· 51
    4.1.4 监理会议纪要 ··· 51
    4.1.5 监理日志 ··· 51
    4.1.6 工作联系单 ··· 52
    4.1.7 工程师通知单 ··· 53
    4.1.8 工程暂停令 ··· 53
  4.2 监理进度控制资料 ·· 54
    4.2.1 工程开工/复工报审表 ··· 54
    4.2.2 施工进度计划报审表 ·· 55
  4.3 监理质量控制资料 ·· 56
    4.3.1 旁站监理记录 ··· 56
    4.3.2 见证取样和送检见证人员备案表 ··································· 56
    4.3.3 见证记录 ··· 57
  4.4 造价控制资料 ·· 58
    4.4.1 工程款支付证书 ··· 58
    4.4.2 费用索赔审批表 ··· 59
  4.5 合同管理资料 ·· 59

5 施工单位文件资料管理 ·· 61
  5.1 施工管理资料 ·· 61
    5.1.1 工程概况表 ··· 61
    5.1.2 施工现场质量管理检查记录 ······································ 62

- 5.1.3 分包单位资质报审表 ··· 63
- 5.1.4 建设工程质量事故调查、勘查记录 ···················· 65
- 5.1.5 建设工程质量事故报告书 ······································· 65
- 5.1.6 见证试验检测汇总表 ·· 66
- 5.1.7 施工日志 ··· 67
- 5.1.8 监理工程师通知回复单 ··· 68
- 5.2 施工技术资料 ··· 68
  - 5.2.1 工程技术文件报审表 ·· 68
  - 5.2.2 危险性较大分部分项工程施工方案专家论证表 ···· 69
  - 5.2.3 技术交底记录 ·· 71
  - 5.2.4 图纸会审记录 ·· 72
  - 5.2.5 设计变更通知单 ·· 73
  - 5.2.6 工程洽商记录 ·· 74
- 5.3 进度造价资料 ··· 74
  - 5.3.1 工程开工报审表 ·· 74
  - 5.3.2 工程复工报审表 ·· 75
  - 5.3.3 施工进度计划报审表 ·· 76
  - 5.3.4 人、机、料动态表 ·· 77
  - 5.3.5 工程延期申请表 ·· 77
  - 5.3.6 工程款支付申请表 ·· 78
  - 5.3.7 工程变更费用报审表 ·· 79
  - 5.3.8 费用索赔申请表 ·· 80
- 5.4 施工物资资料 ··· 80
  - 5.4.1 主要物资资料文件 ·· 80
  - 5.4.2 设备开箱检验记录 ·· 82
  - 5.4.3 设备及管道附件试验记录 ······································ 84
  - 5.4.4 进场复试报告 ·· 84
- 5.5 施工记录 ··· 92
  - 5.5.1 隐蔽工程验收记录 ·· 92
  - 5.5.2 施工检查记录 ·· 95

目 录

  5.5.3 交接检查记录（通用） ……………………………………………… 96
  5.5.4 工程定位测量记录 ………………………………………………… 97
  5.5.5 基槽验线记录 ……………………………………………………… 98
  5.5.6 建筑物垂直度、标高观测记录 …………………………………… 100
  5.5.7 地基验槽记录 ……………………………………………………… 100
  5.5.8 混凝土浇灌申请书 ………………………………………………… 101
  5.5.9 预拌混凝土运输单（参考用表） ………………………………… 102
  5.5.10 地下工程防水效果检查记录 …………………………………… 103
  5.5.11 防水工程试水检查记录 ………………………………………… 104
  5.5.12 通风道、烟道、垃圾道检查记录 ……………………………… 105
 5.6 施工试验记录与检测报告 …………………………………………………… 113
  5.6.1 设备单机试运转记录（通用） …………………………………… 113
  5.6.2 系统试运转调试记录（通用） …………………………………… 115
  5.6.3 接地电阻测试记录（通用） ……………………………………… 116
  5.6.4 绝缘电阻测试记录（通用） ……………………………………… 116
  5.6.5 砌筑砂浆试块强度统计、评定记录 ……………………………… 117
  5.6.6 混凝土试块强度统计、评定记录 ………………………………… 118
  5.6.7 结构实体混凝土强度检验记录 …………………………………… 120
  5.6.8 结构实体钢筋保护层厚度检验记录 ……………………………… 122
  5.6.9 灌水、满水试验记录 ……………………………………………… 123
  5.6.10 强度严密性试验记录 …………………………………………… 124
  5.6.11 通水试验记录 …………………………………………………… 126
  5.6.12 冲洗、吹洗试验记录 …………………………………………… 127
  5.6.13 其他常用试验记录 ……………………………………………… 128
  5.6.14 电气设备空载试运行记录 ……………………………………… 130
  5.6.15 大型照明灯具承载试验记录 …………………………………… 131
  5.6.16 智能建筑工程子系统检测记录 ………………………………… 131
  5.6.17 风管漏光检测记录 ……………………………………………… 132
  5.6.18 风管漏风检测记录 ……………………………………………… 132
 5.7 施工质量验收记录 …………………………………………………………… 133

5.7.1	检验批质量验收记录	133
5.7.2	分项工程质量验收记录	134
5.7.3	分部（子分部）工程质量验收记录	135
5.7.4	建筑节能分部工程质量验收记录表	136
5.8	竣工验收资料	137

6 建筑工程竣工验收备案管理 ························· 147
6.1 建筑工程竣工验收备案的范围 ···················· 147
6.2 建筑工程竣工验收备案的文件 ···················· 147
6.3 建筑工程竣工验收备案的程序 ···················· 149

第 2 部分　建筑工程施工资料管理技能实训

1 ××市第××中学教学楼施工资料管理实训背景资料 ··············· 151
1.1 建筑设计概况 ································· 151
- 1.1.1 建筑设计标高 ·························· 151
- 1.1.2 地下室防水 ···························· 152
- 1.1.3 墙体工程 ······························ 152
- 1.1.4 屋面工程 ······························ 152
- 1.1.5 装修工程 ······························ 152
- 1.1.6 节能设计 ······························ 155
- 1.1.7 消防设计 ······························ 156

1.2 结构设计概况 ································· 156
- 1.2.1 工程概况 ······························ 156
- 1.2.2 地基基础 ······························ 156
- 1.2.3 地下结构防水、防腐蚀 ·················· 156
- 1.2.4 主要结构材料 ·························· 157

1.3 给水、排水、采暖设计概况 ····················· 157
- 1.3.1 主要设计参数 ·························· 157
- 1.3.2 防腐与保温 ···························· 157
- 1.3.3 试压与冲洗 ···························· 158

目录

  1.3.4 室内给水 ·· 158
  1.3.5 室内排水及雨水 ·· 159
  1.3.6 消防给水 ·· 159
  1.3.7 通风及防排烟 ·· 159
  1.3.8 换热站设计 ··· 160
 1.4 电气设计工程概况 ··· 160
  1.4.1 中压配电系统图 ··· 160
  1.4.2 设计范围 ·· 161
  1.4.3 供配电系统 ··· 161
  1.4.4 照明系统 ·· 161
  1.4.5 防雷、接地系统及安全措施 ·· 162
  1.4.6 线缆选择及敷设方式 ·· 162
 1.5 消防设计工程概况 ··· 162

2 施工资料管理实训 ·· 163
 项目1 地基与基础分部工程资料管理 ·· 163
  任务1 地基与基础分部工程资料信息的采集与分部、分项、检验批的划分 ······· 163
  任务2 地基与基础分部工程施工资料管理计划编制 ································· 167
 项目2 主体分部工程资料管理 ··· 199
  任务1 主体分部工程资料信息的采集与分部、分项、检验批的划分 ············ 199
  任务2 主体分部工程资料管理计划编制 ··· 204
 项目3 装饰装修分部工程资料管理 ··· 225
  任务1 装饰装修分部工程资料信息的采集与分部、分项、检验批的划分 ········ 225
  任务2 装饰装修分部工程资料管理计划编制 ·· 232
 项目4 屋面分部工程资料管理 ··· 258
  任务1 屋面分部工程资料信息的采集与分部、分项、检验批的划分 ············ 258
  任务2 屋面分部工程资料管理计划编制 ··· 260
 项目5 建筑给水、排水及采暖分部工程资料管理 ··· 272
  任务1 建筑给水、排水及采暖分部工程资料信息的采集与分部、分项、
     检验批的划分 ··· 272

任务2　建筑给水、排水及采暖分部工程资料管理计划编制 ………………………… 275
　项目6　建筑电气分部工程资料管理 ……………………………………………………… 293
　　任务1　建筑电气分部工程资料信息的采集与分部、分项、检验批的划分 ………… 293
　　任务2　建筑电气分部工程资料管理计划编制 ………………………………………… 298
　项目7　智能建筑分部工程资料管理 ……………………………………………………… 324
　　任务1　智能建筑分部工程资料信息的采集与分部、分项、检验批的划分 ………… 324
　　任务2　智能建筑分部工程资料管理计划编制 ………………………………………… 326
　项目8　通风空调分部工程资料管理 ……………………………………………………… 334
　　任务1　通风空调分部工程资料信息的采集与分部、分项、检验批的划分 ………… 334
　　任务2　通风空调分部工程资料管理计划编制 ………………………………………… 336
　项目9　建筑节能分部工程资料管理 ……………………………………………………… 342
　　任务1　建筑节能分部工程资料信息的采集与分部、分项、检验批的划分 ………… 342
　　任务2　建筑节能分部工程资料管理计划编制 ………………………………………… 344

3　施工资料管理计划、交底编制导则 ……………………………………………… 350

4　实训与能力评价 ………………………………………………………………………… 363
4.1　实训要求 ……………………………………………………………………………… 363
4.2　实训内容和评价标准 ………………………………………………………………… 363

5　建筑图节选 ……………………………………………………………………………… 365

6　结构图节选 ……………………………………………………………………………… 370

7　设备图节选 ……………………………………………………………………………… 372

参考文献 ……………………………………………………………………………………… 387

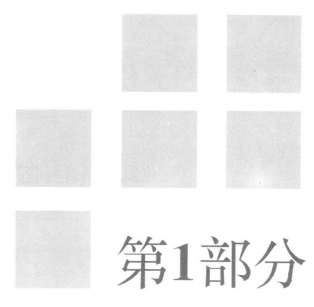

第1部分

建筑工程资料管理基本知识

本部分提要

本部分主要内容包括：建筑工程资料管理的基本概念、建筑工程资料管理含管理职责、资料分类、相关规定，工程准备阶段资料管理，监理资料管理，施工资料管理，竣工验收资料管理等内容。

1　建筑工程资料管理的概念

1.1　建筑工程资料管理的意义

建筑工程资料是建筑工程进行竣工验收和竣工核定的必备条件，是城建档案的重要组成部分，也是对工程进行检查、维修、管理、使用、改建的重要依据。在我国，国家立法和验收标准均对工程资料提出了明确要求。《中华人民共和国建筑法》《建设工程质量管理条例》等法律、法规，《建筑工程施工质量验收统一标准》等规范，均把工程资料放在重要位置。

任何新建、改建、扩建的建筑工程，参与工程建设的建设、勘察、设计、监理和施工等单位均不能忽视工程资料的管理。在工程实践中，工程资料的验收应与工程竣工验收同步进行，同时建设工程的归档及整理应遵循《建设工程文件归档整理规范》（GB/T 50328—2001）的规定。工程资料不符合要求的，将导致无法进行工程竣工验收。

在现实中，未曾验收的工程如果由于某种原因遗失、毁损了工程资料，则工程的验收便不能正常进行，必须通过有资格的检测单位进行质量检测，方可证明工程是否合格。已经投入使用的工程，如果没有妥善保存工程资料，则工程的维护、维修、改造都缺少依据，难以进行。

在贯彻执行 ISO9000 质量管理体系系列标准工作中，资料是其一项重要内容，是证明管理有效性的重要依据，是评价管理水平的重要见证材料。由于产品结构和制造工艺复杂，必须在产品质量的形成过程中加强管理和实施监督，要求企业在生产过程中建立相应的质量体系，提供能充分证明质量符合要求的客观证据。

由此可以看出工程资料的重要性。为了保证建筑工程的安全和使用功能，必须重视工程资料的真实性、可靠性，因此，我们应当规范工程资料的管理，将工程资料视为工程质量验收的重要依据，甚至是工程质量的组成部分。

1.2　建筑工程资料管理的基本概念

1.2.1　建筑工程资料

建筑工程资料是建筑工程在建设过程中形成的各种形式信息记录的统称，主要包括

第1部分 建筑工程资料管理基本知识

工程准备阶段资料、监理文件、施工文件、竣工图和竣工文件,简称工程资料。

(1) 工程准备阶段文件:建筑工程开工前从项目立项申请开始到办完开工手续为止,通常包括立项、审批、征地、拆迁、勘察、设计、招投标等工程准备阶段形成的文件。

(2) 监理资料:建筑工程在工程建设监理过程中形成的资料。

(3) 施工资料:建筑工程在工程施工过程中形成的资料。

(4) 竣工图:建筑工程竣工验收后,反映建筑工程施工结果的图纸。

(5) 工程竣工文件:建筑工程竣工验收、备案和移交等活动中形成的文件。

1.2.2 建筑工程资料管理

工程资料管理是建筑工程资料的填写、编制、审核、审批、收集、整理、组卷、移交及归档等工作的统称。

建筑工程资料的组卷是指按照一定的原则和方法,将有保存价值的工程资料分类整理成案卷的过程,亦称立卷。

建筑工程资料的归档是指工程资料整理、组卷并按规定移交相关档案管理部门的工作。

1.2.3 建设工程档案

建设工程档案是在工程建设活动中直接形成的具有保存价值的文字、图标、声像等各种形式的历史记录,这些记录经整理形成工程档案。

建筑工程资料与建设工程档案区别在于:资料是一个相对性的概念,只要对人们研究解决某一问题有信息支持价值,无论其具体是什么,均可视为资料;档案是保存备查的历史文件,在工作活动中,总要产生和使用许多文件,由于工作的持续进行和事业发展的客观需要,人们又自然要把日后仍需考查的文件有意识地留存下来,就成了档案;档案没有资料那样的相对性,档案可作为资料使用,资料却不能作为档案看待并使用。

2 建筑工程资料管理

建筑工程资料实行分级、分类管理,由建设、监理、施工等项目各主要参与单位负责全过程的工程资料管理工作。资料管理工作主要包括资料管理计划的编制、收集整理、使用保管、分类组卷、归档移交和资料的信息系统管理。

2.1 工程资料管理职责

建筑工程资料管理职责包括建设单位、监理单位、施工单位、城建档案馆在内的全部工程资料的编制和管理。工程资料不仅由施工单位提供,而且参与工程建设的建设单位、承担监理任务的监理或咨询单位,都负有收集、整理、签署、核查工程资料的责任。建设、勘察、设计、施工、监理等单位应将工程文件的形成和积累纳入工程建设管理的各个环节和有关人员的职责范围内。

(1) 在工程文件与档案的整理立卷、验收移交工作中,建设单位应履行下列职责:

1) 在工程招标及与勘察、设计、施工、监理等单位签订协议、合同时,应对工程文件的套数、费用、质量、移交时间等提出明确要求;

2) 收集和整理工程准备阶段、竣工验收阶段形成的文件,并应进行立卷归档;

3) 负责组织、监督和检查勘察、设计、施工、监理等单位的工程文件的形成、积累和立卷归档工作;也可委托监理单位监督、检查工程文件的形成、积累和立卷归档工作;

4) 收集和汇总勘察、设计、施工、监理等单位立卷归档的工程档案;

5) 在组织工程竣工验收前,应提请当地的城建档案管理机构对工程档案进行预验收;未取得工程档案验收认可文件,不得组织工程竣工验收;

6) 对列入城建档案馆(室)接收范围的工程,工程竣工验收后3个月内,向当地城建档案馆(室)移交一套符合规定的工程档案。

(2) 勘察、设计、施工、监理等单位应将本单位形成的工程文件立卷后向建设单位移交。

(3) 建设工程项目实行总承包的总包单位负责收集、汇总各分包单位形成的工程档案,并应及时向建设单位移交;各分包单位遵循《建设工程文件归档整理规范》(GB/T 50328—2001)基本规定,应将本单位形成的工程文件整理、立卷后及时移交总包单位。建设工程项目由几个单位承包的,各承包单位负责收集、整理、立卷其承包项目的工程文件,并应及时向建设单位移交。

2.2 建筑工程资料分类

(1) 建筑工程资料按照《建设工程文件归档整理规范》(GB/T 50328—2001) 和《建筑工程资料管理规程》(JGJ/T 185—2009) 分类方法如下:

1) 建筑工程资料可分为工程准备阶段文件、监理资料、施工资料、竣工图和工程竣工文件 5 大类。

2) 工程准备阶段文件可分为决策立项文件、建设用地文件、勘察设计文件、招投标及合同文件、开工文件、商务文件 6 类。

3) 监理资料可分为监理管理资料、进度控制资料、质量控制资料、造价控制资料、合同管理资料和竣工验收资料 6 类。

4) 施工资料可分为施工管理资料、施工技术资料、施工进度及造价资料、施工物资资料、施工记录、施工试验记录及检测报告、施工质量验收记录、竣工验收资料 8 类。

5) 工程竣工文件可分为竣工验收文件、竣工决算文件、竣工文档文件、竣工总结文件 4 类。

(2) 施工质量验收资料按照《建筑工程施工质量验收统一标准》(GB 50300—2001) 规定分为单位(子单位)、分部(子分部)、分项、检验批六个验收层次,并按照 10 个分部工程验收。由此,每个分部验收资料分建筑工程质量控制资料、单位(子单位)工程安全和功能检验资料核查及主要功能抽查记录、观感质量检查记录。

1) 建筑工程质量控制资料的内容见表 1-2-5 所列。

2) 单位(子单位)工程安全和功能检验资料核查及主要功能抽查记录、见表 1-2-6 所列。

3) 观感质量验收资料见表 1-2-7 所列。

2.3 建筑工程资料管理的规定

建筑工程资料管理是保证工程质量与安全的重要环节,是建筑工程管理的一项主要工作,是建筑工程项目管理程序化、规范化和制度化的具体体现。为保证工程资料管理工作的有效实施,工程资料应与建筑工程建设过程同步形成,并应符合相关规定。

2.3.1 工程资料管理的基本规定

(1) 工程资料管理应制度健全、岗位责任明确,并应纳入工程建设管理的各个环节和各级相关人员的职责范围内。

(2) 工程资料的套数、费用、移交时间应在合同中明确。

(3) 工程资料的收集、整理、组卷、移交及归档应及时。

(4) 工程资料的形成应符合下列规定:

1) 工程资料形成单位应对资料内容的真实性、完整性、有效性负责;由多方形成的资料,应各负其责。

2) 工程资料的填写、编制、审核、审批、签认应及时进行,其内容应符合相关规定。

  3）工程资料不得随意修改；当需修改时，应实行划改，并由划改人签署。

  4）工程资料的文字、图表、印章应清晰。

 （5）工程资料应为原件；当为复印件时，提供单位应在复印件上加盖单位印章，并应有经办人签字及日期。提供单位应对资料的真实性负责。

 （6）工程资料应内容完整、结论明确、签认手续齐全。

 （7）工程资料宜按图1-3-1、图1-4-1中主要步骤形成。

 （8）工程资料宜采用信息化技术进行辅助管理。

2.3.2 工程资料填写、编制、审核及审批的规定

 （1）工程准备阶段文件和工程竣工文件的填写、编制、审核及审批应符合国家现行有关标准的规定。

 （2）监理资料的填写、编制、审核及审批应符合现行国家标准《建设工程监理规范》（GB 50319—2000）的有关规定；监理资料用表宜符合《建筑工程资料管理规程》（JGJ/T 185—2009）附录B的规定（见本书监理资料表样）；附录B未规定的，可自行确定。

 （3）施工资料的填写、编制、审核及审批应符合国家现行有关标准的规定；施工资料用表宜符合《建筑工程资料管理规程》（JGJ/T 185—2009）附录C的规定（见本书施工资料表样）；附录C未规定的，可自行确定。

 （4）竣工图的编制及审核应符合下列规定：

  1）新建、改建、扩建的建筑工程均应编制竣工图；竣工图应真实反映竣工工程的实际情况。

  2）竣工图的专业类别应与施工图对应。

  3）竣工图应依据施工图、图纸会审记录、设计变更通知单、工程洽商记录（包括技术核定单）等绘制。

  4）当施工图没有变更时，可直接在施工图上加盖竣工图章形成竣工图。

  5）竣工图的绘制应符合国家现行有关标准的规定。

  6）竣工图应有竣工图章及相关责任人签字。

  7）竣工图应符合《建筑工程资料管理规程》（JGJ/T 185—2009）的规定，图纸折叠前应按图1-2-5所示的裁图线裁剪整齐，图纸幅面应符合表1-2-1的规定，并应按规定的方法折叠（见图1-2-6～图1-2-9）。

2.3.3 工程资料编号规定

 （1）工程准备阶段文件、工程竣工文件宜按表1-2-2中规定的类别和形成时间顺序编号。

 （2）监理资料宜按表1-2-2中规定的类别和形成时间顺序编号。

 （3）施工资料编号宜符合下列规定：

  1）施工资料编号可由分部、子分部、分类、顺序号4组代号组成，组与组之间应用横线隔开（图1-2-1）。

第1部分 建筑工程资料管理基本知识

××—××—××—×××
① ② ③ ④

图 1-2-1 施工资料编号

①为分部工程代号，可按表 1-2-3 的规定执行。
②为子分部工程代号，可按表 1-2-3 的规定执行。
③为资料的类别编号，可按表 1-2-2 的规定执行。
④为顺序号，可根据相同表格、相同检查项目，按形成时间顺序填写。

2）属于单位工程整体管理内容的资料，编号中的分部、子分部工程代号可用"00"代替；

3）同一厂家、同一品种、同一批次的施工物资用在两个分部、子分部工程中时，资料编号中的分部、子分部工程代号可按主要使用部位填写。

2.3.4 工程资料收集、整理与组卷的规定

（1）工程资料组卷应遵循自然形成规律，保持卷内文件、资料内在联系。工程资料可根据数量多少组成一卷或多卷。

（2）工程准备阶段文件和工程竣工文件可按建设项目或单位工程进行组卷。

（3）监理资料应按单位工程进行组卷。

（4）施工资料应按单位工程组卷，并应符合下列规定：

1）专业承包工程形成的施工资料应由专业承包单位负责，并应单独组卷。

2）电梯应按不同型号每台电梯单独组卷。

3）室外工程应按室外建筑环境、室外安装工程单独组卷。

4）当施工资料中部分内容不能按一个单位工程分类组卷时，可按建设项目组卷。

5）施工资料目录应与其对应的施工资料一起组卷。

（5）竣工图应按专业分类组卷。

（6）工程资料组卷内容宜符合表 1-2-2 的规定。

2.3.5 工程资料的组卷的方法和要求

（1）工程资料组卷文件的排列要求

文字材料按事项、专业顺序排列。同一事项的请示与批复、同一文件的印本与定稿、主件与复件不能分开，并按批复在前、请示在后，印本在前、定稿在后，主件在前、附件在后的顺序排列。图纸按专业排列，同专业图纸按图号顺序排列。既有文字材料又有图纸的案卷，文字材料排前，图纸排后。

（2）工程资料组卷应编制封面、卷内目录及备考表，其格式及填写要求可按现行国家标准《建设工程文件归档整理规范》（GB/T 50328—2001）的有关规定执行。

（3）工程资料案卷编目

1）编制卷内文件页号应符合下列规定。

①卷内文件均按有书写内容的页面编号。每卷单独编号，页号从"1"开始。

②页号编写位置：单面书写的文件在右下角；双面书写的文件，正面在右下角。背面在左下角。折叠后的图纸一律写在右下角。

③成套图纸或印刷成册的科技文件材料，自成一卷的，原目录可代替卷内目录，不必重新编写页号。

④案卷封面、卷内目录、卷内备考表不编写页号。

2) 卷内目录的编制应符合下列规定：

①卷内目录式样宜符合《建设工程文件归档整理规范》（GB/T 50328—2001）附录B的要求，如图1-2-2所示。

②序号：以一份文件为单位，用阿拉伯数字从"1"依次标注。

③文件题名：填写文件标题的全称。

④责任者：填写文件的直接形成单位和个人。有多个责任者时，选择两个主要责任者，其余用"等"代替。

⑤编号：填写工程文件原有的文号或图号。

⑥日期：填写文件形成的日期。

⑦页次：填写文件在卷内所排的起始页号。最后一份文件填写起止页号。

⑧备注：填写需要说明的问题。

⑨卷内目录排列在卷内文件首页之前。

序号	文件编号	责任人	文件题名	日期	页次	备注

图1-2-2 卷内目录式样

3) 卷内备考表的编制应符合下列规定：

①卷内备考表的式样宜符合《建设工程文件归档整理规范》附录C的要求，如图1-2-3所示。

②卷内备考表主要标明卷内文件的总页数、各类文件页数（照片张数），以及立卷单位对案卷情况说明。

③卷内备考表排列在卷内文件的尾页之后。

第1部分　建筑工程资料管理基本知识

```
                        卷内备考表

        本案卷共有文件材料___页，其中：
        文字材料___页，图样材料___页，
        照片___张。
        说明：




                                    立卷人：
                                      年 月 日
                                    审核人：
                                      年 月 日
```

图 1-2-3　卷内备考表式样

4）案卷封面的编制应符合下列规定：

①案卷封面印刷在卷盒、卷夹的正表面，也可采用内封面形式。案卷封面的式样宜符合《建设工程文件归档整理规范》附录 D 的要求，如图 1-2-4 所示。

```
    档    号_____
    档案馆代号_____



    案卷题名_____
            _____
            _____


    编制单位_____
    编制日期_____
    密    级_____保管期限_____
    共___卷              第___卷
```

图 1-2-4　案卷封面

②案卷封面的内容应包括：档号、档案馆代号、案卷题名、编制单位、起止日期、密级、保管期限、共几卷、第几卷。

③档号应由分类号、项目号和案卷号组成。档号由档案保管单位填写。

④档案馆代号应填写国家给定的本档案馆的编号。档案馆代号由档案馆填写。

⑤案卷题名应简明、准确地揭示卷内文件的内容。案卷题名应包括工程名称、专业名称、卷内文件的内容。

⑥编制单位应填写案卷内文件的形成单位或主要责任者。

⑦起止日期应填写案卷内全部文件形成的起止日期。

⑧保管期限分为永久、长期、短期三种。各类文件的保管期限详见《建设工程文件归档整理规范》附录A的要求。"永久"是指工程档案需永久保存。"长期"是指工程档案的保存期限等于该工程的使用寿命。"短期"是指工程档案保存20年以下。同一案卷内有不同保管期限的文件,该案卷保管期限应从长。

⑨密级分为绝密、机密、秘密三种。同一案卷内有不同密级的文件,应以高密级为本卷密级。

5) 卷内目录、卷内备考表、案卷内封面应采用70g以上白色书写纸制作,幅面统一采用A4幅面。

2.3.6 案卷装订与图纸折叠

(1) 案卷可采用装订与不装订两种形式。文字材料必须装订。既有文字材料,又有图纸的案卷应装订。装订应采用三孔左侧装订法,要整齐、牢固,便于保管和利用。装订时必须剔除金属物。

(2) 不同幅面的工程图纸应按《技术制图 复制图的折叠方法》(GB/T 10609.3—2009)统一折叠成A4幅面(297mm×210mm),图标栏外露在外面。

(3) 竣工图图纸折叠方法

1) 图纸折叠应符合下列规定:图纸折叠前应按图1-2-5所示的裁图线裁剪整齐,图纸幅面应符合表1-2-1的规定。

图幅代号及图幅尺寸   表1-2-1

基本图幅代号	0号	1号	2号	3号	4号
B(mm)×A(mm)	841×1189	594×841	420×594	297×420	297×210
C(mm)	10			5	
D(mm)	25				

2) 折叠时图面应折向内侧成手风琴风箱式。

3) 折叠后幅面尺寸应以4号图为标准。

4) 图签及竣工图章应露在外面。

5) 0~3号图纸应在装订边297mm处折一三角或剪一缺口,并折进装订边。

6) 0~3号图不同图签位的图纸,可分别按图1-2-6~图1-2-9所示方法折叠。

7) 图纸折叠前,应准备好一块略小于4号图纸尺寸(一般为292mm×205mm)的模板。折叠时,应先把图纸放在规定位置,然后按照折叠方法的编号顺序依次折叠。

第1部分 建筑工程资料管理基本知识

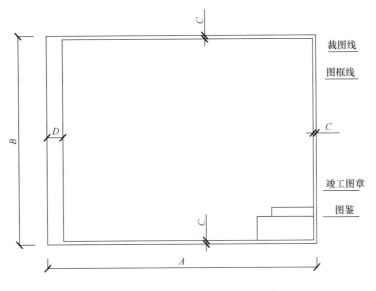

图 1-2-5　图框及图纸边线尺寸示意

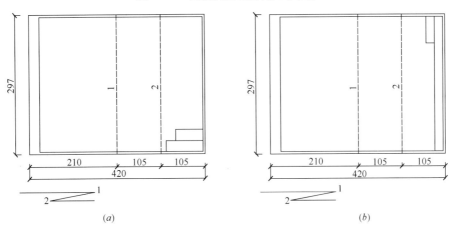

图 1-2-6　3号图纸折叠示意

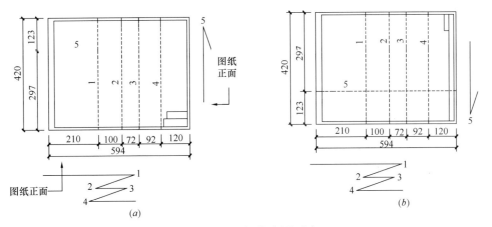

图 1-2-7　2号图纸折叠示意

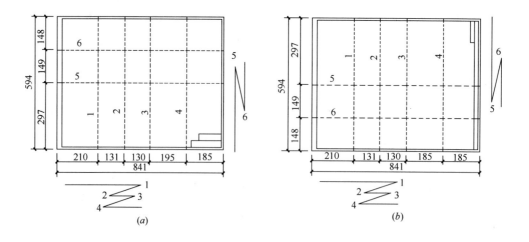

图 1-2-8　1 号图纸折叠示意

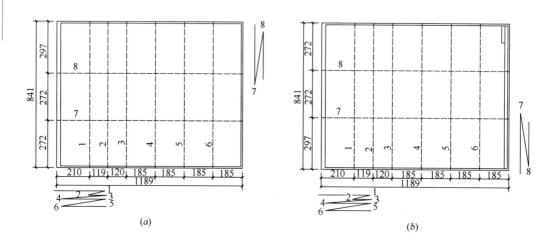

图 1-2-9　0 号图纸折叠示意

2.3.7　卷盒、卷夹、案卷脊背

(1) 案卷装具一般采用卷盒、卷夹两种形式。

1) 卷盒的外表尺寸为 310mm×220mm，厚度分别为 20mm、30mm、40mm、50mm。

2) 卷夹的外表尺寸为 310mm×220mm，厚度一般为 20mm、30mm。

3) 卷盒、卷夹应采用无酸纸制作。

(2) 案卷脊背的内容包括档号、案卷题名。式样宜符合《建设工程文件归档整理规范》附录 E 的要求。

2.3.8　工程资料移交与归档的规定

工程资料移交归档应符合国家现行有关法规和标准的规定；当无规定时，应按合同约定移交归档。

(1) 工程资料移交应符合下列规定：

第1部分　建筑工程资料管理基本知识

1) 施工单位应向建设单位移交施工资料。
2) 实行施工总承包的，各专业承包单位应向施工总承包单位移交施工资料。
3) 监理单位应向建设单位移交监理资料。
4) 工程资料移交时应及时办理相关移交手续，填写工程资料移交书、移交目录。
5) 建设单位应按国家有关法规和标准的规定向城建档案管理部门移交工程档案，并办理相关手续。有条件时，向城建档案管理部门移交的工程档案应为原件。

(2) 工程资料归档应符合下列规定：
1) 工程参建各方宜按表1-2-2规定的内容将工程资料归档保存。
2) 归档保存的工程资料，其保存期限应符合下列规定：
①工程资料归档保存期限应符合国家现行有关标准的规定；当无规定时，不宜少于5年。
②建设单位工程资料归档保存期限应满足工程维护、修缮、改造、加固的需要。
③施工单位工程资料归档保存期限应满足工程质量保修及质量追溯的需要。

(3) 归档文件的质量要求：
1) 归档的文件应为原件。
2) 工程文件的内容及其深度必须符合国家有关工程勘察、设计、施工、监理等方面的技术规范、标准和规程。
3) 工程文件的内容必须真实、准确，与工程实际相符合。
4) 工程文件应采用耐久性强的书写材料，如碳素墨水、蓝黑墨水，不得使用易褪色的书写材料，如：红色墨水、纯蓝墨水、圆珠笔、复写纸、铅笔等。
5) 工程文件应字迹清楚，图样清晰，图表整洁，签字盖章手续完备。
6) 工程文件文字材料幅面尺寸规格宜为A4幅面（297mm×210mm），图纸宜采用国家标准图幅。
7) 工程文件的纸张应采用能够长期保存的韧力大、耐久性强的纸张。图纸一般采用蓝晒图，竣工图是新蓝图。计算机出图必须清晰，不得使用计算机出图的复印件。
8) 所有竣工图均应加盖竣工图章：
①竣工图章的基本内容应包括："竣工图"字样、施工单位、编制人、审核人、技术负责人、编制日期、监理单位、现场监理、总监理工程师。
②竣工图章尺寸为：50mm×80mm。具体详见《建设工程文件归档整理规范》的竣工图章示例。
③竣工图章应使用不易褪色的红印泥，应盖在图标栏上方空白处。
9) 利用施工图改绘竣工图，必须标明变更修改依据；凡施工图结构、工艺、平面布置等有重大改变，或变更的部分超过图面的1/3的，应当重新绘制竣工图。
10) 不同幅面的工程图样应按《技术制图　复制图的折叠方法》（GB/T 106093—2009）统一折叠成A4幅面（297mm×210mm），图标栏露在外面。

2.3.9　工程资料类别、来源及保存要求的规定

工程资料类别、来源及保存应符合表1-2-2的规定。

工程资料类别、来源及保存　　　　　　　　　　表 1-2-2

工程资料类别	工程资料名称		工程资料来源	工程资料保存			
				施工单位	监理单位	建设单位	城建档案馆
A1类	决策立项文件	项目建议书	建设单位			●	●
		项目建议书的批复文件	建设行政管理部门			●	●
		可行性研究报告及附件	建设单位			●	●
		可行性研究报告的批复文件	建设行政管理部门			●	●
		关于立项的会议纪要、领导批示	建设单位			●	●
		工程立项的专家建议资料	建设单位			●	●
		项目评估研究资料	建设单位			●	●
A2类	建设用地文件	选址申请及选址规划意见通知书	建设单位规划部门			●	●
		建设用地批准文件	土地行政管理部门			●	●
		拆迁安置意见、协议、方案	建设单位			●	●
		建设用地规划许可证及其附件	规划行政管理部门			●	●
		国有土地使用证	土地行政管理部门			●	●
		划拨建设用地文件	土地行政管理部门			●	●
A3类	勘察设计文件	岩土工程勘察报告	勘察单位	●	●	●	
		建设用地钉桩通知单（书）	规划行政管理部门	●	●	●	
		地形测量和拨地测量成果报告	测绘单位			●	
		审定设计方案通知书及审查意见	规划行政管理部门			●	●
		审定设计方案通知书要求征求有关部门的审查意见和要求取得的有关协议	有关部门			●	●
		初步设计图及设计说明	设计单位			●	
		消防设计审核意见	公安机关消防机构	○	○	●	●
		施工图设计文件审查通知书及审查报告	施工图审查机构	○	○	●	●
		施工图及设计说明	设计单位	○	○	●	

第1部分 建筑工程资料管理基本知识

续表

工程资料类别	工程资料名称		工程资料来源	工程资料保存			
				施工单位	监理单位	建设单位	城建档案馆
A4类	招投标及合同文件	勘察招投标文件	建设单位 勘察单位			●	
		勘察合同	建设单位 勘察单位			●	●
		设计招投标文件	建设单位 设计单位			●	
		设计合同	建设单位 设计单位			●	●
		监理招投标文件	建设单位 监理单位		●	●	
		委托监理合同	建设单位 监理单位		●	●	●
		施工招投标文件	建设单位 施工单位	●	○	●	
		施工合同	建设单位 施工单位	●	○	●	
A5类	开工文件	建设项目列入年度计划的申报文件	建设单位			●	
		建设项目列入年度计划的批复文件或年度计划项目表	建设行政管理部门			●	
		规划审批申报表及报送的文件和图纸	建设单位 设计单位			●	
		建设工程规划许可证及其附件	规划部门			●	●
		建设工程施工许可证及其附件	建设行政管理部门	●	●	●	
		工程质量安全监督注册登记	质量监督机构	○	○	●	●
		工程开工前的原貌影像资料	建设单位	●	●	●	
		施工现场移交单	建设单位	○	○	○	
A6类	商务文件	工程投资估算资料	建设单位			●	
		工程设计概算资料	建设单位			●	
		工程施工图预算资料	建设单位			●	
		A类其他资料					
B类		监理资料					
B1类	监理管理资料	监理规划	监理单位		●	●	●
		监理实施细则	监理单位	○	●	●	
		监理月报	监理单位		●	●	
		监理会议纪要	监理单位	○	●	●	
		监理工作日志	监理单位		●		
		监理工作总结	监理单位		●	●	●

续表

工程资料类别		工程资料名称	工程资料来源	工程资料保存			
				施工单位	监理单位	建设单位	城建档案馆
B1类	监理管理资料	工作联系单（表B.1.1）	监理单位 施工单位	○	○		
		监理工程师通知（表B.1.2）	监理单位	○	○		
		监理工程师通知回复单*（C.1.7）	施工单位	○	○		
		工程暂停令（表B.1.3）	监理单位	○	○	○	●
		工程复工报审表*（表C.3.2）	施工单位	●	●	●	●
B2类	进度控制资料	工程开工报审表*（表C.3.1）	施工单位	●	●	●	●
		施工进度计划报审表*（表C.3.3）	施工单位	○	○		
B3类	质量控制资料	质量事故报告及处理资料	施工单位	●	●	●	●
		旁站监理记录*（表B.3.1）	监理单位	○	●		
		见证取样和送检见证人员备案表（表B.3.2）	监理单位或建设单位	●	●	●	
		见证记录*（表B.3.3）	监理单位	●	●	●	
		工程技术文件报审表*（表C.2.1）	施工单位	○	○		
B4类	造价控制资料	工程款支付申请表（表C.3.6）	施工单位	○	○	●	
		工程款支付证书（表B.4.1）	施工单位	○	○	●	
		工程变更费用报审表*	监理单位	○	○	●	
		费用索赔申请表	监理单位	○	○	●	
		费用索赔审批表（表B.4.2）	施工单位	○	○	●	
B5类	合同管理资料	委托监理合同	监理单位		●	●	●
		工程延期申请表（表C.3.5）	施工单位	●	●	●	●
		工程延期审批表（表B.5.1）	监理单位	●	●	●	●
		分包单位资质报审表*（表C.1.3）	施工单位	●	●	●	
B6类	竣工验收资料	单位（子单位）工程竣工预验收报验表	施工单位	●	●	●	
		单位（子单位）工程质量竣工验收记录	施工单位	●	●	●	●
		单位（子单位）工程质量控制资料核查记录	施工单位	●	●	●	●
		单位（子单位）工程安全和功能检验资料核查及主要功能抽查记录	施工单位	●	●	●	●
		单位（子单位）工程观感质量检查记录	施工单位	●	●	●	●
		工程质量评估报告	监理单位	●	●	●	●
		监理费用决算资料	监理单位		○	●	
		监理资料移交书	监理单位		●	●	

第1部分 建筑工程资料管理基本知识

续表

工程资料类别		工程资料名称	工程资料来源	工程资料保存			
				施工单位	监理单位	建设单位	城建档案馆
		B类其他资料					
C类		施工资料					
C1类	施工管理资料	工程概况表（表C.1.1）	施工单位	●	●	●	●
		施工现场质量管理检查记录*（表C.1.2）	施工单位	○	○		
		企业资质证书及相关专业人员岗位证书	施工单位	○	○		
		分包单位资质报审表*（表C.1.3）	施工单位	●	●	●	
		建设工程质量事故调查、勘查记录（表C.1.4）	调查单位	●	●	●	●
		建设工程质量事故报告书	调查单位	●	●	●	●
		施工检测计划	施工单位	○	○		
		见证记录*	监理单位	●	●		
		见证试验检测汇总表（表C.1.5）	施工单位	●	●		
		施工日志（表C.1.6）	施工单位	●			
		监理工程师通知回复单*（表C.1.7）	施工单位	○	○		
C2类	施工技术资料	工程技术文件报审表*（表C.2.1）	施工单位	○	○		
		施工组织设计及施工方案	施工单位	○	○		
		危险性较大分部分项工程施工方案专家论证表（表C.2.2）	施工单位	○	○		
		技术交底记录（表C.2.3）	施工单位	○			
		图纸会审记录**（表C.2.4）	施工单位	●	●	●	●
		设计变更通知单**（表C.2.5）	设计单位	●	●	●	●
		工程洽商记录（技术核定单）**（表C.2.6）	施工单位	●	●	●	●
C3类	进度造价资料	工程开工报审表*（表C.3.1）	施工单位	●	●	●	
		工程复工报审表*（表C.3.2）	施工单位	●	●	●	
		施工进度计划报审表*（表C.3.3）	施工单位	○	○		
		施工进度计划	施工单位	○	○		
		人、机、料动态表（表C.3.4）	施工单位	○	○		
		工程延期申请表（表C.3.5）	施工单位	●	●	●	●
		工程款支付申请表（表C.3.6）	施工单位	○	○	○	
		工程变更费用报审表*（表C.3.7）	施工单位			●	
		费用索赔申请表*（表C.3.8）	施工单位				
C4类	施工物质资料	出厂质量证明文件及检测报告					
		砂、石、砖、水泥、钢筋、隔热保温、防腐材料、轻集料出厂质量证明文件	施工单位	●	●	●	●
		其他物资出厂合格证、质量保证书、检测报告和报关单或商检证等	施工单位	●	○	○	
		材料、设备的相关检验报告、形式检测报告、3C强制认证合格证书或3C标志	检测单位	●	○	○	

续表

工程资料类别		工程资料名称	工程资料来源	工程资料保存			
				施工单位	监理单位	建设单位	城建档案馆
C4类	施工物质资料	主要设备、器具的安装使用说明书	检测单位	●	○	○	
		进口的主要材料设备的商检证明文件	检测单位	●	○	●	●
		涉及消防、安全、卫生、环保、节能的材料、设备的检测报告或法定机构出具的有效证明文件	检测单位	●	●	●	
		进场检验通用表格					
		材料、构配件进场检验记录*（表C.4.1）		○	○		
		设备开箱检验记录*（表C.4.2）		○	○		
		设备及管道附件试验记录*（表C.4.3）		●	○	●	
		进场复试报告					
		钢材试验报告	检测单位	●	●	●	●
		水泥试验报告	检测单位	●	●	●	●
		砂试验报告	检测单位	●	●	●	
		碎（卵）石试验报告	检测单位	●	●	●	
		外加剂试验报告	检测单位	●	●	○	
		防水涂料试验报告	检测单位	●	○	●	
		防水卷材试验报告	检测单位	●	●	●	
		砖（砌块）试验报告	检测单位	●	●	●	
		预应力筋复试报告	检测单位	●	●	●	●
		预应力锚具、夹具和连接器复试报告	检测单位	●	●	●	●
		装饰装修用门窗复试报告	检测单位	●	○	●	
		装饰装修用人造木板复试报告	检测单位	●	○	●	
		装饰装修用花岗石复试报告	检测单位	●	○	●	
		装饰装修用安全玻璃复试报告	检测单位	●	○	●	
		装饰装修用外墙面砖复试报告	检测单位	●	○	●	
		钢结构用钢材复试报告	检测单位	●	●	●	●
		钢结构用防火涂料复试报告	检测单位	●	●	●	
		钢结构用焊接材料复试报告	检测单位	●	●	●	
		钢结构用高强度大六角头螺栓连接副复试报告	检测单位	●	●	●	●
		钢结构用扭剪型高强螺栓连接副复试报告	检测单位	●	●	●	●
		幕墙用铝塑板、石材、玻璃、结构胶复试报告	检测单位	●	●	●	●
		散热器、采暖系统保温材料、通风与空调工程绝热材料、风机盘管机组、低压配电系统电缆的见证取样复试报告	检测单位	●	○	●	
		节能工程材料复试报告	检测单位	●	●	●	

第1部分　建筑工程资料管理基本知识

续表

工程资料类别		工程资料名称	工程资料来源	工程资料保存			
				施工单位	监理单位	建设单位	城建档案馆
C5类	施工记录	通用表格					
		隐蔽工程验收记录*（表C.5.1）	施工单位	●	●	●	●
		施工检查记录（表C.5.2）	施工单位	○			
		交接检查记录（表C.5.3）	施工单位	○			
		专用表格					
		工程定位测量记录*（表C.5.4）	施工单位	●	●	●	●
		基槽验线记录	施工单位	●	●	●	●
		楼层平面放线记录	施工单位	○	○		
		楼层标高抄测记录	施工单位	○			
		建筑物垂直度、标高观测记录*（表C.5.5）	施工单位	●	○	●	
		沉降观测记录	建设单位委托测量单位提供	●	○	●	●
		基坑支护水平位移监测记录	施工单位	○	○		
		桩基、支护测量放线记录	施工单位	○			
		地基验槽记录**（表C.5.6）	施工单位	●	●	●	●
		地基钎探记录	施工单位	○		●	●
		混凝土浇灌申请书	施工单位	○			
		预拌混凝土运输单	施工单位	○			
		混凝土开盘鉴定	施工单位	○	○		
		混凝土拆模申请单	施工单位	○			
		混凝土预拌测温记录	施工单位	○			
		混凝土养护测温记录	施工单位	○			
		大体积混凝土养护测温记录	施工单位	○			
		大型构件吊装记录	施工单位	○	○	●	●
		焊接材料烘焙记录	施工单位	○			
		地下工程防水效果检查记录*（表C.5.7）	施工单位	○	○	●	
		防水工程试水检查记录*（表C.5.8）	施工单位	○	○	●	
		通风（烟）道、垃圾道检查记录*（表C.5.9）	施工单位	○	○	●	
		预应力筋张拉记录	施工单位	●			●
		有粘结预应力结构灌浆记录	施工单位	●			●
		钢结构施工记录	施工单位	●		●	●
		网架（索膜）施工记录	施工单位	●	○	●	●
		木结构施工记录	施工单位	●	○	●	
		幕墙注胶检查记录	施工单位	●			
		自动扶梯、自动人行道的相邻区域检查记录	施工单位	●	○	●	
		电梯电气装置安装检查记录	施工单位	●	○	●	
		自动扶梯、自动人行道电气装置检查记录	施工单位	●	○	●	
		自动扶梯、自动人行道整机安装质量检查记录	施工单位	●	○	●	

续表

工程资料类别	工程资料名称	工程资料来源	工程资料保存 施工单位	监理单位	建设单位	城建档案馆
C6类 施工试验记录及检测报告	通用表格					
	设备单机试运转记录*（表C.6.1）	施工单位	●	○	●	●
	系统试运转调试记录*（表C.6.2）	施工单位	●	○	●	●
	接地电阻测试记录*（表C.6.3）	施工单位	●	○	●	●
	绝缘电阻测试记录*（表C.6.4）	施工单位	●	○	●	
	专 用 表 格					
	建筑与结构工程					
	锚杆试验报告	检测单位	●	○	●	●
	地基承载力检验报告	检测单位	●	○	●	●
	桩基检测报告	检测单位	●	○	●	●
	土工击实试验报告	检测单位	●	○	●	●
	回填土试验报告（应附图）	检测单位	●	○	●	●
	钢筋机械连接试验报告	检测单位	●	○	●	●
	钢筋焊接连接试验报告	检测单位	●	○	●	●
	砂浆配合比申请单、通知单	施工单位	○	○		
	砂浆抗压强度试验报告	检测单位	●	○	●	●
	砌筑砂浆试块强度统计、评定记录（表C.6.5）	施工单位	●		●	●
	混凝土配合比申请单、通知单	施工单位	○	○		
	混凝土抗压强度试验报告	检测单位	●	○	●	●
	混凝土试块强度统计、评定记录（表C.6.6）	施工单位	●		●	●
	混凝土抗渗试验报告	检测单位	●	○	●	●
	砂、石、水泥放射性指标报告	施工单位	●	○	●	●
	混凝土碱总量计算书	施工单位	●	○	●	●
	外墙饰面砖样板粘结强度试验报告	检测单位	●	○	●	●
	后置埋件抗拔试验报告	检测单位	●	○	●	●
	超声波探伤报告、探伤记录	检测单位	●	○	●	●
	钢构件射线探伤报告	检测单位	●	○	●	●
	磁粉探伤报告	检测单位	●	○	●	●
	高强度螺栓抗滑移系数检测报告	检测单位	●	○	●	●
	钢结构焊接工艺评定	检测单位	○	○		
	网架节点承载力试验报告	检测单位	●	○	●	●
	钢结构防腐、防火涂料厚度检测报告	检测单位	●	○	●	●
	木结构胶缝试验报告	检测单位	●	○	●	●
	木结构构件力学性能试验报告	检测单位	●	○	●	●

第1部分 建筑工程资料管理基本知识

续表

工程资料类别		工程资料名称	工程资料来源	工程资料保存			
				施工单位	监理单位	建设单位	城建档案馆
C6类	施工试验记录及检测报告	木结构防护剂试验报告	检测单位	●	○	●	●
		幕墙双组分硅酮结构密封胶	检测单位	●	○	●	●
		混匀性及拉断试验报告	检测单位	●	○	●	●
		幕墙的抗风压性能、空气渗透性能、雨水渗透性能及平面内变形性能检测报告	检测单位	●	○	●	●
		外门窗的抗风压性能、空气渗透性能和雨水渗透性能检测报告	检测单位	●	○	●	●
		墙体节能工程保温板材与基层粘结强度现场拉拔试验	检测单位	●	○	●	●
		外墙保温浆料同条件养护试件试验报告	检测单位	●	○	●	●
		结构实体混凝土强度检验记录*（表C.6.7）	施工单位	●	○	●	●
		结构实体钢筋保护层厚度检验记录*（表C.6.8）	施工单位	●	○	●	●
		围护结构现场实体检验	检测单位	●	○	●	●
		室内环境检测报告	检测单位	●	○	●	●
		节能性能检测报告	检测单位	●	○	●	●
		给水排水及采暖工程					
		灌（满）水试验记录*（表C.6.9）	施工单位	○	○	●	
		强度严密性试验记录*（表C.6.10）	施工单位	●	○	●	●
		通水试验记录*（表C.6.11）	施工单位	○	○	●	
		冲（吹）洗试验记录*（表C.6.12）	施工单位	●	○	●	
		通球试验记录	施工单位	○	○		
		补偿器安装记录	施工单位	●	○		
		消火栓试射记录	施工单位	●	○	●	
		安全附件安装检查记录	施工单位	●	○		
		锅炉烘炉试验记录	施工单位	●	○		
		锅炉煮炉试验记录	施工单位	●	○		
		锅炉试运行记录	施工单位	●	○	●	
		安全阀定压合格证书	检测单位	●	○		
		自动喷水灭火系统联动试验记录	施工单位	●	○	●	
		建筑电气工程					
		灌（满）水试验记录*（表C.6.9）	施工单位	○	○	●	
		强度严密性试验记录*（表C.6.10）	施工单位	●	○	●	●
		通水试验记录*（表C.6.11）	施工单位	○	○	●	

续表

工程资料类别	工程资料名称	工程资料来源	施工单位	监理单位	建设单位	城建档案馆
C6类 施工试验记录及检测报告	冲（吹）洗试验记录*（表C.6.12）	施工单位	●	○	●	
	通球试验记录	施工单位	○	○	●	
	补偿器安装记录	施工单位	○	○		
	消火栓试射记录	施工单位	●	○	●	
	安全附件安装检查记录	施工单位	●	○		
	锅炉烘炉试验记录	施工单位	●	○		
	锅炉煮炉试验记录	施工单位	●	○	●	
	锅炉试运行记录	施工单位	●	○	●	
	安全阀定压合格证书	施工单位	●	○	●	
	自动喷水灭火系统联动试验记录	施工单位	●	○	●	●
	建筑电气工程					
	电气接地装置平面示意图表	施工单位	●	○	●	●
	电气器具通电安全检查记录	施工单位	○	○	●	
	电气设备空载试运行记录*（表C.6.13）	施工单位	●	○	●	●
	建筑物照明通电试运行记录	施工单位	●	○	●	●
	大型照明灯具承载试验记录*（表C.6.14）	施工单位	●	○	●	
	漏电开关模拟试验记录	施工单位	●	○	●	
	大容量电气线路结点测温记录	施工单位	●	○	●	
	低压配电电源质量测试记录	施工单位	●	○	●	
	建筑物照明系统照度测试记录	施工单位	○	○	●	
	智能建筑工程					
	综合布线测试记录*	施工单位	●	○	●	●
	光纤损耗测试记录*	施工单位	●	○	●	●
	视频系统末端测试记录*	施工单位	●	○	●	●
	子系统检测记录*（表C.6.15）	施工单位	●	○	●	●
	系统试运行记录*	施工单位	●	○	●	
	通风与空调工程					
	风管漏光检测记录*（表C.6.16）	施工单位	○	○	●	
	风管漏风检测记录*（表C.6.17）	施工单位	●	○	●	
	现场组装除尘器、空调机漏风检测记录	施工单位	○	○	●	
	各房间室内风量测量记录	施工单位	●	○	●	
	管网风量平衡记录	施工单位	●	○	●	
	空调系统试运转调试记录	施工单位	●	○	●	●
	空调水系统试运转调试记录	施工单位	●	○	●	●

第1部分　建筑工程资料管理基本知识

续表

工程资料类别	工程资料名称	工程资料来源	工程资料保存 施工单位	监理单位	建设单位	城建档案馆
C6类 施工试验记录及检测报告	制冷系统气密性试验记录	施工单位	●	○	●	●
	净化空调系统检测记录	施工单位	●	○	●	●
	防排烟系统联合试运行记录	施工单位	●	○	●	●
	电梯工程					
	轿厢平层准确度测量记录	施工单位	○	○	●	
	电梯层门安全装置检测记录	施工单位	●	○	●	
	电梯电气安全装置检测记录	施工单位	●	○	●	
	电梯整机功能检测记录	施工单位	●	○	●	
	电梯主要功能检测记录	施工单位	●	○	●	
	电梯负荷运行试验记录	施工单位	●	○	●	●
	电梯负荷运行试验曲线图表	施工单位	●	○	●	
	电梯噪声测试记录	施工单位	●	○	○	
	自动扶梯、自动人行道安全装置检测记录	施工单位	●	○	●	
	自动扶梯、自动人行道整机性能、运行试验记录	施工单位	●	○	●	●
C7类 施工质量验收记录	检验批质量验收记录＊（表C.7.1）	施工单位	○	○	●	
	分项工程质量验收记录＊（表C.7.2）	施工单位	●	●	●	
	分部(子分部)工程质量验收记录＊＊（表C.7.3）	施工单位	●	●	●	●
	建筑节能分部工程质量验收记录＊＊（表C.7.4）	施工单位	●	●	●	●
	自动喷水系统验收缺陷项目划分记录	施工单位	●	○	○	
	程控电话交换系统分项工程质量验收记录	施工单位	●	○	●	
	会议电视系统分项工程质量验收记录	施工单位	●	○	●	
	卫星数字电视系统分项工程质量验收记录	施工单位	●	○	●	
	有线电视系统分项工程质量验收记录	施工单位	●	○	●	
	公共广播与紧急广播系统分项工程质量验收记录	施工单位	●	○	●	
	计算机网络系统分项工程质量验收记录	施工单位	●	○	●	
	应用软件系统分项工程质量验收记录	施工单位	●	○	●	
	网络安全系统分项工程质量验收记录	施工单位	●	○	●	
	空调与通风系统分项工程质量验收记录	施工单位	●	○	●	
	变配电系统分项工程质量验收记录	施工单位	●	○	●	
	公共照明系统分项工程质量验收记录	施工单位	●	○	●	
	给水排水系统分项工程质量验收记录	施工单位	●	○	●	
	热源和热交换系统分项工程质量验收记录	施工单位	●	○	●	

续表

工程资料类别		工程资料名称	工程资料来源	工程资料保存			
				施工单位	监理单位	建设单位	城建档案馆
C7类	施工质量验收记录	冷冻和冷却水系统分项工程质量验收记录	施工单位	●	○	●	
		电梯和自动扶梯系统分项工程质量验收记录	施工单位	●	○	●	
		数据通信接口分项工程质量验收记录	施工单位	●	○	●	
		中央管理工作站及操作分站分项工程质量验收记录	施工单位	●	○	●	
		系统实时性、可维护性、可靠性分项工程质量验收记录	施工单位	●	○	●	
		现场设备安装及检测分项工程质量验收记录	施工单位	●	○	●	
		火灾自动报警及消防联动系统分项工程质量验收记录	施工单位	●	○	●	
		综合防范功能分项工程质量验收记录	施工单位	●	○	●	
		视频安防监控系统分项工程质量验收记录	施工单位	●	○	●	
		入侵报警系统分项工程质量验收记录	施工单位	●	○	●	
		出入口控制（门禁）系统分项工程质量验收记录	施工单位	●	○	●	
		巡更管理系统分项工程质量验收记录	施工单位	●	○	●	
		停车场（库）管理系统分项工程质量验收记录	施工单位	●	○	●	
		综合布线系统安装分项工程质量验收记录	施工单位	●	○	●	
		综合布线系统性能检测分项工程质量验收记录	施工单位	●	○	●	
		系统集成网络连接分项工程质量验收记录	施工单位	●	○	●	
		系统数据集成分项工程质量验收记录	施工单位	●	○	●	
		系统集成整体协调分项工程质量验收记录	施工单位	●	○	●	
		系统集成综合管理及冗余功能分项工程质量验收记录	施工单位	●	○	●	
		系统集成可维护性和安全性分项工程质量验收记录	施工单位	●	○	●	
		电源系统分项工程质量验收记录	施工单位	●	○	●	
C8类	竣工验收资料	工程竣工报告	施工单位	●	●	●	●
		单位（子单位）工程竣工预验收报验表*（表C.8.1）	施工单位	●	●	●	
		单位（子单位）工程质量竣工验收记录**（表C.8.2-1）	施工单位	●	●	●	●

第1部分 建筑工程资料管理基本知识

续表

工程资料类别	工程资料名称			工程资料来源	工程资料保存			
					施工单位	监理单位	建设单位	城建档案馆
C8类	竣工验收资料	单位（子单位）工程质量控制资料核查记录*（表C.8.2-2）		施工单位	●	●	●	●
		单位（子单位）工程安全和功能检验资料核查及主要功能抽查记录*（表C.8.2-3）		施工单位	●	●	●	●
		单位（子单位）工程观感质量检查记录**（表C.8.2-4）		施工单位	●	●	●	●
		施工决算资料		施工单位	○	○	●	
		施工资料移交书		施工单位	●		●	
		房屋建筑工程质量保修书		施工单位	●		●	
	C类其他资料							
D类	竣工图							
D类	竣工图	建筑与结构竣工图	建筑竣工图	编制单位	●		●	●
			结构竣工图	编制单位	●		●	●
			钢结构竣工图	编制单位	●		●	●
		建筑装饰与装修竣工图	幕墙竣工图	编制单位	●		●	●
			室内装饰竣工图	编制单位	●		●	●
		建筑给水、排水与采暖竣工图		编制单位	●		●	●
		建筑电气竣工图		编制单位	●		●	●
		智能建筑竣工图		编制单位	●		●	●
		通风与空调竣工图		编制单位	●		●	●
		室外工程竣工图	室外给水、排水、供热、供电、照明管线等竣工图	编制单位	●		●	●
			室外道路、园林绿化、花坛、喷泉等竣工图	编制单位	●		●	●
	D类其他资料							
E类	工程竣工文件							
E1类	竣工验收文件	单位（子单位）工程质量竣工验收记录**		施工单位	●	●	●	●
		勘察单位工程质量检查报告		勘察单位	○	○	●	●
		设计单位工程质量检查报告		设计单位	○	○	●	●
		工程竣工验收报告		建设单位			●	●
		规划、消防、环保等部门出具的认可文件或准许使用文件		政府主管部门			●	●
		房屋建筑工程质量保修书		施工单位			●	
		住宅质量保证书、住宅使用说明书		建设单位			●	
		建设工程竣工验收备案表		建设单位	●	●	●	●

续表

工程资料类别	工程资料名称		工程资料来源	工程资料保存			
				施工单位	监理单位	建设单位	城建档案馆
E2类	竣工决算文件	施工决算资料*	施工单位	○	○	●	●
		监理费用决算资料*	监理单位		○	●	●
E3类	竣工文档文件	工程竣工档案预验收意见	城建档案管理部门			●	●
		施工资料移交书*	施工单位	●		●	●
		监理资料移交书*	监理单位		●	●	●
		城市建设档案移交书	建设单位			●	
E4类	竣工总结文件	工程竣工总结	建设单位			●	●
		竣工新貌影像资料	建设单位	●		●	●
	E类其他资料						

注：1. 表中工程资料名称与资料保存单位所对应的栏中"●"表示"归档保存"；"○"表示"过程保存"，是否归档保存可自行确定。
2. 表中注明"*"的表，宜由施工单位和监理或建设单位共同形成；表中注明"**"的表，宜由建设、设计、监理、施工等多方共同形成。
3. 勘察单位保存资料内容应包括工程地质勘察报告、勘察招投标文件、勘察合同、勘察单位工程质量检查报告以及勘察单位签署的有关质量验收记录等。
4. 设计单位保存资料内容应包括审定设计方案通知书及审查意见、审定设计方案通知书要求征求有关部门的审查意见和要求取得的有关协议、初步设计图及设计说明、施工图及设计说明、消防设计审核意见、施工图设计文件审查通知书及审查报告、设计招投标文件、设计合同、图纸会审记录、设计变更通知单、设计单位签署意见的工程洽商记录（包括技术核定单）、设计单位工程质量检查报告以及设计单位签署的有关质量验收记录。

2.3.10 建筑工程分部（子分部）工程、分项工程、检验批划分及代号索引划分的规定

建筑工程分部（子分部）工程、分项工程、检验批划分及代号索引划分见表1-2-3所列。

分部（子分部）工程、分项工程、检验批划分及代号索引　　表1-2-3

分部工程代号	分部工程名称	子分部工程代号	子分部工程名称	分 项 工 程
01	地基与基础	01	无支护土方	土方开挖、土方回填
		02	有支护土方（单独组卷）	排桩、降水、排水、地下连续墙、锚杆、土钉墙、水泥土桩、沉井与沉箱、钢及混凝土支撑
		03	地基处理（复合地基单独组卷）	灰土地基、砂和砂石地基、碎砖三合土地基、土工合成材料地基、粉煤灰地基、重锤夯实地基、强夯地基、振冲地基、砂桩地基、预压地基、高压喷射注浆地基、土和灰土挤密桩地基、注浆地基、水泥粉煤灰碎石桩地基、夯实水泥土桩地基

第1部分 建筑工程资料管理基本知识

续表

分部工程代号	分部工程名称	子分部工程代号	子分部工程名称	分 项 工 程
01	地基与基础	04	桩基（单独组卷）	锚杆静压桩及静力压桩、预应力离心管桩、钢筋混凝土预制桩、钢桩、混凝土灌注桩（成孔、钢筋笼、清孔、水下混凝土灌注）
		05	地下防水	防水混凝土、水泥砂浆防水层、卷材防水层、涂料防水层、金属板防水层、塑料板防水层、涂料防水层、细部构造、喷锚支护、复合式衬砌、地下连续墙、盾构法隧道；渗排水、盲沟排水、隧道、坑道排水；预注浆、后注浆、衬砌裂缝注浆
			地下防水工程检验批划分规定	1. 主体结构防水工程和细部构造防水工程应按结构层、变形缝或后浇带等施工段划分检验批； 2. 特殊施工法结构防水工程应按隧道区间、变形缝等施工段划分检验批； 3. 排水工程和注浆工程各为一个检验批
		06	混凝土基础	模板、钢筋、混凝土、后浇带混凝土、混凝土结构缝处理
		07	砌体基础	砖砌体、混凝土砌块砌体、配筋砌体、石砌体
		08	劲钢（管）混凝土	劲钢（管）焊接、劲钢（管）与钢筋的连接、混凝土
		09	钢结构（单独组卷）	焊接钢结构、栓接钢结构、钢结构制作、钢结构安装、钢结构涂装
			地基与基础其他分部工程检验批划分规定	1. 原材料、构配件、设备按批量报验送检； 2. 施工检验批按各工种、专业、楼层、施工段和变形缝划分； 3. 每个分项工程可以划分1~n个检验批； 4. 有不同层地下室的按不同层划分； 5. 有不同层楼面的按不同检验批； 6. 同一层按变形缝、区段和施工班组综合考虑划分； 7. 小型工程一般按楼层划分
02	主体结构	01	混凝土结构	模板、钢筋、混凝土、预应力、现浇结构、装配式结构
			混凝土结构检验批划分规定	各分项工程可根据与施工方式相一致且便于控制施工质量的原则，按工作班、楼层、结构缝或施工段划分为若干个检验批
		02	劲钢（管）混凝土结构	劲钢（管）焊接、螺栓连接、劲钢（管）与钢筋的连接、劲钢（管）制作、安装、混凝土

续表

分部工程代号	分部工程名称	子分部工程代号	子分部工程名称	分 项 工 程
02	主体结构	03	砌体结构	砖砌体、混凝土小型空心砌块砌体、石砌体、填充墙砌体、配筋砖砌体
		03	砌体结构检验批划分规定	1. 所用材料类型及同类材料的强度等级相同； 2. 不超过250m³砌体； 3. 主体结构砌体一个楼层（基础砌体可按一个楼层计）；填充墙砌体量少时可多个楼层合并
		04	钢结构（单独组卷）	钢结构焊接、紧固件连接、钢零部件加工、单层钢结构安装、多层及高层钢结构安装、钢结构涂装、钢构件组装、钢构件预拼装、钢网架结构安装、压型金属板
		05	木结构（单独组卷）	方木和原木结构，胶合木结构，轻型木结构，木构件防护
		06	网架和索膜结构（单独组卷）	网架制作，网架安装，索膜安装，网架防火，防腐涂料
			主体结构其他分部工程检验批划分规定	1. 原材料、构配件、设备按批量报验送检； 2. 施工检验批按各工种、专业、楼层、施工段和变形缝划分； 3. 每个分项工程可以划分1—n个检验批； 4. 有不同层楼面的按不同检验批； 5. 同一层按变形缝、区段和施工班组综合考虑划分； 6. 小型工程一般按楼层划分
03	建筑装饰装修	01	地面	基层：基土、灰土垫层、砂垫层和砂石垫层、碎石垫层和碎砖垫层、三合土及四合土垫层、炉渣垫层、水泥混凝土垫层、找平层、隔离层、填充层、绝热层
			整体面层	面层水泥混凝土面层，水泥砂浆面层，水磨石面层，硬化耐磨面层、防油渗面层，不发火（防爆的）面层、自流平面层、涂料面层、塑胶面层、地面辐射供暖的整体面层
				基层：基土、灰土垫层、砂垫层和砂石垫层、碎石垫层和碎砖垫层、三合土及四合土垫层、炉渣垫层、水泥混凝土垫层和陶粒混凝土垫层、找平层、隔离层、填充层、绝热层
			板块面层	面层：砖面层（陶瓷锦砖、缸砖、陶瓷地砖和水泥花砖面层），大理石面层和花岗石面层，预制板块面层（水泥混凝土板块、水磨石板块、人造石板面层），料石面层（条石、块石面层），塑料板面层，活动地板面层，金属板面层，地毯面层，地面辐射供暖的板块面层

第1部分　建筑工程资料管理基本知识

续表

分部工程代号	分部工程名称	子分部工程代号	子分部工程名称		分项工程
03	建筑装饰装修	01	地面	木竹面层	基层：基土、灰土垫层、砂垫层和砂石垫层、碎石垫层和碎砖垫层、三合土及四合土垫层、炉渣垫层、水泥混凝土垫层和陶粒混凝土垫层、找平层、隔离层、填充层、绝热层
					面层：实木地板、实木集成地板、竹地板面层（条材、块材面层），实木复合地板面层（条材、块材面层），浸渍纸层压木质地板面层（条材、块材面层）、软木类木地板面层（条材、块材面层）、地面辐射供暖的木板面层
			地面子分部检验批划分规定		基层（各构造层）和各类面层的分项工程的施工质量验收应按每一层次或每层施工段（或变形缝）作为检验批，高层建筑的标准层可按每三层（不足三层按三层计）作为检验批
		02	抹灰		一般抹灰，装饰抹灰，清水砌体勾缝
			抹灰子分部检验批划分规定		相同材料、工艺和施工条件的室外抹灰工程每500~1000m²应划为一个检验批，不足500m²也应划为一个检验批。
					相同材料、工艺和施工条件的室内抹灰工程每50个自然间（大面积房间和走廊按抹灰面积30m²为一间）应划分为一个检验批，不足50间也应划分为一个检验批
		03	门窗		木门窗制作与安装，金属门窗安装，塑料门窗安装，特种门安装，门窗玻璃安装
			门窗子分部检验批划分规定		同一品种、类型和规格的木门窗、金属门窗、塑料门窗及门窗玻璃每100樘应划分为一个检验批，不足100樘也应划分为一个检验批。
					同一品种、类型和规格的特种门每50樘应划分为一个检验批，不足50樘也应划分为一个检验批
		04	吊顶		暗龙骨吊顶，明龙骨吊顶
		05	轻质隔墙		板材隔墙，骨架隔墙，活动隔墙，玻璃隔墙
			吊顶、轻质隔墙子分部检验批划分规定		同一品种的吊顶（轻质隔墙）工程每50间（大面积房间和走廊按吊顶面积30m²为一间或轻质隔墙的墙面30m²为一间）应划分为一个检验批，不足50间也应划分为一个检验批

续表

分部工程代号	分部工程名称	子分部工程代号	子分部工程名称	分项工程
03	建筑装饰装修	06	饰面板（砖）	饰面板安装，饰面砖粘贴
			饰面板（砖）子分部检验批划分规定	相同材料、工艺和施工条件的室内饰面板（砖）工程每50间（大面积房间和走廊按施工面积30m² 为一间）应划分为一个检验批，不足50间也应划分为一个检验批。
				相同材料、工艺和施工条件的室外饰面板（砖）工程每500～1000m² 应划分为一个检验批，不足500m² 也应划分为一个检验批
		07	幕墙（单独组卷）	玻璃幕墙，金属幕墙，石材幕墙
			幕墙子分部检验批划分规定	相同设计、材料、工艺和施工条件的幕墙工程每500～1000m² 应划分为一个检验批，不足500m² 也应划分为一个检验批。
				同一单位工程的不连续的幕墙工程应单独划分检验批。
				对于异型或有特殊要求的幕墙，检验批的划分应根据幕墙的结构、工艺特点及幕墙工程规模，由监理单位（或建设单位）和施工单位协商确定
		08	涂饰	水性涂料涂饰，溶剂型涂料涂饰，美术涂饰
			涂饰子分部检验批划分规定	室外涂饰工程每一栋楼的同类涂料涂饰的墙面每500～1000m² 应划分为一个检验批，不足500m² 也应划分为一个检验批。
				室内涂饰工程同类涂料涂饰墙面每50间（大面积房间和走廊按涂饰面积30m² 为一间）应划分为一个检验批，不足50间也应划分为一个检验批
		09	裱糊与软包	裱糊、软包
			裱糊与软包子分部检验批划分规定	同一品种的裱糊或软包工程每50间（大面积房间和走廊按施工面积30m² 为一间）应划分为一个检验批，不足50间也应划分为一个检验批
		10	细部	橱柜制作与安装，窗帘盒、窗台板和暖气罩制作与安装，门窗套制作与安装，护栏和扶手制作与安装，花饰制作与安装
			细部子分部检验批划分规定	同类制品每50间（处）应划分为一个检验批，不足50间（处）也应划分为一个检验批。
				每部楼梯应划分为一个检验批

第1部分 建筑工程资料管理基本知识

续表

分部工程代号	分部工程名称	子分部工程代号	子分部工程名称	分项工程
04	建筑屋面	01	基层与保护	找坡层、找平层、隔气层、隔离层、保护层
		02	保温与隔热	板状材料保温层、纤维材料保温层、喷涂硬泡聚氨酯保温层、现浇泡沫混凝土保温层、种植隔热层、架空隔热层、蓄水隔热层
		03	防水与密封	卷材防水层、涂膜防水层、复合防水层、接缝密封防水
		04	瓦面与板面	烧结瓦和混凝土瓦铺装、沥青瓦铺装、金属板铺装、玻璃采光顶铺装
		05	细部构造	檐口、檐沟和天沟、女儿墙和山墙、水落口、变形缝、伸出屋面管道、屋面出入口、反梁过水孔、设施基座、屋脊、屋顶窗
		建筑屋面分部工程检验批划分规定		屋面工程各分项工程宜按屋面面积每 500～1000m² 划分一个检验批，不足 500m² 应按一个检验批
05	建筑给水、排水及采暖	01	室内给水系统	给水管道及配件安装，室内消火栓系统安装，给水设备安装，管道防腐，绝热
		02	室内排水系统	排水管道及配件安装，雨水管道及配件安装
		03	室内热水供应系统	管道及配件安装、辅助设备安装、防腐、绝热
		04	卫生器具安装	卫生器具安装、卫生器具给水配件安装、卫生器具排水管道安装
		05	室内采暖系统	管道及配件安装、辅助设备及散热器安装、金属辐射板安装、低温热水地板辐射采暖系统安装、系统水压试验及调试、防腐、绝热
		06	室外给水管网	给水管道安装，消防水泵接合器及室外消火栓安装，管沟及井室
		07	室外排水管网	排水管道安装，排水管沟与井池
		08	室外供热管网	管道及配件安装、系统水压试验及调试、防腐、绝热
		09	建筑中水系统及游泳池系统	建筑中水系统管道及辅助设备安装、游泳池水系统安装
		10	供热锅炉及辅助设备安装（单独组卷）	锅炉安装、辅助设备及管道安装、安全附件安装、烘炉、煮炉和试运行、换热站安装、防腐，绝热
		11	自动喷水灭火系统（单独组卷）	消防水泵和稳压泵安装，消防水箱安装和消防水池施工，消防气压给水设备安装，消防水泵接合器安装，管网安装，喷头安装，报警阀组安装，其他组件安装，系统水压试验，气压试验，冲洗，水源测试，消防水泵调试，稳压泵调试，报警阀组调试，排水装置调试，联动试验

续表

分部工程代号	分部工程名称	子分部工程代号	子分部工程名称	分 项 工 程
05	建筑给水、排水及采暖	12	气体灭火系统（单独组卷）	灭火剂储存装置的安装、选择阀及信号反馈装置安装、阀驱动装置安装、灭火剂输送管道安装、喷嘴安装、预制灭火系统安装、控制组件安装，系统调试
		13	泡沫灭火系统（单独组卷）	消防泵的安装、泡沫液储罐的安装、泡沫比例混合器的安装、管道阀门和泡沫消火栓的安装、泡沫产生装置的安装、系统调试
		14	固定水炮灭火系统（单独组卷）	管道及配件安装、设备安装、系统水压试验、系统调试
			建筑给水、排水及采暖分部工程检验批划分规定	建筑给水、排水及采暖分部工程中的子分部中的各个分项检验批数量可按系统、区域、施工段或楼层划分
06	建筑电气	01	室外电气	架空线路及杆上电气设备安装，变压器、箱式变电所安装，成套配电柜、控制柜（屏、台）和动力、照明配电箱（盘）及控制柜安装，电线、电缆导管和线槽敷设，电线、电缆穿管和线槽敷设，电缆头制作、导线连接和线路电气试验，建筑物外部装饰灯具、航空障碍标志灯和庭院路灯安装，建筑照明通电试运行，接地装置安装
			室外电气子分部检验批划分规定	室外电气安装工程中分项工程的检验批，依据庭院大小、投运时间先后、功能分区不同划分
		02	变配电室（单独组卷）	变压器、箱式变电所安装，成套配电柜、控制柜（屏、台）和动力、照明配电箱（盘）及控制柜安装，裸母线、封闭母线、插接式母线安装，电缆沟内和电缆竖井内电缆敷设，电缆头制作、导线连接和线路电气试验，接地装置安装，避雷引下线和变配电室接地干线敷设
			变配电室子分部检验批划分规定	变配电室安装工程中分项工程的检验批，主变配电室为1个检验批；有数个分变配电室，且不属于子单位工程的分部工程，各为1个检验批，其验收记录汇入所有变配电室有关分项工程的验收记录中；如各分变配电室属于各子单位的子分部工程，所属分项工程各为1个检验批，其验收记录应为一个分项工程验收记录，经子分部工程验收记录汇入分部工程验收记录中

第1部分　建筑工程资料管理基本知识

续表

分部工程代号	分部工程名称	子分部工程代号	子分部工程名称	分项工程
06	建筑电气	03	供电干线	裸母线、封闭母线、插接式母线安装，桥架安装和桥架内电缆敷设，电缆沟内和电缆竖井电缆敷设，电线、电缆导管和线槽敷设，电线、电缆穿管和线槽敷线，电缆头制作、导线连接和线路电气试验
			供电干线子分部检验批划分规定	供电干线安装工程中的分项工程检验批，依据供电区段和电气线缆竖井的编号划分
		04	电气动力	成套配电柜、控制柜（屏、台）和动力、照明配电箱（盘）及控制柜安装，低压电动机、电加热器及电动执行机构检查、接线，低压电气动力设备检测、试验和空载试运行，桥架安装和桥架内电缆敷设，电线、电缆导管和线槽敷设，电线、电缆穿管和线槽敷线，电缆头制作、导线连接和线路电气试验，插座、开关、风扇安装
		05	电气照明安装	成套配电柜、控制柜（屏、台）和动力、照明配电箱（盘）安装，电线、电缆导管和线槽敷设，电线、电缆导管和线槽敷线，槽板配线，钢索配线，电缆头制作，导线连接和线路电气试验，普通灯具安装，专用灯具安装，插座、开关、风扇安装，建筑照明通电试运行
			电气动力、电气照明安装子分部检验批划分规定	电气动力和电气照明安装工程中分项工程及建筑物等电位联结分项工程的检验批，其划分的界区，应按设备、系统划分
		06	备用和不间断电源安装	成套配电柜、控制柜（屏、台）和动力、照明配电箱（盘）安装，柴油发电机安装，不间断电源的其他功能单元安装，裸母线、封闭母线、插接式母线安装，电线、电缆导管和线槽敷设，电线、电缆导管和线槽敷线，电缆头制作，导线连接和线路电气试验，接地装置安装
			备用和不间断电源安装子分部检验批划分规定	备用和不间断电源安装工程中分项工程各自成为1个检验批
		07	防雷及接地安装	接地装置安装，避雷引下线和变配电室接地干线敷设，建筑物等电位联结，接闪器安装
			防雷及接地安装子分部检验批划分规定	防雷及接地装置安装工分项工程检验批，人工接地装置和利用建筑物基础钢筋的接地体各为1个检验批，大型基础可按区域划分成几个检验批；避雷引下线安装6层以下的建筑为1个检验批，高层建筑依均压环设置间隔的层数为1个检验批；接闪器安装同一屋面为1个检验批

续表

分部工程代号	分部工程名称	子分部工程代号	子分部工程名称	分项工程
07	智能建筑	01	通信网络系统（单独组卷）	通信系统，卫星及有线电视系统，公共广播系统
		02	办公自动化系统（单独组卷）	计算机网络系统，信息平台及办公自动化应用软件，网络安全系统
		03	建筑设备监控系统（单独组卷）	空调与通风系统，变配电系统，照明系统，给水排水系统，热源和热交换系统，冷冻和冷却系统，电梯和自动扶梯系统，中央管理工作站与操作分站，子系统通信接口
		04	火灾报警及消防联动系统（单独组卷）	火灾和可燃气体探测系统，火灾报警控制系统，消防联动系统
		05	安全防范系统	电视监控系统，入侵报警系统，巡更系统，出入口控制（门禁）系统，停车管理系统
		06	综合布线系统（单独组卷）	缆线敷设和终接，机柜、机架、配线架的安装，信息插座和光缆芯线终端的安装
		07	智能化集成系统	集成系统网络，实时数据库，信息安全，功能接口
		08	电源与接地	智能建筑电源，防雷及接地
		09	环境（单独组卷）	空间环境，室内空调环境，视觉照明环境，电磁环境
		10	住宅（小区）智能化系统（单独组卷）	火灾自动报警及消防联动系统，安全防范系统（含电视监控系统，入侵报警系统，巡更系统、门禁系统、楼宇对讲系统、停车管理系统），物业管理系统（多表现场计量及远程传输系统、建筑设备监控系统、公共广播系统、小区建筑设备监控系统、物业办公自动化系统），智能家庭信息平台
			智能建筑检验批划分规定	智能建筑子分部中的各个分项工程的检验批，应按系统和实际施工情况，经与建设、监理、设计等单位商议在施工合同或协议中约定后划分检验批
08	通风与空调	01	送排风系统	风管与配件制作，部件制作，风管系统安装，空气处理设备安装，消声设备制作与安装，风管与设备防腐，风机安装，系统调试
		02	防排烟系统	风管与配件制作，部件制作，风管系统安装，防排烟风口、常闭正压风口与设备安装，风管与设备防腐，风机安装，系统调试

第1部分　建筑工程资料管理基本知识

续表

分部工程代号	分部工程名称	子分部工程代号	子分部工程名称	分 项 工 程
08	通风与空调	03	除尘系统	风管与配件制作，部件制作，风管系统安装，除尘器与排污设备安装，风管与设备防腐，风机安装，系统调试
		04	空调风系统	风管与配件制作，部件制作，风管系统安装，空气处理设备安装，消声设备制作与安装，风管与设备防腐，风机安装，风管与设备绝热，系统调试
		05	净化空调系统	风管与配件制作，部件制作，风管系统安装，空气处理设备安装，消声设备制作与安装，风管与设备防腐，风机安装，风管与设备绝热，高效过滤器安装，系统调试
		06	制冷设备系统	制冷组安装，制冷剂管道及配件安装，制冷附属设备安装，管道及设备的防腐与绝热，系统调试
		07	空调水系统	管道冷热（媒）水系统安装，冷却水系统安装，冷凝水系统安装，阀门及部件安装，冷却塔安装，水泵及附属设备安装，管道与设备的防腐与绝热，系统调试
			通风与空调分部工程检验批划分规定	通风空调分部工程中的子分部中的各个分项，可根据施工工程的实际情况一次验收或数次验收。分项工程质量的验收规定为根据工程量的大小、施工工期的长短或加工批，可分别采取一个分项一次验收或分数次验收的方法。并按系统和实际施工情况，经与建设、监理、设计等单位商议在施工合同或协议中约定后划分检验批
09	电梯	01	电力驱动的曳引式或强制式电梯安装（单独组卷）	设备进场验收，土建交接检验，驱动主机、导轨、门系统、轿厢、对重（平衡重）、安全部件、悬挂装置、随行电缆、补偿装置、电气装置、整机安装验收
		02	液压电梯安装（单独组卷）	设备进场验收，土建交接检验，驱动主机、导轨、门系统、轿厢、对重（平衡重）、安全部件、悬挂装置、随行电缆、补偿装置、整机安装验收
		03	自动扶梯、自动人行道安装（单独组卷）	设备进场验收，土建交接检验，整机安装验收
			电梯分部工程检验批划分规定	电梯工程应按系统和实际施工情况，经与建设、监理、设计等单位商议在施工合同或协议中约定后划分检验批

续表

分部工程代号	分部工程名称	子分部工程代号	子分部工程名称	分 项 工 程
10	建筑节能	01	墙体节能工程	主体结构基层，保温材料、饰面层
			墙体节能工程子分部检验批划分规定	采用相同材料、工艺和施工做法的墙面，每500～1000m² 面积划分为一个检验批，不足500m² 也为一个检验批。检验批的划分也可根据与施工流程相一致且方便施工与验收的原则，由施工单位与监理（建设）单位共同商定
		02	幕墙节能工程	主体结构基层、隔热材料、保温材料、隔气层、幕墙玻璃、单元式幕墙板块、通风换气系统，遮阳设施，冷凝水收集排放系统
			幕墙节能工程子分部检验批划分规定	相同设计、材料、工艺和施工条件的幕墙工程每500～1000m² 应划分为一个检验批，不足500m² 也应划分为一个检验批。 同一单位工程的不连续的幕墙工程应单独划分检验批。 对于异型或有特殊要求的幕墙，检验批的划分应根据幕墙的结构、工艺特点及幕墙工程规模，由监理单位（或建设单位）和施工单位协商确定
		03	门窗节能工程	门、窗材料、门窗玻璃，遮阳设施
			门窗节能工程子分部检验批划分规定	同一厂家的同一品种、类型、规格的门窗及门窗玻璃每100樘划分为一个检验批，不足100樘也为一个检验批。同一厂家的同一品种、类型和规格的特种门每50樘划分为一个检验批，不足50樘也为一个检验批。对于异型或有特殊要求的门窗，检验批的划分应根据其特点和数量，由监理（建设）单位和施工单位协商确定
		04	屋面节能工程	结构基层、保温隔热层、保护层、防水层、面层
			屋面节能工程检验批划分规定	按屋面不同层高划分检验批
		05	地面节能工程	结构基层、保温层、保护层、面层
			地面节能工程检验批划分规定	检验批可按施工段或变形缝划分；当面积超过200m² 时，每200m² 可划分为一个检验批，不足200m² 也为一个检验批；不同构造做法的地面节能工程应单独划分检验批

第1部分 建筑工程资料管理基本知识

续表

分部工程代号	分部工程名称	子分部工程代号	子分部工程名称	分项工程
10	建筑节能	06	采暖节能工程	系统制式，散热材料，阀门与仪表，热力入口装置，保温材料，调试
			采暖节能工程检验批划分规定	采暖系统节能工程的验收，可按系统、楼层等进行，并应符合《建筑节能工程施工质量验收规范》第3.4.1条的规定
		07	通风与空气调节节能工程	系统制式，通风与空调设备，阀门与仪表，绝热材料，调试
			通风与空气调节节能工程检验批划分规定	通风与空调系统节能工程的验收，可按系统、楼层等进行，并应符合《建筑节能工程施工质量验收规范》第3.4.1条的规定
		08	空调与采暖系统的冷热及管网节能工程	系统制式，冷热源设备，辅助设备，管网，阀门与仪表，绝热材料，保温材料，调试
			空调与采暖系统的冷热及管网节能工程检验批划分规定	空调与采暖系统冷热源设备、辅助设备及其管道和管网系统节能工程的验收，可分别按冷源和热源系统及室外管网进行，并应符合《建筑节能工程施工质量验收规范》第3.4.1条的规定
		09	配电与照明节能工程	低压配电电源，照明光源、灯具，附属装置，控制功能，调试
			配电与照明节能工程检验批划分规定	建筑配电与照明节能工程验收的检验批划分应按《建筑节能工程施工质量验收规范》第3.4.1条的规定。当需要重新划分检验批时，可按照系统、楼层、建筑分区划分为若干个检验批
		10	监测与控制节能工程	冷、热源系统的监测控制系统，空调水系统的监测控制系统，通风与空调系统的监测控制系统，监测与计量装置，供配电监测控制系统，照明自动控制系统，综合控制系统等
			监测与控制节能工程检验批划分规定	子分部中的各个分项工程的检验批，应按系统和实际施工情况，经与建设、监理、设计等单位商议在施工合同或协议中约定后划分检验批

《建筑工程施工质量验收统一标准》（GB 50300—2001）（以下简称统一标准）对工程质量验收的划分有相关的规定，但需要注意的是，项目验收的划分，在某些特殊情况下，应根据其特点和数量，在不脱离标准、规范的前提下，做到理论与实际相结合，且

应由监理（建设）单位和施工单位协商确定。

（1）建筑工程质量验收应坚持"验评分离、强化验收、完善手段、过程控制"的指导思想。验收的划分更要突出"过程控制"的方法。

（2）地基与基础分部，按结构原理应为地下室地坪以下，按验收方法应为±0.000以下，统一验收标准中混凝土基础子分部则没有列出现浇结构分项，应按实际情况进行验收；无支护土方子分部土方开挖分项中，场地平整子分项应划分为施工前期场地平整和施工后期场地平整，否则将影响工程造价；土方开挖、土方回填分项应分层划分检验批；水平和立面水泥砂浆防潮层应归属于地下防水子分部水泥砂浆防水层分项；如果混凝土有抗渗要求的除划分混凝土基础子分部外还应划分地下防水子分部防水混凝土分项；劲钢（管）混凝土子分部中还应按混凝土子分部划分模板、钢筋等分项。

（3）统一验收标准中主体与结构分部砌体结构子分部中，框剪结构、陶粒填充墙砌体的验收应按规范划分为混凝土小型空心砌块砌体、配筋砌体、填充墙砌体三种检验批；构造柱、芯柱、门窗洞口的边框柱、水平系梁均按配筋砌体验收，不再划分混凝土结构的分项（模板、钢筋、混凝土、现浇结构）；如有预制构件的，在混凝土结构子分部中应划分装配式结构分项（含预制构件、结构性能检验、装配式结构施工三种检验批）。

（4）建筑装饰装修分部抹灰子分部中一般抹灰、装饰抹灰分项应按底层、中层、面层划分检验批；门窗子分部应按同一品种、类型和规格划分检验批。

（5）建筑屋面分部工程中的分项工程应按不同楼层屋面、雨篷、屋面面积每500～1000m² 划分为不同的检验批；隔汽层为沥青玛蹄脂的应做中间验收并入卷材防水层分项，为聚氨酯的应并入涂膜防水层分项，为SBS或聚乙烯丙纶（涤纶）的应并入卷材防水层分项；防水层上保护层不单列并入卷材防水层分项或涂膜防水层分项；密封材料嵌缝不论柔性屋面或是刚性屋面均并入刚性屋面子分部（注：台阶、散水虽属装饰装修分部地面子分部，如有嵌缝均按刚性屋面密封材料嵌缝检验分项验收，其结构部分应并入地基与基础分部相应子分部分项验收）。地下室顶板与主体±0.000下相交处，地下室顶板凸出主体部分若需做防水，则应按屋面防水划分检验批。

（6）给水排水及采暖分部：供排水应按照进户供水管→供水立管→户内供水管及卫生器具→排水横管→排水立管→排水出户管的顺序，按系统和实际施工情况划分检验批；采暖应按照进户热水管→热水立管→户内热水管（地辐射盘管）及散热器→回水管→回水立管→回水出户管的顺序，按系统和实际施工情况划分检验批。

（7）建筑电器分部应按照进户管线（接地线）→总配电箱（总等电位箱）→分箱→抄表（刷卡）箱→用户箱→回路→开关插座（用电器具）的顺序，按系统和实际施工情况划分检验批。特别要说明的是由进户管线至用户箱的线路称为干线，其分项应并入供电干线子分部；由用户箱至开关插座间的回路称为支线，其分项应并入电器照明安装子分部。

（8）智能建筑分部、通风与空调分部、电梯分部工程如按照《建筑工程施工质量验收统一标准》（GB 50300—2001）分项工程划分，与条文不完全一致，应按系统和实际

第1部分 建筑工程资料管理基本知识

施工情况,经与建设、监理、设计等单位商议在施工合同或协议中约定后划分检验批。

(9)《建筑节能工程施工质量验收规范》(GB 50411—2007)中节能分部分项工程划分,其分项工程相当于统一验收标准中的子分部,主要验收内容相当于统一验收标准中的分项工程。

室外工程划分见表1-2-4所示。

室外工程划分　　　　　　　　　　　　　　表1-2-4

单位工程	子单位工程	分部(子分部)工程
室外建筑环境	附属建筑	车棚、围墙、大门、挡土墙、垃圾收集站
	室外环境	建筑小品、道路、亭台、连廊、花坛、场坪绿化
室外安装	给水排水与采暖	室外给水系统、室外排水系统、室外供热系统
	电气	室外供电系统、室外照明系统

施工质量验收各项检查记录表的编制见表1-2-5所示。

单位、子单位工程质量控制资料核查记录表　　　　表1-2-5

工程名称		施工单位		编号		
序号	项目	资料名称	份数	核查意见		核查人
1	建筑与结构	图纸会审,设计变更,洽商记录				
2		工程定位测量,放线记录				
3		原材料出厂合格证书及进场检(试)验报告				
4		施工试验报告及见证检测报告				
5		隐蔽工程验收记录				
6		施工记录				
7		预制构件、预拌混凝土合格证				
8		地基基础、主体结构检验及抽样检测资料				
9		分项、分部工程质量验收记录				
10		工程质量事故及事故调查处理资料				
11		新材料、新工艺施工记录				
1	给水排水与采暖	图纸会审,设计变更,洽商记录				
2		材料、配件出厂合格证书及进场检(试)验报告				
3		管道、设备强度试验、严密性试验记录				
4		隐蔽工程验收记录				
5		系统清洗、灌水、通水、通球试验记录				
6		施工记录				
7		分项、分部工程质量验收记录				

续表

序号	项目	资料名称	份数	核查意见	核查人
1	建筑电气	图纸会审，设计变更，洽商记录			
2		材料、配件出厂合格证书及进场检（试）验报告			
3		设备调试记录			
4		接地、绝缘电阻测试记录			
5		隐蔽工程验收记录			
6		施工记录			
7		分项、分部工程质量验收记录			
1	通风与空调	图纸会审，设计变更，洽商记录			
2		材料、配件出厂合格证书及进场检（试）验报告			
3		制冷、空调、水管道强度试验、严密性试验记录			
4		隐蔽工程验收记录			
5		制冷设备运行调试记录			
6		通风、空调系统调试记录			
7		施工记录			
8		分项、分部工程质量验收记录			
1	电梯	土建布置图纸会审，设计变更，洽商记录			
2		设备出厂合格证书及开箱检验记录			
3		隐蔽工程验收记录			
4		施工记录			
5		接地、绝缘电阻测试记录			
6		负荷试验、安全装置检查记录			
7		分项、分部工程质量验收记录			
1	建筑智能化	图纸会审，设计变更，洽商记录，竣工图及设计说明			
2		材料、设备出厂合格证书及进场检（试）验报告			
3		隐蔽工程验收记录			
4		系统功能测定及设备调试记录			
5		系统技术、操作和维护手册			
6		系统管理、操作人员培训记录			
7		系统检测报告			
8		分项、分部工程质量验收报告			

第1部分 建筑工程资料管理基本知识

续表

序号	项目	资料名称	份数	核查意见	核查人
1	建筑节能	图纸会审，设计变更，洽商记录，竣工图及设计说明			
2		材料、配件出厂合格证书及进场检（试）验报告			
3		隐蔽工程验收记录			
4		施工记录			
5		施工试验报告及见证检测报告			
6		分项、分部工程质量验收记录			

结论：

施工单位项目经理　　年　月　日　　总监理工程师（建设单位项目负责人）　　年　月　日

单位（子单位）工程安全和功能检验资料核查及主要功能抽查记录见表 1-2-6 所示。

单位（子单位）工程安全和功能检验资料核查及主要功能抽查记录　　表 1-2-6

工程名称		施工单位		编号		
序号	项目	资料名称	份数	核查意见	抽查结果	核查（抽查）人
1	建筑与结构	屋面淋水试验记录（使用功能）				
2		地下室防水效果检查记录（使用功能）				
3		有防水要求的地面蓄水试验记录（使用功能）				
4		建筑物垂直度、标高、全高测量记录（安全功能）				
5		抽气（风）道检查记录（使用功能）				
6		建筑物沉降观测测量记录（安全功能）				
7		室外环境检测报告（主要功能）				
1	给水排水与采暖	给水管道通水试验记录（使用功能）				
2		暖气管道、散热器压力试验记录（使用功能）				
3		卫生器具江水试验记录（使用功能）				
4		消防管道、暖气管道压力试验记录（使用功能）				
5		排水干管通球试验记录（使用功能）				
1	电气	照明全负荷试验记录（使用功能）				
2		大型灯具牢固性试验记录（安全功能）				
3		避雷接地电阻测试记录（安全功能）				
4		线路、插座、开关接地检验记录（安全功能）				

续表

序号	项目	资料名称	份数	核查意见	抽查结果	核查（抽查）人
1	通风与空调	通风、空调系统调试记录（使用功能）				
2		风量、温度测试记录（主要功能）				
3		洁净室洁净度测试记录（使用功能）				
4		制冷机组试运行调试记录（使用功能）				
1	电梯	电梯运行记录（使用功能）				
2		电梯安全装置检测报告（安全功能）				
1	建筑智能化	系统试运行记录（使用功能）				
2		系统电源及接地检测报告（使用功能）（安全功能）				
1	建筑节能	幕墙及外窗气密性、水密性、耐风压检测报告（主要功能）				
2		节能、保温测试记录（主要功能）				

结论：

施工单位项目经理　　年　月　日　　　　总监理工程师（建设单位项目负责人）　　年　月　日

注：抽查项目由验收组协商确定。

单位（子单位）工程观感质量检查记录见表1-2-7所示。

单位（子单位）工程观感质量检查记录　　　　表1-2-7

工程名称			施工单位		编号			
序号		项目	抽查质量状况			质量评价		
						好	一般	差
1	建筑与结构	室外墙面						
2		变形缝						
3		水落管，屋面						
4		室内墙面						
5		室内顶棚						
6		室内地面						
7		楼梯、踏步、护栏						
8		门窗						
1	给排水与采暖	管道接口、坡度、支架						
2		卫生器具、支架、阀门						
3		检查口、扫除口、地漏						
4		散热器、支架						

第1部分 建筑工程资料管理基本知识

续表

序号	项目		抽查质量状况	质量评价		
				好	一般	差
1	建筑电气	配电箱、盘、板、接线盒				
2		设备器具、开关、插座				
3		防雷、接地				
1	通风与空调	风管、支架				
2		风口、风阀				
3		风机、空调设备				
4		阀门、支架				
5		水泵、冷却塔				
6		绝热				
1	电梯	运行、平层、开关门				
2		层门、信号系统				
3		机房				
1	智能建筑	机房设备安装及布局				
2		现场设备安装				
3						
	观感质量综合评价					

检查结论	施工总承包单位项目经理 　　　年　月　日	总监理工程师（建设单位项目负责人） 　　　年　月　日

注：质量评价为差的项目，应进行返修。

3 工程准备阶段资料管理

工程准备阶段资料主要是由建设单位负责管理，资料的内容包括六部分，分别为决策立项资料、建设用地文件、勘察设计文件、招投标及合同文件、开工文件、商务文件及其他文件。建设单位文件资料的形成过程如图1-3-1所示。

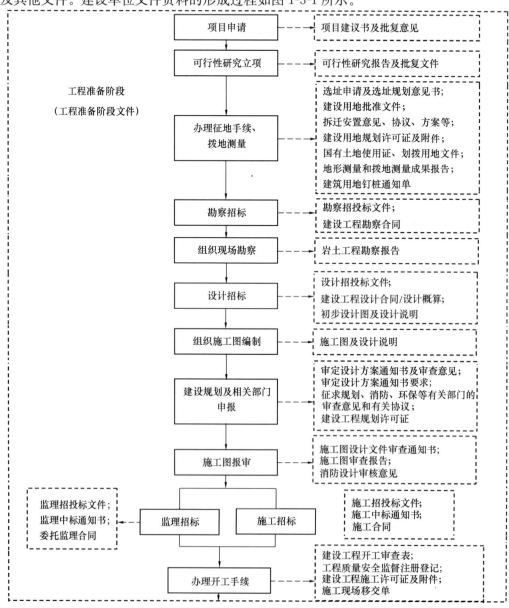

图 1-3-1　建设单位文件资料的形成过程

第1部分　建筑工程资料管理基本知识

3.1　决策立项文件

（1）项目建议书

项目建议书（或称立项申请）是项目建设筹建单位或项目法人，根据国民经济和社会发展的长期规划、产业政策、生产力布局、国内外市场、地区规划、经济建设的方针、技术经济政策和建设任务，结合资源情况、建设布局等条件和要求，经过调查、预测和分析，向有关部门提出的对某个投资建设项目需要进行可行性研究的建议性文件，是对拟建项目提出的框架性总体设想。项目建议书是项目发展周期的初始阶段，是国家选择项目的依据，也是可行性研究的依据。

项目建议书的基本内容：项目建议书只是投资前对项目的轮廓性设想。主要从投资述说的必要性方面论述，同时初步分析投资建设的可行性。基本内容有：1）投资项目提出的必要性；2）产品方案、拟建规模和建设地点的初步设想；3）资源情况、建设条件、协作关系的初步分析；4）投资估算和资金筹措及还贷方案设想；5）项目进度安排；6）经济效果和社会效益的初步评价；7）环境影响初步评价。

项目建议书的编报程序是：项目建议书由政府部门、全国性专业公司以及现有企事业单位或新组成的项目法人提出，其中，跨地区、跨行业的建设项目以及对国计民生有重大影响的项目、国内合资建设项目，应由有关部门和地区联合提出；中外合资、合作经营项目，在中外投资者达成意向性协议书后，再根据国内有关投资政策、产业政策编制项目建议书；大中型和限额以上拟建项目上报项目建议书时，应附初步可行性研究报告。初步可行性研究报告由有资格的设计单位或工程咨询公司编制。

（2）项目建议书的批复文件：根据项目大小、投资主体的不同，项目建议书的批复文件分别由国家、行业或地方政府管理部门审批。

（3）可行性研究报告及附件：是由建设单位委托有资质的工程咨询单位编制。

（4）可行性研究报告批复文件：大中型项目由国家发展改革委员会或由国家发展改革委员会委托的有关单位审批；小型项目分别由行业或国家有关主管部门审批；建设资金自筹的企业大中型项目由市发展改革委员会审批，报国家及有关部门备案；地方投资的文教、卫生事业的大中型项目由市发展改革委员会审批。

（5）关于立项的会议纪要、领导批示：由建设单位或其上级主管单位形成。

（6）工程立项的专家建议资料：由建设单位形成。

（7）项目评估研究资料：由建设单位组成。

3.2　建设用地文件

（1）选址申请及选址规划意见通知书：依据《中华人民共和国城乡规划法》规定，按照国家规定需要有关部门批准或者核准的建设项目，以划拨方式提供国有土地使用权的，建设单位在报送有关部门批准或者核准前，应当向城乡规划主管部门申请核发选址意见书。选址申请及选址规划意见通知书由各级规划委员会审批。

（2）建设用地批准文件：依据《中华人民共和国土地管理法》规定，经批准的建设项目需要使用国有建设用地的，建设单位持建设项目的有关批准文件，向市、县人民政府土地行政主管部门提出建设用地申请，由市、县人民政府土地行政主管部门审查，拟订供地方案，报市、县人民政府批准；需要上级人民政府批准的，应当报上级人民政府批准。由此，建设用地批准文件由市、县级国有土地管理部门办理。

供地方案经批准后，由市、县人民政府向建设单位颁发建设用地批准书。有偿使用国有土地的，由市、县人民政府土地行政主管部门与土地使用者签订国有土地有偿使用合同；划拨使用国有土地的，由市、县人民政府土地行政主管部门向土地使用者核发国有土地划拨决定书。

（3）拆迁安置意见、协议、方案等：应由建设单位组织协商形成。

（4）建设用地规划许可证及其附件：依据《中华人民共和国城乡规划法》规定，在城市、镇规划区内以划拨方式提供国有土地使用权的建设项目，经有关部门批准、核准、备案后，建设单位应当向市、县人民政府城乡规划主管部门提出建设用地规划许可申请，由市、县人民政府城乡规划主管部门依据控制性详细规划核定建设用地的位置、面积、允许建设的范围，核发建设用地规划许可证。由此，建设用地规划许可证由建设单位提出申请，规划行政管理部门办理。

（5）国有土地使用证、划拨建设用地文件均由国有土地管理部门办理。

3.3　勘察设计文件

（1）岩土工程勘察报告：是对于一个建设项目，为查明建筑物的地质条件而进行的综合性的地质勘察工作的成果报告。报告是由建设单位委托的勘察单位勘察形成的，并应符合《岩土工程勘察规范》（GB 50021—2001）的规定。

（2）建设用地钉桩通知单（书）：规划行政主管部门在核发规划许可证时，应向建设单位一并发放建设用地钉桩通知单。建设单位在施工前应当向规划行政主管部门提交完整的建设用地钉桩通知单，收到上报的验线申请后3个工作日内组织验线。经验线合格后方可施工。

（3）地形测量和拨地测量成果报告：工程建设地形测量是指在建设用地范围内要测出所测区域所有的地物和地貌，即水文、植被、建筑物等地形变化。拨地测量是指土地使用者（指单位及团体）转拨给另一使用者或土地管理部门依法将国有土地划拨给使用者后，按规定手续将土地的划拨范围及界线（桩位），准确标定于实地的测量过程。成果报告的内容包括拨地条件、成果表、工作说明、略图、条件坐标、内外业作业计算记录手簿等资料，通常将拨地资料和定线成果展绘在1∶1000或1∶500的地形图上，建立图档。最终，地形测量和拨地测量成果报告由测绘单位测绘形成。

（4）审定设计方案通知书及审查意见：由规划行政管理部门审批形成。审定设计方案通知书要求征求有关部门的审查意见和要求取得有关协议，由有关部门审查形成。

（5）初步设计图及设计说明：初步设计图主要包括总平面图、建筑图、结构图、给水排水图、电气图、弱电图、采暖通风及空调图、动力图、技术与经济概算等。初步设计书说明是由设计总说明和各专业的设计说明书组成。

（6）消防设计审核意见：依据《中华人民共和国消防法》的规定，按照国家工程建设消防技术标准需要进行消防设计的建设工程的消防设计、施工，必须符合国家工程建设消防技术标准。建设单位应当将消防设计文件报送公安机关消防机构审核。未经依法审核或者审核不合格的，负责审批该工程施工许可的部门不得给予施工许可证，建设单位、施工单位不得施工；其他建设工程取得施工许可后经依法抽查不合格的，应当停止施工。消防设计审核意见应由消防部门审核形成。

（7）施工图设计文件审查通知书及审查报告：依据《房屋建筑和市政基础设施工程施工图设计文件审查管理办法》的规定，施工图审查是指建设主管部门认定的施工图审查机构（以下简称审查机构）按照有关法律、法规，对施工图涉及公共利益、公众安全和工程建设强制性标准的内容进行的审查。审查机构应当对施工图审查下列内容：

1）是否符合工程建设强制性标准；

2）地基基础和主体结构的安全性；

3）勘察设计企业和注册执业人员以及相关人员是否按规定在施工图上加盖相应的图章和签字；

4）其他法律、法规、规章规定必须审查的内容。

（8）施工图设计及说明是由设计单位提供。

3.4 招投标及合同文件

（1）勘察、设计、监理、施工招投标文件：勘察、设计、监理、施工招投标是指招标人在实施工程勘察、设计、监理、施工工作之前，以公开或邀请书的方式提出招标项目的指标要求、投资限额和实施条件等，由愿意承担勘察、设计、监理、施工任务的投标人按照招标文件的要求和条件，报出工程项目的投标文件，然后由招标人通过开标、评标、定标确定中标人的过程。凡具有国家批准的勘察、设计、监理、施工许可证，并具有经有关部门核准的资质等级证书的勘察、设计、监理、施工单位，都可以按照批准的业务范围参加投标。建设工程勘察、设计、监理、施工招标和投标双方都应具有法人资格。招投标是法人之间的经济活动，受国家法律的保护和制约。勘察、设计、监理、施工招投标文件是由建设单位与投标单位形成的。

（2）勘察、设计、监理、施工合同文件：是由建设单位分别与勘察、设计、监理、施工单位签订形成。勘察、设计、监理、施工合同是建设单位（发包方）和勘察、设计、监理、施工企业（承包方）在工程建设项目中必须共同遵循的法律文件和技术经济文件。勘察、设计、监理、施工合同是以工程勘察、设计、监理、施工为目的，明确建设工程发包方和承包方在项目实施中的权利和义务，是建设工程项目实施的法律依据。

3.5 开工文件

（1）建设项目列入年度计划的申报文件：由建设行政主管部门编制形成。

（2）建设项目列入年度计划的批复文件或年度计划项目表：由建设行政主管部门审批形成。

(3) 规划审批申报表及报送的文件和图纸：由规划行政部门编制形成。

(4) 建设工程规划许可证及其附件：建设工程规划许可证是由建设单位申请，规划行政主管部门办理形成。

依据《中华人民共和国城乡规划法》规定在城市、镇规划区内进行建筑物、构筑物、道路、管线和其他工程建设的建设单位或者个人应当向城市、县人民政府城乡规划主管部门或者省、自治区、直辖市人民政府确定的镇人民政府申请办理建设工程规划许可证。申请办理建设工程规划许可证，应当提交使用土地的有关证明文件、建设工程设计方案等材料。需要建设单位编制修建性详细规划的建设项目，还应当提交修建性详细规划。对符合控制性详细规划和规划条件的，由城市、县人民政府城乡规划主管部门或者省、自治区、直辖市人民政府确定的镇人民政府核发建设工程规划许可证。

城市、县人民政府城乡规划主管部门或者省、自治区、直辖市人民政府确定的镇人民政府应当依法将经审定的修建性详细规划、建设工程设计方案的总平面图予以公布。

在乡、村庄规划区内进行乡镇企业、乡村公共设施和公益事业建设的建设单位或者个人应当向乡、镇人民政府提出申请，由乡、镇人民政府报城市、县人民政府城乡规划主管部门核发乡村建设规划许可证。

在乡、村庄规划区内使用原有宅基地进行农村村民住宅建设的规划管理办法，由省、自治区、直辖市制定。

在乡、村庄规划区内进行乡镇企业、乡村公共设施和公益事业建设以及农村村民住宅建设，不得占用农用地；确需占用农用地的，应当依照《中华人民共和国土地管理法》有关规定办理农用地转用审批手续后，由城市、县人民政府城乡规划主管部门核发乡村建设规划许可证。

建设单位或者个人在取得乡村建设规划许可证后，方可办理用地审批手续。

(5) 建设工程施工许可证及其附件：依据《中华人民共和国建筑法》的规定：建筑工程开工前，建设单位应当按照国家有关规定向工程所在地县级以上人民政府建设行政主管部门申请领取施工许可证；但是，国务院建设行政主管部门确定的限额以下的小型工程除外。按照国务院规定的权限和程序批准开工报告的建筑工程，不再领取施工许可证。建设工程施工许可证通常要经过申请、审批、办理、核发等过程。

1) 申请领取施工许可证，应当具备下列条件：
① 已经办理该建筑工程用地批准手续；
② 在城市规划区的建筑工程，已经取得规划许可证；
③ 需要拆迁的，其拆迁进度符合施工要求；
④ 已经确定建筑施工企业；
⑤ 有满足施工需要的施工图纸及技术资料；
⑥ 有保证工程质量和安全的具体措施；
⑦ 建设资金已经落实；
⑧ 法律、行政法规规定的其他条件。

2) 审批建设施工许可证：建设行政主管部门及有关部门接到工程开工审批表后，

第1部分　建筑工程资料管理基本知识

执行审批程序。

3）办理建设工程施工许可证：当建设单位缴纳各种规定的建设费用后方可办理建设工程施工许可证。规定的缴纳费用项目包括：人防专项基金、墙改专项基金、散装水泥专项基金、劳保统筹、质量监督费、防雷监督费、城市配套费、其他相关费用。

4）核发建设工程施工许可证：由具有审批权限的建设行政主管部门核发建设工程项目施工许可证。

（6）工程质量安全监督注册登记：依据《建设工程质量管理条例》的规定，建设单位在领取施工许可证或者开工报告前，应当按照国家有关规定办理工程质量监督手续。办理质量监督注册手续时，建设单位应提供下列主要文件：

1）建设项目计划审批原件；
2）工程规划许可证；
3）工程开工审查表；
4）勘察、设计单位资质等级证书和工程勘察设计文件；
5）施工图审查批准书；
6）监理单位资质等级证书以及工程监理通知书；
7）外埠进驻施工企业承包工程施工证；
8）中标通知书和建设单位与施工企业签订的施工合同。

建设单位在提交上述文件后，方可办理监督注册登记并填写《建设工程质量监督注册登记表》，表略（没有统一格式）。由监督注册部门审查符合要求后，当即办理监督注册手续，指定监督机构并发出《质量监督通知书》。然后在《建设工程开工审查表》及《建设工程质量注册登记表》内加盖监督机构专用章。

9）工程质量安全监督注册登记：依据《建设工程安全生产管理条例》的规定，建设单位在申请领取施工许可证前，应当提供建设工程有关安全施工措施的资料。依法批准开工报告的建设单位应当自开工报告批准之日起15日内，将保证安全施工的措施报送建设工程所在地的县级以上地方人民政府建设行政主管部门或者其他有关部门备案。办理工程质量安全监督注册手续时，建设单位应提供下列主要文件（参考）：

① 核查的资料

A. 建设工程规划许可证；
B. 施工、监理单位中标通知书、合同；
C. 施工、监理单位资质证书；
D. 经监理单位审定的（无监理单位介入的项目由施工单位技术负责人审定），包含施工安全技术措施的施工组织设计。

② 须提供的资料

A. 经建设行政主管部门审查的全套施工图设计文件、审查意见（复印件），存档；
B. 岩土工程勘察报告（复印件），存档；
C. 施工企业安全生产许可证及年审记录（复印件），存档；
D. 施工企业现场安全生产管理机构人员名单、项目建造师和项目专职安全员的安全生产考核合格证书、年审记录及继续教育记录（复印件）；

  E. 监理单位总监理工程师及监理员的执业证书；

  F. 建设单位危险性较大的分部分项工程安全管理措施；

  G. 施工单位危险性较大的分部分项工程安全管理制度；

  H. 监理单位危险性较大的分部分项工程安全管理制度；

  I. 法律法规规定的其他文件资料。

  建设单位在提交上述文件后，由监督注册部门审查符合要求后，当即办理监督注册手续。

  （7）工程开工前的原貌影像资料、施工现场移交单：应由建设单位收集、提供。

3.6　商务文件

  工程投资估算资料、工程设计概算资料、工程施工图预算资料，均由建设单位委托工程造价咨询单位提供。

第1部分 建筑工程资料管理基本知识

4 监理单位文件资料管理

监理资料可分为监理管理资料（B1）、进度控制资料（B2）、质量控制资料（B3）、造价控制资料（B4）、合同管理资料（B5）和竣工验收资料（B6）六类。监理、施工单位文件资料的形成过程如图1-4-1所示。

4.1 监理管理资料

4.1.1 监理规划

监理规划是结合项目具体情况制定的指导整个项目监理工作开展的纲领性文件；监理规划在签订委托合同及收到设计文件后由总监理工程师主持，专业监理工程师共同参与编制。监理规划由总监及编制人员、监理单位技术负责人签字，并加盖单位公章。

4.1.2 监理实施细则

监理实施细则是在监理规划指导下，由专业监理工程师针对各专业具体情况制定的具有实施性和可操作性的业务文件。监理实施细则必须有项目总监理工程师批准方可实施。

4.1.3 监理月报

项目施工过程中，项目监理机构就工程实施情况和监理工作定期向建设单位所作的汇报。监理月报由项目总监组织编写，签署后报送建设单位或本监理单位。

监理月报的内容包括：本月工程概况、工程形象进度、工程进度、工程质量、工程计量与工程款支付、合同其他事项的处理情况、本月监理工作小结。

4.1.4 监理会议纪要

监理会议纪要是由项目监理部根据会议记录整理，经过总监理工程师审阅，与会各方代表会签确认完成。会议纪要的主要内容包括：例会地点与时间；会议主持人；与会人员姓名、单位、职务；例会的主要内容、事项等。

4.1.5 监理日志

监理日志以项目监理工作为记载对象，自该项目监理工作开始之日起至该项目监理工作结束止，有专人负责逐日连续记载。监理日志的主要内容包括：施工记录（施工人数、作业内容及部位；使用的主要设备、材料；主要分部、分项工程开工、完工的标记），注意事项记载（巡检、旁站、见证记载；报验及验收结果；材料、设备、构配件和主要施工机械设备进场验收情况；施工单位资料报审及审查结果；所发监理通知书的主要内容；建设、施工单位提出的有关事宜及处理意见；工地会议的有关问题；质量事故处理方案；异常事件对施工的影响情况；设计人员现场交底的有关事宜；上级有关部门现场检查、指导意见；其他事项）。

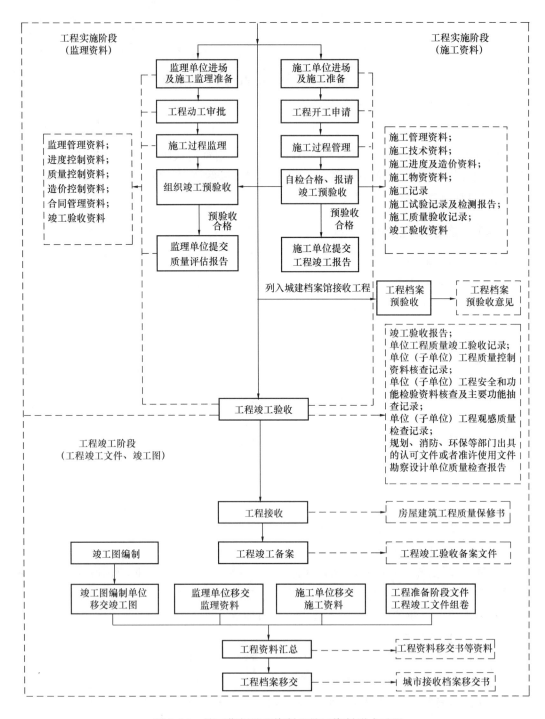

图 1-4-1　施工期间监理资料和施工资料形成过程

4.1.6　工作联系单

工作联系单是监理单位和其他参建单位传递意见、建议、决定、通知等的联系用表，工作联系单可采用表 1-4-1 的格式。当不需回复时应有签收记录，并应注明收件人的姓名、单位和收件日期，并由有关单位各保存一份。

第1部分 建筑工程资料管理基本知识

工作联系单（B.1.1）　　　　　　　　　　　　　表1-4-1

工程名称	××市×中学教学楼	编号	00-00-B1-002

致××建筑安装有限公司（施工单位）
事由：关于贵公司资质及项目组织机构报审事宜
内容：请×××建筑安装有限公司于××年×月×日前将贵公司的资质副本复印件及教学楼项目组织机构人员名单、人员岗位证件报送我公司现场监理部。

　　　　　　　　　　　　　　　　　　　　单位××市××监理有限责任公司
　　　　　　　　　　　　　　　　　　　　负责人×××
　　　　　　　　　　　　　　　　　　　　日期××年×月×日

4.1.7 工程师通知单

监理工程师通知单应符合现行国家标准《建设工程监理规范》（GB 50319—2000）的有关规定。

（1）对未经监理人员验收或验收不合格的工程材料、构配件、设备，监理人员应拒绝签认，并应签发监理工程师通知单，书面通知承包单位限期将不合格的工程材料、构配件、设备撤出现场。

（2）专业监理工程师应检查进度计划的实施，并记录实际进度及其相关情况，当发现实际进度滞后于计划进度时，应签发监理工程师通知单指令承包单位采取调整措施。监理单位填写的监理工程师通知单应一式两份，并应由监理单位、施工单位各保存一份。监理工程师通知单宜采用表1-4-2的格式。

监理工程师通知单（B.1.2）　　　　　　　　　　表1-4-2

工程名称	××市×中学教学楼	编号	01-01-B1-×××

致××建筑安装有限公司（施工总承包单位/专业承包单位）
事由：关于基坑开挖边坡放坡相关事宜
内容：
1. 贵单位承建的教学楼在基坑开挖时未按施工方案进行放坡，请接通知后立即整改，按原定施工方案施工。
2. 现正当雨季，请做好边坡防护，防止边坡塌方。

　　　　　　　　　　　　　　　　　　　　监理单位××监理有限责任公司
　　　　　　　　　　　　　　　　　　　　总/专业监理工程师×××
　　　　　　　　　　　　　　　　　　　　日期　××年×月×日

4.1.8 工程暂停令

工程暂停令应符合现行国家标准《建设工程监理规范》（GB 50319—2000）的有关规定。监理人员发现施工存在重大质量隐患，可能造成质量事故或已经造成质量事故，应通过总监理工程师及时下达工程暂停令，要求承包单位停工整改。整改完毕并经监理人员复查，符合规定要求后，总监理工程师应及时签署工程复工报审表。总监理工程师下达工程暂停令和签署工程复工报审表，宜事先向建设单位报告。

在发生下列情况之一时，总监理工程师可签发工程暂停令：建设单位要求暂停施工且工程需要暂停施工；为了保证工程质量而需要进行停工处理；施工出现了安全隐患，总监理工程师认为有必要停工以消除隐患；发生了必须暂时停止施工的紧急事件；承包单位未经许可擅自施工，或拒绝项目监理机构管理。

监理单位签发的工程暂停令应一式三份,并应由建设单位、监理单位、施工单位各保存一份。工程暂停令宜采用表1-4-3的格式。

工程暂停令（B.1.3） 表1-4-3

工程名称	××市×中学教学楼	编号	01-01-B1-×××

致××建筑安装有限公司（施工总承包单位/专业承包单位）
由于贵单位边坡开挖放坡坡度不够,仍断续基础施工的原因,现通知你方必须于×××年×月×日12：00时起,对本工程的独立基础施工部位（工序）实施暂停施工,并按要求做好下述各项工作：
1. 做好基坑边的临边防护。
2. 边坡放坡不够的地方进行放坡处理,消除安全隐患。
3. 做好现场其他工作。

监理单位××监理有限责任公司
总监理工程师×××
日期　××年×月×日

4.2 监理进度控制资料

4.2.1 工程开工/复工报审表

工程开工报审表内容应符合现行国家标准《建设工程监理规范》（GB 50319—2000）的有关规定。即专业监理工程师应审查承包单位报送的工程开工报审表及相关资料,具备以下开工条件时,由总监理工程师签发,并报建设单位：

（1）施工许可证已获政府主管部门批准；
（2）征地拆迁工作能满足工程进度的需要；
（3）施工组织设计已获总监理工程师批准；
（4）承包单位现场管理人员已到位,机具、施工人员已进场,主要工程材料已落实；
（5）进场道路及水、电、通信等已满足开工要求。

整个项目一次开工,只填报一次,如工程项目含有多个单位工程且开工时间不同,则每个单位工程都应填报一次。工程开工/复工报审表宜采用表1-4-4的格式。

工程开工/复工报审表（C.3.1） 表1-4-4

工程名称	××市×中学教学楼	编号	00-00-B2-×××

致××监理有限责任公司　（监理单位）
　根据合同约定,我方已完成了开工/复工条件,特此申请施工,请核查并批准开/复工
附件：具备的开工条件：
　　工程施工许可证（复印件）；
　　工程测量放线；
　　主要人员、材料、设备进场；
　　施工现场道路、水电、通信已达到开工条件。
施工单位名称××建筑安装有限公司　　　　　　项目经理（签字）：　×××　××年×月×日

审查意见：
×××建筑安装有限公司所报×××工程开工资料齐全、有效,具备动工条件
监理工程师（签字）：×××　　　　　　　　　　　　　　　　　　　　××年×月×日
审批结论：同意××年×月×日开工。
监理单位名称：××监理有限责任公司　　　　　　监理工程师签字：×××　××年×月×日

第1部分 建筑工程资料管理基本知识

4.2.2 施工进度计划报审表

施工进度计划报审表是项目监理机构对承包单位所报送的工程施工进度计划的审批答复表。该表应由监理机构的监理工程师填写,并由项目总监理工程师签认。内容应符合现行国家标准《建设工程监理规范》(GB 50319—2000)的有关规定。施工进度计划报审表宜采用表 1-4-5 的格式。

施工进度计划报审表 (C.3.3)　　　　　　　表 1-4-5

工程名称	××市×中学教学楼	编号	00-00-B2-×××
致××监理有限责任公司（监理单位） 　　由我方承包××市×中学教学楼工程的施工进度计划已编制完成,请审查确认。 附件: ××市×中学教学楼施工进度计划（120 页） 施工项目部（盖章） 项目经理（签字）××× 施工单位名称××建筑安装有限公司　　　　　项目经理（签字）：　×××　　××年×月×日			
专业监理工程师审查意见: □报审表格填写不符合要求,现予退回。请重新填表报审。 □编制的施工进度计划不符合要求,现予退回。请按审查附件要求抓紧完善后再行填表报审。 ■报审的施工进度计划符合要求,请总监理工程师审定。 附件：B2-×××　号监理通知 　　　　　　　　　　　　　　　　专业监理工程师（签字）：×××　　××年×月×日			
总监理工程师审定意见: 同意专业监理工程师的审查意见,并请建设单位签署意见。 　　　　　　　　　　　　　　　　　　　　　　　　　项目监理部（盖章） 　　　　　　　　　　　　　　　　总监理工程师（签字）：×××　　××年×月×日			
建设单位意见: 同意 　　　　　　　　　　　　　　　　建设单位代表（签字）：×××　　××年×月×日			
签收人	监理单位 ××年×月×日	施工单位 ××年×月×日	建设单位 ××年×月×日

4.3 监理质量控制资料

4.3.1 旁站监理记录

监理员担任旁站工作,发现问题及时指出并向专业监理工程师报告,做好监理日记和有关的监理记录。旁站监理记录应符合现行国家标准《建设工程监理规范》(GB 50319—2000)的有关规定。监理单位填写的旁站监理记录应一式三份,并应由建设单位、监理单位、施工单位各保存一份。旁站监理记录宜采用表 1-4-6 的格式。

旁站监理记录(B.3.1)　　　　　　　　表 1-4-6

工程名称	××市×中学教学楼		编号	01-06-B3-×××
开始时间	××年×月×日×时	结束时间 ××年×月×日×时	日期及天气	晴
监理部位或工序:独立基础及防水筏板混凝土浇筑				
施工情况:采用 C40 商品混凝土泵送浇筑,施工过程按规范操作				
监理情况:×××监理从混凝土浇筑开始至结束均在现场				
发现问题:混凝土浇筑过程中商品混凝土供应不及时,局部混凝土出现初凝				
处理结果:现场搅拌同强度等级砂浆浇在初凝接槎处				
备注:				
监理单位名称:××监理有限责任公司 旁站监理人员(签字):×××		施工单位名称:××建筑安装有限公司 质检员(签字):　×××		

4.3.2 见证取样和送检见证人员备案表

依据《房屋建筑工程和市政基础设施工程实行见证取样和送检的规定》:见证人员应由建设单位或该工程的监理单位具备建筑施工试验知识的专业技术人员担任,并应由建设单位或该工程的监理单位书面通知施工单位、检测单位和负责该项工程的质量监督机构。专业监理工程师应对承包单位报送的拟进场工程材料、构配件和设备的工程材料/构配件/设备报审表及其质量证明资料进行审核,并对进场的实物按照委托监理合同约定或有关工程质量管理文件规定的比例采用平行检验或见证取样方式进行抽检。

对未经监理人员验收或验收不合格的工程材料、构配件、设备,监理人员应拒绝签认,并应签发监理工程师通知单,书面通知承包单位限期将不合格的工程材料、构配件、设备撤出现场。

监理单位填写的见证取样和送检见证人员备案表应一式五份,质量监督站、检测单位、建设单位、监理单位、施工单位各保存一份。见证取样和送检见证人员备案表宜采用表 1-4-7 的格式。

第1部分 建筑工程资料管理基本知识

见证取样和送检见证人员备案表（B.3.2）　　　　表 1-4-7

工程名称	××市×中学教学楼	编号	00-00-B3-×××
质量监督站	××市建设工程质量监督站	日期	×年×月×日
检测单位	××市××建筑材料检测中心		
施工总承包单位	×××建筑有限公司		
专业承包单位	/		
鉴证人员签字	××× ××× ××× ×××	见证取样和送检印章	××监理有限责任公司 见证取样和送检印章
建设单位（章） ××市×中学		监理单位（章） ××监理有限责任公司	

4.3.3 见证记录

依据《房屋建筑工程和市政基础设施工程实行见证取样和送检的规定》建建[2000] 211 号规定：涉及结构安全的试块、试件和材料见证取样和送检的比例不得低于有关技术标准中规定应取样数量的 30%。下列试块、试件和材料必须实施见证取样和送检：

(1) 用于承重结构的混凝土试块；
(2) 用于承重墙体的砌筑砂浆试块；
(3) 用于承重结构的钢筋及连接接头试件；
(4) 用于承重墙的砖和混凝土小型砌块；
(5) 用于拌制混凝土和砌筑砂浆的水泥；
(6) 用于承重结构的混凝土中使用的掺加剂；
(7) 地下、屋面、厕浴间使用的防水材料；
(8) 国家规定必须实行见证取样和送检的其他试块、试件和材料。

在施工过程中，见证人员应按照见证取样和送检计划，对施工现场的取样和送检进行见证，取样人员应在试样或其包装上作出标识、封志。标识和封志应标明工程名称、取样部位、取样日期、样品名称和样品数量，并由见证人员和取样人员签字。见证人员应制作见证记录，并将见证记录归入施工技术档案。监理单位填写的见证记录应一式三份，并应由建设单位、监理单位、施工单位各保存一份。见证记录宜采用表 1-4-8 的格式。

见证记录（B.3.3）　　　　　　　　　　　　　　　　　　表 1-4-8

工程名称	××市×中学教学楼		编号	01-06-B3-005
开始时间	××年×月×日	试件编号　HNT001	取样数量	3组
见证取样记录	见证取样取自6号罐车，在试块上已做出标识，注明取样部位、取样日期			
见证取样和送检印章	××监理有限责任公司			
	见证取样和送检印章			
签字栏	取样人员		见证人员	
	刘××		李××	

4.4　造价控制资料

4.4.1　工程款支付证书

《建设工程监理规范》（GB 50319—2000）规定项目监理机构应按下列程序进行工程计量和工程款支付工作：

（1）承包单位统计经专业监理工程师质量验收合格的工程量，按施工合同的约定填报工程量清单和工程款支付申请表；

（2）专业监理工程师进行现场计量，按施工合同的约定审核工程量清单和工程款支付申请表，并报总监理工程师审定；

（3）总监理工程师签署工程款支付证书，并报建设单位。

《工程款支付证书》是与《工程款支付申请表》配套使用表格的。在工程预付款、工程进度款、工程结算款等支付时使用。监理单位填写的工程款支付证书应一式三份，建设单位、监理单位、施工单位各保存一份，工程款支付证书宜采用表1-4-9的格式。

工程款支付证书（B.4.1）　　　　　　　　　　　　　　　　表 1-4-9

工程名称	××市×中学教学楼	编号	00-00-B4-×××

致××市×中学（建设单位）
　　根据施工合同___×××条××款的约定，经审核施工单位的支付申请及附件，并扣除有关款项，同意本期支付工程款共（大写）<u>叁佰贰拾万元整</u>（小写：<u>3200000.00</u>）。请按合同约定及时支付。
其中：
1. 施工单位申报款为：<u>叁佰伍拾陆万元整</u>
2. 经审核施工单位应得款为：<u>叁佰贰拾万元整</u>
3. 本期应扣款为：<u>叁拾陆万元整</u>
4. 本期应付款为：<u>叁佰贰拾万元整</u>
附件：
1. 施工单位的工程支付申请表及附件；
2. 项目监理机构审查记录。

　　　　　　　　　　　　　　　　　　　　　　　　监理单位××监理有限责任公司
　　　　　　　　　　　　　　　　　　　　　　　　总监理工程师×××
　　　　　　　　　　　　　　　　　　　　　　　　日期××年×月×日

第1部分 建筑工程资料管理基本知识

4.4.2 费用索赔审批表

《建设工程监理规范》（GB 50319—2000）规定当承包单位提出费用索赔的理由同时满足以下条件时，项目监理机构应予以受理：

(1) 索赔事件造成了承包单位直接经济损失；

(2) 索赔事件是由于非承包单位的责任发生的；

(3) 承包单位已按照施工合同规定的期限和程序提出费用索赔申请表，并附有索赔凭证材料。

监理单位填写的费用索赔审批表应一式三份，并应由建设单位、监理单位、施工单位各保存一份。费用索赔审批表宜采用表1-4-10的格式。

费用索赔审批表（B.4.2）　　　　　　　　　　　表1-4-10

工程名称	××市×中学教学楼	编号	00-00-B4-×××

致×××建筑安装有限公司（施工总承包/专业承包单位）

　　根据施工合同×条××款的约定，你方提出的费用索赔申请（第001号），索赔（大写）：壹拾柒万元，经我方审核评估：

□不同意此项索赔。
■同意此项索赔，金额为（大写）壹拾柒万元。
同意/不同意索赔的理由：
费用索赔的情况属实。
索赔金额的计算：
见附页

　　　　　　　　　　　　　　　　　监理单位××监理有限责任公司
　　　　　　　　　　　　　　　　　总监理工程师×××
　　　　　　　　　　　　　　　　　日期××年×月×日

4.5 合同管理资料

《建设工程监理规范》（GB 50319—2000）规定：当承包单位提出工程延期要求符合施工合同文件的规定条件时，项目监理机构应予以受理。当影响工期事件具有持续性时，项目监理机构可在收到承包单位提交的阶段性工程延期申请表并经过审查后，先由总监理工程师签署工程临时延期审批表并通报建设单位。当承包单位提交最终的工程延期申请表后，项目监理机构应复查工程延期及临时延期情况，并由总监理工程师签署工程最终延期审批表。

监理单位填写的工程延期审批表应一式四份，并应由建设单位、监理单位、施工单位、城建档案馆各保存一份。工程延期审批表宜采用表1-4-11的格式。

工程延期审批表（B.5.1）　　　　　　　表 1-4-11

| 工程名称 | ××市×中学教学楼 | 编号 | 00-00-B5-××× |

致××建筑安装有限公司（施工总承包/专业承包单位）

　　根据施工合同<u>×</u>条<u>××</u>款的约定，我方对你方提出的<u>教学楼</u>工程延期申请（第<u>002</u>号）要求延长工期<u>　5　</u>日历天的要求，经过审核评估：

■同意工期延长<u>　4　</u>日历天。使竣工日期（包括已指令延长的工期）从原来的××年×月×日延迟到<u>××　年×月×日</u>。请你方执行。

□不同意延长工期，请按约定竣工日期组织施工。
说明：因下暴雨工期延长 2 天，材料耽误工期延长 2 天。

　　　　　　　　　　　　　　　　　　　　监理单位<u>×××监理有限责任公司</u>
　　　　　　　　　　　　　　　　　　　　总监理工程师　　<u>×××</u>
　　　　　　　　　　　　　　　　　　　　日期<u>××年×月×日</u>

第1部分 建筑工程资料管理基本知识

5 施工单位文件资料管理

施工期间的单位工程资料主要来源于施工单位、监理单位和试验、检测单位，施工资料按照《建筑工程资料管理规程》（JGJ/T 185—2009）可分为施工管理资料（C1）、施工技术资料（C2）、施工进度及造价资料（C3）、施工物资资料（C4）、施工记录（C5）、施工试验记录与检测报告（C6）、施工质量验收记录（C7）、竣工验收资料（C8）八类。按照《建筑工程施工质量验收统一标准》（GB 50300—2001）又可分为：施工管理资料、质量控制资料、安全和功能检验及主要功能抽查资料及观感验收资料四大部分。施工单位文件资料形成过程如图1-4-1所示。

5.1 施工管理资料

施工管理资料（C1）由工程概况表、施工现场质量管理检查记录、企业资质证书及相关专业人员岗位证书、分包单位资质报审表、建设工程质量事故调查、勘查记录、建设工程质量事故报告书、施工检测计划、见证记录、见证试验检测汇总、施工日志、监理工程师通知回复单等相关资料组成。

5.1.1 工程概况表

工程概况是对工程基本情况的简要描述，主要包括工程的一般情况、构造特征、设备系统等内容。施工单位填写的工程概况表与施工组织设计同步完成并应一式四份，并应由建设单位、监理单位、施工单位、城建档案馆各保存一份。工程概况表可采用表1-5-1的格式。

工程概况表（C.1.1）　　　　　　　　　表1-5-1

工程名称		××市×中学教学楼	编号	00-00-C1-×××
一般情况	建设单位	××市×中学		
	建设用途	用于教学办公	设计单位	××勘察设计研究院
	建设地点	××市××路×号	勘察单位	××勘察设计研究院
	建筑面积	6763.18m²	监理单位	××监理有限责任公司
	工期	455天	施工单位	××建筑安装有限公司
	计划开工日期	2012-7-1	计划竣工日期	2013-10-30
	结构类型	框架	基础类型	独立基础加防水底板
	层次	地下1层、地上5层	建筑檐高	20.4m
	地上面积	5449.54m²	地下面积	1313.64m²
	人防等级	—	抗震等级	抗震设防烈度9度

续表

工程名称		××市×中学教学楼	编号	00-00-C1-×××
构造特征	地基与基础	C30防水底板厚300mm，其上为C30独立基础加条形基础，地下室为混凝土挡土墙，强度等级为C30		
	柱、内外墙	地下室至二层构架柱混凝强度等级为C40，地上外墙M5.0水泥砂浆砌250mm厚MU2.5陶粒混凝土空心砌块，外贴80mm厚聚苯板保温层，内墙M5.0水泥浆砌150mm厚MU7.5陶粒混凝土空心砌块		
	梁、板、楼盖	梁、板、楼盖采用C30混凝土现浇，板为现浇空心板		
	外墙装饰	外墙外贴80mm厚聚苯板保温层，外墙饰面为防水涂料		
	内墙装饰	室内乳胶漆，过道，卫生间吊顶。详见装饰表		
	楼地面装饰	配电室为水泥砂浆地面、卫生间为防滑地面砖，其余房间地面为现浇水磨石		
	屋面构造	150mm保温层、30mm厚CL7.5轻集料混凝土找坡层，30mm厚C20细混凝土找平层、两层1.2mm厚自带保护层合成高分子防水卷材		
	防火设备	设置火灾报警和消防联动控制系统、消火栓灭火系统、自动喷淋灭火系统、感烟探测器、消防风机、应急照明、疏散指示标志灯、消防广播		
	机电系统名称	10/0.4kV供配电系统、低压配电系统、照明与应急系统、动力配电系统、防雷接地系统、综合布线系统、有线电视系统、广播系统、火灾报警及联动系统		
	其他			

5.1.2 施工现场质量管理检查记录

施工现场质量管理检查记录是施工企业质量管理体系的具体要求，应符合《建筑工程施工质量验收统一标准》（GB 50300—2001）的有关规定；应由施工单位项目经理部在进场后、开工前按规定填写，报项目总监理工程师（或建设单位项目技术负责人）检查确认。施工单位填写的施工现场质量管理检查记录应一式两份，并应由监理单位、施工单位各保存一份。施工现场质量管理检查记录宜采用表1-5-2的格式。

第1部分 建筑工程资料管理基本知识

施工现场质量管理检查记录（C.1.2） 表1-5-2

工程名称	××市×中学教学楼	施工许可证（开工证）	××施建字20××004	编号	00-00-C1-×××
建设单位	×××市教育局	项目负责人		×××	
设计单位	×××勘察设计院	项目负责人		×××	
勘测单位	×××勘察设计院	项目负责人		×××	
监理单位	××监理有限责任公司	总监理工程师		×××	
施工单位	×××建筑安装有限公司	项目经理	×××	项目技术负责人	×××

序号	项目	内容
1	现场质量管理制度	质量例会制度；月评比及奖罚制度；三检及交接检制度；质量与经济挂钩制度
2	质量责任制	岗位责任制；设计交底会制；技术交底制；挂牌制度
3	主要专业工种操作上岗证书	测量工、钢筋工、起重工、木工、混凝土工、电焊工、架子工有证
4	分包方资质与对分包单位的管理制度	对分包方资质审查，满足施工要求，总包对分包方单位制定的管理制度可行
5	施工图审查情况	审查报告及审查批准书×设××号
6	地质勘察资料	地质勘探报告齐全
7	施工组织设计、施工方案及审批	施工组织设计编制、审核、批准齐全
8	施工技术标准	采用国家、行业标准
9	工程质量检验制度	有原材料及施工检验制度；抽测项目的检验计划分项工程质量三检制度
10	搅拌站及计量设置	有管理制度和计量设施精确度及控制措施
11	现场材料、设备存放与管理	按材料、设备性能要求制定了各管理措施、制度。按施工总平面图布置

检查结论：
施工现场质量管理制度完整、齐全，符合要求，工程质量有保障。

总监理工程师（建设单位项目负责人）××× ××××年××月×日

5.1.3 分包单位资质报审表

分包单位资格报审表应符合现行国家标准《建设工程监理规范》（GB 50319—2000）的有关规定。分包工程开工前，专业监理工程师应审查承包单位报送的分包单位资格报审表和分包单位有关资质资料，符合有关规定后，由总监理工程师予以签认。对分包单位资格应审核以下内容：分包单位的企业法人营业执照、企业资质等级证书、施工企业安全生产许可证、特殊行业施工许可证、国外（境外）企业在国内承包工程许可证、外地企业承包工程登记备案资料；分包单位的业绩（指分包单位近3年完成的分包工程工作内容、类似工程及工程质量情况）；拟分包工程的内容和范围；专职管理人员和特种作业人员的资格证、上岗证。

施工总承包单位填报的分包单位资质报审表应一式三份，并应由建设单位、监理单位、施工总承包单位各保存一份。分包单位资质报审表宜采用表1-5-3的格式。

分包单位资质报审表（C.1.3）　　　　　　表1-5-3

工程名称	××市×中学教学楼	施工编号	00-00-C1-×××
		监理编号	00-00-B5-×××
		日期	××年×月×日

致××监理有限责任公司（监理单位）

经考察，我方认为拟选择的×××装饰装修工程公司（专业承包单位）具有承担下列工程的施工资质和施工能力，可以保证本工程项目按合同的约定进行施工。分包后，我方仍然承担总包单位的责任。请予以审查和批准。

附：

1. ■分包单位资质材料；
2. ■分包单位业绩材料；
3. ■中标通知书。

分包工程名称（部位）	工程量	分包工程合同额	备注
装饰装修工程	5000m²	300万元	
合计			

施工总承包单位（章）×××建筑安装有限公司
项目经理　×××

专业监理工程师审查意见：
同意资格审查。

　　　　　　　　　　　　　　　　　　　专业监理工程师×××
　　　　　　　　　　　　　　　　　　　日期××年×月×日

总监理工程师审核意见：
经审查，分包单位资质、业绩材料齐全、真实有效，具有承担分包工程的施工资质和施工能力。

　　　　　　　　　　　　　　　　　　　监理单位××监理有限责任公司
　　　　　　　　　　　　　　　　　　　总监理工程师×××
　　　　　　　　　　　　　　　　　　　日期××年×月×日

第1部分 建筑工程资料管理基本知识

5.1.4 建设工程质量事故调查、勘查记录

《建设工程质量管理条例》国务院令第 279 号规定：建设工程发生质量事故，有关单位应当在 24 小时内向当地建设行政主管部门和其他有关部门报告。对重大质量事故，事故发生地的建设行政主管部门和其他有关部门应当按照事故类别和等级向当地人民政府和上级建设行政主管部门和其他有关部门报告。特别重大质量事故的调查程序按照国务院有关规定办理。

当工程发生质量事故后，由相关调查人员对工程质量事故进行初步了解和现场勘查后形成记录。调查单位填写的建设工程质量事故调查、勘查记录应一式五份，并应由调查单位、建设单位、监理单位、施工单位、城建档案馆各保存一份。建设工程质量事故调查、勘查记录宜采用表 1-5-4 的格式。

建设工程质量事故调查、勘查记录（C.1.4） 表 1-5-4

工程名称	××市×中学教学楼		编号	00-00-C1-×××
			日期	××年×月×日
调（勘）查时间	××年×月×日×时×分至×时×分			
调（勘）查地点	地下室			
参加人员	单位	姓名	职务	电话
被调查人	××建筑安装有限公司	王××	混凝土工	132××××××
陪同调（勘）查人员	××监理有限责任公司	吴××	专业监理工程师	167××××××
调（勘）查笔录	地下室南面 4 轴至上轴交 B 轴挡土墙根部局部有蜂窝麻面现象，约 30cm²。属于混凝土工的混凝土浇筑边过程中漏振现象			
现场证物照片	■有 □无 共 4 张 共 4 页			
事故证据资料	■有 □无 共 8 条 共 2 页			
被调查人签字	王××	调（勘）查人签字		吴××

5.1.5 建设工程质量事故报告书

《建设工程质量管理条例》国务院令第 279 号规定：建设工程发生质量事故，有关单位应当在 24 小时内向当地建设行政主管部门和其他有关部门报告。填写质量事故报告时，应写明质量事故发生的时间、工程项目名称、建设地点、建设单位、设计单位及施工单位。应记载年、月、日、时、分；经济损失，指因质量事故导致的返工、加固等费用，包括人工费、材料费和一定数额的管理费；事故情况，包括倒塌情况（整体倒塌或局部倒塌的部位）、损失情况（伤亡人数、损失程度、倒塌面积等）；事故原因，包括设计原因（计算错误、构造不合理等）、施工原因（施工粗制滥造、材料、构配件或设备质量低劣等）、设计与施工的共同问题、不可抗力等；处理意见，包括现场处理情况、设计和施工的技术措施、主要责任者及处理结果。建设工程质量事故报告书宜采用

表 1-5-5 的格式。

建设工程质量事故报告书（参考用表）　　　　表 1-5-5

工程名称	××市×中学教学楼	编号	00-00-C1-×××
		建设地点	××市××区××路×××号
建设单位	××市×中学	设计单位	××建筑勘察设计院
施工单位	××建筑安装有限公司	建筑面积工作量	6763m² 1014万元
结构类型	框架剪力墙	事故发生时间	××××年×月×日
上报时间	××××年×月×日	经济损失	2万元

事故经过、后果与原因分析：
××××年×月×日在四层框架柱混凝土施工时，由于振捣工没有按照混凝土振捣操作规程操作致使四层②～③轴，④～⑤轴交接处四根框架柱混凝土发生露筋、露石、孔洞等质量缺陷。

事故发生后采取的措施：
经研究决定，对上述部分采取返工处理，重新进行混凝土浇筑。

事故责任单位、责任人及处理意见：
事故责任单位：混凝土施工班组
责任人：振捣工××
处理意见：
(1) 对直接责任者进行质量意识教育，切实加强混凝土操作规程培训学习及贯彻执行，经考核合格后持证上岗，并处以适当经济处罚。
(2) 对所在班组提出批评，切实加强过程控制。
结论：经返工处理后，结构安全可靠。

负责人	×××	报告人	×××	日期	××××年×月×日

本表由报告人填写，各有关单位均保存一份。

5.1.6　见证试验检测汇总表

见证试验检测是在建设单位或监理单位人员的见证下，由施工单位有关人员对工程中涉及结构安全的试块、试件和材料在现场取样并送至具备相应资质的检测单位进行的检测。各个实验项目的见证试验检测完成后，应由施工单位填写见证试验检测汇总表一式两份，并由监理单位、施工单位各保存一份。见证试验检测汇总表宜采用表 1-5-6 的格式。

第1部分　建筑工程资料管理基本知识

见证试验检测汇总表（C.1.5）　　　　　　　　　　　　表 1-5-6

工程名称	××市×中学教学楼		编　号	00-00-C1-×××
			填表日期	××年×月×日
建设单位	××市×中学		检测单位	××市材料检测中心
监理单位	××监理有限责任公司		见证人员	郭×
施工单位	×××建筑安装有限公司		取样人员	刘××
试验项目	应试验组/次数	见证试验组/次数	不合格次数	备　注
混凝土试块	28	10	1	
砂浆试块	11	4	0	
钢筋原材	15	5	0	
电渣压力焊	18	6	1	
闪光对焊	16	5	0	
SBS防水卷材	3	1	0	
水泥	8	3	0	
制表人（签字）		×××		

5.1.7　施工日志

施工日志是施工单位在整个施工阶段有关现场施工活动和施工现场情况变化的真实综合性记录，也是处理施工问题的备忘录和总结施工管理经验的基本文件。施工日志应以单位工程为记载对象。从工程开工起至工程竣工止，按专业指定专人负责逐日记载，并保证内容真实、连续和完整。施工日志必须保证字迹清晰、内容齐全，由各专业负责人签字。由施工单位填写的施工日志应一式一份，并应自行保存。施工日志宜采用表 1-5-7 的格式。

施工日志（C.1.6）　　　　　　　　　　　　表 1-5-7

工程名称	××市×中学教学楼	编　号	00-00-C1-×××
		日　期	××年×月×日
施工单位	×××建筑安装有限公司		
天气状况	风力		最高/最低温度（℃）
晴	1～3级		31/21
施工情况记录：（施工部位、施工内容、机械使用情况、劳动力情况，施工中存在问题等） 1. 土建班组：15人，一层砌筑围护墙。人工搅拌机拌砂浆。 2. 木工班组：25人，五层搭设满堂脚手架，架设梁底板。 3. 钢筋班组：10人，制作五层梁、板钢筋。 4. 水电暖班组：4人，一层沿墙暗敷电线线管，线盒。			
技术、质量、安全工作记录：（技术、质量安全活动、检查验收、技术质量安全问题等） 1. 土建班组在砌筑围护墙时，出现个别有狭缝。 2. 木工班组：个别人在搭设满堂脚手架时未系安全带。			
记录人（签字）		×××	

5.1.8 监理工程师通知回复单

监理工程师通知回复单是承包单位落实《监理工程师通知》后，报项目监理机构检查复合，涉及总监理工程师审批工作内容的回复单，应由总监理工程师审批。表中"详细内容"是施工单位针对《监理工程师通知》要求，简要说明落实的过程、结果、自检情况，必要时附证明材料；"复查意见"是专业监理工程师根据对所报材料的检查核对工作成果的复核情况签署意见，对不符合要求的应指出具体的项目和部位，并要求承包单位继续整改。施工单位填报的监理工程师通知回复单应一式两份，并应由监理单位、施工单位各保存一份。回复单宜采用表1-5-8的格式。

监理工程师通知回复单（C.1.7）　　　　　　　　表1-5-8

工程名称	××市×中学教学楼	施工编号	00-00-C1-×××
		监理编号	00-00-B1-×××
		日　　期	××××年×月×日

致××监理有限责任公司（监理单位）

我方接到编号为00-00-B1-×××的监理工程师通知后，已按要求完成了<u>基础边坡放坡和基坑围护</u>工作，现报上，请予以复查。

详细内容：

1. 基础边坡已按要求1∶0.33放坡。
2. 基坑已用钢管搭设护栏，挂好防护网。

专业承包＿＿/＿＿单位　　　　　　项目经理/责任人＿＿/＿＿

施工总承包单位<u>×××建筑安装有限公司</u>　　项目经理/责任人王××

复查意见
经复查已按通知要求整改完毕。

监理单位××监理有限责任公司
总/专业监理工程师×××＿＿＿
日期××××年×月×日

5.2 施工技术资料

5.2.1 工程技术文件报审表

《建设工程监理规范》（GB 50319—2000）规定：工程项目开工前，总监理工程师应组织专业监理工程师审查承包单位报送的施工组织设计（方案），提出审查意见，并经总监理工程师审核、签认后报建设单位。施工单位在正式施工前需要填写《工程技术文件报审表》报送监理单位审批，审批的文件有施工组织设计、施工方案、危险性较大

第1部分 建筑工程资料管理基本知识

分部分项工程施工方案专家论证表、技术交底等技术文件。工程技术文件报审有时限规定，施工和监理单位均应按照施工合同或约定的时限要求完成各自的报送和审批工作。施工单位填报的工程技术文件报审表应一式两份，并应由监理单位、施工单位各保存一份。工程技术文件报审表宜采用表1-5-9的格式。

工程技术文件报审表（C.2.1） 表1-5-9

工程名称	××市×中学教学楼	施工编号	00-00-C2-×××
		监理编号	00-00-B3-×××
		日　　期	××××年××月××日

致××监理有限责任公司（监理单位）
　　我方已编制完成了××市×中学教学楼单位工程施工组织设计技术文件，并经相关技术负责人审查批准，请予以审定。

附：技术文件230页　1　册
施工总承包单位×××建筑安装有限公司　　项目经理/责任人王××
专业承包单位＿＿＿／＿＿＿＿＿＿＿＿　　项目经理/责任人＿＿／＿＿

专业监理工程师审查意见：
经审核，该施工组织设计符合合同、规范和施工图设计要求，同意按此施工组织设计组织本工程施工。

　　　　　　　　　　　　　　　　　　　　　　专业监理工程师×××
　　　　　　　　　　　　　　　　　　　　　　日期××××年××月××日

总监理工程师审批意见：
审定结论：■同意　□修改后再报　□重新编制

　　　　　　　　　　　　　　　　　　　　　　监理单位××监理有限责任公司
　　　　　　　　　　　　　　　　　　　　　　总监理工程师××
　　　　　　　　　　　　　　　　　　　　　　日期××××年××月××日

5.2.2 危险性较大分部分项工程施工方案专家论证表

危险性较大的分部分项工程是指建筑工程在施工过程中存在的、可能导致作业人员群死群伤或造成重大不良社会影响的分部分项工程。危险性较大的分部分项工程安全专项施工方案，是指施工单位在编制施工组织（总）设计的基础上，针对危险性较大的分部分项工程单独编制的安全技术措施文件。

　　附：危险性较大的分部分项工程范围

1. 基坑支护、降水工程

开挖深度超过 3m（含 3m）或虽未超过 3m 但地质条件和周边环境复杂的基坑（槽）支护、降水工程。

2. 土方开挖工程

开挖深度超过 3m（含 3m）的基坑（槽）的土方开挖工程。

3. 模板工程及支撑体系

（1）各类工具式模板工程：包括大模板、滑模、爬模、飞模等工程。

（2）混凝土模板支撑工程：搭设高度 5m 及以上；搭设跨度 10m 及以上；施工总荷载 10kN/m 及以上；集中线荷载 15kN/m 及以上；高度大于支撑水平投影宽度且相对独立无联系构件的混凝土模板支撑工程。

（3）承重支撑体系：用于钢结构安装等满堂支撑体系。

4. 起重吊装及安装拆卸工程

（1）采用非常规起重设备、方法，且单件起吊重量在 10kN 及以上的起重吊装工程；

（2）采用起重机械进行安装的工程；

（3）起重机械设备自身的安装、拆卸。

5. 脚手架工程

（1）搭设高度 24m 及以上的落地式钢管脚手架工程；

（2）附着式整体和分片提升脚手架工程；

（3）悬挑式脚手架工程；

（4）吊篮脚手架工程；

（5）自制卸料平台、移动操作平台工程；

（6）新型及异型脚手架工程。

6. 拆除、爆破工程

（1）建筑物、构筑物拆除工程；

（2）采用爆破拆除的工程。

7. 其他

（1）建筑幕墙安装工程；

（2）钢结构、网架和索膜结构安装工程；

（3）人工挖扩孔桩工程；

（4）地下暗挖、顶管及水下作业工程；

（5）预应力工程；

（6）采用新技术、新工艺、新材料、新设备及尚无相关技术标准的危险性较大的分部分项工程。

施工单位填报危险性较大分部分项工程施工方案专家论证表应一式两份，并应由监理单位、施工单位各保存一份。危险性较大分部分项工程施工方案专家论证表可采用表 1-5-10 的格式。

第1部分　建筑工程资料管理基本知识

危险性较大分部分项工程施工方案专家论证表（C.2.2）　　　　表1-5-10

工程名称		××市×中学教学楼		编号		00-00-C2-×××
施工总承包单位		×××建筑安装有限公司		项目负责人		王××
专业承包单位		/		项目负责人		/
分项工程名称		基坑支护				
专家一览表							
姓名	性别	年龄	工作单位	职务	职称	专业
李××	男	48	××勘察设计研究院	总工	高级工程师	岩土
王××	男	45	×××建筑科学研究院	总工	高级工程师	结构
张××	男	39	×××建筑科学研究院	技术部主任	高级工程师	结构
周××	男	36	××勘察设计研究院	工程部主任	高级工程师	结构
周××	女	39	××勘察设计研究院	工程部主任	高级工程师	结构
专家论证意见： 方案设计合理，计算准确符合设计规范和质量验收标准的要求，安全可靠，方案可行。 　　　　　　　　　　　　　　　　　　　　　××××年××月××日						
签字栏		组长：李×× 专家：王××　　张××　　周××　　周××					

5.2.3　技术交底记录

技术交底是指工程开工前，由各级技术负责人将有关工程施工的各项技术要求逐级向下贯彻，直到班组作业层。技术交底可分为施工组织设计交底、专项施工方案技术交底、分项工程施工技术交底、"四新"（新材料、新产品、新技术、新工艺）技术交底和设计变更技术交底。

技术交底的主要内容有：施工方法、技术安全措施、规范要求、质量标准、设计变更等。对于重点工程、特殊工程、新设备、新工艺和新材料的技术要求，更需做详细的技术交底。

施工组织设计交底：重点及大型工程施工组织设计交底，施工单位应在开工前由施工企业技术负责人对项目主要管理人员进行交底。

专项施工方案技术交底：应由施工单位项目专业技术负责人根据专项施工方案在专项工程开工前对专业工长进行交底。

分部、分项工程施工技术交底：按分项工程分别进行。分项工程的项目划分，可根据实际情况增加或调整。分部、分项施工工艺技术交底应由专业工长对专业施工班组在分部、分项工程开工前进行。

"四新"技术交底：新材料、新产品、新技术、新工艺技术交底，应由企业技术负责人组织项目技术负责人及有关人员编制。

安全专项交底：由安全技术人员进行交底。

设计变更技术交底：项目技术负责人根据变更要求，并结合具体施工步骤、措施及注意事项等对专业工长进行交底。

施工单位填写的技术交底记录应一式一份,并由施工单位自行保存。技术交底记录宜采用表 1-5-11 的格式。

技术交底记录 (C.2.3)　　　　　　　　　　　　　　　表 1-5-11

工程名称	××市×中学教学楼	编号	04-01-C2-×××
		交底日期	××××年××月××日
施工单位	×××建筑安装有限公司	分项工程名称	屋面找平层
交底摘要	屋面水泥砂浆找平层施工	页数	共2页,第 页

交底内容:
屋面找平层施工
1　范围
本工艺标准适用于工业与民用建筑铺贴卷材屋面基层找平层施工。
2　施工准备
2.1　材料及要求
2.1.1　材料的质量、技术性能必须符合设计要求和施工及验收规范的规定。
2.1.2　水泥砂浆
2.1.2.1　水泥:不低于强度等级325级的普通硅酸盐水泥。
2.1.2.2　砂:宜用中砂,含泥量不大于3%,不含有机杂质,级配要良好。
2.2　主要机具
2.2.1　机械:砂浆搅拌机或混凝土搅拌机。
2.2.2　工具:运料手推车、铁锹、铁抹子、水平刮杠、水平尺、沥青锅、炒盘、压滚、烙铁。
2.3　作业条件
2.3.1　找平层施工前,屋面保温层应进行检查验收,并办理验收手续。
2.3.2　各种穿过屋面的预埋管件、烟囱、女儿墙、暖沟墙、伸缩缝等根部,应按设计施工图及规范要求处理好。
2.3.3　根据设计要求的标高、坡度,找好规矩并弹线(包括天沟、檐沟的坡度)。
2.3.4　施工找平层时应将原表面清理干净,进行处理,有利于基层与找平层的结合,如浇水湿润、喷涂基层处理剂等。
3　操作工艺
工艺流程如下:
基层清理→管根封堵→标高坡度弹线→洒水湿润→施工找平层(水泥砂浆及沥青砂浆找平层)→养护→验收。
(略)
4　质量标准(略)
5　成品保护(略)
6　应注意的质量问题(略)
7　质量记录(略)

签字栏	交底人	陈××	审核人	吴××
	接受交底人		李××	

5.2.4　图纸会审记录

图纸会审应由建设单位组织设计、监理和施工单位技术负责人及有关人员参加。设计单位对各专业问题进行交底,施工单位负责将设计交底内容按专业汇总、整理,形成图纸会审记录。图纸会审记录应由建设、设计、监理和施工单位的项目相关负责人签认,形成正式图纸会审记录。

施工单位整理汇总的图纸会审记录应一式五份,并应由建设单位、设计单位、监理单位、施工单位、城建档案馆各保存一份。图纸会审记录宜采用表 1-5-12 的格式。表

第1部分 建筑工程资料管理基本知识

中设计单位签字栏应为项目专业设计负责人的签字,建设单位、监理单位、施工单位签字栏应为项目技术负责人或相关专业负责人的签字。

图纸会审记录(C.2.4) 表1-5-12

工程名称	××市×中学教学楼	编号	00-00-C2-×××
		日期	××××年××月××日
设计单位	×××建筑设计研究院	专业名称	结构
地点	施工现场会议室	页数	共1页,第1页
序号	图号	图纸问题	答复意见
1	结施-1	地下室剪力墙、框架柱保护层厚度为多少	剪力墙保护层外25mm,内20mm,框架柱外35mm,内30mm
2	结施-1	结构总说明中基础混凝土的强度等级为多少	C20
……	……	……	……
签字栏	建设单位	监理单位	设计单位	施工单位
	李××	张××	王××	陈××

5.2.5 设计变更通知单

设计变更是施工过程中,由于施工图纸本身差错或设计图纸与实际情况不符,施工条件变化,原材料的规格、品种、质量不符合设计要求等原因,需要对设计图纸部分内容进行修改而办理的变更设计文件。设计单位应及时下达设计变更通知单,内容翔实,必要时应附图,并逐条注明应修改图纸的图号。设计变更通知单应由设计专业负责人以及建设、监理和施工单位的相关负责人签认。

设计单位签发的设计变更通知单应一式五份,并应由建设单位、设计单位、监理单位、施工单位、城建档案馆各保存一份。设计变更通知单宜采用表1-5-13的格式。

设计变更通知单(C.2.5) 表1-5-13

工程名称	××市×中学教学楼	编号	01-06-C2-×××
		日期	××××年××月××日
设计单位	×××建筑设计研究院	专业名称	结构
变更摘要	基础结构	页数	共 页,第 页
序号	图号	变更内容	
1	结施-1	底板保护层为50mm厚C15细石混凝土	
2	……	……	
签字栏	建设单位	设计单位	监理单位	施工单位
	李××	张××	王××	陈××

5.2.6 工程洽商记录

施工单位在签收后签认设计单位签发的设计变更通知书或设计变更图纸时,如对施工进度或施工准备情况产生影响,应及时向建设单位说明情况,并办理经济洽商。施工过程中,增发、续发、更换施工图时,应同时签办洽商记录,确定新发图纸的启用日期、应用范围基于原图的关系;如已按原图施工的情况要说明处置的意见。

工程洽商记录应分专业办理,内容翔实,必要时应附图,并逐条注明应修改图纸的图号。工程洽商记录应由设计专业负责人以及建设、监理和施工单位的相关负责人签认。设计单位如委托建设(监理)单位办理签认,应办理委托手续。

工程洽商提出单位填写的工程洽商记录应一式五份,并应由建设单位、设计单位、监理单位、施工单位、城建档案馆各保存一份。工程洽商记录宜采用表1-5-14的格式。

工程洽商记录(技术核定单)(C.2.6) 表1-5-14

工程名称	××市×中学教学楼		编号	03-01-C2-×××
			日期	××××年××月××日
提出单位	×××建筑设计研究院		专业名称	结构
洽商摘要	地面做法变更		页数	共 页,第 页
序号	图号	洽商内容		
1	建施—2	原设计走廊水泥砂浆地面,建议改为彩色水磨石地面		
2	……	……		
3	……	……		
签字栏	建设单位	设计单位	监理单位	施工单位
	李××	张××	王××	陈××

5.3 进度造价资料

5.3.1 工程开工报审表

《建设工程监理规范》(GB 50319—2000)规定:专业监理工程师应审查承包单位报送的工程开工报审表及相关资料。当具备规定的开工条件时,由总监理工程师签发,并报建设单位。申报程序:建设单位依据合同约定完成了前期准备工作并满足施工作业条件后,应由施工单位向建设单位提交开工申请,填报《工程开工报告》。

申报的相关资料:

(1)施工许可证已由政府主管部门批准;

(2)征地拆迁工作能满足工程进度的需要;

(3)施工组织设计(方案)已获总监理工程师批准;

(4)承包单位现场管理人员已到位,机具、施工人员已进场主要工程材料已落实;

(5)进场道路及水、电、通信等已满足开工要求。

一个单位工程只填报一次开工报告,如该单位工程含有多个子单位工程且开工时间不同,则每个子单位工程均应单独填报开工报告。施工单位填报的工程开工报审表应一

第1部分 建筑工程资料管理基本知识

式四份,并应由建设单位、监理单位、施工单位、城建档案馆各保存一份。工程开工报审表宜采用表 1-5-15 的格式。

工程开工报审表（C.3.1）　　　　　　　　　　　　表 1-5-15

工程名称	××市×中学教学楼	施工编号	00-00-C1-001
		监理编号	00-00-B2-001
		日　　期	××××年××月××日

致××监理有限责任公司（监理单位）我方承担的工程,已完成了以下各项工作,具备了开工条件,特此申请施工,请核查并签发开工指令。

附件：
1. 施工许可证已由建设主管部门批准下发；
2. 施工组织设计（方案）已审批；
3. 劳动力按计划已进场；
4. 机械设备已进场；
5. 水、电、路已通,具备开工条件；
6. 开工前的各种手续已办妥。

　　　　　　　　　　　　　　　　施工总承包单位×××建筑安装有限公司
　　　　　　　　　　　　　　　　　　　　　　　项目经理×××

审查意见：
所报工程开工资料齐全、有效,具备开工条件,统一按计划时间开工。

　　　　　　　　　　　　　　　　监理单位××监理有限责任公司
　　　　　　　　　　　　　　　　　　　　总监理工程师×××
　　　　　　　　　　　　　　　　　　　　日期××××年××月××日

5.3.2　工程复工报审表

工程复工是指工程暂停原因消失,承包单位向项目监理机构申请复工。对项目监理机构不同意复工的进行复工报审,承包单位按要求完成后仍用该表报审。

表格填写因明确相应停工令所暂停的工程部位,即需要复工的部位。

附件内容：工程暂停原因是由承包单位的原因引起时,承包单位应报告整改情况和预防措施；工程暂停原因是由非承包单位的原因引起时,承包单位仅提供工程暂停原因消失证明。

审查意见：总监理工程师应指定专业监理工程师对复工条件进行复核,在施工合同约定的时间内完成对复工申请的审批,符合复工条件在同意复工后,并注明同意复工的时间；不符合复工条件的应注明不同意复工的原因和对承包单位的要求。

复工报审表应符合现行国家标准《建设工程监理规范》（GB 50319—2000）的有关规定。施工单位填报的工程复工报审表应一式四份,并应由建设单位、监理单位、施工单位、城建档案馆各保存一份。工程复工报审表宜采用表 1-5-16 的格式。

工程复工报审表（C.3.2）　　　　　　　　　　　　表 1-5-16

工程名称	××市×中学教学楼	施工编号	00-00-C1-002
		监理编号	00-00-B2-002
		日　　期	××××年××月××日

致　××监理有限责任公司　（监理单位）
根据××号　《工程暂停令》，我方已按照要求完成了以下各项工作，具备了复工条件，特此申请，请核查并签发复工指令。
附：具备复工条件的说明或证明。
地基处理方案通过审核后实施，附"工程技术文件报审表"。

专业承包单位　　　　／　　　　　　　　　　　　　项目经理/责任人　　／
施工总承包单位×××建筑安装有限公司　　　　　项目经理/责任人李××

审查意见：
地基处理完成，通过验收、同意复工。

　　　　　　　　　　　　　　　　　　　　　　监理单位××监理有限责任公司
　　　　　　　　　　　　　　　　　　　　　　　　　专业监理工程师李××
　　　　　　　　　　　　　　　　　　　　　　　　　总监理工程师吴××
　　　　　　　　　　　　　　　　　　　　　　　　　日期××××年××月××日

5.3.3　施工进度计划报审表

施工进度计划报审表是项目监理机构对承包单位所报送的工程施工进度计划（或者调整计划）的审批答复表。由承包单位填写施工进度计划及说明，由项目经理签字。《建设工程监理规范》（GB 50319—2000）规定：总监理工程师审批承包单位报送的施工总进度计划和年、季、月度进度计划；专业监理工程师对进度计划实施情况进行检查、分析。

施工单位填报施工进度计划报审表应一式三份，并应由建设单位、监理单位、施工单位各保存一份。施工进度计划报审表宜采用表 1-5-17 的格式。

施工进度计划报审表（C.3.3）　　　　　　　　　　　表 1-5-17

工程名称	××市×中学教学楼	施工编号	00-00-C1-004
		监理编号	00-00-B2-004
		日　　期	××××年××月××日

致××监理有限责任公司（监理单位）
我方已根据施工合同的有关约定完成了××市×中学教学楼工程总/年第　1　季度　3　月份工程施工进度计划的编制，请予以审查。
附：施工进度计划及说明。
施工总承包单位（章）×××建筑安装有限公司　　　　　　　　　　项目经理李××

专业监理工程审查意见：
　　经审查，施工进度计划比较合理，与工程实际情况相符，符合合同工期及总控进度计划要求，同意按此进度计划施工。

　　　　　　　　　　　　　　　　　　　　　　　　　专业监理工程师李××
　　　　　　　　　　　　　　　　　　　　　　　　　日期××××年××月××日

总监理工程审查意见：
同意

　　　　　　　　　　　　　　　　　　　　　　监理单位××监理有限责任公司
　　　　　　　　　　　　　　　　　　　　　　　　　总监理工程师　吴××
　　　　　　　　　　　　　　　　　　　　　　　　　日期××××年××月××日

第1部分 建筑工程资料管理基本知识

5.3.4 人、机、料动态表

人、机、料动态表是根据进度计划,由施工单位向监理单位呈报的下月使用的人、机、料的情况,监理工程师收到此报表后,认真核实施工组织设计及现场的施工进度,特别对进场的机械、材料进行审查,以此对进度作出准确判断。

施工单位填报的____年____月人、机、料动态表应一式两份,监理单位、施工单位各保存一份。月度人、机、料动态表宜采用表1-5-18的格式。

____年____月人、机、料动态表(C.3.4)　　表1-5-18

工程名称		××市×中学教学楼		编号		00-00-C3-001	
				日期		××××年××月××日	
致××监理有限责任公司(监理单位) 根据××××年×月施工进度情况,我方现报上××××年×月人、机、料统计表。							
劳动力	工种	混凝土工	模板工	钢筋工	防水工	电工	水暖工	合计
	人数	26	30	40	20	5	5	126
	持证人数	26	30	38	20	5	5	124
主要机械	机械名称	生产厂家		规格、型号		数量		
	塔吊	江苏××机械厂		QTE80F		1		
	振捣棒	湖北××机械厂		Hg50		10		
	电焊机	山东××机械厂		Z×7-160		2		
主要材料	名称	单位	上月库存量		本月进厂量		本月消耗量	本月库存量
	预拌混凝土	m³	0		800		800	0
	钢筋	T	25		120		120	25
	砌块	m³	1000		2000		2500	500
附件:塔吊安检资料及特殊工种上岗证复印件。								
					施工单位×××建筑安装有限公司 项目经理×××			

5.3.5 工程延期申请表

工程临时延期报审是依据《建设工程监理规范》(GB 50319—2000)的规定:当发生了施工合同约定由建设单位承担的延长工期事件后,承包单位提出的工期索赔,报项目监理机构审核确认。当影响工期事件具有持续性时,项目监理机构可在收到承包单位提交的阶段性工程延期申请表，并经过审查后先由总监理工程师签署工程临时延期审批表，并通报建设单位。当承包单位提交最终的工程延期申请表后，项目监理机构应复查工程延期及临时延期情况，并由总监理工程师签署工程最终延期审批表。总监理工程师在签认工程延期前应与建设单位、承包单位协商，宜与费用索赔一并考虑处理。总监理工程师应在施工合同约定的期限内签发《工程临时延期报审表》，或发出要求承包单位提交有关延期的进一步详细资料的通知。临时批准延期时间不能长于工程最终延期批准的时间。

施工单位填报的工程延期申请表应一式三份，并应由建设单位、监理单位、施工单位各保存一份。工程延期申请表宜采用表1-5-19的格式。

工程延期申请表（C.3.5）　　　　　　　　　　　表 1-5-19

工程名称	××市×中学教学楼	编号	00-00-C3-003
		日期	××××年××月××日

致×× 监理有限责任公司 　（监理单位）

根据施工合同××条××款的约定，由于<u>设计单位提出工程变更单（编号：×××）的要求，基于对项目变更的施工，造成紧后关键工序拖延施工5天</u>的原因，我方申请工程延期，请予以批准。

附件：
1. 工程延期的依据及工期计算
(1) 工程变更单（编号：×××）和施工图纸（图纸号：×××）；
(2) 变更项目在关键线路上（工期计算见计算书及网络图）。
合同竣工日期：××××年××月××日
申请延长竣工日期：××××年××月××日
2. 证明材料
（略）

　　　　　　　　　　　　专业承包单位＿＿＿／＿＿＿　项目经理/责任人＿＿＿／＿＿＿
　　　　　　　　　　　　施工总承包单位×××建筑安装有限公司　项目经理/责任人　×××

5.3.6　工程款支付申请表

工程款支付申请表由承包单位统计，经专业监理工程师质量验收合格的工程量，按施工合同的约定，填报工程量清单和工程款支付申请表；专业监理工程师进行现场计量，按施工合同的约定，审核工程量清单和工程款支付申请表，并报总监理工程师审定；总监理工程师签署工程款支付证书，并报建设单位。

工程款支付申请表应符合现行国家标准《建设工程监理规范》（GB 50319—2000）的有关规定。施工单位填报的工程款支付申请表应一式三份，并应由建设单位、监理单位、施工单位各保存一份。工程款支付申请表宜采用表1-5-20的格式。

第1部分　建筑工程资料管理基本知识

工程款支付申请表（C.3.6）　　　　　　　　　　表 1-5-20

工程名称	××市×中学教学楼	编号	00-00-C3-008
		日期	××××年××月××日

致　××监理有限责任公司　（监理单位）
我方已完成了<u>基础土方开挖</u>工作，按照施工合同<u>××</u>条<u>××</u>款的约定，建设单位应在<u>××××年×月××日</u>前支付该项工程款共（大写）<u>贰拾贰万元整</u>（小写：<u>220000.00 元</u>），现报上<u>××市×中学教学楼</u>工程付款申请表，请予以审查并开具工程款支付证书。
附件：
　　1. 工程量清单；
　　2. 计算方法。
　　　　　施工总承包单位（章）　<u>×××建筑安装有限公司</u>　　　　项目经理/责任人<u>×××</u>

5.3.7　工程变更费用报审表

依据《建设工程监理规范》（GB 50319—2000）的有关规定：由设计单位对原设计存在的缺陷提出的工程变更，应编制设计变更文件；建设单位或承包单位提出的工程变更，应提交总监理工程师，由总监理工程师组织专业监理工程师审查。审查同意后，应由建设单位转交原设计单位编制设计变更文件。当工程变更涉及安全、环保等内容时，应按规定进行有关部门审定。此外，在总监理工程师签发工程变更单之前承包单位不得实施工程变更；未经总监理工程师审查同意而实施的工程变更项目监理机构不得予以计量。

施工单位根据审查同意的设计变更文件填报工程变更费用报审表一式三份，并应由建设单位、监理单位、施工单位各保存一份。工程变更费用报审表宜采用表 1-5-21 的格式。

工程变更费用报审表（C.3.7）　　　　　　　　　　表 1-5-21

工程名称	××市×中学教学楼	施工编号	00-00-C3-0××
		监理编号	00-00-B2-004
		日　期	××××年××月××日

致　<u>××监理有限责任公司</u>　（监理单位）
兹申报第××号工程变更单，申请费用见附表，请予以审核。
附件：工程变更费用计算书。
　　　　专业承包单位<u>　　／　　</u>　　　　　　　　项目经理/责任人<u>　／　</u>
　　　　施工总承包单位<u>×××建筑安装有限公司</u>　　项目经理/责任人<u>×××</u>

监理工程师审核意见：
　　1. 所报工程量符合工程实际；
　　2. 涉及的工程内容符合《工程变更单》内容；
　　3. 定额项目选用准确，单价、合价计算正确。
同意施工单位提出的变更费用申请
　　　　　　　　　　　　　　　　　　　　　　　　　　　　　　监理工程师×××
　　　　　　　　　　　　　　　　　　　　　　　　　　　　　　日期××××年××月××日

总监理工程师审查意见：
同意
　　　　　　　　　　　　　　　　　　　　　　　　　　监理单位×××监理有限责任公司
　　　　　　　　　　　　　　　　　　　　　　　　　　　　　　　总监理工程师×××
　　　　　　　　　　　　　　　　　　　　　　　　　　　　　　　日期××××年××月××日

5.3.8 费用索赔申请表

依据《建设工程监理规范》(GB 50319—2000)的有关规定:当承包单位提出费用索赔的理由同时满足以下条件:索赔事件造成了承包单位直接经济损失;索赔事件是由于非承包单位的责任发生的;承包单位已按照施工合同规定的期限和程序提交费用索赔申请表,并附有索赔凭证材料。项目监理机构应予以受理。

费用索赔申请表应符合现行国家标准《建设工程监理规范》(GB 50319—2000)的有关规定。施工单位填报的费用索赔申请表应一式三份,并由建设单位、监理单位、施工单位各保存一份。费用索赔申请表宜采用表 1-5-22 的格式。

费用索赔申请表 (C.3.8) 表 1-5-22

工程名称	××市×中学教学楼	编号	00-00-C3-0××
		日期	××××年××月××日

致　　×××监理有限责任公司　　（监理单位）

根据施工合同××条××款的约定,由于工程变更(见第×××工程变更单)致使我方造成额外费用增加的原因,我方要求索赔金额(大写)叁万元,请予以批准。

附件:
1. 索赔的详细理由及经过（略）;
2. 索赔金额的计算（略）;
3. 证明材料（略）。

专业承包单位　　/　　　　　　　　　　　　　项目经理/责任人　　/

施工总承包单位××建筑安装有限公司　　　　项目经理/责任人×××

5.4 施工物资资料

施工物资资料是反映工程所用物资质量和性能指标等的各种证明文件和相关配套文件的统称。《建筑工程质量管理条例》规定,"施工单位必须按照工程设计要求、施工技术标准和合同约定,对建筑材料、建筑构配件、设备和商品混凝土进行检验,检验应当有书面记录和专人签字;未经检验或者检验不合格的,不得使用。"工程物资进场需工程物资供应单位提交出厂质量证明文件及检测报告,施工单位收集保存。

5.4.1 主要物资资料文件

(1) 砂、石、砖、水泥、钢筋,隔热保温、防腐材料、轻集料出厂质量证明文件,文件的数量按材料进场的验收批确定:

水泥试验批量:每批指不超过 500t(袋装不超过 200t)(以同厂别、品牌、同强度等级、同编号的为一批)。

钢筋试验批量:热轧带肋钢筋、余热处理钢筋、预应力混凝土用热处理钢筋、热轧光圆钢筋、低碳热轧圆盘条,每批不超过 60t。

第1部分 建筑工程资料管理基本知识

砖的试验批量：烧结砖每批不超过15万块；灰砂砖、粉煤灰砖每批不超过10万块；多孔砖每批不超过5万块（以同产地、同规格的为一批）。

砌块试验批量：空心砌块每批不超过3万块；粉煤灰砌块每批不超过200m^3；普通混凝土小型空心砌块、加气混凝土砌块、轻集料混凝土小型砌块每批不超过1万块。

砂、石试验批量：每批不超过400m^3或600t（以同产地、同规格、同密度等级为一批）。

（2）质量证明文件包括：合格证或质量证明书，检验报告，供应单位随物资进场提交。

（3）物资出厂合格证、质量保证书、检测报告和报关单或商检证：供应单位随物资进场提交，由施工单位负责收集附件（包括产品出厂合格证、性能检测报告、出厂试验报告、进场复试报告、材料构配件进场检验记录。产品备案文件、进口产品的中文说明和商检证等）。

（4）常见的结构用材料有：半成品钢筋、焊条、焊剂和焊药、外加剂、商品混凝土、预制混凝土构件预制桩、钢桩、钢筋笼等成品或半成品桩、土工合成材料以及土、砂石料、钢结构用钢材、连接件及涂料、半成品钢构件（场外委托加工）、石材、外加剂、掺合料（粉煤灰、蛭石粉、沸石粉）；轻质隔墙材料如砌块、隔墙板；节能保温材料；防水材料如涂料、卷材、密封材料；装饰材料如天然板材、人造板材、门窗玻璃、幕墙材料、饰面板（砖）、涂料。

（5）材料、设备的相关检验报告、型式检测报告、3C强制认证合格证书或3C（CCC）标志："3C"指中国强制性产品安全认证。供应单位或加工单位负责收集、整理和保存所供物资原材料的质量证明文件。施工单位则需收集、整理和保存供应单位或加工单位提供的质量证明文件和进场后进行的试（检）验报告；各单位应对各自范围内工程资料的汇集、整理结果负责，并保证工程资料的可追溯性。

（6）主要设备、器具的安装使用说明书：物资供应单位提供，施工单位收集。主要有：地下墙与梁板之间的接驳器；预应力工程物资（预应力筋、锚具、夹具和连接器、水泥、外加剂和预应力筋用螺旋管）。

（7）进口的主要材料设备的商检证明文件：进口材料和设备等应有商检证明（国家认证委员会公布的强制性（CCC）产品除外，中文版的质量证明文件、性能检测报告以及中文版的安装维修、使用、试验要求等技术文件。

（8）涉及消防、安全、卫生、环保、节能的材料、设备的检测报告或法定机构出具的有效证明文件：涉及安全、卫生、环保的物资应有相应资质等级检测单位的检测报告如压力容器、消防设备、生活供水设备、卫生洁具等。涉及结构安全和使用功能的材料需要代换且改变了设计要求时必须有设计单位签署的认可文件。

（9）进场检验通用表格：材料、构配件进场检验记录。

材料构配件进场后，应由建设（监理）单位会同施工单位共同对进场物资进行检查验收，填写《材料、构配件进场检验记录》。检查验收的主要内容包括：

1）物资出厂质量证明文件及检验（测）报告是否齐全；

2) 实际进场物资数量、规格和型号等是否满足设计和施工计划要求；
3) 物资外观质量是否满足设计要求和规范规定；
4) 按规定需进行抽检的材料、构配件是否抽检，检验结论是否齐全；
5) 按本规定应进场复验的物资，必须在进场验收合格后取样复试。

材料、构配件进场检验记录应符合国家现行有关标准的规定。施工单位填写的材料、构配件进场检验记录应一式两份，并应由监理单位、施工单位各保存一份。材料、构配件进场检验记录宜采用表 1-5-23 的格式。

材料、构配件进场检验记录（C.4.1） 表 1-5-23

工程名称				××市×中学教学楼		编号	01-06-C4-0××
						检验日期	××××年××月××日
序号	名称	规格型号	进场数量(t)	生产厂家	外观检验项目	试件编号	备注
				质量证明书编号	检验结果	复验结果	
1	热轧带肋钢筋	HRB335	2.0t	××钢铁有限公司		××××××××	
				××-××××	良好	合格	
2	低碳钢热轧圆盘条	HPB235	3.0t	××钢铁有限公司		××××××××	
				××-××××	良好	合格	

检查意见（施工单位）：
　　以上材料经外观检查良好，复验合格。规格型号及数量符合设计及规范要求，产品质量证明文件齐全。同意进场使用。
附件：共 __6__ 页。

验收意见（监理/建设单位）：
■同意　□重新检验　□退场　验收日期：

签字栏	施工单位	××建筑安装有限公司	专业质检员	专业工长	检验员
			×××	×××	×××
	监理或建设单位	××监理有限责任公司	专业工程师	×××	

5.4.2 设备开箱检验记录

建筑工程所使用的设备进场后，应有施工单位、建设（监理）单位、供货单位共同开箱检验，施工单位填写的设备开箱检验记录应一式两份，并应由监理单位、施工单位各保存一份。设备开箱检验记录宜采用表 1-5-24 的格式。

第1部分 建筑工程资料管理基本知识

设备开箱检验记录（C.4.2）　　　　　　　　　　　　　表 1-5-24

工程名称	××市×中学教学楼	编号	08-02-C4-0××
		检验日期	××××年××月××日
设备名称	排烟风机	规格型号	DF－8
生产厂家	××机电设备公司	产品合格证编号	××－××××
总数量	2台	检验数量	2台
进场检验记录			
包装情况	木箱及塑料布包装		
随机文件	合格证、出厂检验报告、技术说明书齐全		
备件与附件	减振垫、螺栓齐全		
外观情况	外观喷涂均匀、无铸造缺陷情况良好		
测试情况	手动测试运转情况良好		
缺、损附备件明细			

序号	附备件	规格	单位	数量	备注
/	/	/	/	/	/

检查意见（施工单位）：经外观检验和手动测试符合设计与施工规范的要求
附件：共　6　页。

验收意见（监理/建设单位）：

■同意　□重新检验　□退场　验收日期：

供应单位	××机电设备公司	责任人	×××
施工单位	××建筑安装有限公司	专业工长	×××
监理或建设单位	××监理有限责任公司	专业工程师	×××

5.4.3 设备及管道附件试验记录

设备、阀门、闭式喷头、密闭水箱或水罐、风机盘管、成组散热器及其他散热设备等在安装前按规定进行试验时,均应填写设备及管道附件试验记录,并应由建设单位、监理单位、施工单位各保存一份。设备及管道附件试验记录参考采用表1-5-25的格式。

设备及管道附件试验记录 (C.4.3) 表1-5-25

工程名称		××市×中学教学楼		编号		08-01-C4-0××	
使用部位		风机盘管		试验日期		××××年××月××日	
试验要求		风机盘管进场逐个进行打压试验,工作压力为1.6MPa,试验压力为2.4MPa。在试验压力下观察10min,压力降不应大于0.02MPa,然后降至工作压力进行检查,不渗不漏为合格					
设备/管道附件名称		风机盘管	风机盘管	风机盘管			
材质、型号		YGFC	YGFC	YGFC			
规格		02-CC-3SL	02-CC-3S	04-CC-3SL			
试验数量		1	1	1			
试验介质		水	水	水			
公称或工作压力(MPa)		1.6	1.6	1.6			
强度试验	试验压力(MPa)	2.4	2.4	2.4			
	试验持续时间(min)	10	10	10			
	试验压力降(MPa)	0	0	0			
	渗漏情况	无	无	无			
	试验结论	合格	合格	合格			
严密性试验	试验压力(MPa)						
	试验持续时间(min)						
	试验压力降(MPa)						
	渗漏情况						
	试验结论						
签字栏	施工单位	××安装有限公司		专业技术负责人	专业质检员	专业工长	
				×××	×××	×××	
	监理或建设单位	××监理有限责任公司		专业工程师		×××	

5.4.4 进场复试报告

1. 钢材试验报告

依据《混凝土结构工程施工质量验收规范》(GB 50204—2002)规定,钢筋进场时,应按现行国家标准《钢筋混凝土用钢 第2部分:热轧带肋钢筋》(GB 1499.2—2007)等的规定抽取试件做力学性能检验,其质量必须符合有关标准的规定。检查数量:按进场的批次和产品的抽样检验方案确定。检验方法:检查产品合格证、出厂检验报告和进场复验报告。当发现钢筋脆断、焊接性能不良或力学性能不正常等现象时,应对该批钢筋进行化学成分检验或其他专项检验。钢材试验报告参考采用表1-5-26的格式。

第1部分 建筑工程资料管理基本知识

钢材试验报告（参考用表）　　　　　　　表1-5-26

工程名称	××市×中学教学楼				资料编号		01-06-C4-×××	
					试验编号		××-×××	
					委托编号		××-×××	
委托单位	×××建筑安装有限公司				试件编号		×××	
					试验委托人		×××	
钢材种类	热轧光圆钢筋	规格、牌号		HPB235	生产厂		×××钢厂	
代表数量	25t	来样日期		××年××月××日	试验日期		××年××月××日	
公称直径规格(mm)	屈服点(MPa)		抗拉强度(MPa)		伸长率(%)		弯曲条件	弯曲结果
	标准要求	实测值	标准要求	实测值	标准要求	实测值		
6.5	≥235	290	≥370	445	≥25	28.5	d/180	合格
6.5	≥235	295	≥370	445	≥25	26.5	d/180	合格
化学分析结果								
分析编号	化学成分（%）						其他	
	C	Si	Mn	P	S	Ceq		
检验结论：依据《钢筋混凝土用钢 第2部分：热轧带肋钢筋》（GB 1499.2—2007），HPB235钢筋所验指标合格。								
批准	×××		审核	×××		试验	×××	
试验单位	×××市建筑材料检测中心							
报告日期	××年××月××日							

本表由检测机构提供。

2. 水泥试验报告（参考用表）

依据《混凝土结构工程施工质量验收规范》（GB 50204—2002）的规定，水泥进场时应对其品种、级别、包装或散装仓号、出厂日期等进行检查，并应对其强度、安定性及其他必要的性能指标进行复验，其质量必须符合现行国家标准《通用硅酸盐水泥》GB 175—2007/XG1—2009国家标准第1号修改单的规定。

当在使用中对水泥质量有怀疑或水泥出厂超过三个月（快硬硅酸盐水泥超过一个月）时，应进行复验，并按复验结果使用。

钢筋混凝土结构、预应力混凝土结构中，严禁使用含氯化物的水泥。

检查数量：按同一生产厂家、同一等级、同一品种、同一批号且连续进场的水泥，袋装不超过200t为一批，散装不超过500t为一批，每批抽样不少于一次。

检验方法：检查产品合格证、出厂检验报告和进场复验报告。水泥试验报告参考采用表1-5-27的格式。

水泥试验报告（参考用表）　　　　　表 1-5-27

工程名称	××市×中学教学楼			资料编号	01-06-C4-×××
				试验编号	××-×××
				委托编号	××-×××
委托单位	××建筑安装有限公司			试件编号	×××
				试验委托人	×××
品种及强度等级	P.O42.5	出厂编号及日期	出厂编号×××× ××年××月××日	生产厂	×××集团水泥厂
代表数量	200t	来样日期	××年××月××日	试验日期	××年××月××日
检验项目	标准要求	实测结果	检验项目	标准要求	实测结果
试验依据	《硅酸盐水泥、普通硅酸盐水泥》GB 175（GB 175—2007）				
细度	0.8μm方孔筛余量（％）				
	比表面积（m²/kg）				
标准稠度用水量 ％	27.5				
凝结时间（min）	初凝	220	终凝		285
安定性	雷氏法	/	饼法		合格
其他					

强度检验	抗折强度（MPa）				抗压强度（MPa）			
	3d		28d		3d		28d	
标准要求	≥2.5		≥5.5		≥10.0		≥32.5	
	单块值	平均值	单块值	平均值	单块值	平均值	单块值	平均值
强度结果	4.5	4.4	8.7	8.7	23.0	23.5	52.5	53.1
					23.8		53.2	
	4.3		8.8		23.2		52.7	
					24.1		53.8	
	4.3		8.7		23.8		53.2	
					22.9		53.1	

检验结论：依据《通用硅酸盐水泥》（GB 175-2007/XG1—2009 国家标准第 1 号修改单）的规定，各项指标合格。

批准	×××	审核	×××	试验	×××
试验单位	×××市建筑材料检测中心				
报告日期	××年××月××日				

3. 砂试验报告（参考用表）

　　依据《混凝土结构工程施工质量验收规范》（GB 50204—2002）的规定，普通混凝土所用的粗、细骨料的质量应符合国家现行标准《普通混凝土用砂、石质量标准及检验方法标准》（JGJ 52—2006）的规定。

第1部分　建筑工程资料管理基本知识

检查数量：按进场的批次和产品的抽样检验方案确定。

检验方法：检查进场复验报告。

砂试验报告参考采用表 1-5-28 的格式。

砂试验报告（参考用表）　　　　　　　　　　　　表 1-5-28

工程名称	××市×中学教学楼		资料编号	01-06-C4-×××
			试验编号	××-×××
			委托编号	××-×××
委托单位	×××建筑安装有限公司		试件编号	×××
			试验委托人	×××
种类	中砂	产地	××砂石场	
代表数量	200t	来样日期	××年××月××日	试验日期	××年××月××日
试验依据	《普通混凝土用砂、石质量及检验方法标准》（JGJ 52—2006）			

试验结果	筛分析	细度模数（μf）	2.6
		级配区域	Ⅱ区
	含泥量（%）		2.3
	泥块含量（%）		0.3
	表观密度 kg/m³		/
	堆积密度 kg/m³		/
	碱活性指标 kg/m³		/
	其他		/

检验结论：

依据《普通混凝土用砂、石质量及检验方法标准》（JGJ 52—2006）含泥量、泥块含量合格，属Ⅱ区中砂，4.75mm 筛孔累计筛余量小于10%，各项指标合格

批准	×××	审核	×××	试验	×××
试验单位	×××市建筑材料检测中心				
报告日期	××年××月××日				

4. 防水涂料试验报告（参考用表）

依据《地下防水工程质量验收规范》（GB 50208—2011）的规定，涂料防水层所用材料及配合比必须符合设计要求。

检验方法：检查出厂合格证、质量检验报告、计量措施和现场抽样试验报告。防水涂料试验报告参考采用表 1-5-29 的格式。

防水涂料试验报告（参考用表）　　　　表 1-5-29

工程名称		××市×中学教学楼		资料编号	01-05-C4-×××
				试验编号	××-×××
				委托编号	××-×××
委托单位		×××建筑安装有限公司		试件编号	×××
				试验委托人	×××
种类、型号		聚氨酯防水涂料（双组分）	产地	××建材涂料厂	
代表数量		2t	来样日期	××年××月××日	试验日期	××年××月××日
试验依据		《聚氨酯防水涂料》（GB/T 19520—2003）标准			
试验结果	延伸性（mm）	/			
	拉伸强（MPa）	2.3			
	断裂伸长（%）	345			
	粘结性（MPa）	/			
	耐热度	温度（℃）	/	评定	
	不透水性	合格			
	柔韧性	温度（℃）	−30	评定	合格
	固体含量（%）	97			
	其他	/			
检验结论：依据《聚氨酯防水涂料》（GB/T 19520—2003）标准各项指标合格。					
批准	×××	审核	×××	试验	×××
试验单位		×××市建筑材料检测中心			
报告日期		××××年××月××日			

5. 防水卷材试验报告（参考用表）

依据《地下防水工程质量验收规范》（GB 50208—2002）的规定，卷材防水层所用材料及配合比必须符合设计要求。卷材防水层应采用高聚物改性沥青防水卷材和合成高分子防水卷材。高聚物改性沥青防水卷材应符合《弹性体改性沥青防水卷材》（GB 18242—2008）、《塑性体改性沥青防水卷材》（GB 18243—2008）和《改性沥青聚乙烯胎防水卷材》（GB 18967—2009）的要求。国内合成高分子防水卷材的种类很多，产品质量应符合国标《高分子防水材料第一部分：片材》（GB 18173.1—2006）的要求。

检验方法：检查出厂合格证、质量检验报告现场抽样试验报告。防水卷材试验报告

第1部分 建筑工程资料管理基本知识

参考采用表 1-5-30 的格式。

防水卷材试验报告（参考用表） 表 1-5-30

工程名称		××市×中学教学楼		资料编号	01-05-C4-×××
				试验编号	××-×××
				委托编号	××-×××
委托单位		×××建筑安装有限公司		试件编号	××
				试验委托人	×××
种类、等级、牌号		弹性体改性沥青防水卷材×型××牌	产地	××防水材料厂	
代表数量		450 卷	来样日期	××年××月××日	试验日期	××年××月××日
试验依据		《弹性体改性沥青防水卷材》（GB 18242—2008）			
G	拉力试验	拉力（N）	纵	545	横	532
		拉伸强度（MPa）	纵	/	横	/
	断裂伸长率（延伸率）（%）		纵	/	横	/
	耐热度	温度（℃）	90		评定	合格
	不透水性		合格			
	柔韧性	温度（℃）	−18		评定	合格
	其他		合格			
检验结论：依据《弹性体改性沥青防水卷材》（GB 18242—2008）各项指标合格。					
批准	×××	审核	×××	试验	×××
试验单位		×××市建筑材料检测中心			
报告日期		××年××月××日			

6. 砖（砌块）试验报告（参考用表）

依据《砌体结构工程施工质量验收规范》（GB 50203—2011）的规定，砖、砌块和砂浆的强度等级必须符合设计要求。每一生产厂家的砖到现场后，按烧结砖 15 万块、多孔砖 5 万块、灰砂砖及粉煤灰砖 10 万块各为一验收批，抽检数量为 1 组。砌块每一生产厂家，每 1 万块至少应抽检一组。用于多层以上建筑基础和底层的小砌块抽检数量不应少于 2 组。

检验方法：检查砖和砂浆试块试验报告。砖（砌块）试验报告参考采用表 1-5-31

的格式。

砖（砌块）试验报告（参考用表）　　　　　表 1-5-31

工程名称	××市×中学教学楼			资料编号	02-03-C4-×××
				试验编号	××-×××
				委托编号	××-×××
委托单位	×××建筑安装有限公司			试件编号	××
				试验委托人	×××
种类	轻集料混凝土小型空型砌块	产地		××建材公司	
代表数量	1万块	密度等级	800	强度等级	MU3.5
处理日期	××年××月××日	来样日期	××年××月××日	试验日期	××年××月××日
试验依据	轻集料混凝土小型空型砌块（GB 5229—2011）				

试验结果	烧结普通砖			
	抗压强度平均值 f （MPa）	变异系数 $\delta \leqslant 0.21$		变异系数 $\delta > 0.21$	
		强度标准值 f_k（MPa）		单块最小强度值 f_k（MPa）	
	/	/		/	
	轻集料混凝土小型空型砌块			
	砌块抗压强度（MPa）		砌块干燥表观密度（kg/m³）	
	平均值	最小值		
	3.7	3.1	/	
	其他种类			
	抗压强度（MPa）			抗折强度（MPa）	
	平均值	最小值	大面 / 条面	平均值	最小值
	/	/	/ / / /	/	/

检验结论：依据《轻集料混凝土小型空心砌块》（GB/T 15229—2011）各项指标合格。

批准	×××	审核	×××	试验	×××
试验单位	×××市建筑材料检测中心				
报告日期	××年××月××日				

7. 其他材料试验要求见表 1-5-32 所列。

第1部分 建筑工程资料管理基本知识

其他材料试验要求　　　　　　　　　　　　　　　　　　表 1-5-32

序号	工程资料名称	内容及注意事项
1	预应力筋复试报告	预应力混凝土用钢丝、中强度预应力混凝土用钢丝、预应力混凝土用钢棒、预应力混凝土用钢绞线同一牌号、同一规格、同一生产工艺、同一加工状态为同一验收批每批重量不大于60t。材料进场后，材料验收前，现场取样复试，复试时间1~3d
2	预应力锚具、夹具和连接器复试报告	预应力筋用锚具、夹具和连接器应按设计要求采用，其性能应符合现行国家标准《预应力筋用锚具、夹具和连接器》（GB/T 14370—2007）等的规定。 检查数量：按进场批次和产品的抽样检验方案确定。 检验方法：检查产品合格证、出厂检验报告和进场复验报告。 注：对锚具用量较少的一般工程，如供货方提供有效的试验报告，可不做静载锚固性能试验。 预应力筋用锚具、夹具和连接器使用前应进行外观检查，其表面应无污物、锈蚀、机械损伤和裂纹。 检查数量：全数检查。 材料进场后，材料验收前，现场取样复试，复试时间1~3d
3	装饰装修用门窗复试报告	同一品种、类型和规格的木门窗、金属门窗、塑料门窗及门窗玻璃每100樘应划分为一个检验批，不足100樘也应划分为一个检验批。 同一品种、类型和规格的特种门每50樘应划分为一个检验批，不足50樘也应划分为一个检验批。材料进场后，材料验收前，现场取样（抽样）复试，复试时间3d左右
4	装饰装修用人造木板复试报	同一地点、同一类别、同一规格的产品为一验收批。材料进场后，材料验收前，现场取样（抽样）复试，复试时间3d左右
5	装饰装修用花岗石复试报告	以同一产地、同一品种、同一等级、同一类别的板材每200m² 为一验收批，不足200m² 的单一工程部位的板材也按一批计。材料进场后，材料验收前，现场取样（抽样）复试，复试时间3d左右
6	装饰装修用安全玻璃复试报告	同一厂家生产的同一品种、同一类型的进场材料应至少抽取一组样品进行复验，复试时间3d左右
7	装饰装修用外墙面砖复试报告	同一生产厂家、同种产品、同一级别、同一规格、实际交货量大于5000m² 为一批，不足5000m² 也按一批计。材料进场后，材料验收前，现场取样（抽样）复试
8	钢结构用钢材复试报告	碳素结构钢、低合金高强度结构钢、桥梁用碳素钢及低合金钢钢板：每批不超过60t。材料进场后，材料验收前，现场取样（抽样）复试，复试时间3d左右
9	钢结构用防火涂料复试报告	防火涂料：薄型每批不超过100t，厚型每批不超过500t 材料进场前。现场取样（抽样）复试，复试时间3d左右
10	钢结构用焊接材料复试报告	重要钢结构采用的焊接材料应进行抽样复验，材料进场后，材料验收前，现场取样（抽样）复试，复试时间3d左右

续表

序号	工程资料名称	内容及注意事项
11	钢结构用高强度大六角头螺栓连接副复试报告	进场验收的检验批原则上应与各分项工程检验批一致，也可以根据工程规模及进料实际情况划分检验批。在施工现场待安装的检验批随机抽取： （1）高强度大六角头螺栓连接副出厂时应分别随箱带有扭矩系数和紧固轴力（预拉力）的检验报告。材料进场后，材料验收前。现场取样（抽样）复试，复试时间3d左右。
12	钢结构用扭剪型高强螺栓连接副复试报告	（2）扭剪型高强度螺栓连接副出厂时应分别随箱带有扭矩系数和紧固轴力（预拉力）的检验报告。在施工现场待安装的检验批随机抽取。材料进场后，材料验收前。现场取样（抽样）复试，复试时间3d左右
13	幕墙用铝塑板、石材、玻璃、结构胶复试报告	铝塑复合板按同一品种、同一等级、同一规格的产品每3000m²为一验收批；天然花岗石板材按同一产地、同一品种、同一等级、同一类别的板材每200m²为一验收批；天然大理石按同一产地、同一品种、同一等级、同一类别的板材每100m²为一验收批；材料进场后，现场取样（抽样）复试，复试时间3d左右
14	散热器、采暖系统保温材料、通风与空调工程绝热材料、风机盘管机组、低压配电系统电缆的见证取样复试报告	散热器用保温材料：同一厂家、同一规格的散热器按其数量的1%见证取样送检；材料进场后，现场取样（抽样）复试，复试时间3d左右。 采暖系统保温材料、通风与空调用保温材料：同一生产厂家同一品种产品当单位工程建筑面积在20000m²以下时各抽查不少于3次，20000m²以上时各抽查不少于6次。材料进场后，现场取样（抽样）复试，复试时间3d左右
15	节能工程材料复试报告	（1）墙体节能工程采用的保温材料：同一厂家同一品种的产品，当单位工程建筑面积在2万m²以下时各抽查不少于3次；当单位工程建筑面积在2万m²以上时各抽查不少于6次。材料进场后，现场取样（抽样）复试，复试时间3d左右。 （2）幕墙节能工程使用的材料、构件等进场时，进场时抽样复验，检查数量：同一厂家的同一种产品抽查不少于一组。材料进场后，现场取样（抽样）复试，复试时间3d时间左右。 （3）屋面节能工程使用的保温隔热材料，进场时应对其导热系数、密度、抗压强度或压缩强度、燃烧性能进行复验，复验应为见证取样送检。检验方法：随机抽样送检，核查复验报告。检查数量：同一厂家同一品种的产品各抽查不少于3组。材料进场后，现场取样（抽样）复试，复试时间3d时间左右。 4.地面节能工程采用的保温材料，进场时应对其导热系数、密度、抗压强度或压缩强度、燃烧性能进行复验，复验应为见证取样送检。检验方法：随机抽样送检，核查复验报告。检查数量：同一厂家同一品种的产品各抽查不少于3组。材料进场后，现场取样（抽样）复试，复试时间3d左右

5.5 施工记录

5.5.1 隐蔽工程验收记录

依据《建筑工程施工质量验收统一标准》（GB 50300—2001）的规定，隐蔽工程在隐蔽前应由施工单位通知有关单位进行验收，并形成验收文件。隐蔽工程施工完毕后，

第1部分 建筑工程资料管理基本知识

由专业工长填写隐蔽工程验收记录,项目技术负责人组织监理旁站,施工单位专业工长、质量检查员共同参加。验收后由监理单位签署审核意见,并下审核结论。若验收存在问题,则在验收中给予明示。对存在的问题,必须按处理意见进行处理,处理后对该项进行复查,并将复查结论填入表内。凡未经过隐蔽工程验收或验收不合格的工序,不得进入下一道工序的施工。

"隐蔽工程验收"与"检验批验收"是不同的。它们的区别在于,"隐蔽工程验收"仅仅针对将被隐蔽的工程部位进行验收,而"检验批验收"是对工程的所有部位、工序的验收。在施工中"隐蔽工程验收"与"检验批验收"的时间关系可以有"之前"、"之后"和"等同"三种不同情况。

隐蔽工程验收记录应符合国家相关标准的规定。施工单位填写的隐蔽工程验收记录应一式四份,并应由建设单位、监理单位、施工单位、城建档案馆各保存一份。隐蔽工程验收记录宜采用表1-5-33的格式。

隐蔽工程验收记录(通用)(C.5.1) 表1-5-33

工程名称	××市×中学教学楼		编号	01-01-C5-0××	
隐检项目	土方工程		隐检日期	××××年××月××日	
隐检部位	基槽层①~⑪/Ⓐ~Ⓕ轴线-5.200m标高				
隐检依据:施工图号总施-1 结构总说明、结施-1、结施-2,设计变更/洽商/技术核定单(编号____/____)及有关国家现行标准等。 主要材料名称及规格/型号:____/____					
隐检内容: 1. 基础基地标高为-5.2m,槽底土质为园砾,无地下水; 2. 基槽土层已挖至-5.2m,基底清理到位,无杂物; 3. 基底轮廓尺寸符合图纸要求。 隐检内容已做完毕,请予以检查验收。					
检查结论: 经检查基底标高轮廓尺寸符合设计要求,槽底土质与地质勘察报告相符,清槽工作符合要求,无地下水,同意进行下道工序施工。 ■同意隐蔽 □不同意隐蔽,修改后复查					
复查结论: 符合有关规范规定及设计要求。 复查人: 复查日期:					
签字栏	施工单位	×××建筑安装有限公司	专业技术负责人 ×××	专业质检员 ×××	专业工长 ×××
	监理或建设单位	×××监理有限责任公司	专业工程师	×××	

常见的隐蔽验收项目见表 1-5-34 所列。

隐蔽工程验收项目　　　　　　　　表 1-5-34

工程名称	内容要求及注意事项
土方工程	土方基槽、土方回填前检查基底清理、基底标高情况及回填土方质量、过程等
支护工程	锚杆、土钉的品种、规格、数量、位置、插入长度、钻孔直径、深度和角度等；地下连续墙的成槽宽度、深度、倾斜度垂直度、钢筋笼规格、位置、槽底清理、沉渣厚度等
桩基工程	钢筋笼规格、尺寸、沉渣厚度、清孔情况等
地下防水工程	混凝土变形缝、施工缝、后浇带、穿墙套管、预埋件等设置的形式和构造；人防出口防水做法；防水层基层、防水材料规格、厚度、铺设方式、阴阳角处理、搭接密封处理等
结构工程	用钢筋绑扎的钢筋的品种规格、数量、位置、锚固和接头位置、搭接长度、保护层厚度和除锈、除污情况、钢筋代用变更及预留、预埋钢筋处理等；钢筋焊（连）接形式、焊（连）接种类、接头位置、数量及焊条、焊剂、焊口形式焊缝长度、厚度及表面清渣和连接质量等
预应力工程	检查预留孔道的规格、数量、位置、形状、端部的顶埋垫板；预应力筋的下料长度、切断方法、竖向位置偏差、固定、护套的完整性；锚具、夹具、连接点的组装等
钢结构工程	地脚螺栓规格、位置、埋设方法、紧固；钢结构焊接的焊条、焊口形式焊缝长度、厚度及表面清渣和连接质量等
节能工程	外墙内、外保温构造节点做法
地面工程	基层（垫层、找平层、隔离层、防水层、填充层、基土、地龙骨）材料品种、规格、铺设厚度、方式、坡度、标高、表面情况、节点密封处理、粘结情况等
抹灰工程	具有加强措施的抹灰应检查其加强构造的材料品种、规格、铺设、固定、搭接等
门窗工程	预埋件和锚固件、螺栓等的数量、位置、间距、埋设方式、与框的连接方式、防腐处理、缝隙的嵌填、密封材料的粘结等
吊顶工程	吊顶龙骨及吊件材质、规格、间距、连接方式、固定、表面防火、防腐处理，外观情况、接缝和边缝情况，填充和吸声材料的品种、规格及铺设、固定等
轻质隔墙工程	预埋件、连接件、拉结筋的位置、数量、连接方法，与周边墙体及顶框的连接、龙骨连接、间距、防火、防腐处理、填充材料设置等
饰面板（砖）工程	预埋件、（后置埋件）、连接件规格、数量、位置、连接方式、防腐处理等。有防水构造部位应检查找平层、防水层、找平层的构造做法，同地面基土隐蔽检查
幕墙工程	构件之间（预埋件、后置埋件）；以及构件与主体结构的连接节点的安装（焊接、栓接、铆接、粘结）及防腐处理；幕墙四周、幕墙表面与主体结构之间间隙节点的安装（幕墙伸缩缝、沉降缝、防震缝及墙面转角节点的安装；幕墙防雷接地节点的安装等
细部工程	预埋件或后置埋件和连接件的数量、规格、位置连接方式、防腐处理等
建筑屋面工程	基层、找平层、保温层、防水层、隔离层情况，材料的品种、厚度、铺贴方式、搭接宽度、接缝处理、粘结情况；附加层、天沟、檐沟、泛水和变形缝细部做法；分隔缝设置、密封嵌填材料及处理等
给水、排水及采暖工程	（1）不露明的管道和设备直埋于地下或结构中，暗敷于沟槽、管井、不进入吊顶内的给水、排水、采暖、消防管道和相关设备以及有防水要求的套管：检查管材、管件、阀门、设备的材料材质与型号、安装位置、标高、防水套管的定位及尺寸、管道连接做法及质量；附件使用、支架固定，以及是否已按照设计要求及施工规范规定完成强度严密性、冲洗等试验。 （2）有绝热防腐要求的给水、排水、采暖、消防、喷淋管道和相关设备；检查绝热方式、绝热材料的材质与规格、绝热管道与支吊架之间的防结露措施、防腐处理材料及做法等。 （3）埋地的采暖、热水管道、在保温层、保护层完成后，所在部位进行回填之前，应检查安装位置、标高、坡度；支架做法、保温层、保护层设置等

续表

工程名称	内容要求及注意事项
建筑电气工程	（1）埋于结构内的各种电线导管：验收导管的品种、规格、位置、弯扁度、弯曲半径、连接、跨接地线、防腐、管盒固定、管口处理、敷设情况、保护层、需焊接部位的焊接质量等。 （2）利用结构钢筋做的避雷引下线：验收轴线位置、钢筋数量、规格、搭接长度、焊接质量，与接地极、避雷网、均压环等连接点的焊接情况。 （3）等电位及均压环暗埋：验收使用材料的品种、规格、安装位置、连接方法、连接质量、保护层厚度等。 （4）接地极装置埋设：验收接地极的位置、间距、数量、材质、埋深、接地极的连接方法、连接质量、防腐情况。 （5）金属门窗、幕墙、与避雷引下线的连接：验收连接材料的品种、规格、连接位置的数量、连接方法和质量。 （6）不进入吊顶内的电线导管：验收导管的品种、规格、位置、弯扁度、弯曲半径、连接、跨接地线、防腐、需焊接部位的焊接质量、管盒固定、管口处理、固定方法、固定间距等。 （7）不进入吊顶内的线槽：验收使用材料的品种、规格、位置、连接、接地防腐、固定方法、固定间距，及其他管线位置的关系。 （8）直埋电缆：验收电缆的品种、规格、埋设方法、埋深、弯曲半径、标桩埋设情况等。 （9）不进入电缆沟敷设电缆：验收电缆的品种、规格、弯曲半径、固定方法、固定间距、标识情况
通风与空调工程	（1）敷设于竖井内、不进入吊顶内的风道（包括各类附件、部件、设备等）：检查风道的标高、材质、接头、接口严密性，附件、部件安装位置，支、吊、托架安装、固定，活动部件是否灵活可靠、方向是否正确，风道分支、变径处理是否合理，是否符合要求，是否已按照设计要求及施工规范规定完成风管的漏光、漏风检测，以及空调水管道的强度严密性、冲洗等试验。 （2）有绝热、防腐要求的风管、空调水管及设备：检查绝热形式与做法、绝热材料的材质和规格、防腐处理材料及做法。绝热管道与支吊架之间应垫绝热衬垫或经防腐处理的木衬垫，其厚度应与绝热层厚度相同，表面平整，衬垫接合面的空隙应填实
电梯工程	检查电梯承重梁、起重吊环埋设，电梯钢丝绳头灌注，电梯井道内导轨、层门的支架、螺栓埋设等
智能建筑工程	（1）埋在结构内的各种电线导管：验收导管的品种、规格、位置、弯扁度、弯曲半径、连接、跨接地线、防腐、需焊接部位的焊接质量、管盒固定、管口处理、敷设情况、保护层等。 （2）不能进入吊顶内的电线导管：验收导管的品种、规格、位置、弯扁度、弯曲半径、连接、跨接地线、防腐、需焊接部位的焊接质量、管盒固定、管口处理、固定方法、固定间距。 （3）不能进入吊顶内的线槽：验收其品种、规格、位置、连接、接地、防腐、固定方法、固定间距等。 （4）直埋电缆：验收电缆的品种、规格、埋设方法、埋深、弯曲半径、标桩埋设情况等。 （5）不进入的电缆沟敷设电缆：验收电缆的品种、规格、弯曲半径、固定方法、固定间距、标识情况等

5.5.2 施工检查记录

对于施工过程中影响质量、观感、安装、人身安全的工序应在过程中做好过程控制检查记录。

由施工单位填写的施工检查记录应一式一份，并由施工单位自行保存。施工检查记录宜采用表1-5-35的格式。

施工检查记录（通用）（C.5.2）　　　　　　　　　表1-5-35

工程名称	××市×中学教学楼	编号	01-06-C5-0××
		检查日期	××××年××月××日
检查部位	地下一层①-⑪/Ⓐ-Ⓕ轴顶板、梁、楼梯	检查项目	模板工程

检查依据：
1. 施工图纸：结施-10、结施-11、结施-21；
2. 《混凝土结构工程施工质量验收规范》（GB 50204—2002）

检查内容：
1. 地下一层①-⑪/Ⓐ-Ⓕ轴顶板、梁、楼梯模板；
2. 模板支撑的强度、刚度、稳定性符合规范要求；
3. 标高、各部尺寸符合设计图纸要求；
4. 拼缝严密，隔离剂涂刷均匀，模内清理干净。

检查结论：
经检查地下一层①-⑪/Ⓐ-Ⓕ轴顶板、梁、楼梯模板安装工程已全部完成，符合设计及《混凝土结构工程施工质量验收规范》（GB 50204—2002）的规定。

复查结论：
符合规范规定及设计要求。
复查人：　复查日期：

签字栏	施工单位	×××建筑安装有限公司	专业质检员	专业工长
	专业技术负责人	×××	×××	×××

5.5.3 交接检查记录（通用）

《交接检查记录》适用于不同施工单位（专业工种）之间的移交检查，当前一专业工程施工质量对后续专业工程施工质量产生直接影响时，应进行交接检查。如，设备基础完工交给机电设备安装，结构工程完工交给幕墙工程等。并由前一施工单位（专业工种）填写，移交、接受和见证单位各存一份。

相关规定与要求：分项（分部）工程完成，在不同专业施工单位之间应进行工程交接，应进行专业交接检查，填写《交接检查记录》。移交单位、接收单位和见证单位共同对移交工程进行验收，并对质量情况、遗留问题、工序要求、注意事项、成品保护、注意事项等进行记录，填写《专业交接检查记录》。

交接双方共同填写的交接检查记录应一式三份，并应由移交单位、接收单位和见证单位各保存一份。交接检查记录宜采用表1-5-36的格式。

第1部分 建筑工程资料管理基本知识

交接检查记录（通用）(C.5.3)　　　　　　　　　　　　　　　表 1-5-36

工程名称	××市×中学教学楼	编号	03-01-C5-0××
		图纸编号	××××年××月××日
移交单位	×××建筑安装有限公司	见证单位	×××监理有限责任公司
交接部位	建筑装饰工程	接收单位	×××建筑装饰有限公司
交接内容： 1. 结构标高，轴线偏差； 2. 结构构件尺寸偏差； 3. 楼地面标高偏差； 4. 门窗洞口尺寸偏差； 5. 水、暖、电等预埋或管线是否到位。			
检查结论： 经检查结构标高，轴线偏差；结构构件尺寸偏差；楼地面标高偏差；门窗洞口尺寸偏差；水、暖、电等预埋或管线均符合规范要求，具备装饰工程施工条件。			
复查结论：（由接收单位填写） 复查人：复查日期：			
见证单位意见： 交接检查细致全面，各项检查均符合设计要求及规范规定，同意交接。			
签字栏	移交单位	接收单位	见证单位
	×××	×××	×××

5.5.4 工程定位测量记录

工程定位测量记录应在工程开工前完成，记录应依据规划部门提供的红线桩放线成果及总平面图（场地控制网）测定建筑物位置、主控轴线及尺寸、建筑物的±0.000高程，填写《工程定位测量记录》，报监理单位审核签字后，由建设单位报规划部门验线。填写工程定位测量记录，注意如下要求：

（1）测绘部门根据建设工程规划许可证（附件）批准的建筑工程位置及标高依据，提供的放线成果、红线桩及场地（或建筑物）控制网等资料；

（2）工程定位测量完成后，应由建设单位报请政府具有相关资质的测绘部门申请验线，填写《建设工程验线申请表》报请政府测绘部门验线。工程定位测量记录：含建筑物的位置、主控轴线及尺寸、建筑物±0.00绝对高程，并填报《＿＿＿报验（审）申请表》报监理单位审核。

（3）施工测量方案（用于大型、复杂的工程）（注：企业自存）；

（4）建设单位报请具有相应资质的测绘部门对工程定位的验线资料（注：向建设单位索取，企业自存）。

施工单位填写的工程定位测量记录应一式四份，并应由建设单位、监理单位、施工单位、城建档案馆各保存一份。工程定位测量记录宜采用表 1-5-37 的格式。

工程定位测量记录（C.5.4）　　　　　　　　　　表 1-5-37

工程名称	××市×中学教学楼	编号	01-01-C5-0××
		图纸编号	总施-1
委托单位	×××建筑安装有限公司	施测日期	××××年××月××日
复测日期	××××年××月××日	平面坐标依据	DZS3-1
高程依据	甲方指定	使用仪器	DS3　DJ6
允许误差	$m_\beta=6'' k\leqslant 1/10000 f_h\leqslant \pm 12\sqrt{L}$	仪器校验日期	××××年××月××日

定位抄测示意图：

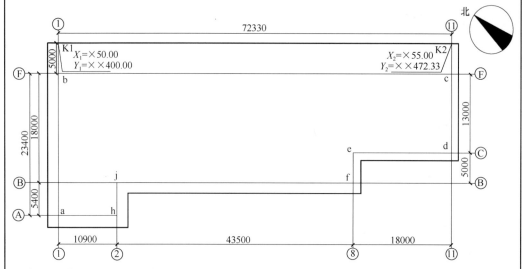

说明：1. 依据规划部门（或建设单位）提供的控制点 K1 和 K2 的坐标及 K1K2 与Ⓕ轴间的平行距离关系可计算出教学楼各拐点的坐标。

a. $X=\times 78.4, Y=\times\times 400.00$；b. $X=\times 55.00, Y=\times\times 400.00$；c. $X=\times 55.0, Y=\times\times 472.33$；d. $X=\times 68.00, Y=\times\times 472.33$；e. $X=\times 68.00, Y=\times\times 454.40$；f. $X=\times 73.40, Y=\times\times 454.00$；j. $X=\times 73.40, Y=\times\times 410.90$；h. $X=\times 78.40, Y=\times\times 410.90$。

2. 以 K1 以点为测站将全站仪置于其上对中整平，后视 K2 点，将 K1、K2 坐标点坐标输入全站仪，应用坐标放样将 a，b，c，d，e，f，j，h 教学楼拐点分别放样到地面，并用钢尺检查各两点间距离符合图纸尺寸。定位放线完成。

复查结果：

1. 平面控制网测角中误差 $m_\beta=6''$、边长相对误差 $k\leqslant 1/25200$，符合《工程测量规范》（GB 50026—2007）中二级建筑物平面控制网精度及设计要求；
2. 高程控制网闭合差 $f_h=3mm$，符合《工程测量规范》（GB 50026—2007）中三等水准测量精度及设计要求

签字栏	施工单位	×××建筑安装有限公司	测量人员岗位证书号	×××	专业技术负责人	×××
	施工测量负责人	×××	复测人	×××	施测人	×××
	监理或建设单位	×××监理有限责任公司			专业工程师	×××

5.5.5　基槽验线记录

依据《工程测量规范》（GB 50026—2007）的规定，《基槽验线记录》填写时应注意：

（1）施工单位实施基槽开挖后填写含轴线、放坡边线、断面尺寸、标高、坡度等内容，报监理单位审验。收集附件"普通测量成果"及基础平面图等。

（2）相关规定与要求：施工测量单位应根据主控轴线和基槽底平面图，检验建筑物

第1部分 建筑工程资料管理基本知识

基底外轮廓线、集水坑、电梯井坑、垫层底标高（高程）、基槽断面尺寸和坡度等，填写《基槽验线记录》并报监理单位审核。

（3）注意事项：重点工程或大型工业厂房应有测量原始记录。

（4）本表由建设单位、施工单位、城建档案馆各保存一份。基槽验线记录参考表1-5-38。

基槽验线记录（参考用表） 表 1-5-38

工程名称	××市×中学教学楼	编号	01-01-C5-0××
		日期	××××年××月××日

验线依据及内容：
1. 依据：甲方提供定位控制桩、水准点、测绘单位提供的测量成果、基础平面图；
2. 内容：基地外轮廓线及外轮廓断面。
3. 符合《工程测量规范》（GB 50026—2007）及测量方案。

基槽平面及剖面简图：

（基坑开挖俯视图；1—1剖面图；2—2剖面图）

检查意见：
基地外轮廓及断面准确；垫层标高—5.400m，误差均在±5mm以内；
经检查，基坑开挖质量符合《建筑地基基础工程施工质量验收规范》（GB 50200—2002）及设计要求

签字栏	施工单位	×××建筑安装有限公司	专业技术负责人	专业质检员	专业工长
			×××	×××	×××
	监理或建设单位	×××监理有限责任公司	专业工程师	×××	

5.5.6 建筑物垂直度、标高观测记录

施工单位在结构工程施工和工程竣工时对建筑物垂直度和全高进行实测,将结果填写在《建筑物垂直度、标高观测记录》上。施工单位填写的《建筑物垂直度、标高观测记录》应一式三份,并应由建设单位、监理单位、施工单位各保存一份。建筑物垂直度、标高观测记录宜采用表1-5-39的格式。

建筑物垂直度、标高观测记录（C.5.5） 表1-5-39

工程名称	××市×中学教学楼	编号	00-00-C5-×××
施工阶段	工程竣工	观测日期	××××年××月××日

观测说明（附观测示意图）：
1. 用2″精度激光垂准仪配合量距测得全高、垂直度。
2. 用计量50m钢尺外加三项改正量的总高偏差。
位置见附图

垂直度测量（全高）		标高测量（全高）	
观测部位	实测偏差（mm）	观测部位	实测偏差（mm）
①/Ⓐ轴	偏东	①/Ⓐ轴	+2
①/Ⓐ轴	偏南		
①/Ⓕ轴	偏北	①/Ⓕ轴	+3
①/Ⓕ轴	偏东		
⑪/Ⓐ轴	偏北	⑪/Ⓐ轴	+3
⑪/Ⓐ轴	偏西		
⑪/Ⓕ轴	偏北	⑪/Ⓕ轴	+2
⑪/Ⓕ轴	偏西		

结论：
经实测,本工程建筑垂直度（全高）偏差最大6mm,标高（全高）偏差最大3mm,符合《工程测量规范》（GB 50026—2007）及设计要求。

签字栏	施工单位	×××建筑安装有限公司	专业技术负责人 ×××	专业质检员 ×××	施测人 ×××
	监理或建设单位	×××监理有限责任公司	专业监理工程师	×××	

5.5.7 地基验槽记录

地基验槽记录应符合现行国家标准《建筑地基基础工程施工质量验收规范》（GB 50202—2002）的有关规定。验槽要求如下:

（1）收集相关设计图纸、设计变更洽商及地质勘察报告等。

第1部分　建筑工程资料管理基本知识

（2）由总包单位填报，经各相关单位转签后存档。

（3）所有建（构）筑物均应进行施工验槽，基槽开挖后检验要点：核对基坑的位置、平面尺寸、坑底标高；核对基坑土质和地下水的情况；空穴、古墓、古井、防空掩体及地下埋设物的位置、深度、性状。基槽检验应填写验槽记录或检验报告。

（4）地基验槽检查记录应由建设、勘察、设计、监理、施工单位共同验收签认。

（5）地基需处理时，应由勘察、设计部门提出处理意见。

施工单位填写的地基验槽记录应一式六份，并应由建设单位、监理单位、勘察单位、设计单位、施工单位、城建档案馆各保存一份。地基验槽记录宜采用表1-5-40的格式。

地基验槽记录（C.5.6）　　　　　　　　　　　　　　表1-5-40

工程名称	××市×中学教学楼	编号	01-01-C5-0××
验槽部位	①-⑪/Ⓐ-Ⓕ轴	验槽日期	××××年××月××日

依据：施工图号施工图号总施-1 结构总说明、结施-1、结施-2、地质勘察报告（编号×××-××）设计变更/洽商/技术核定编号　　/　　及有关规范、规程。

验槽内容： 1. 基槽开挖至勘探报告第　×　层，持力层为　×　层； 2. 土质情况：基地为砂砾土质，均匀密实； 3. 基坑位置、平面尺寸：均符合规范规定　； 4. 基底绝对高程和相对标高　绝对标高××.××m，相对标高××.××m。 　　　　　　　　　　　　　　　　　　　　　　　　　　　申报人：×××

检查结论： 1. 基底标高、基底轮廓尺寸、工程定位符合设计要求； 2. 槽底土质均匀密实，与地质勘察报告（地勘××-××）相符，清槽工作到位，无地下水，同意地基验槽。 ■无异常，可进行下道工序　　　□需要地基处理

签字公章栏	施工单位	勘察单位	设计单位	监理单位	建设单位
	×××	×××	×××	×××	×××

5.5.8　混凝土浇灌申请书

正式浇筑混凝土前，施工单位应检查各项准备工作（如钢筋、模板工程检查，水电预埋件检查，材料设备等准备检查），自检合格由施工现场工长填写本表报请监理单位批准后方可浇筑混凝土。本表由施工单位填写并保存，并交给监理一份备案。混凝土浇灌申请书参考表1-5-41。

混凝土浇灌申请书（参考用表） 表 1-5-41

工程名称	××市×中学教学楼	编号	02-01-C5-×××
		申请浇灌日期	××××年××月××日
申请浇灌部位	一层顶板楼梯	申请方量（m³）	35
技术要求	坍落度 180±20mm，初凝时间 2h	强度等级	C35
搅拌方式 （搅拌站名称）	×××混凝土有限公司	申请人	×××

依据：施工图纸（施工图纸号<u>结施 03、04</u>）、设计变更/洽商（编号<u>××××</u>）和有关规范、规程。

施工准备检查	专业工长 （质量员）签字	备注
1. 隐检情况：■已完成　□未完成隐检	×××	
2. 预检情况：■已完成　□未完成预检	×××	
3. 水电预埋情况：■已完成　□未完成并未经检查	×××	
4. 施工组织情况：■已完备　□未完备	×××	
5. 机械设备准备情况：■已准备　□未准备	×××	
6. 保温及有关准备：■已完备　□未完备	×××	

审批意见：
原材料、机械设备及施工人员已就位；
施工方案及技术交底工作已落实；
计量设备准备完毕；
各种隐检、水电预埋工作已完成。具备浇筑条件。
审批结论：■同意浇筑　　□整改后自行浇筑　　□不同意，整改后重新申请
审批人：×××审批日期：××××年××月××日
施工单位名称：×××建筑安装有限公司

5.5.9　预拌混凝土运输单（参考用表）

预拌混凝土供应单位应随车向施工单位提供预拌混凝土运输单，《预拌混凝土运输单》的正本由供应单位保存，副本由施工单位保存。施工单位应检验运输单项目是否齐全、准确、真实、无未了项，编号填写正确、签字盖章齐全。预拌混凝土运输单参考表 1-5-42。

第1部分　建筑工程资料管理基本知识

预拌混凝土运输单（正本）（参考用表）　　　　　　表 1-5-42

工程名称及施工部位	××市×中学教学楼二层梁、板、梯		编号	01-06-C5-×××
合同编号	××××-××		任务单号	××××-×××
供应单位	××商用混凝土有限公司		生产日期	××××年××月××日
委托单位	×××建筑安装有限公司	混凝土强度等级	C30	抗渗等级 /
混凝土输送方式	泵送	其他技术要求	/	
本车供应方量（m³）	8	要求坍落度（mm）	180±20	实测坍落度（mm） 190
配合比编号	××××-××××	配合比比例	$C:W:S:G=$	$1:××:××:××$
运距（km）	21	车号 ××××××	车次 5	司机 ×××
出站时间	×日×时×分	到场时间 ×日×时×分	现场出罐温度（℃）	20
开始浇筑时间	×日×时×分	完成浇筑时间 ×日×时×分	现场坍落度（mm）	190
签字栏	现场验收人 ×××	混凝土供应单位质量员 ×××	混凝土供应单位签发人 ×××	

预拌混凝土运输单（副本）

工程名称及施工部位	××市×中学教学楼二层梁、板、梯		编号	01-06-C5-×××
合同编号	××××-××		任务单号	××××-×××
供应单位	××商用混凝土有限公司		生产日期	××××年××月××日
委托单位	×××建筑安装有限公司	混凝土强度等级	C30	抗渗等级 /
混凝土输送方式	泵送	其他技术要求	/	
本车供应方量（m³）	8	要求坍落度（mm）	180±20	实测坍落度（mm） 190
配合比编号	××××-××××	配合比比例	$C:W:S:G=$	$1:××:××:××$
运距（km）	21	车号 ××××××	车次 5	司机 ×××
出站时间	×日×时×分	到场时间 ×日×时×分	现场出罐温（℃）	20
开始浇筑时间	×日×时×分	完成浇筑时间 ×日×时×分	现场坍落度（mm）	190
签字栏	现场验收人 ×××	混凝土供应单位质量员 ×××	混凝土供应单位签发人 ×××	

注：本表的正本由供应单位保存，副本由施工单位保存。

5.5.10　地下工程防水效果检查记录

现行国家标准《地下防水工程质量验收规范》（GB 50208—2011）规定，地下工程验收时，应对地下工程有无渗漏现象进行检查，检查内容应包括裂缝、渗漏部位、大小、渗漏情况和处理意见等。填写注意事项和要求如下：

（1）收集背水内表面结构工程展开图、相关图片、相片及说明文件等。

（2）由施工单位填写，报送建设单位和监理单位，各相关单位保存。

（3）相关要求：地下工程验收时，发现渗漏水现象应制作、标示好背水内表面结构工程展开图。

（4）注意事项："检查方法及内容"栏内按《地下防水工程质量验收规范》相关内容及技术方案填写。

填写《地下工程防水效果检查记录》应由施工单位填写一式三份，并应由建设单位、监理单位、施工单位各保存一份。地下工程防水效果检查记录宜采用表1-5-43的格式。

地下工程防水效果检查记录（C.5.7）　　　　　　　　表1-5-43

工程名称	××市×中学教学楼	编号	01-05-C5-0××
检查部位	地下一层	检查日期	××××年××月××日
检查方法及内容： 检察人员用手触摸混凝土墙面及用吸墨纸（或报纸）贴附背水墙面检查地下二层外墙，有无裂缝和渗水现象。			
检查结论： 地下室混凝土墙面不渗水，结构表面无湿渍现象，观感质量合格，符合设计要求和《地下防水工程质量验收规范》（GB 50208—2011）规定。			
复查结论：符合有关规范规定及设计要求 复查人：××复查日期：××××年××月××日			

签字栏	施工单位	×××建筑安装有限公司	专业技术负责人	专业质检员	施测人
			×××	×××	×××
	监理或建设单位	×××监理有限责任公司	专业工程师	×××	

5.5.11　防水工程试水检查记录

根据现行国家标准《建筑地面工程施工质量验收规范》（GB 50209—2010）的规定，地面工程中凡有防水要求的房间应有防水层及装修后的蓄水检查记录。检查内容包括蓄水方式、蓄水时间、蓄水深度、水落口及边缘的封堵情况和有无渗漏现象等。

根据现行国家标准《屋面工程质量验收规范》（GB 50207—2012）的有关规定：屋面工程完工后，应对细部构造（屋面天沟、檐沟、檐口、泛水、水落口、变形缝、伸出屋面管道等）、接缝处和保护层进行雨期观察或淋水、蓄水检查。淋水试验持续时间不得少于2h；做蓄水检查的屋面，蓄水时间不得少于24h。

防水工程试水检查记录应由施工单位填写，防水工程试水检查记录应一式三份，并由建设单位、监理单位、施工单位各保存一份。防水工程试水检查记录宜采用表1-5-44的格式。

第1部分 建筑工程资料管理基本知识

防水工程试水检查记录（C.5.8） 表1-5-44

工程名称	××市×中学教学楼	编号	01-05-C5-0××
检查部位	四层卫生间	检查日期	××××年××月××日
检查方式	■第一次蓄水 □第二次蓄水	蓄水时间	从××××年×月×日×时 至××××年×月×日×时
	□淋水　　□雨期观察		

检查方法及内容：
四层卫生间蓄水试验：在门口用水泥砂浆做挡水墙50mm，地漏用球塞（或棉丝）的地漏堵严密且不影响试水，然后进行放水，蓄水最浅处20mm，蓄水时间为24h。

检查结论：
经检查，四层卫生间第一次蓄水24h后，蓄水最浅处仍为20mm，无渗漏现象，检查合格。

复查结论：
经复查四层卫生间蓄水试验符合有关规范规定及设计要求。
复查人：×××　复查日期：××××年××月××日

签字栏	施工单位	×××建筑安装有限公司	专业技术负责人	专业质检员	施测人
			×××	×××	×××
	监理或建设单位	×××监理有限责任公司	专业工程师	×××	

5.5.12 通风道、烟道、垃圾道检查记录

通风道、烟道、垃圾道检查记录填写时应注意：主烟（风）道可先检查，检查部位按轴线记录；副烟（风）道可按门户编号记录。由施工单位填写的通风道、烟道、垃圾道检查记录应一式三份，并应由建设单位、监理单位、施工单位各保存一份。通风道、烟道、垃圾道检查记录宜采用表1-5-45的格式。

通风道、烟道、垃圾道检查记录（C.5.9） 表1-5-45

工程名称	××市×中学教学楼		编号	00-00-C5-0××
			检查日期	××××年××月××日
检查部位和检查结果			检查人	复检人
检查部位	主烟（风）道	副烟（风）道	垃圾道		
1层②~⑥轴处	√			×××	
2层②~⑥轴处	√			×××	
3层②~⑥轴处	√			×××	
签字栏	施工单位		×××建筑安装有限公司		
	专业技术负责人		专业质检员		专业工长
	×××		×××		×××

其他常用施工记录填写要求见表1-5-46所列。

其他常用施工记录 表1-5-46

序号	工程资料类别 C5 类		提供单位
	工程资料名称	主要内容及注意事项	
		专用表格	
1	地基处理记录	(1) 附件收集：相关设计图纸、设计变更洽商及地质勘察报告等。 (2) 资料流程：由总包单位填报，经各相关单位转签后存档。 (3) 相关规定与要求：地基需处理时，应由勘察、设计部门提出处理意见，施工单位应依据勘察、设计单位提出的处理意见进行地基处理，并完工后填写《地基处理记录》。内容包括地基处理方式、处理部位、深度及处理结果等。地基处理完成后，应报请勘察、设计、监理部门复检验收。 (4) 注意事项： 当地基处理范围较大、内容较多、用文字描述较困难时，应附简图示意。如勘察、设计单位委托监理单位进行复查时，应有书面的委托记录。本表由施工单位填写，建设单位、施工单位、城建档案馆各保存一份	施工单位
2	楼层平面放线记录	(1) 由施工单位填写，随相应部位的测量放线报验表进入资料流程，可附平面图。 (2) 相关规定与要求：楼层平面放线内容包括轴线竖向投测控制线、各层墙柱轴线、墙柱边线、门窗洞口位置线，垂直度偏差等，施工单位应在完成楼层平面放线后，填写《楼层平面放线记录》并报监理单位审核	施工单位
3	楼层标高抄测记录	(1) 相关规定与要求：楼层标高抄测内容包括地下室+0.5m（或1.m）水平控制线、皮数杆标高定位等，应施工单位应在完成楼层标高抄测记录后，填写《楼层标高抄测楼层放线记录》报监理单位审核。 (2) 注意事项：砖砌基础、砖墙必须设置皮数杆，以此控制标高，用水准仪校核（允许误差±3mm）。 (3) 本表由施工单位填写并保存	施工单位
4	沉降观测记录	由建设单位委托有资质的测量单位进行。 注：下列情况应做沉降观测；并应按《工程测量规范》（GB 50026—2007）第10.1.3 的规定执行： (1) 设计要求时； (2) 重要的建筑物； (3) 20 层以上的建筑物； (4) 14 层以上但造型复杂的建筑物； (5) 对地基变形有特殊要求的建筑； (6) 单桩承受荷载在 400kN 以上的建筑物； (7) 使用灌注桩基础而设计与施工人员经验不足的建筑物； (8) 因施工、使用或科研要求进行沉降观测的建筑物	建设单位委托测量单位提供
5	基坑支护水平位移监测记录	应在基坑开挖和支护结构使用期间记录，应按《工程测量规范》（GB 50026—2007）第10.2 的规定执行	施工单位

第1部分 建筑工程资料管理基本知识

续表

序号	工程资料类别C5类		提供单位
	工程资料名称	主要内容及注意事项	
6	桩基、支护测量放线记录	施工单位填写的工程定位测量记录应一式四份,并应由建设单位、监理单位、施工单位、城建档案馆各保存一份	施工单位
7	地基钎探记录	(1) 收集地基钎探记录原始记录(或复印件)。 (2) 本表由施工单位填写,建设单位、施工单位、城建档案馆各保存一份。 (3) 相关规定与要求:钎探记录用于检验浅土层(如基槽)的均匀性,确定基槽的容许承载力及检验填土质量在钎探前应绘制钎探点平面布置图,确定钎探点布置及顺序编号。按照钎探及有关规定进行钎探并记录。 (4) 注意事项:地基钎探记录必须真实有效,严禁弄虚作假	施工单位
8	混凝土开盘鉴定	(1) 由施工单位填写并保存。 (2) 相关规定与要求:采用预拌混凝土的,应对首次使用的混凝土配合比在混凝土出厂前,由混凝土供应单位自行组织相关人员进行开盘鉴定。采用现场搅拌混凝土的,应由施工单位组织监理单位、搅拌机组、混凝土试配单位进行开盘鉴定工作,共同认定试验室签发的混凝土配合比确定的组成材料是否与现场施工所用材料相符,以及混凝土拌合物性能是否满足设计要求和施工需要。 (3) 注意事项:鉴定的内容包括浇灌部位及时间、强度等级和配合比、坍落度和保水性。表中各项都应根据实际情况填写清楚、齐全,要有明确的鉴定结果和结论,签字齐全	施工单位
9	混凝土拆模申请单	(1) 收集混凝土试块抗压强度试验报告。 (2) 资料流程:由施工单位填写、保存,在拆模前报送监理单位审核。 (3) 相关规定与要求:在拆除现浇混凝土结构板、梁、悬臂构件等底模和柱墙侧模前,应填写混凝土拆模申请单并附同条件混凝土强度等级报告(或龄期强度推断计算书),报项目专业负责人审批后报监理单位审核,通过后方可拆模。 (4) 其他: 1) 拆模时混凝土强度规定:当设计有要求时,应按设计要求;当设计无要求时,应按现行规范要求。 2) 结构形式复杂(结构跨度变化较大)或平面不规则,应附拆模平面示意图	施工单位
10	混凝土预拌测温记录	(1) 由施工单位填写并保存,需按时提供给监理单位。 (2) 相关规定与要求: 1) 冬期混凝土施工时,应进行搅拌和养护的测温记录。 2) 混凝土冬期施工搅拌测温记录应包括大气温度、原材料温度、出罐温度、入模温度等。 3) 混凝土冬施养护测温应先绘制测温点布置图,包括测温点的部位、深度等。测温记录应包括大气温度、各测温孔的实测温度、同一时间测得的各测温孔的平均温度和间隔时间等。 (3) 注意事项:"备注"栏内应填写"现场搅拌"或"预拌混凝土"	施工单位

续表

序号	工程资料类别C5类		提供单位
	工程资料名称	主要内容及注意事项	
11	混凝土养护测温记录	依据《建筑工程冬期施工规程》（JGJ/T 104—2011）规定，混凝土养护期间温度测量应符合下列规定： （1）蓄热法或综合蓄热法养护从混凝土入模开始至混凝土达到受冻临界强度，或混凝土温度降到0℃或设计温度以前应至少每隔6h测量一次。 （2）掺防冻剂的混凝土在强度未达到本规程第7.1.1条规定之前应每隔2h测量一次达到受冻临界强度以后每隔6h测量一次。 （3）采用加热法养护混凝土时，升温和降温阶段应每隔1h测量一次，恒温阶段每隔2h测量一次。 （4）全部测温孔均应编号，并绘制布置图。测温孔应设在有代表性的结构部位和温度变化大易冷却的部位，孔深宜为10～15cm，也可为板厚的1/2或墙厚的1/2。测温时测温仪表应采取与外界气温隔离措施，并留置在测温孔内不少于3min	施工单位
12	大体积混凝土养护测温记录	依据《混凝土结构工程施工质量验收规范》（GB 50204—2002）的规定，混凝土浇筑完毕后，应按施工技术方案及时采取有效的养护措施，并应符合下列规定： （1）应在浇筑完毕后的12h以内对混凝土加以覆盖并保湿养护。 （2）混凝土浇水养护的时间：对采用硅酸盐水泥、普通硅酸盐水泥或矿渣硅酸盐水泥拌制的混凝土，不得少于7d；对掺用缓凝型外加剂或有抗渗要求的混凝土，不得少于14d。 （3）浇水次数应能保持混凝土处于湿润状态；混凝土养护用水应与拌制用水相同。 （4）塑料膜覆盖养护的混凝土，其敞露的全部表面应覆盖严密，并应保持塑料面膜内有凝结水。 （5）混凝土强度达到1.2N/mm² 前，不得在其上踩踏或安装模板及支架。 注：1）当日平均气温低于5℃时，不得浇水。 2）当采用其他品种水泥时，混凝土的养护时间应根据所采用水泥的技术性能确定； 3）混凝土表面不便浇水或使用塑料膜时，宜涂刷养护剂； 4）对大体积混凝土的养护，应根据气候条件按施工技术方案采取控温措施。 检查数量：全数检查。 检验方法：观察，检查施工记录。 说明：养护条件对于混凝土强度的增长有重要影响。在施工过程中，应根据原材料、配合比、浇筑部位和季节等具体情况，制定合理的施工技术方案，采取有效的养护措施，保证混凝土强度正常增长。 要求： （1）由施工单位填写并保存，需按时提供给监理单位。 （2）相关规定与要求： 1）大体积混凝土施工应有对混凝土入模时大气温度、养护温度记录、内外温差和裂缝进行检查并记录。 2）大体积混凝土养护测温应附测温点布置图，包括测温点的布置部位、深度等。 （3）注意事项：大体积混凝土养护测温记录应真实、及时，严禁弄虚作假	施工单位

第1部分　建筑工程资料管理基本知识

续表

序号	工程资料类别 C5 类		提供单位
	工程资料名称	主要内容及注意事项	
13	大型构件吊装记录	构件吊装记录适用于大型混凝土预制构件、钢构件的安装。吊装记录的内容包括构建的名称、安装位置、搁置与搭接长度、接头处理、固定方法、标高等。填写要求： （1）收集相关设计要求文件等。 （2）由施工单位填写并保存。 （3）相关规定与要求：预制混凝土结构构件、大型钢、木构件吊装应有《构件吊装记录》吊装记录内容包括构件型号名称、安装位置、外观检查、楼板堵孔、清理、锚固、构件支点的搁置与搭接长度、接头处理、固定方法、标高、垂直偏差等，应符合设计和现行标准、规范要求。 （4）注意事项："备注"栏内应填写吊装过程中出现的问题、处理措施及质量情况等。对于重要部位或大型构件的吊装工程，应有专项安全交底	施工单位
14	焊接材料烘焙记录	依据《钢结构工程施工质量验收规范》（GB 50205—2001）的规定：焊条、焊丝、焊剂、电渣焊熔嘴等焊接材料与母材的匹配应符合设计要求及国家现行行业标准《建筑钢结构焊接技术规程》（JGJ 81—2002）的规定。焊条、焊剂、药芯焊丝、熔嘴等在使用前，应按其产品说明书及焊接工艺文件的规定进行烘焙和存放。 检查数量：全数检查。 检验方法：检查质量证明书和烘焙记录。 说明：5.2.1 焊接材料对钢结构焊接工程的质量有重大影响。其选用必须符合设计文件和国家现行标准的要求。对于进场时经验收合格的焊接材料，产品的生产日期、保存状态、使用烘焙等也直接影响焊接质量。本条即规定了焊条的选用和使用要求，尤其强调了烘焙状态，这是保证焊接质量的必要手段。 填写要求： 1. 由施工单位填写并保存。 2. 相关规定与要求：按照规范、标准和工艺文件等规定应须进行烘焙的焊接材料应在使用前按要求进行烘焙，并填写《烘焙记录》。烘焙记录内容包括烘焙方法、烘干温度、要求烘干时间、实际烘焙时间和保温要求等	施工单位
15	支护与桩（地）基工程施工记录	（1）支护与桩（地）基工程施工记录由施工单位自行记录，或设置于表格。 （2）基坑支护水平位移监测记录：在基坑开挖和支护结构使用期间，当设计有指标应以设计指标及要求为依据进行过程监测，如设计无要求，应按规范要求规定对重要的支护结构进行监测，做好并保留基坑支护水平位移监测记录。 （3）桩基施工记录：桩（地）基施工单位在施工过程中，应按规定做桩基施工记录。检查内容主要包括对孔位、孔径、孔深、桩体垂直度、桩顶标高、桩位偏差、桩顶完整性和接桩质量等进行检查并记录。 （4）桩基施工记录应由具有相应资质的专业施工单位负责提供	

续表

序号	工程资料类别 C5 类		提供单位
	工程资料名称	主要内容及注意事项	
16	预应力筋张拉记录	依据《混凝土结构工程施工质量验收规范》（GB 50204—2002）的规定： （1）后张法预应力工程的施工应由具有相应资质等级的预应力专业施工单位承担。 （2）预应力筋张拉机具设备及仪表，应定期维护和校验。张拉设备应配套标定，并配套使用。张拉设备的标定期限不应超过半年。当在使用过程中出现反常现象时或在千斤顶检修后，应重新标定。 注：1）张拉设备标定时，千斤顶活塞的运行方向应与实际张拉工作状态一致； 2）压力表的精度不应低于1.5级，标定张拉设备用的试验机或测力计精度不应低于±2%。 （3）预应力筋张拉或放张时，混凝土强度应符合设计要求；当设计无具体要求时，不应低于设计的混凝土立方体抗压强度标准值的75%。 （4）预应力筋的张拉力、张拉或放张顺序及张拉工艺应符合设计及施工技术方案的要求，并应符合下列规定： 1）当施工需要超张拉时，最大张拉应力不应大于国家现行标准《混凝土结构设计规范》（GB 50010—2010）的规定。 2）张拉工艺应能保证同一束中各根预应力筋的应力均匀一致。 3）后张法施工中，当预应力筋是逐根或逐束张拉时，应保证各阶段不出现对结构不利的应力状态；同时宜考虑后批张拉预应力筋所产生的结构构件的弹性压缩对先批张拉预应力筋的影响，确定张拉力。 4）先张法预应力筋放张时，宜缓慢放松锚固装置，使各根预应力筋同时缓慢放松。 5）当采用应力控制方法张拉时，应校核预应力筋的伸长值。实际伸长值与设计计算理论伸长值的相对允许偏差为±5%。 （5）预应力筋张拉锚固后实际建立的预应力值与工程设计规定检验值的相对允许偏差为±5%。 预应力筋张拉时实际建立的预应力值对结构受力性能影响很大，必须予以保证。先张法施工中可以用应力测定仪器直接测定张拉锚固后预应力筋的应力值；后张法施工中预应力筋的实际应力较难测定，故可用见证张拉代替预加力值测定。见证张拉指监理工程师或建设单位代表现场见证下的张拉。 （6）张拉过程中应避免预应力筋断裂或滑脱；当发生断裂或滑脱时，必须符合下列规定： 1）对后张法预应力结构构件，断裂或滑脱的数量严禁超过同一截面预应力筋总根数的3%，且每束钢丝不得超过一根；对多跨双向连续板，其同一截面应按每跨计算。 2）对先张法预应力构件，在浇筑混凝土前发生断裂或滑脱的预应力筋必须予以更换。 填写要求： （1）由施工单位填写，建设单位、施工单位、城建档案馆各保存一份。 （2）相关规定与要求： 1）预应力筋张拉记录应由专业施工人员负责填写。包括预应力施工部位、预应力筋规格、平面示意图、张拉程序、应力记录、伸长量等。 2）预应力筋张拉记录对每根预应力筋的张拉实测值进行记录。后张法预应力张拉施工应执行实行见证管理，按规定要求做见证张拉记录。 3）预应力张拉原始施工记录应归档保存； （3）预应力工程施工记录应由具有相应资质的专业施工单位负责提供	施工单位

第1部分 建筑工程资料管理基本知识

续表

序号	工程资料类别 C5 类		提供单位
	工程资料名称	主要内容及注意事项	
17	有粘结预应力结构灌浆记录	依据《混凝土结构工程施工质量验收规范》(GB 50204—2002) 的规定: (1) 后张法有粘结预应力筋张拉后应尽早进行孔道灌浆,孔道内水泥浆应饱满、密实。 (2) 锚具的封闭保护应符合设计要求;当设计无具体要求时,应符合下列规定: 1) 应采取防止锚具腐蚀和遭受机械损伤的有效措施。 2) 凸出式锚固端锚具的保护层厚度不应小于 50mm。 3) 外露预应力筋的保护层厚度:处于正常环境时,不应小于 20mm;处于易受腐蚀的环境时,不应小于 50mm。 (3) 后张法预应力筋锚固后的外露部分宜采用机械方法切割,其外露长度不宜小于预应力筋直径的 1.5 倍,且不宜小于 30mm。 (4) 灌浆用水泥浆的水灰比不应大于 0.45,搅拌后 3h 泌水率不宜大于 2%,且不应大于 3%。泌水应能在 24h 内全部重新被水泥吸收。 (5) 灌浆用水泥浆的抗压强度不应小于 $30N/mm^2$。 检查数量:每工作班留存一组边长为 70.7mm 的立方体试件。 检验方法:检查水泥浆试件强度试验报告。 填写要求: (1) 由施工单位填写,建设单位、施工单位、城建档案馆各保存一份。 (2) 相关规定与要求:有粘结预应力结构灌浆记录:后张法有粘结预应力筋张拉后应及时灌浆,并做灌浆记录,记录内容包括灌浆孔状况、水泥浆配合比状况、灌浆压力、灌浆量,并有灌浆点简图和编号等	施工单位
18	钢结构施工记录	(1) 钢结构工程施工记录由多项内容组成,具体形式由施工单位自行确定。 (2) 钢结构工程施工记录相关说明 1) 构件吊装记录:钢结构吊装应有《构件吊装记录》,吊装记录内容包括构件名称、安装位置、搁置与搭接长度、接头处理、固定方法、标高等。 2) 焊接材料烘焙记录:焊接材料在使用前,应按规定进行烘焙,有烘焙记录。 3) 钢结构安装施工记录:钢结构主要受力构件安装完成后,应检查钢柱、钢架(梁)垂直度、侧向弯曲偏差等,并做施工记录。 4) 钢结构主体结构在形成空间刚度单元并连接固定后,应检查整体垂直度和整体平面弯曲度的安装允许偏差,并做施工记录。 钢结构安装施工记录应由具有相应资质的专业施工单位负责提供	施工单位
19	网架(索膜)施工记录	(1) 钢网架(索膜)结构总拼完成后及屋面工程完成后,应对其挠度值和其他安装偏差进行测量,并做施工偏差检查记录。 (2) 膜结构的安装过程应形成的记录文件:技术交底记录、与膜结构相连接的部位的检验记录、钢构件、拉索、附件、膜单元运抵现场后的验收记录、现场焊缝检验记录、施加预张力记录、施工过程检验记录、膜结构安装完工检验记录	施工单位

续表

序号	工程资料类别 C5 类		提供单位
	工程资料名称	主要内容及注意事项	
20	木结构施工记录	(1) 木结构工程施工记录具体形式由施工单位自行确定。 (2) 木结构工程施工记录相关说明：应对木桁架、梁和柱等构件的制作、安装、屋架安装的允许偏差和屋盖横向支撑的完整性进行检查，并做好施工记录。 (3) 木结构工程施工记录应由具有相应资质的专业施工单位负责提供	施工单位
21	幕墙注胶检查记录	(1) 幕墙工程施工记录具体形式由施工单位自行确定。 (2) 幕墙工程施工记录相关说明：幕墙注胶检查记录：检查内容包括注胶宽度、厚度、连续性、均匀性、密实度和饱满度等。 (3) 玻璃幕墙结构胶和密封胶的打注应饱满、密实、连续、均匀、无气泡，宽度和厚度应符合设计要求和技术标准的规定。检验方法：观察；尺量检查；检查施工记录。 (4) 金属幕墙的板缝注胶应饱满、密实、连续、均匀、无气泡，宽度和厚度应符合设计要求和技术标准的规定。检验方法：观察；尺量检查；检查施工记录。 (5) 石材幕墙的板缝注胶应饱满、密实、连续、均匀、无气泡，板缝宽度和厚度应符合设计要求和技术标准的规定。检验方法：观察；尺量检查；检查施工记录	施工单位
22	自动扶梯、自动人行道的相邻区域检查记录	检验项目：出入口畅通区；照明、防碰挡板、净空高度、防护栏、防护网、护板、扶手带外缘、标志须知等	施工单位
23	电梯电气装置安装检查记录	检验项目：主电源开关、机房照明、轿厢照明和通风电路、轿顶照明及插座、井道照明、接地保护、控制屏柜、防护罩壳、线路敷设、电线管槽、电线槽、电线管、金属软管、轿厢操作盘及显示版面防腐、导线敷设、绝缘电阻等	施工单位
24	自动扶梯、自动人行道电气装置检查记录	检验项目：主开关；照明电路、开关、插座；防护罩壳、接地保护、线路敷设、金属软管、导线连接、绝缘电阻等	施工单位
25	自动扶梯、自动人行道整机安装质量检查记录	检验项目：一般要求、装饰板（围板）、护壁板（护栏板）、围裙板体积踏板、扶手带、桁架（机架）、驱动装置、盘车装置、应设置有防护装置的部件等	施工单位

第1部分　建筑工程资料管理基本知识

施工检查记录见表1-5-47。

施工检查记录（C.5.2）（通用）　　　　　　表1-5-47

工程名称				编号		
				检查日期		
检查部位				检查项目		
检查依据：						
检查方法及内容：						
检查结论：						
复查结论：						
复查人：				复查日期：		
签字栏	施工单位			专业技术负责人	专业质检员	专业工长
	监理或建设单位				专业工程师	

5.6　施工试验记录与检测报告

5.6.1　设备单机试运转记录（通用）

为保证系统安全、正常运行，设备在安装中应进行必要的单机试运转试验。设备单机试运转试验应由施工单位报请建设（监理）单位共同进行。

设备单机试运转记录应符合现行国家标准《建筑给水排水及采暖工程施工质量验收规范》（GB 50242—2002）、《通风与空调工程施工质量验收规范》（GB 50243—2002）、《建筑节能工程施工质量验收规范》（GB 50411—2007）等有关规定。

1. 相关规定与要求：

（1）水泵试运转的轴承升温必须符合设备说明书的规定。检验方法：通电、操作和温度计测温检查。水泵试运转，叶轮与泵壳不应相碰，进、出口部位的阀门应灵活。

（2）锅炉风机试运转，轴承升温应符合下列规定：滑动轴承温度最高不得超过60℃；滚动轴承温度最高不得超过80℃。检验方法：用温度计测温检查。轴承径向单振幅应符合下列规定：风机转速小于100r/min时，不应超过0.10mm；风机转速为1000～1450r/min时，不应超过0.08mm。检验方法：用测振仪表检查。

2. 注意事项：

（1）以设计要求和规范规定为依据，适用条目要准确。参考规范包括：《机械设备安装工程施工及验收通用规范》（GB 50231—2009），《制冷设备、空气分离设备安装工程施工及验收规范》(GB 50274—2010)、《风机、压缩机、泵安装工程施工及验收规范》(GB 50275—2010)等。

（2）根据试运转的实际情况填写实测数据，要准确，内容齐全，不得漏项。设备单机试运转后应逐台填写记录，一台（组）设备填写一张表格。

（3）设备单机试运转是系统试运转调试的基础工作，一般情况下如设备的性能达不到设计要求，系统试运转调试也不会达到要求。

（4）工程采用施工总承包管理模式的，签字人员应为施工总承包单位的相关人员。

施工单位填写的设备单机试运转记录应一式四份，并应由建设单位、监理单位、施工单位、城建档案馆各保存一份。设备单机试运转记录宜采用表1-5-48的格式。

设备单机试运转记录（通用）(C.6.1)　　　　　　　　　表1-5-48

工程名称	××市×中学教学楼	编号	07-05-C5-0××
		试运转时间	××××年××月××日
设备名称	变频给水泵	设备编号	M2-43（A版）
规格型号	BA1-100×4	额定数据	$Q=54m^3/h$; $H=70.4m$; $N=18.5kW$
生产厂家	××设备公司	设备所在系统	给水系统

序号	试验项目	试验记录	试验结论
1	减振器连接状况	连接牢固、平稳、接触紧密符合减振要求	符合设计要求、施工规范规定及设备技术文件规定
2	减振效果	基础减振运行平稳，无异常振动与声响	符合设计要求、施工规范规定及设备技术文件规定
3	传动带装置	水泵安装后其纵向水平度偏差及横向水平度偏差、垂直度偏差以及联轴器两轴芯的偏差满足设计及规范要求。盘车灵活、无异常现象，润滑情况良好。运行时各固定连接部位无松动	符合设计要求、施工规范规定及设备技术文件规定
4	压力表	灵敏、准确、可靠	符合设计要求、施工规范规定及设备技术文件规定
5	电气设备	电机绕组对地绝缘电阻合格。电动机转向与泵的转向相符。电机运行电流、电压正常	符合设计要求、施工规范规定及设备技术文件规定
6	轴承温升	试运转时的环境温度为25℃，连续运转2h后，水泵轴承外壳最高温度为67℃	符合设计要求、施工规范规定及设备技术文件规定

试运转结论： 经试运转给水泵的单机试运行符合设计要求、施工规范规定及设备技术文件规定。			
签字栏	施工单位	×××建筑安装有限公司	专业技术负责人 / 专业质检员 / 专业工长 ××× / ××× / ×××
	监理或建设单位	×××	专业工程师　×××

5.6.2 系统试运转调试记录（通用）

系统试运转调试是对系统功能的最终检验，检验结果应满足设计要求。调试工作在系统投入使用前进行。

系统试运转调试记录应符合现行国家标准《建筑给水排水及采暖工程施工质量验收规范》（GB 50242—2002）、《通风与空调工程施工质量验收规范》（GB 50243—2002）、《建筑节能工程施工质量验收规范》（GB 50411—2007）的有关规定。

1. 相关规定与要求：

（1）内采暖系统冲洗完毕应通水、加热，进行试运行和调试。检验方法：观察、测量室温应满足设计要求。

（2）供热管道冲洗完毕应通水、加热，进行试运行和调试。当不具备加热条件时，应延期进行。检验方法：测量各建筑物热力入口处供回水温度及压力。

2. 注意事项：

（1）以设计要求和规范规定为依据，适用条目要准确。

（2）根据试运转调试的实际情况填写实测数据，要准确，内容齐全，不得漏项。

（3）工程采用施工总承包管理模式的，签字人员应为施工总承包单位的相关人员。

（4）施工单位填写的系统试运转调试记录应一式四份，并应由建设单位、监理单位、施工单位及城建档案馆各保存一份。系统试运转调试记录宜采用表1-5-49的格式。

系统试运转调试记录（通用）（C.6.2） 表1-5-49

工程名称	××市×中学教学楼	编号	05-05-C6-0××
		试运转调试时间	××××年××月××日
试运转调试项目	采暖系统试运行调试	试运转调试部位	地下一层～五层全楼

试运转调试内容：

本工程采暖系统为上供下回单管异程式供暖系统，供回水干管分别设于五层及地下室，末端高点设有集气罐。系统管道采用焊接钢管。散热器采用喷塑柱形760型铸铁散热器。热源为地下室换热站内的二次热水。

全楼于××××年××月××日×时开始正式通暖，至××月××日×时，全楼供热管道及散热器受热情况基本均匀，各阀门开启灵活，管道、设备、散热器等接口处均不渗不漏。

经室温测量，各室内温度均在18～22℃，卫生间及走道温度在16～18℃之间。设计温度为室内20℃，卫生间及走道温度在16℃之间。实测温度与设计温度相对差为1%。

试运转调试结论：

通过本系统试运转调试结果符合设计要求及施工规范规定，试运转调试合格。

签字栏	施工单位	×××建筑安装有限公司	专业技术负责人	专业质检员	专业工长
			×××	×××	×××
	监理或建设单位	×××监理有责任公司	专业工程师	×××	

5.6.3 接地电阻测试记录（通用）

接地电阻测试记录应符合现行国家标准《建筑电气工程施工质量验收规范》（GB 50303—2002）、《智能建筑工程质量验收规范》（GB 50339—2003）、《电梯工程施工质量验收规范》（GB 50310—2002）的有关规定。依据《建筑电气工程施工质量验收规范》规定，防雷接地系统测试：接地装置施工完成测试应合格；避雷接闪器安装完成，整个防雷接地系统连成回路，才能系统测试。测试记录应由建设（监理）单位及施工单位共同进行。

施工单位填写的接地电阻测试记录应一式四份，并应由建设单位、监理单位、施工单位、城建档案馆各保存一份。接地电阻测试记录宜采用表 1-5-50 的格式。

接地电阻测试记录（通用）（C.6.3）　　　　　　　　表 1-5-50

工程名称	××市×中学教学楼		编号	06-07-C6-0××
			测试日期	××××年××月××日
仪表型号	ZC-8	天气情况	晴	气温（℃）	22

接地类型	■防雷接地　□计算机接地　□工作接地 □保护接地　□防静电接地　□逻辑接地 □重复接地　□综合接地　□医疗设备接地
设计要求	□≤10Ω　□≤4Ω　■≤1Ω □≤0.1Ω　□≤　Ω □

测试部位：
1、2、3、4 号接地电阻测试点。

测试结论：
经测试计算，接地电阻值 0.1Ω，符合设计要求和《建筑电气工程施工质量验收规范》（GB 50303—2002）规定。

签字栏	施工单位	×××建筑安装有限公司		
	专业技术负责人	专业质检员	专业工长	专业测试人
	×××	×××	×××	×××
				×××
	监理或建设单位	×××监理有限责任公司	专业工程师	×××

5.6.4 绝缘电阻测试记录（通用）

电气绝缘电阻测试主要包括电气设备和动力、照明线路及其他必须遥测绝缘电阻的测试，配管及管内穿线分项质量验收前和单位工程质量竣工验收前，应分别按系统回路进行测试，不得遗漏。电器绝缘电阻的检测仪器应在检定的有效期内。

绝缘电阻测试记录应符合现行国家标准《建筑电气工程施工质量验收规范》（GB 50303—2002）、《智能建筑工程质量验收规范》（GB 50339—2003）、《电梯工程施工质量验收规范》（GB 50310—2002）的有关规定。施工单位填写的绝缘电阻测试记录应一式三份，并应由建设单位、监理单位、施工单位各保存一份。绝缘电阻测试记录宜采

第1部分 建筑工程资料管理基本知识

用表 1-5-51 的格式。

绝缘电阻测试记录（通用）(C.6.4) 表 1-5-51

工程名称		××市×中学教学楼			编号			06-05-C6-0××			
					测试日期			××××年××月××日			
计量单位		MΩ（兆欧）			天气情况			晴			
仪表型号		ZC-7		电压（V）		1000		环境温度（℃）		25	
层数	箱盘编号	回路号	相间			相对零			相对地			零对地
			L_1-L_2	L_2-L_3	L_3-L_1	L_1-N	L_2-N	L_3-N	L_1-PE	L_2-PE	L_3-PE	$N-PE$
3	3FAL	1000	1000	1000	1000	1000	1000	1000	1000	1000	1000	1000
3	照明	WL_1				1000			1000			1000
3	照明	WL_2					1000			1000		1000
3	照明	WL_3						1000			1000	1000
测试结论：线路绝缘良好，符合设计要求和《建筑电气工程施工质量验收规范》(GB 50303—2002) 的规定。												
签字栏	施工单位		×××建筑安装有限公司									
	专业技术负责人		专业质检员			专业工长			测试人			
	×××		×××			×××			×××			
									×××			
	监理或建设单位		×××监理有限责任公司			专业工程师			×××			

5.6.5 砌筑砂浆试块强度统计、评定记录

《砌体结构工程施工质量验收规范》(GB 50202—2011) 规定，砌筑砂浆试块强度验收时其强度合格标准必须符合以下规定：

（1）同一验收批砂浆试块抗压强度平均值必须大于或等于设计强度等级所对应的立方体抗压强度；同一验收批砂浆试块抗压强度的最小一组平均值必须大于或等于设计强度等级所对应的立方体抗压强度的 0.75 倍。

砌筑砂浆的验收批，同一类型、强度等级的砂浆试块应不少于3组。当同一验收批只有一组试块时，该组试块抗压强度的平均值必须大于或等于设计强度等级所对应的立方体抗压强度。

（2）砂浆强度应以标准养护，应以龄期为 28d 的试块抗压试验结果为准。

抽检数量：每一检验批且不超过 250m³ 砌体的各种类型及强度等级的砌筑砂浆，每台搅拌机至少抽检一次。

检验方法：在砂浆搅拌机出料口随机取样制作砂浆试块（同盘砂浆只应制作一组试块），最后检查试块强度试验报告单。

施工单位填写的砌筑砂浆试块强度统计、评定记录应一式三份，并应由建设单位、

施工单位、城建档案馆各保存一份。砌筑砂浆试块强度统计、评定记录宜采用表 1-5-52 的格式。

砌筑砂浆试块强度统计、评定记录（C.6.5）　　　表 1-5-52

工程名称	××市×中学教学楼					编号		02-03-C6-0××	
						强度等级		M5	
施工单位	×××建筑安装有限公司					养护方法		标准养护	
统计期	××××年××月××日至××××年××月××日					结构部位		填充墙砌体	
试块组数	强度标准值 f_2(MPa)			平均值 $f_{2,m}$(MPa)		最小值 $f_{2,min}$(MPa)		$0.75f_2$(MPa)	
18	5.00			6.15		5.7		3.75	
每组强度值（MPa）	6.00	7.00	6.60	6.40	5.80	6.30	6.00	5.90	6.20	7.00
	5.80	6.10	5.70	5.80	6.10	6.20	5.90	5.90		
判定式	$f_{2,m} \geqslant f_2$					$f_{2,min} \geqslant 0.75f_2$			
结果	6.15≥5.00 合格					5.7≥3.75 合格			
结论：依据《砌体结构工程施工质量验收规范》(GB 50203—2011) 第 4.0.12 条，该统计结果评定为合格。									
签字栏	批准			审核			统计		
	×××			×××			×××		
	报告日期			××××年××月××日					

5.6.6　混凝土试块强度统计、评定记录

《混凝土强度检验评定标准》（GB/T 50107—2010）中规定，混凝土强度的检验评定：

1. 采用统计方法评定

（1）当连续生产的混凝土，生产条件在较长时间内保持一致，且同一品种、同一强度等级混凝土的强度变异性保持稳定时，应按下列规定进行评定。一个检验批的样本容量应为连续的 3 组试件，其强度应同时符合下列规定：

$$m_{f_{cu}} \geqslant f_{cu,k} + 0.7\sigma_0$$
$$f_{cu,min} \geqslant f_{cu,k} - 0.7\sigma_0$$

检验批混凝土立方体抗压强度的标准差应按下式计算：

$$\sigma_0 = \sqrt{\frac{\sum_{i=1}^{n} f_{cu,i}^2 - n m_{f_{cu}}^2}{n-1}}$$

当混凝土强度等级不高于 C20 时，其强度的最小值尚应满足下式要求：

$$f_{cu,min} \geqslant 0.85 f_{cu,k}$$

当混凝土强度等级高于C20时，其强度的最小值尚应满足下列要求：

$$f_{cu,min} \geq 0.90 f_{cu,k}$$

式中　$m_{f_{cu}}$——同一检验批混凝土立方体抗压强度的平均值，精确到0.1（N/mm²）；

　　　$f_{cu,k}$——混凝土立方体抗压强度标准值，精确到0.1（N/mm²）；

　　　σ_0——检验批混凝土立方体抗压强度的标准差，精确到0.01（N/mm²）；当检验批混凝土强度标准差σ_0计算值小于2.0N/mm²时，应取2.5 N/mm²；

　　　$f_{cu,i}$——前一个检验期内同一品种、同一强度等级的第i组混凝土试件的立方体抗压强度代表值（N/mm²），精确到0.1（N/mm²）；该检验期不应少于60d，也不得大于90d；

　　　n——前一检验期内的样本容量，在该期间内样本容量不应少于45；

　　　$f_{cu,min}$——同一检验批混凝土立方体抗压强度的最小值（N/mm²），精确到0.1（N/mm²）。

（2）当样本容量不少于10组时，其强度应同时满足下列要求：

$$m_{f_{cu}} \geq f_{cu,k} + \lambda_1 \cdot S_{f_{cu}}$$

$$f_{cu,min} \geq \lambda_2 \cdot f_{cu,k}$$

同一检验批混凝土立方体抗压强度的标准差应按下式计算：

$$S_{f_{cu}} = \sqrt{\frac{\sum_{i=1}^{n} f_{cu,i}^2 - m m_{f_{cu}}^2}{n-1}}$$

式中　$S_{f_{cu}}$——同一检验批混凝土立方体抗压强度的标准差（N/mm²），精确到0.01（N/mm²）；当检验批混凝土强度标准差$S_{f_{cu}}$计算值小于2.5N/mm²时，应取2.5N/mm²；

　　　λ_1、λ_2——合格评定系数，按表1-5-53取用；

　　　n——本检验期内的样本容量。

混凝土强度的合格评定系数　　　　　　　　　　表1-5-53

试件组数	10～14	15～19	≥20
λ_1	1.15	1.05	0.95
λ_2	0.90	0.85	

2. 其他情况应按非统计方法评定

当用于评定的样本容量小于10组时，应采用非统计方法评定混凝土强度。按非统计方法评定混凝土强度时，其强度应同时符合下列规定：

$$m_{f_{cu}} \geq \lambda_3 \cdot f_{cu,k}$$

$$f_{cu,min} \geq \lambda_4 \cdot f_{cu,k}$$

式中　λ_3、λ_4——合格评定系数，应按表1-5-54取用。

混凝土强度的非统计法合格评定系数 表 1-5-54

混凝土强度等级	<C60	≥C60
λ_3	1.15	1.10
λ_4	0.95	

当检验结果满足上述规定时，则该批混凝土强度应评定为合格；当不能满足上述规定时，该批混凝土强度应评定为不合格。对评定为不合格批的混凝土，可按国家现行的有关标准进行处理。混凝土试块强度统计、评定记录见表 1-5-55 所列。

混凝土试块强度统计、评定记录（C.6.6） 表 1-5-55

工程名称	××市×中学教学楼				编号		02-01-C6-0××		
					强度等级		C30		
施工单位	×××建筑安装有限公司				养护方法		标准养护		
统计期	××××年××月××日 至××××年××月××日				结构部位		主体1~顶层梁、板、楼梯		
试块组数 n	强度标准值 $f_{cu,k}$（MPa）		平均值 mf_{cu}（MPa）		标准差 $S_{f_{cu}}$（MPa）		最小值 $f_{cu,min}$（MPa）	合格判定系数	
								λ_1	λ_2
30	30.0		33.6		1.8		30.6		
每组强度值（MPa）	32.5	33.6	37.2	34.2	31.5	30.6	36.2	33.5	33.7	32.5
	32.8	34.2	32.3	33.8	35.6	34.5	31.2	32.3	34.2	34.2
	35.1	32.5								
评定界限	■统计方法						□非统计方法		
	$0.90 f_{cu,k}$	$mf_{cu}-\lambda_1 \times S_{f_{cu}}$		$\lambda_2 \times f_{cu,k}$			$1.15 f_{cu,k}$	$0.95 f_{cu,k}$	
	27.0	30.72		25.5			/	/	
判定式	$mf_{cu}-\lambda_1 \times S_{f_{cu}} \geq 0.90 f_{cu,k}$			$f_{cu,min} \geq \lambda_2 \times f_{cu,k}$			$mf_{cu} \geq 1.15 f_{cu,k}$	$f_{cu,min} \geq 0.95 f_{cu,k}$	
结果	30.72≥27.0			30.6≥25.5			/	/	
结论：试块强度符合《混凝土强度检验评定标准》(GB/T 50107—2010) 要求，合格。									
签字栏	批准			审核			统计		
	×××			×××			×××		
	报告日期			××××年××月××日					

5.6.7 结构实体混凝土强度检验记录

《混凝土结构工程施工质量验收规范》（GB 50204—2002）规定，结构实体检验用同条件养护试件强度检验，同条件养护试件的留置方式和取样数量，应符合下列要求：

（1）同条件养护试件所对应的结构构件或结构部位，应由监理（建设）、施工等各方共同选定；对混凝土结构工程中的各混凝土强度等级，均应留置同条件养护试件。

（2）同一强度等级的同条件养护试件，其留置的数量应根据混凝土工程量和重要性

第1部分 建筑工程资料管理基本知识

确定,不宜少于10组,且不应少于3组。

(3) 同条件养护试件拆模后,应放置在靠近相应结构构件或结构部位的适当位置,并应采取相同的养护方法。

(4) 同条件养护试件应在达到等效养护龄期时进行强度试验。

等效养护龄期应根据同条件养护试件强度与在标准养护条件下28d龄期试件强度相等的原则确定。同条件自然养护试件的等效养护龄期及相应的试件强度代表值,宜根据当地的气温和养护条件,按下列规定确定:

等效养护龄期可取按日平均温度逐日累计达到600℃·d时所对应的龄期,0℃及以下的龄期不计入;等效养护龄期不应小于14d,也不宜大于60d。

同条件养护试件的强度代表值应根据强度试验结果按现行国家标准《混凝土强度检验评定标准》(GB/T 50107—2010)的规定确定后,乘折算系数取用;折算系数宜取为1.10也可根据当地的试验统计结果做适当调整。

施工单位填写的结构实体混凝土强度检验记录应一式四份,建设单位、监理单位、施工单位、城建档案馆各保存一份。结构实体混凝土强度检验记录宜采用表1-5-56的格式。

结构实体混凝土强度检验记录(C.6.7)　　表1-5-56

工程名称	××市×中学教学楼									编号	02-01-C6-0××
										结构类型	框架结构
施工单位	×××建筑安装有限公司									验收日期	××××年××月××日
强度等级	试件强度代表值(MPa)									强度评定结果	监理/建设单位验收结果
C30	40.5	38.3	39.7	41.1	42.6					合格	合格
	44.5	42.1	43.7	43.7	46.7						
C40	52.3	48.8	47.6	54	55.3	52.1	54.6	50	49.3	48.7	合格	
	57.5	53.7	52.4	59.4	60.8	58.1	60.1	55	54.2	53.6		
结论:混凝土强度评定合格,符合《混凝土结构工程施工质量验收规范》(GB 50204—2002)的规定。												
签字栏	项目专业技术负责人									专业监理工程师或建设单位项目专业技术负责人		
	×××									×××		

5.6.8 结构实体钢筋保护层厚度检验记录

根据《混凝土结构工程施工质量验收规范》(GB 50204—2002)规定，结构实体钢筋保护层厚度验收合格应符合下列要求：

(1) 当全部钢筋保护层厚度检验的全格点率为90%及以上时，钢筋保护层厚度的检验结果应判为合格；

(2) 当全部钢筋保护层厚度检验的合格点率小于90%但不小于80%，可再抽取相同数量的构件进行检验；当按两次抽样总数和计算的合格点率为90%及以上时，钢筋保护层厚度的检验结果仍应判为合格。

(3) 每次抽样检验结果中不合格点的最大偏差均不应大于（钢筋保护层厚度检验时，纵向受力钢筋保护层厚度的允许偏差：对梁类构件为+10mm，-7mm；对板类构件为+8mm，-5mm）允许偏差的1.5倍。

结构实体钢筋保护层厚度检验记录应符合现行国家标准《混凝土结构工程施工质量验收规范》(GB 50204—2002)的有关规定。结构实体钢筋保护层厚度检验记录应一式四份，并应由建设单位、监理单位、施工单位、城建档案馆各保存一份。结构实体钢筋保护层厚度检验记录宜采用表1-5-57的格式。

结构实体钢筋保护层厚度检验记录 (C.6.8)　　　　表1-5-57

工程名称			××市×中学教学楼					编号	02-01-C6-0××
								结构类型	框架结构
施工单位			×××建筑安装有限公司					验收日期	××××年××月××日
构件类别	序号	钢筋保护层厚度（mm）						合格点率	评定结果	监理/建设单位验收结果
		设计值	实测值							
梁	1	30	28	32	33	30	27	32	100%	>90%合格	符合规定
	2	30	31	32	30	29	26	28			
	3	30	30	28	29	32	31	27			
板	1	15	17	16	18	19	16	14	100%	>90%合格	符合规定
	2	15	15	14	16	14	15	19			
	3	15	16	14	17	15	18	14			
结论：经现场检查，符合设计要求及《混凝土结构工程施工质量验收规范》(GB 50204—2002)的规定，验收合格。										
签字栏			项目专业技术负责人					专业监理工程师或建设单位项目专业技术负责人		
			×××					×××		

第1部分　建筑工程资料管理基本知识

5.6.9　灌水、满水试验记录

非承压管道系统和设备，包括开式水箱、卫生洁具、安装在室内的雨水管道等，在系统和设备安装完毕后，以及暗装、埋地、有绝热层的室内外排水管道进行隐蔽前，应进行灌水、满水试验。

（1）敞口箱、罐安装前应做满水试验；密闭箱、罐应以工作压力的1.5倍做水压试验，但不得小于0.4MPa。检验方法：满水试验满水后静置24h不渗不漏；水压试验在试验压力10min内无压降，不渗不漏。

（2）隐蔽或埋地的排水管道在隐蔽前必须做灌水试验，其灌水高度应不低于底层卫生器具的上边缘或底层地面高度。检验方法：满水15min水面下降后，再灌满观察5min，液面不降，管道及接口无渗漏为合格。

（3）安装在室内的雨水管道安装后应做灌水试验，灌水高度必须到每根立管上部的雨水斗。检验方法：灌水试验持续1h，不渗不漏。

（4）室外排水管网安装管道埋设前必须做灌水试验和通水试验，排水应畅通，无堵塞，管接口无渗漏。检验方法：按排水检查井分段试验，试验水头应以试验段上游管顶加1m，时间不少于30min，逐段观察。

施工单位填写的灌水、满水试验记录应一式三份，并应由建设单位、监理单位、施工单位各保存一份。灌水、满水试验记录宜采用表1-5-58的格式。

灌水、满水试验记录（C.6.9）　　　　表1-5-58

工程名称	××市×中学教学楼	编号	05-06-C6-0××
		试验日期	××××年××月××日
分项工程名称	室内排水工程	材质、规格	UPVC管材、管件 de160、de110、de50

试验标准及要求： 隐蔽或埋地的排水管道在隐蔽前必须做灌水试验，其灌水高度不应低于地层卫生器具的上边缘或底层地面高度，满水15min水面下降后，再灌满观察5min，液面不降，管道及接口无渗漏为合格。			

试验部位	灌（满）水情况	灌（满）水持续时间（min）	液面检查情况	渗漏检查情况
首层WL排水管	水面与地漏上口平直	满水15	无下降	不渗不漏

试验结论：符合设计要求及《建筑给水排水及采暖工程施工质量验收规范》（GB 50242—2002）的规定，合格。				

签字栏	施工单位	×××建筑安装有限公司	专业技术负责人	专业质检员	专业工长
			×××	×××	×××
	监理或建设单位	×××		专业工程师	×××

5.6.10 强度严密性试验记录

强度严密性试验记录应符合现行国家标准《建筑给水排水及采暖工程施工质量验收规范》(GB 50242—2002)、《通风与空调工程施工质量验收规范》(GB 50243—2002)的有关规定。室内外输送各种介质的承压管道、承压设备在安装完毕后，进行隐蔽之前，应进行强度严密性试验。

1. 相关规定与要求：

（1）室内给水管道的水压试验必须符合设计要求。当设计未注明时，各种材质的给水管道系统试验压力均为工作压力的1.5倍，但不得小于0.6MPa。检验方法：金属及复合管给水管道系统在试验压力下观测10min，压力降不应大于0.02MPa，然后降到工作压力进行检查，应不渗漏；塑料管给水系统应在试验压力下稳压1h，压力降不得超过0.05MPa，然后在工作压力的1.15倍状态下稳压2h，压力降不得超过0.03MPa，同时检查各连接处不得渗漏。

（2）热水供应系统安装完毕，管道保温之前应进行水压试验。试验压力应符合设计要求。当设计未注明时，热水供应系统水压试验压力应为系统顶点的工作压力加0.1MPa，同时在系统顶点的试验压力不小于0.3MPa。检验方法：钢管或复合管道系统试验压力下10min内压力降不大于0.02MPa，然后降至工作压力检查，压力应不降，且不渗不漏；塑料管道系统在试验压力下稳压1h，压力降不得超过0.05MPa，然后在工作压力1.15倍状态下稳压2h，压力降不得超过0.03MPa，连接处不得渗漏。

（3）热交换器应以工作压力的1.5倍作水压试验。蒸汽部分应不低于蒸汽供汽压力加0.3MPa；热水部分应不低于0.4MPa。检验方法：试验压力下10min内压力不降，不渗不漏。

（4）低温热水地板辐射采暖系统安装，盘管隐蔽前必须进行水压试验，试验压力为工作压力的1.5倍，但不小于0.6MPa。检验方法：稳压1h内压力降不大于0.05MPa且不渗不漏。

（5）采暖系统安装完毕，管道保温之前应进行水压试验，试验压力应符合设计要求。当设计未注明时，应符合下列规定：

1）蒸汽、热水采暖系统，应以系统顶点工作压力加0.1MPa做水压试验。同时在系统顶点的试验压力不小于0.3MPa。

2）高温热水采暖系统，试验压力应为系统顶点工作压力加0.4MPa。

3）使用塑料管及复合管的热水采暖系统，应以系统顶点工作压力加0.2MPa做水压试验，同时在系统顶点的试验压力不小于0.44MPa。检验方法：使用钢管及复合管的采暖系统应在试验压力下10min内压力降不大于0.02MPa，降至工作压力后检查，不渗、不漏使用塑料管的采暖系统应在试验压力下1h内压力降不大于0.05MPa，然后降压至工作压力的1.15倍，稳压2h，压力降不大于0.03MPa，同时各连接处不渗、不漏。

（6）室外给水管网必须进行水压试验，试验压力为工作压力的1.5倍，但不得小于

第1部分　建筑工程资料管理基本知识

0.6MPa。检验方法：管材为钢管、铸铁管时，试验压力下 10min 内压力降不应大于 0.05MPa，然后降至工作压力进行检查，压力应保持不变，不渗不漏；管材为塑料管时，试验压力下，稳压 1h 压力降不大于 0.05MPa，然后降至工作压力进行检查，压力应保持不变，不渗不漏。

（7）消防水泵接合器及室外消火栓安装系统必须进行水压试验，试验压力为工作压力的 1.5 倍，但不得小于 0.6MPa。检验方法：试验压力下，10min 内压力降不大于 0.05MPa，然后降至工作压力进行检查，压力保持不变，不渗不漏。

（8）锅炉的汽、水系统安装完毕后，必须进行水压试验，水压试验的压力应符合规范规定。检验方法：在试验压力下 10min 内压力降不超过 0.02MPa；然后降至工作压力进行检查，压力不降，不渗、不漏；观察检查，不得有残余变形，受压元件金属壁和焊缝上不得有水珠和水雾。

（9）锅炉分汽缸（分水器、集水器）安装前应进行水压试验，试验压力为工作压力的 1.5 倍，但不得小于 0.6MPa。检验方法：试验压力下 10min 内无压降、无渗漏。

（10）锅炉地下直埋油罐在埋地前应做气密性试验，试验压力降不应小于 0.03MPa。检验方法：试验压力下观察 30min，不渗、不漏，无压降。

（11）连接锅炉及辅助设备的工艺管道安装完毕后，必须进行系统的水压试验，试验压力为系统中最大工作压力的 1.5 倍。检验方法：在试验压力 10min 内压力降不超过 0.05MPa，然后降至工作压力进行检查，不渗不漏。

（12）当自动喷水火灾系统设计工作压力等于或小于 1.0MPa 时，水压强度试验压力应为设计工作压力的 1.5 倍，并不应低于 1.4MPa；当系统设计工作压力大于 1.0MPa 时，水压强度试验压力应为该工作压力加 0.4MPa。水压强度试验的测试点应设在系统管网的最低点。对管网注水时，应将管网内的空气排净，并应缓慢升压，达到试验压力后，稳压 30min，目测管网应无渗漏和无变形，且压力降不应大于 0.05MPa。

（13）自动喷水灭火系统水压严密度试验应在水压强度试验和管网冲洗合格后进行。试验压力应为设计工作压力，稳压 24h，应无渗漏。

（14）自动喷水灭火系统气压严密性试验的试验压力应为 0.28MPa，且稳压 24h，压力降不应大于 0.01MPa。

2. 注意事项：

单项试验和系统性试验，强度和严密度试验有不同要求，试验和验收时要特别留意；系统性试验、严密度试验的前提条件应充分满足，如自动喷水灭火系统水压严密度试验应在水压强度试验和管网冲洗合格后才能进行；而常见做法是先根据区段验收或隐检项目验收要求完成单项试验，系统形成后进行系统性试验，再根据系统特殊要求进行严密度试验。

施工单位填写的强度严密性试验记录应一式四份，并应由建设单位、监理单位、施工单位、城建档案馆各保存一份。强度严密性试验记录宜采用表 1-5-59 的格式。

强度严密性试验记录（C.6.10）　　　　　　　　　　表 1-5-59

工程名称		××市×中学教学楼	编号	05-01-C6-0××
			试验日期	××××年××月××日
分项工程名称		给水系统	试验部位	二层给水系统
材质、规格		衬塑钢管 DN100、DN15	压力表编号	Y100PNO-1.0MPA
试验要求： 本工程给水系统压力为 0.6MPa，试验压力为 1.0MPa。在试验压力下观察 10min，压力降不应大于 0.02MPa，然后降至工作压力进行检查，不渗不漏为合格。				
试验记录		试验介质	水	
		试验压力表设置位置	地下一层给水泵房	
	强度试验	试验压力（MPa）	1.0	
		试验持续时间（min）	1.0	
		试验压力降（MPa）	0.01	
		渗漏情况	无渗漏	
	严密性试验	试验压力（MPa）	0.7	
		试验持续时间（min）	2 小时	
		试验压力降（MPa）	无压降	
		渗漏情况	无渗漏	
试验结论： 符合设计要求及《建筑给水排水及采暖工程施工质量验收规范》（GB 50242—2002）的规定，合格。				
签字栏	施工单位	×××建筑安装有限公司	专业技术负责人	专业质检员	专业工长
			×××	×××	×××
	监理或建设单位	×××监理有限责任公司	专业工程师	×××	

5.6.11 通水试验记录

通水试验记录应符合现行国家标准《建筑给水排水及采暖工程施工质量验收规范》（GB 50242—2002）的有关规定。室内外给水、中水及游泳池水系统、卫生洁具、地漏及地面清扫口及室内外排水系统在安装完毕后，应进行通水试验。

（1）给水系统交付使用前必须进行通水试验并做好记录。检验方法：观察和开启阀门、水嘴等放水。

（2）卫生器具交工前应做满水和通水试验。检验方法：满水后各连接件不渗不漏；通水试验给水、排水畅通。

（3）注意事项：通水试验为系统试验，一般在系统完成后统一进行。

施工单位填写的通水试验记录应一式三份，并应由建设单位、监理单位、施工单位各保存一份。通水试验记录宜采用表 1-5-60 的格式。

第1部分　建筑工程资料管理基本知识

通水试验记录（C.6.11）　　　　　　　　　　　　　　　　　　表1-5-60

工程名称	××市×中学教学楼	编号	02-01-C6-0××
		试验日期	××××年××月××日
分项工程名称	给水系统	试验部位	给水系统

试验系统简述： 本工程为地下一层地上局部五层，均有外网供水，卫生器具有蹲便器、脸盆、小便池、拖布池、地漏等。			
试验要求： 给水系统交付使用前必须进行通水试验并做好记录，观察和开启阀门、水嘴等放水，各处给水畅通。			
试验记录： 将全系统的给水阀门全部开启，同时开放1/3配水点，供水压力流量正常。然后逐个检查各配水点，出水均畅通，接口无渗漏。			
试验结论： 符合设计要求及《建筑给水排水及采暖工程施工质量验收规范》（GB 50242—2002）的规定，合格。			

签字栏	施工单位	×××建筑安装有限公司	专业技术负责人	专业质检员	专业工长
	监理或建设单位	×××监理有限责任公司	专业工程师		

5.6.12　冲洗、吹洗试验记录

冲洗、吹洗试验记录应符合现行国家标准《建筑给水排水及采暖工程施工质量验收规范》（GB 50242—2002）、《通风与空调工程施工质量验收规范》（GB 50243—2002）的有关规定。室内外给水、中水及游泳池水系统、采暖、空调水、消火栓、自动喷水等系统管道，以及设计有要求的管道在使用前做冲洗试验及介质为气体的管道系统做吹洗试验时，应填写冲洗、吹洗试验记录。

1. 相关规定与要求

（1）生活给水系统管道在交付使用前必须冲洗和消毒，并经有关部门取样检验，符合国家《生活饮用水卫生标准》方可使用。检验方法：检查有关部门提供的检测报告。

（2）热水供应系统竣工后必须进行冲洗。检验方法：现场观察检查。

（3）采暖系统试压合格后，应对系统进行冲洗并清扫过滤器及除污器。检验方法：现场观察，直至排出水不含泥砂、铁屑等杂质，且水色不浑浊为合格。

（4）消防水泵接合器及室外消火栓安装系统消防管道在竣工前，必须对管道进行冲洗。检验方法：观察冲洗出水的浊度。

（5）供热管道试压合格后，应进行冲洗。检验方法：现场观察，以水色不浑浊为合格。

（6）自动喷水灭火系统管网冲洗的水流流速、流量不应小于系统设计的水流流速、流量；管网冲洗宜分区、分段进行；水平管网冲洗时其排水管位置应低于配水支管。管网冲洗应连续进行，当出水口处水的颜色、透明度与入水口处水的颜色、透明度基本一致时为合格。

2. 吹（冲）洗（脱脂）试验为系统试验，一般在系统完成后统一进行。

施工单位填写的冲洗、吹洗试验记录应一式三份，并应由建设单位、监理单位、施工单位各保存一份。冲洗、吹洗试验记录宜采用表 1-5-61 的格式。

冲洗、吹洗试验记录（C.6.12）　　　　　表 1-5-61

工程名称	××市×中学教学楼	编号	05-01-C6-0××
		试验日期	××××年××月××日
分项工程名称	室内给水系统	试验部位	给水系统

试验要求：给水系统交付使用前必须进行冲洗，单向冲洗，各配水点水色透明度与进水目测一致且无杂物时，停止冲洗。			
试验记录：从上午 8 时开始对全楼供水系统进行冲洗，单向冲洗，距外供水阀的距离由近及远依次打开阀门水嘴冲洗，到上午 11：30 分，各配水点水色透明度与进水目测一致且无杂物时，停止冲洗。			
试验结论：符合设计要求及《建筑给水排水及采暖工程施工质量验收规范》（GB 50242-2002）的规定，合格。			

签字栏	施工单位	×××建筑安装有限公司	专业技术负责人	专业质检员	专业工长
			×××	×××	×××
	监理或建设单位	×××监理有限责任公司	专业工程师	×××	

5.6.13 其他常用试验记录

其他常用试验记录填写要求见表 1-5-62 所示。

其他常用试验记录填写要求　　　　　表 1-5-62

通球试验记录	1. 记录形成：室内排水水平干管、主立管应按有关规定进行通球试验，并做记录。 2. 相关规定与要求：排水主立管及水平干管管道均应做通球试验，通球球径不小于排水管道管径的 2/3，通球率必须达到 100%。检查方法：通球检查。 3. 注意事项：通球试验为系统试验，一般在系统完成、通水试验合格后进行。通球试验用球宜为硬质空心塑料球，投入时做好标记，以便同排出的试验球核对。 4. 本表由施工单位填写，建设单位、施工单位各保存一份

第1部分 建筑工程资料管理基本知识

续表

补偿器安装记录	1. 记录形成：各类补偿器安装时应按要求进行补偿器安装记录。 2. 相关规定与要求： （1）补偿器型式、规格、位置应符合设计要求，并按有关规定进行预拉伸。检验方法：对照设计图纸检查。 （2）补偿器的型号、安装位置及预拉伸和固定支架的构造及安装位置应符合设计要求。检验方法：对照图纸，现场观察，并查验预拉伸记录。 （3）室外供热管网安装补偿器的位置必须符合设计要求，并应按设计要求或产品说明书进行预拉伸。管道固定支架的位置和构造必须符合设计要求。检验方法：对照图纸，并查验预拉伸记录。 3. 注意事项： （1）补偿器预拉伸数值应根据设计给出的最大补偿量得出（一般为其数值的50%），要注意不同位置的补偿器由于管段长度、运行温度、安装温度不同而有所不同。 （2）根据试验的实际情况填写实测数据，要准确，内容齐全，不得漏项。 （3）工程采用施工总承包管理模式的，签字人员应为施工总承包单位的相关人员。 （4）热伸长可通过公式计算：$\Delta L = \alpha L \Delta t$ 式中，ΔL——热伸长（m）；α——管道线膨胀系数，碳素钢 $\alpha = 12 \times 10^{-6}$ m/℃；L——管长（m）；Δt——管道在运行时的温度与安装时的温度之差值（℃）。 4. 本表由施工单位填写并保存
消火栓试射记录	1. 记录形成：室内消火栓系统在安装完成后，应按设计要求及规范规定进行消火栓试射试验，并做记录。 2. 相关规定与要求：室内消火栓系统安装完成后应取屋顶层（或水箱间内）试验消火栓和首层取两处消火栓做试射试验，达到设计要求为合格。检验方法：实地试射检查。 3. 注意事项： （1）试验前应对消火栓组件、栓口安装（含减压稳压装置）等进行系统检查。 （2）根据试验的实际情况填写实测数据（测试栓口动压、静压应填写实测数值，要符合消防检测要求，不能超压或压力不足），要准确，内容齐全，不得漏项。 （3）消火栓试射为系统试验，一般在系统完成、消防水泵试运行合格后进行。 4. 本表由施工单位填写，建设单位、施工单位、城建档案馆各保存一份
安全附件安装检查记录	1. 记录形成：锅炉的高、低水位报警器和超温、超压报警器及联锁保护装置必须按设计要求安装齐全，并进行启动、联动试验，并做记录。 2. 相关规定与要求：锅炉的高低水位报警器和超温、超压报警器及联锁保护装置必须按设计要求安装齐全和有效。检验方法：启动、联动试验并作好试验记录。 3. 注意事项：根据试验的实际情况填写实测数据，要准确，内容齐全，不得漏项。 4. 本表由施工单位填写，建设单位、施工单位、城建档案馆各保存一份
锅炉烘炉试验记录	1. 记录形成：锅炉安装完成后，在试运行前，应进行烘炉试验，并做记录。 2. 相关规定与要求： （1）锅炉火焰烘炉应符合下列规定： ①火焰应在炉膛中央燃烧，不应直接烧烤炉墙及炉拱。 ②甲烘炉时间一般不少于4d，升温应缓慢，后期烟温不应高于160℃，且持续时间不应少于24h。 ③链条炉排在烘炉过程中应定期转动。 ④烘炉的中、后期应根据锅炉水水质情况排污。 检验方法：计时测温、操作观察检查。 （2）烘炉结束后应符合下列规定： ①炉墙经烘烤后没有变形、裂纹及坍落现象。 ②炉墙砌筑砂浆含水率达到7%以下。检验方法：测试及观察检查。 （3）注意事项：根据试验的实际情况填写实测数据，表格数字和曲线对照好，内容齐全，不得漏项。 3. 本表由施工单位填写，建设单位、施工单位、城建档案馆各保存一份

续表

锅炉煮炉试验记录	1. 记录形成：锅炉安装完成后，在试运行前，应进行煮炉试验，并做记录。 2. 相关规定与要求：煮炉时间一般应为2~3d，如蒸汽压力较低，可适当延长煮炉时间。非砌筑或浇筑保温材料保温的锅炉，安装后可直接进行煮炉。煮炉结束后，锅筒和集（水）箱内壁应无油垢，擦去附着物后金属表面应无锈斑。检验方法：打开锅筒和集（水）箱检查孔检查。 3. 本表由施工单位填写，建设单位、施工单位、城建档案馆各保存一份。
锅炉试运行记录	1. 监理形成：锅炉在烘炉、煮炉合格后，应进行48h的带负荷连续试运行，同时应进行安全阀的热状态定压检验和调整，并做记录。 2. 相关规定与要求：检验方法为检查烘炉、煮炉及试运行全过程。 3. 本表由施工单位填写，建设单位、施工单位、城建档案馆各保存一份。
安全阀定压合格证书	1. 安全阀调试记录由试验单位提供。 2. 填写说明： （1）形成流程：锅炉安全阀在投入运行前应由有资质的试验单位按设计要求进行调试，并出具调试记录。表格由试验单位提供。 （2）相关规定与要求：锅炉和省煤器安全阀的定压和调整应符合规范的规定。锅炉上装有两个安全阀时，其中的一个按表中较高值定压，另一个按较低值定压。装有一个安全阀时，应按较低值定压。检验方法：检查定压合格证书

5.6.14 电气设备空载试运行记录

电气设备空载试运行记录应符合现行国家标准《建筑电气工程施工质量验收规范》（GB 50303—2002）的有关规定。建筑电气设备安装完毕后应进行耐压及调试试验，主要包括：低压电器动力设备和低压配电箱等。

施工单位填写的电气设备空载试运行记录应一式四份，并应由建设单位、监理单位、施工单位、城建档案馆各保存一份。电气设备空载试运行记录宜采用表1-5-63的格式。

电气设备空载试运行记录（C.6.13） 表1-5-63

工程名称	××市×中学教学楼			编号		06-04-C6-×××	
设备名称	YH系列高转差率三相异步电动机		设备型号	YH系列H28020kW		设计编号	动力5号
额定电流（A）	380		额定电压	50		填写日期	××××年××月××日
试运时间	由××日10时00分开始至××日12时00分结束						
运行负荷记录		运行电压（V）			运行电流（A）		温度（℃）
	运行时间	L_1-N (L_1-L_2)	L_2-N (L_2-L_3)	L_3-N (L_3-L_1)	L_1相	L_2相	L_3相	
	10：00	380	382	381	45	45	44	35
	11：00	379	381	382	45	46	47	36
	12：00	382	381	383	44	46	45	37
试运行情况记录： 　　经2h通电运行，电动机转向和机械转动无异常情况，检查机身和轴承的温升符合技术条件要求，配电线路和开关、仪表等运行正常，符合设计要求和《建筑电气工程施工质量验收规范》（GB 50303—2002）的规定。								
签字栏	施工单位	×××建筑安装有限公司		专业技术负责人 ×××		专业质检员 ×××		专业工长 ×××
	监理或建设单位	×××监理有限责任公司		专业工程师				×××

第1部分 建筑工程资料管理基本知识

5.6.15 大型照明灯具承载试验记录

大型照明灯具承载试验记录应符合现行国家标准《建筑电气工程施工质量验收规范》（GB 50303）的有关规定。施工单位填写的大型照明灯具承载试验记录应一式三份，并应由建设单位、监理单位、施工单位各保存一份。大型照明灯具承载试验记录宜采用表1-5-64的格式。

大型照明灯具承载试验记录（C.6.14） 表1-5-64

工程名称	××市×中学教学楼		编号		06-05-C6-×××
楼层部位	一层大厅		试验日期		××××年××月××日
灯具名称	安装部位	数量	灯具自重（kg）		试验载重（kg）
花灯	大厅	1	35		70
检查结论： 一层大厅使用灯具的规格、型号符合设计要求，预埋螺栓直径符合规范要求，经做承载试验，试验载重70kg，试验时间15min，预埋件牢固可靠，符合规范规定。					
签字栏	施工单位	×××建筑安装有限公司	专业技术负责人 ×××	专业质检员 ×××	专业工长 ×××
	监理或建设单位	×××监理有限责任公司	专业工程师		×××

5.6.16 智能建筑工程子系统检测记录

智能建筑工程子系统检测记录应符合现行国家标准《智能建筑工程施工质量验收规范》（GB 50339—2003）的有关规定。施工单位填写的智能建筑工程子系统检测记录应一式四份，并应由建设单位、监理单位、施工单位、城建档案馆各保存一份。智能建筑工程子系统检测记录宜采用表1-5-65的格式。

智能建筑工程子系统检测记录（C.6.15） 表1-5-65

工程名称		××市×中学教学楼		编号		07-05-C6-×××
子分部工程系统名称	安全防范系统	分项工程子系统名称	停车管理	序号	××	检查部位	停车场
施工总承包单位		×××建筑安装有限公司			项目经理	×××
执行标准名称及编号		××××-××××				
专业承包单位		×××机电设备安装公司			项目经理	×××
主控项目	系统检查内容	检查规范的规定	系统检查评定记录	检测结果		备注
				合格	不合格	
	车辆探测器的探测灵敏度抗干扰性能	抽检100%合格为系统合格	07-05-C6-×××	合格		
一般项目						
强制性条文						
检测机构的检测结论： 符合设计要求和规范规定。 　　　　　　　　　　　　检测负责人：×××　　××××年××月××日						

注：1. 在检测结果栏，左列打"√"视为合格，右列打"√"视为不合格。
　　2. 备注栏内填写检测时出现的问题。

5.6.17 风管漏光检测记录

风管漏光检测记录应符合现行国家标准《通风与空调工程施工质量验收规范》(GB 50243—2002)的有关规定。风管系统安装完毕后，应按系统类别进行严密性检验，漏风量应符合设计与规范的规定。施工单位填写的风管漏光检测记录应一式三份，并应由建设单位、监理单位、施工单位各保存一份。风管漏光检测记录宜采用表1-5-66的格式。

风管漏光检测记录（C.6.16） 表1-5-66

工程名称	××市×中学教学楼	编号	08-01-C6-×××
		试验日期	××××年××月××日
系统名称	地下室送风系统	工作压力（Pa）	500
系统接缝总长度（m）	60.15	每10m接缝为一检测段的分段数	6段
检查光源		150W带保护罩低压照明	
分段序号	实测漏光点数（个）	每10m接缝的允许漏光点数（/10m）	结论
1	0	不大于2	合格
2	1	不大于2	合格
3	0	不大于2	合格
4	0	不大于2	合格
5	1	不大于2	合格
6	0	不大于2	合格
合计	总漏光点数（个）	每100m接缝的允许漏光点数（个/100m）	结论
检测结论： 经检验，符合设计要求及规范规定。			
签字栏	施工单位	×××建筑安装有限公司	专业技术负责人 ×××	专业质检员 ×××	专业工长 ×××
	监理或建设单位	×××监理有限责任公司	专业工程师 ×××		

5.6.18 风管漏风检测记录

风管漏风检测记录应符合现行国家标准《通风与空调工程施工质量验收规范》(GB 50243—2002)的有关规定。施工单位填写的风管漏风检测记录应一式三份，并应由建设单位、监理单位、施工单位各保存一份。风管漏风检测记录宜采用表1-5-67的格式。

第1部分 建筑工程资料管理基本知识

风管漏风检测记录（C.6.17）   表 1-5-67

工程名称	××市×中学教学楼	编号	08-01-C6-×××
		试验日期	××××年××月××日
系统名称	X-5 新风系统	工作压力（Pa）	500
系统总面积（m²）	232.9	试验压力（Pa）	800
试验总面积（m²）	185.2	系统检测分段数	2 段
检测区段图示：	分段实测数值			
	序号	分段表面积（m²）	试验压力（Pa）	实际漏风量（m³/h）
	1	98	800	2.4
	2	87.2	800	1.96
系统允许漏风量 [m³/(m²·h)]	6.00	实测系统漏风量 [m³/(m²·h)]	2.18（各段平均值）

检测结论：
各段用漏风检测仪所测漏风量低于规范规定，检测评定合格。

签字栏	施工单位	×××建筑安装有限公司	专业技术负责人 ×××	专业质检员 ×××	专业工长 ×××
	监理或建设单位	×××监理有限责任公司	专业工程师	×××	

5.7 施工质量验收记录

5.7.1 检验批质量验收记录

检验批质量验收记录应符合现行国家标准《建筑工程施工质量验收统一标准》（GB 50300-2001）的有关规定。施工单位填写的检验批质量验收记录应一式三份，并应由建设单位、监理单位、施工单位各保存一份。检验批质量验收记录宜采用表 5-7-1 的格式（所有表格均应如此，划分到分部、子分部、分项，并应按规范术语填写）。

常见检验分项检验批记录表见表 1-5-68。

土方开挖工程检验批质量验收记录（C.7.1）

表 1-5-68

工程名称	××市×中学教学楼			验收部位	①-⑪/Ⓐ-Ⓕ轴							编号	01-01-C7-××
施工单位	×××建筑安装有限公司											项目经理	×××
施工执行标准名称及编号	建筑安装工程施工工艺规程 QB-××-××××											专业工长	×××
分包单位	/			分包项目经理	/							施工班组长	×××

			规范规定（设计要求）				施工单位检查评定记录							监理（建设）单位验收记录
		项目	柱基基坑基槽	挖方场地平整		管沟	地(路)面基层							
				人工	机械									
主控项目	1	标高(mm)	−50	±30	±50	−50	−50	−20	−30	−40	−10	−15	−35	−13	−24	合格
	2	长度、宽度(由设计中心线向两边量)(mm)	+200 −50	+300 −100	+500 −150	+10 0	—	20	40	60	45	35	16	55	68	合格
	3	边坡	设计要求					符合设计要求								
一般项目	1	表面平整度(mm)	20	20	50	20	20	12	13	15	16	18	6	15	5	合格
	2	基底土性	设计要求					符合设计要求								

施工单位检查评定结果	主控项目和一般项目质量经抽样检验合格，施工操作依据、质量检查记录完整。 项目专业质量检查员：×××　　××××年××月××日
监理（建设）单位验收结论	同意验收。 专业监理工程师（建设单位项目专业技术负责人）：××× ××××年××月××日

5.7.2 分项工程质量验收记录

分项工程质量验收记录应符合现行国家标准《建筑工程施工质量验收统一标准》（GB 50300—2001）的有关规定。分项工程完成，施工单位自检合格后，应填报《＿＿＿分项工程质量验收记录表》，并由监理工程师（建设单位项目专业技术负责人）组织项目专业技术负责人等进行验收并签认。施工单位填写的分项工程质量验收记录应一式三份，并应由建设单位、监理单位、施工单位各保存一份。分项工程质量验收记录宜采用表 1-5-69 的格式（表格填写均应按规范术语填写）。

第1部分 建筑工程资料管理基本知识

填充墙分项工程质量验收记录表（C.7.2） 表 1-5-69

工程名称	××市×中学教学楼		编号		02-03-C7-×××	
结构类型	框架		检验批数		5	
施工总承包单位	×××建筑安装有限公司		项目经理	×××	项目技术负责人	×××
专业承包单位	/		单位负责人	/	项目经理	/
序号	检验批部位、区段		施工单位检查评定结果		监理（建设）单位验收结论	
1	1层		合格		验收合格	
2	2层		合格		验收合格	
3	3层		合格		验收合格	
4	4层		合格		验收合格	
5	5层		合格		验收合格	
6						
7						
说明：						
检查结论	所含检验批均符合合格质量的规定，质量验收记录完整。 项目专业技术负责人： ××××年××月××日			验收结论	经检查合格，同意验收。 监理工程师 （建设单位项目专业技术负责人） ××××年××月××日	

5.7.3 分部（子分部）工程质量验收记录

分部（子分部）工程质量验收记录应符合现行国家标准《建筑工程施工质量验收统一标准》GB 50300 的有关规定。分部（子分部）工程完成，施工单位自检合格后，应填报《＿＿＿分部（子分部）工程质量验收记录》。分部（子分部）工程应由总监理工程师或建设单位项目负责人组织有关设计单位及施工单位项目负责人和技术质量负责人等共同验收并签认。

施工单位填写的分部（子分部）工程质量验收记录应一式四份，并应由建设单位、监理单位、施工单位、城建档案馆各保存一份。分部（子分部）工程质量验收记录宜采用表 1-5-70 的格式。

主体结构分部（子分部）工程质量验收记录（C.7.3）　　表 1-5-70

工程名称	××市×中学教学楼		编号		02-C7	
结构类型	框架	层数	5	分项工程数	2	
施工总承包单位	×××建筑安装有限公司	技术部门负责人	×××		质量部门负责人	×××
专业承包单位	/	专业承包单位负责人	/		专业承包单位技术负责人	/
序号	分项工程名称		检验批数	施工单位检查评定	验收意见	
1	砌体结构		5	合格	验收合格	
2	混凝土结构		20	合格		
3						
4						
5						
6						
7						
	质量控制资料			资料共××份，完整		
	安全和功能检验（检测）报告			检验和抽样检测结果共××份，符合有关规定		
	观感质量验收			好		
验收单位	专业承包单位		项目经理　×××　　××××年××月××日			
	施工总承包单位		项目经理　×××　　××××年××月××日			
	勘察单位		项目负责人　×××　　××××年××月××日			
	设计单位		项目负责人　×××　　××××年××月××日			
	监理单位或建设单位		所含（子分部）分项的质量均验收合格；质量控制资料完整；安全功能检验和抽样检测结果符合有关规定；观感质量好。同意验收。 总监理工程师（建设单位项目专业负责人）：××× 　　　　　　　　　　　　　　　××××年××月××日			

5.7.4 建筑节能分部工程质量验收记录表

建筑节能分部工程质量验收记录应符合现行国家标准《建筑节能工程施工质量验收规范》（GB 50411—2007）的有关规定。施工单位填写的建筑节能分部工程质量验收记录应一式五份，并应由建设单位、监理单位、设计单位、施工单位、城建档案馆各保存一份。建筑节能分部工程质量验收记录宜采用 1-5-71 的格式。

第1部分 建筑工程资料管理基本知识

建筑节能分部工程质量验收记录表（C.7.4）　　　　表1-5-71

工程名称	××市×中学教学楼	编号		10-C7	
结构类型及层数	框架5/1	分项工程数		10	
施工总承包单位	×××建筑安装有限公司	技术部门负责人	×××	质量部门负责人	×××
专业承包单位	/	专业承包单位负责人	/	专业承包单位技术负责人	/
序号	分项工程名称	验收结论		监理工程师签字	备注
1	墙体节能工程	合格		×××	
2	幕墙节能工程	合格		×××	
3	门窗节能工程	合格		×××	
4	屋面节能工程	合格		×××	
5	地面节能工程	合格		×××	
6	采暖节能工程	合格		×××	
7	通风与空调节能工程	合格		×××	
8	空调与采暖系统的冷热源及管网节能工程	合格		×××	
9	配电与照明节能工程	合格		×××	
10	监测与控制节能工程	合格		×××	
	质量控制资料	资料共××份，完整		×××	
	外墙节能构造现场实体检验	资料共××份，符合设计要求		×××	
	外窗气密性现场实体检测	资料共××份，结果合格		×××	
	系统节能性能检测	资料共××份，结果合格		×××	
验收结论： 分项工程全部合格；质量控制资料完整；外墙节能构造现场实体检验结果符合设计要求；外窗气密性现场实体检测结果合格；建筑设备系统节能性能检测结果合格。同意验收。					
其他参加验收人员：					
验收单位	专业承包单位	施工总承包单位		设计单位	监理或建设单位
	项目经理：×× ××××年××月××日	项目经理：××× ××××年××月××日		项目负责人：××× ××××年××月××日	总监理工程师或建设单位项目负责人：××× ××××年××月××日

5.8　竣工验收资料

依据《房屋建筑工程和市政基础设施工程竣工验收暂行规定》（建建［2000］142号）规定：房屋建筑工程和市政基础设施工程竣工验收工作，由建设单位负责组织实施。县级以上地方人民政府建设行政主管部门应当委托工程质量监督机构对工程竣工验收实施监督。

(1) 工程符合下列要求方可进行竣工验收：
1) 完成工程设计和合同约定的各项内容。
2) 施工单位在工程完工后对工程质量进行了检查，确认工程质量符合有关法律、法规和工程建设强制性标准，符合设计要求及合同约定，并提出工程竣工报告。工程竣工报告应经项目经理和施工单位有关负责人审核签字。
3) 对于委托监理的工程项目，监理单位对工程进行了质量评估，具有完整的监理资料，并提出工程质量评估报告。工程质量评估报告应经总监理工程师和监理单位有关负责人审核签字。
4) 勘察、设计单位对勘察、设计文件及施工过程中由设计单位签署的设计变更通知书进行了检查，并提出质量检查报告。质量检查报告应经该项目勘察、设计负责人和勘察、设计单位有关负责人审核签字。
5) 有完整的技术档案和施工管理资料。
6) 有工程使用的主要建筑材料、建筑构配件和设备的进场试验报告。
7) 建设单位已按合同约定支付工程款。
8) 有施工单位签署的工程质量保修书。
9) 城乡规划行政主管部门对工程是否符合规划设计要求进行检查，并出具认可文件。
10) 有公安消防、环保等部门出具的认可文件或者准许使用文件。
11) 建设行政主管部门及其委托的工程质量监督机构等有关部门责令整改的问题全部整改完毕。

(2) 工程竣工验收应当按以下程序进行：
1) 工程完工后，施工单位向建设单位提交工程竣工报告，申请工程竣工验收。实行监理的工程，工程竣工报告须经总监理工程师签署意见。
2) 建设单位收到工程竣工报告后，对符合竣工验收要求的工程，组织勘察、设计、施工、监理等单位和其他有关方面的专家组成验收组，制定验收方案。
3) 建设单位应当在工程竣工验收 7 个工作日前将验收的时间、地点及验收组名单书面通知负责监督该工程的工程质量监督机构。
4) 建设单位组织工程竣工验收。

(3) 工程竣工报告
由施工单位编制的综合性报告，报告的主要内容包括：工程概况、工程施工组织情况、施工中技术组织落实和质量管理验收情况、质量事故及处理情况、工程质量的评价与问题的处理建议。

(4) 单位（子单位）工程竣工预验收报验表
单位（子单位）工程竣工预验收报验表应符合现行国家标准《建设工程监理规范》（GB 50319—2000）的有关规定。总监理工程师应组织专业监理工程师依据有关法律法规、工程建设强制性标准设计文件及施工合同，对承包单位报送的竣工资料进行审查，并对工程质量进行竣工预验收，对存在的问题应及时要求承包单位整改。整

第1部分 建筑工程资料管理基本知识

改完毕由总监理工程师签署工程竣工报验单,并应在此基础上提出工程质量评估报告。工程质量评估报告应经总监理工程师和监理单位技术负责人审核签字。施工单位填写的单位(子单位)工程竣工预验收报验表应一式四份,并应由建设单位、监理单位、施工单位、城建档案馆各保存一份。单位(子单位)工程竣工预验收报验表宜采用表1-5-72的格式。

单位(子单位)工程竣工预验收报验表(C.8.1)　　　　表1-5-72

工程名称	××市×中学教学楼	编号	00-00-C8-×××

致×××监理有限责任公司(监理单位)

我方已按合同要求完成了××市×中学教学楼工程,经自检合格,请予以检查和验收。

附件:

(略)

　　　　　　　　　　　　　　　　施工总承包单位(章)　×××建筑安装有限公司
　　　　　　　　　　　　　　　　项目经理　　　×××
　　　　　　　　　　　　　　　　日期　××××年××月××日

审查意见:

经预验收,该工程

1. 符合/不符合我国现行法律、法规要求;

2. 符合/不符合我国现行工程建设标准;

3. 符合/不符合设计文件要求;

4. 符合/不符合施工合同要求。

综上所述,该工程预验收合格/不合格,可以/不可以组织正式验收。

　　　　　　　　　　　　　　　　监理单位　×××监理有限责任公司
　　　　　　　　　　　　　　　　总监理工程师　　　×××
　　　　　　　　　　　　　　　　日期　××××年××月××日

(5)单位(子单位)工程质量竣工验收记录

单位(子单位)工程质量竣工验收记录、单位(子单位)工程质量控制资料核查记录、单位(子单位)工程安全和功能检验资料核查及主要功能抽查记录、单位(子单位)工程观感质量检查记录应符合现行国家标准《建筑工程施工质量验收统一标准》(GB 50300-2001)的有关规定。表格填写应符合下列规定:

施工单位填写的单位(子单位)工程质量竣工验收记录应一式五份,并应由建设单位、监理单位、施工单位、设计单位、城建档案馆各保存一份。单位(子单位)工程质量竣工验收记录宜采用表1-5-73的格式。

单位（子单位）工程质量竣工验收记录（C.8.2-1）　　　表 1-5-73

工程名称	××市×中学教学楼	结构类型	框架	层数/建筑面积	地下1层地上5层 6763.18m²
施工单位	×××建筑安装有限公司	技术负责人	×××	开工日期	××××年××月××日
项目经理	×××	项目技术负责人	×××	竣工日期	××××年××月××日

序号	项目	验收记录	验收结论
1	分部工程	共9分部，经查9分部符合标准及设计要求9分部	全部合格
2	质量控制资料核查	共41项，经审查符合要求41项，经核定符合规范要求41项	完整
3	安全和主要使用功能核查及抽查结果	共核查22项，符合要求22项，共抽查16项，符合要求16项，经返工处理符合要求0项	资料完整，抽查结果符合相关质量验收规范的规定
4	观感质量验收	共抽查22项，符合要求22项，不符合要求0项	好
5	综合验收结论	所含分部工程全部合格；质量控制资料完整；所含分部工程有关安全和功能的检测资料完整；主要功能项目的抽查结果符合相关质量验收规范的规定；观感质量验收好。同意验收	

参加验收单位	建设单位	监理单位	施工单位	设计单位
	（公章） 单位（项目）负责人 ××× ××××年××月××日	（公章） 总监理工程师 ××× ××××年××月××日	（公章） 单位负责人 ××× ××××年××月××日	（公章） 单位（项目）负责人 ××× ××××年××月××日

（6）单位（子单位）工程质量控制资料核查记录

施工单位填写的单位（子单位）工程质量控制资料核查记录应一式四份，并应由建设单位、监理单位、施工单位、城建档案馆各保存一份。单位（子单位）工程质量控制资料核查记录宜采用表 1-5-74 的格式。

第1部分 建筑工程资料管理基本知识

单位（子单位）工程质量控制资料核查记录（C.8.2-2）　　　表 1-5-74

工程名称	××市×中学教学楼		施工单位		×××建筑安装有限公司	
序号	项目	资料名称		份数	核查意见	核查人
1	建筑与结构	图纸会审，设计变更，洽商记录		10	设计变更、洽商记录齐全	×××
2		工程定位测量，放线记录		7	定位测量准确、放线记录齐全	
3		原材料出厂合格证书及进场检（试）验报告		××	水泥、钢筋、防水材料等有出厂合格证及复试报告	
4		施工试验报告及见证检测报告		××	钢筋连接、混凝土抗压强度试验报告等符合要求	
5		隐蔽工程验收记录		××	隐蔽工程验收记录齐全	
6		施工记录		××	施工记录齐全	
7		预制构件、预拌混凝土合格证		××	预拌混凝土合格证齐全	
8		地基基础、主体结构检验及抽样检测资料		××	抽样检测资料符合要求	
9		分项、分部工程质量验收记录		××	质量验收记录符合规范规定	
10		工程质量事故及事故调查处理资料		××	无工程质量事故	
11		新材料、新工艺施工记录		××	新工艺施工记录齐全	
12						
1	给水排水与采暖	图纸会审，设计变更，洽商记录		××	洽商记录齐全	×××
2		材料、配件出厂合格证书及进场检（试）验报告		××	合格证、进场检验报告齐全	
3		管道、设备强度试验、严密性试验记录		××	试验记录齐全且符合要求	
4		隐蔽工程验收记录		××	隐蔽工程验收记录齐全	
5		系统清洗、灌水、通水、通球试验记录		××	试验记录齐全	
6		施工记录		××	各种施工记录齐全	
7		分项、分部工程质量验收记录		××	质量验收记录符合规范规定	
8				××		
1	建筑电气	图纸会审，设计变更，洽商记录		××	洽商记录齐全	×××
2		材料、配件出厂合格证书及进场检（试）验报告		××	材料、设备、配件有出厂合格证书及进场检（试）验报告	
3		设备调试记录		××	设备调试记录齐全	
4		接地、绝缘电阻测试记录		××	测试记录齐全且符合要求	
5		隐蔽工程验收记录		××	隐蔽工程验收记录齐全	
6		施工记录		××	各种施工记录齐全	
7		分项、分部工程质量验收记录		××	质量验收记录符合规范规定	
8						

续表

序号	项目	资料名称	份数	核查意见	核查人
1	通风与空调	图纸会审，设计变更，洽商记录	××	洽商记录齐全	×××
2		材料、配件出厂合格证书及进场检(试)验报告	××	材料、配件有出厂合格证书及进场检(试)验报告	
3		制冷、空调、水管道强度试验、严密性试验记录	××	试验记录符合要求	
4		隐蔽工程验收记录	××	隐蔽工程验收记录齐全	
5		制冷设备运行调试记录	××	调试记录齐全	
6		通风、空调系统调试记录	××	调试记录齐全	
7		施工记录	××	各种施工记录齐全	
8		分项、分部工程质量验收记录	××	质量验收记录符合规范规定	
1	电梯	土建布置图纸会审，设计变更，洽商记录	/		×××
2		设备出厂合格证书及开箱检验记录	/		
3		隐蔽工程验收记录	/		
4		施工记录	/		
5		接地、绝缘电阻测试记录	/		
6		负荷试验、安全装置检查记录	/		
7		分项、分部工程质量验收记录	/		
1	建筑智能化	图纸会审，设计变更，洽商记录、竣工图及设计说明	××	洽商记录、竣工图及设计说明齐全	×××
2		材料、设备出厂合格证书及进场检(试)验报告	××	材料、设备有厂合格证书及进场检(试)验报告	
3		隐蔽工程验收记录	××	隐蔽工程验收记录齐全	
4		系统功能测定及设备调试记录	××	调试记录齐全	
5		系统技术、操作和维护手册	××	系统技术、操作和维护手册	
6		系统管理、操作人员培训记录	××	系统管理、操作人员培训记录	
7		系统检测报告	××	系统检测报告齐全且符合要求	
8		分项、分部工程质量验收报告	××	质量验收记录符合规范规定	

结论：通过工程质量控制资料核查，该工程资料完整、有效，各种施工试验、系统调试记录等符合有关规定，同意竣工验收。

施工单位项目经理：×××　　××××年××月××日　　总监理工程师：×××
（建设单位项目负责人）　　××××年××月××日

　　（7）单位（子单位）工程安全和功能检验资料核查及主要功能抽查记录
　　施工单位填写的单位（子单位）工程安全和功能检验资料核查及主要功能抽查记录应一式四份，并应由建设单位、监理单位、施工单位、城建档案馆各保存一份。单位（子单位）工程安全和功能检验资料核查及主要功能抽查记录宜采用表1-5-75的格式。

第1部分 建筑工程资料管理基本知识

单位(子单位)工程安全和功能检验资料核查及主要功能抽查记录(C.8.2-3)　　表1-5-75

工程名称		××市×中学教学楼	施工单位	×××建筑安装有限公司		
序号	项目	资料名称	份数	核查意见	抽查结果	核查人(抽查)
1	建筑与结构	屋面淋水试验记录	××	试验记录齐全有效	合格	×××
2		地下室防水效果检查记录	××	检查记录齐全有效	合格	
3		有防水要求的地面蓄水试验记录	××	检查记录齐全有效	合格	
4		建筑物垂直度、标高、全高测量记录	××	测量记录齐全有效	合格	
5		抽气(风)道检查记录	××	符合要求	合格	
6		幕墙及外窗气密性、水密性、耐风压检测报告	××	符合要求	合格	
7		建筑物沉降观测测量记录	××	符合要求	合格	
8		节能、保温测试记录	××	符合要求	合格	
9		室内环境检测报告	××	满足要求	合格	
1	给水排水与采暖	给水管道通水试验记录	××	记录齐全有效	合格	×××
2		暖气管道、散热器压力试验记录	××	记录齐全有效	合格	
3		卫生器具满水试验记录	××	记录齐全有效	合格	
4		消防管道、燃气管道压力试验记录	××	记录齐全有效	合格	
5		排水干管通球试验记录	××	记录齐全有效	合格	
1	电气	照明全负荷试验记录	××	符合要求	合格	×××
2		大型灯具牢固性试验记录	××	符合要求	合格	
3		避雷接地电阻测试记录	××	记录齐全符合要求	合格	
4		线路、插座、开关接地检验记录	××	记录齐全	合格	
1	通风与空调	通风、空调系统调试记录	××	符合要求	合格	×××
2		风量、温度测试记录	××	记录齐全符合要求	合格	
3		洁净室洁净度测试记录	/			
4		制冷机组试运行调试记录	/			
1	电梯	电梯运行记录	/			×××
2		电梯安全装置检测报告	/			
1	智能建筑	系统检测及试运行记录	××	运行记录齐全	合格	×××
2		电源系统、防雷及接地检测报告	××	报告符合要求	合格	
1	建筑燃气	燃气管道压力试验记录	/			×××
2		燃气泄漏报警装置测试记录	/			

结论：
对本工程的安全和功能检验资料进行核查，符合要求，对单位工程的主要功能进行抽查，其抽查结果合格，满足使用功能。同意验收。

施工单位项目经理：×××　　××××年××月××日　　总监理工程师：×××
　　　　　　　　　　　(建设单位项目负责人)　　××××年××月××日

注：抽查项目由验收组协商确定。

(8) 单位（子单位）工程观感质量检查记录

施工单位填写的单位（子单位）工程观感质量检查记录应一式四份，并应由建设单位、监理单位、施工单位、城建档案馆各保存一份。单位（子单位）工程观感质量检查记录宜采用表 1-5-76 的格式。

单位（子单位）工程观感质量检查记录（G.0.1-4）　　　　表 1-5-76

工程名称		××市×中学教学楼					施工单位				×××建筑安装有限公司			
序号	项　目		抽查质量状况										质量评价		
													好	一般	差
1	建筑与结构	室外墙面	√	√	○	√	√	√	√	√	√	○	√	√	
2		变形缝	√	√	√	○	√	√	○	√	√	√	√		
3		水落管，屋面	√	○	√	√	√	○	√	√	○	√	√	○	
4		室内墙面	√	√	√	√	√	√	√	√	√	√	○		
5		室内顶棚	√	√	√	√	√	√	√	√	√	√	√		
6		室内地面	√	√	√	√	√	√	√	√	√	√	○		
7		楼梯、踏步、护栏	√	√	√	√	√	√	√	√	√	√	√		
8		门窗	√	√	√	√	√	√	√	√	√	√	√		
1	给水排水与采暖	管道接口、坡度、支架	√	○	√	√	○	√	√	√	√	√	√	○	
2		卫生器具、支架、阀门	√	√	√	○	√	√	√	√	○	√	√	○	
3		检查口、扫除口、地漏	√	√	○	√	√	√	√	√	○	√	√	○	
4		散热器、支架	√	√	√	○	√	√	√	√	√	√	√		
1	建筑电气	配电箱、盘、板、接线盒	√	√	√	√	√	√	○	√	√	√	√		
2		设备器具、开关、插座	√	√	√	√	√	√	√	○	√	√	√		
3		防雷、接地	√	√	√	√	√	○	√	√	√	√	√		
1	通风与空调	风管、支架	√	√	√	√	○	√	√	√	√	√	√		
2		风口、风阀	√	√	√	√	√	√	√	○	√	√	√		
3		风机、空调设备	√	√	√	√	√	○	○	√	√	√	√		
4		阀门、支架	√	○	√	√	√	√	√	√	○	√	√		
5		水泵、冷却塔	○	√	√	√	√	√	√	√	√	√	√	○	
6		绝热	√	√	√	√	√	√	○	√	√	√	√		
1	电梯	运行、平层、开关门														
2		层门、信号系统														
3		机房														

第1部分　建筑工程资料管理基本知识

续表

序号	项目		抽查质量状况	质量评价		
				好	一般	差
1	智能建筑	机房设备安装及布局	√ ○ √ √ √ √ √ √ √ ○ √ √ √			
2		现场设备安装	√ √ √ √ × ○ √ √ √ √ √ √ √			
3						
	观感质量综合评价		好			
检查结论	工程观感质量综合评价为好，验收合格。 施工单位项目经理：×××　　××××年××月××日 总监理工程师：××× （建设单位项目负责人）××××年××月××日					

注：依据《建筑工程施工质量验收统一标准》2.0.15条，观感定义可分为实测（靠、吊、量、套）和目测（看、摸、敲、照）。依据有关规范及标准，将允许偏差及以下的称为合格，用√表示；将允许偏差以上至其规定倍数及以下的称为不符合要求，用○表示；允许偏差规定倍数以上的称为不合格，用×表示。比如墙的垂直度，5及其以下的用√表示；5以上至7.5的用○表示；7.5以上的用×表示。√与○的多少应符合规范规定，不能有×。依据《建筑工程资料验收统一标准》表G.0.1—4，其中每项√在90%及其以上的为好，75%～90%之间的为一般，其余为差，差的应重新验收；单位工程验收时，单项好在90%及其以上的综合评价为好；单项好在75%及其以上之90%的综合评价为一般，其余为差，差的应重新验收。以上可供参考。

（9）房屋建筑工程质量保修书（示范文本）

依据《房屋建筑工程质量保修办法》建设部令第80号规定：房屋建筑工程质量保修，是指对房屋建筑工程竣工验收后在保修期限内出现的质量缺陷，予以修复。房屋建筑工程在保修范围和保修期限内出现质量缺陷，施工单位应当履行保修义务。施工单位填写的《房屋建筑工程质量保修书》应一式三份，并应由建设单位、监理单位、施工单位各保存一份。《房屋建筑工程质量保修书》可采用表1-5-77（示范文本）的格式。

房屋建筑工程质量保修书　　　　　　　　　　　表1-5-77

房屋建筑工程质量保修书

发包人（全称）：　××市×中学
承包人（全称）：　×××建筑安装有限公司

发包人、承包人根据《中华人民共和国建筑法》、《建设工程质量管理条例》和《房屋建筑工程质量保修办法》，经协商一致，对_____（工程全称）签订工程质量保修书。

一、工程质量保修范围和内容

承包人在质量保修期内，按照有关法律、法规、规章的管理规定和双方约定，承担本工程质量保修责任。

质量保修范围包括地基基础工程、主体结构工程，屋面防水工程、有防水要求的卫生间、房间和外墙面的防渗漏，供热与供冷系统，电气管线、给水排水管道、设备安装和装修工程，以及双方约定的其他项目。具体保修的内容，双方约定如下：保修的内容为本合同第二条规定的内容。

二、质量保修期

双方根据《建设工程质量管理条例》及有关规定，约定本工程的质量保修期如下：

续表

1. 地基基础工程和主体结构工程为设计文件规定的该工程合理使用年限；
2. 屋面防水工程、有防水要求的卫生间、房间和外墙面的防渗漏为 __10__ 年；
3. 装修工程为 __2__ 年；
4. 电气管线、给排水管道、设备安装工程为 __2__ 年；
5. 供热与供冷系统为 __2__ 个采暖期、供冷期；
6. 住宅小区内的给排水设施、道路等配套工程为 __2__ 年；
7. 其他项目保修期限约定如下：_____无_____。
质量保修期自工程竣工验收合格之日起计算。

三、质量保修责任

1. 属于保修范围、内容的项目，承包人应当在接到保修通知之日起 7 天内派人保修。承包人不在约定期限内派人保修的，发包人可以委托他人修理。
2. 发生紧急抢修事故的，承包人在接到事故通知后，应当立即到达事故现场抢修。
3. 对于涉及结构安全的质量问题，应当按照《房屋建筑工程质量保修办法》的规定，立即向当地建设行政主管部门报告，采取安全防范措施；由原设计单位或者具有相应资质等级的设计单位提出保修方案，承包人实施保修。
4. 质量保修完成后，由发包人组织验收。

四、保修费用

保修费用由造成质量缺陷的责任方承担。

五、其他

双方约定的其他工程质量保修事项：_____。

本工程质量保修书，由施工合同发包人、承包人双方在竣工验收前共同签署，作为施工合同附件，其有效期限至保修期满。

发包人（公章）：　　　　　　　　承包人（公章）：

法定代表人（签字）：　　　　　　法定代表人（签字）：
　　　年　月　日　　　　　　　　　　年　月　日

第1部分 建筑工程资料管理基本知识

6 建筑工程竣工验收备案管理

《建设工程质量管理条例》国务院令（第279号）规定：建设工程竣工验收工作应当由建设单位组织、勘察、设计、施工、监理单位共同参加，建设工程质量监督站进行监督，建设行政主管部门备案。规定明确了建设、勘察、设计、施工、监理单位对建设工程应负的质量责任和义务，即建设、勘察、设计、施工、监理单位是建设工程质量的责任主体。

《建筑工程施工质量验收统一标准》（GB 50300—2001）规定：单位工程质量验收合格后，建设单位应在规定时间内将工程竣工验收报告和有关文件，报建设行政管理部门备案。

建设工程竣工验收备案制度是加强政府监督管理，防止不合格工程流向社会的一个重要手段。建设单位应依据《建设工程质量管理条例》有关规定和《房屋建筑和市政基础设施工程竣工验收备案管理办法》的规定，应当自工程竣工验收合格之日起15日内，向工程所在地的县级以上地方人民政府建设行政主管部门（以下简称备案机关）备案。否则，不允许投入使用。

6.1 建筑工程竣工验收备案的范围

凡在我国境内新建、扩建、改建各类房屋建筑工程及市政基础设施工程都实行竣工验收备案制度。

依据《房屋建筑和市政基础设施工程竣工验收备案管理办法》的规定，抢险救灾工程、临时性房屋建筑工程和农民自建低层住宅工程，不适用本规定。军用房屋建筑工程竣工验收备案，按照中央军事委员会的有关规定执行。

竣工验收备案管理工作，一般由市、区（县）两级建委委托市、区（县）两级监督机构，按现行的工程质量监督范围，具体负责房屋建筑工程和市政基础设施工程的竣工验收备案工作。各建设工程质量监督站负责工程竣工验收后，由建设单位向建委竣工验收备案管理部门办理竣工验收备案。

6.2 建筑工程竣工验收备案的文件

建设单位应在单位工程竣工验收合格15日内将《建设工程竣工验收报告》和有关文件，报建设工程备案机关办理竣工工程验收备案手续。建设单位办理工程竣工验收备案应当提交下列文件，见表1-6-1所列。

工程竣工验收报告应当包括工程报建日期，施工许可证号，施工图设计文件审查意见，勘察、设计、施工、工程监理等单位分别签署的质量合格文件及验收人员签署的竣工验收原始文件，市政基础设施的有关质量检测和功能性试验资料以及备案机关认为需要提供的有关资料。

建筑工程竣工验收备案提交的资料　　　　　　　　　表 1-6-1

序号	材料名称	份数	材料形式	备注
1	建设工程竣工验收备案表	4	原件	
2	建设工程竣工验收报告	6	原件	
3	工程施工许可证	1	复印件（核对原件）	
4	工程施工质量验收申请表	1	原件	
5	单位（子单位）工程质量验收记录	1	原件	
6	工程质量评估报告	1	原件	
7	设计文件质量检查报告	1	原件	
8	勘察文件质量检查报告	1	原件	
9	施工图设计文件审查报告	1	复印件（核对原件）	
10	建设工程规划许可证及规划验收合格证	1	复印件（核对原件）	
11	建筑工程消防验收意见书	1	复印件（核对原件）	
12	建设工程竣工验收档案认可书	1	复印件（核对原件）	
13	环境保护验收意见	1	复印件（核对原件）	
14	建设工程质量验收监督意见书	1	原件	
15	燃气工程验收文件	1	复印件（核对原件）	有该项工程内容的，提供
16	电梯安装分部工程质量验收证书	1	原件	有该项工程内容的，提供
17	室内环境污染物检测报告	1	复印件（核对原件）	照标准、规范需要实施该项工程内容的，提供
18	工程质量保修书	1	原件	
19	住宅质量保证书和住宅使用说明书	1	原件	属于商品住宅工程的，提供
20	单位工程施工安全评价书	1	复印件（核对原件）	
21	中标通知书（设计、监理、施工）	1	复印件（核对原件）	必须招标的工程，提供
22	建设施工合同	1	复印件（核对原件）	
23	工程款支附证明及发票复印件	1	复印件（核对原件）	
24	人防工程验收证明	1	复印件（核对原件）	依照标准、规范需要实施该项工程内容的，提供
25	工程质量安全监督报告	1	原件	监督站提供

6.3 建筑工程竣工验收备案的程序

(1) 建设工程竣工验收备案需具备的条件
1) 工程竣工验收已合格,并完成工程竣工验收报告;
2) 工程质量监督机构已出具工程质量监督报告;
3) 已办理工程监理合同登记核销及施工合同(总包、专业分包和劳务分包合同)备案核销手续;
4) 各项专项资金等已结算。

(2) 建设单位向备案机关领取《房屋建设工程和市政基础设施工程竣工验收备案表》。

(3) 建设单位持加盖单位公章和单位项目负责人签名的《房屋建设工程和市政基础设施工程竣工验收备案表》一式四份及上述规定的材料,向备案机关备案。

(4) 备案机关在收齐、验证备案材料后15个工作日内在《房屋建设工程和市政基础设施工程竣工验收备案表》上签署备案意见(盖章),建设单位、施工单位、监督站和备案机关各持一份。

第2部分

建筑工程施工资料管理技能实训

第2部分 建筑工程施工资料管理技能实训

本部分提要

建筑工程施工资料管理技能实训的主要内容是以施工图作为实例，按照施工程序以地基与基础、主体结构、建筑屋面、建筑装饰装修、建筑给水排水及采暖、建筑电气、智能建筑、通风与空调、电梯、节能建筑等分部工程作为实训项目。

建筑工程施工资料管理实训项目的主要实训目标，一是在具有施工图的识读和施工技术、组织等专业知识基础上，通过完成分部、分项、检验批的任务划分，培养工程资料信息采集和任务分解的能力。二是通过施工资料管理计划的编制，确定资料管理任务的范围，培养资料收集、分类、技术交底的工作能力以及施工资料管理的方法能力。

建筑工程施工资料管理技能实训的主要方法，首先是以实际分部工程为实训项目，在每个实训项目中采用分析施工工艺主要过程和质量验收内容，确定工程质量验收划分表；其次是依据确定的施工工艺主要过程和质量验收内容，按照《建筑工程施工资料计划、交底编制导则》，编制资料管理计划；最后依据资料管理计划制定资料技术交底方案并编制资料收集汇总目录，最终完成从事先确定资料管理目标，编制资料管理计划，编制资料的技术交底，收集资料及按照目录进行分类组卷的资料全过程的管理和有效控制。能够完成从编制计划、资料交底到完整的资料目录的编制的全过程工作，也就基本达到资料管理岗位的专业技能要求。

1 ××市第××中学教学楼施工资料管理实训背景资料

××市第××中学教学楼工程位于×××路××市第××中学校区内，地下一层，地上四层，局部五层，建筑高度 21.00m，总建筑面积 6763.18m^2，其中地下建筑面积 1313.64m^2，地上建筑面积 5449.54m^2，建筑基底面积 1329.51m^2。

建筑结构形式为框架结构，建筑结构的类别为乙类，合理使用年限为 50 年，抗震设防烈度为 9 度（计算 8 度）；建筑耐火等级地上为二级，地下为一级；屋面防水等级为Ⅱ级，地下防水等级为Ⅰ级。

1.1 建筑设计概况

1.1.1 建筑设计标高

本工程室内外高差为 600mm，±0.000 标高为相对标高 944.16m；基础类型为独立基础加防水筏板；地基基础设计等级为乙类，无人防。

1.1.2 地下室防水

地下室防水等级为Ⅰ级，防水层为合成高分子防水卷材两层，基础防水底板厚300mm，混凝土强度等级为C30，抗渗强度等级为P6，其上为C30、P6独立基础加条形基础，地下室四周为C30、P6混凝土挡土墙，其他构件混凝土强度等级详见表2-1-1、表2-1-2所列。

1.1.3 墙体工程

本工程非承重外围护墙采用250mm厚MU2.5陶粒混凝土空心砌块，M5砂浆砌筑，外贴80mm厚聚苯板保温，内隔墙采用150mm厚MU7.5陶粒混凝土空心砌块，M5砂浆砌筑。

1.1.4 屋面工程

1. 非上人屋面

（1）两层1.2mm厚自带保护层合成高分子防水卷材；

（2）30厚C20细石混凝土找平层；

（3）最薄处30mm厚CL7.5轻集料混凝土找坡层；

（4）150mm厚聚苯板保温层；

（5）1.5mm厚聚氨酯隔气层；

（6）钢筋混凝土屋面板。

2. 上人屋面

（1）10mm厚防滑地砖用1∶1水泥砂浆（加建筑胶）粘贴，缝宽3mm 1∶1水泥浆（加建筑胶）勾缝；

（2）20mm厚的1∶3水泥砂浆找平层；

（3）3mm厚麻刀灰隔离层；

（4）以下同非上人屋面。

1.1.5 装修工程

室内、外装修工程做法。见表2-1-1、表2-1-2所列。

室内装修工程做法表　　　　表2-1-1

编号	房间名称	工程做法						备注
		楼地面	踢脚	墙裙	窗台板	内墙面	顶棚	
地下室	走廊	地2	踢1	裙2	窗台2	内墙3	棚3	
	戊类物品房间	地2	踢1	裙2	窗台2	内墙3	棚1	
	配电室	地1	踢2		窗台1	内墙1	棚1	
	换热站	地2	踢2		窗台1	内墙1	棚1	
一层	门厅、走道	楼1	踢1	裙2	窗台2	内墙3	棚3	
	教室	楼1	踢1	裙2	窗台2	内墙1	棚1	
	行政办公室	楼1	踢1	裙2	窗台2	内墙3	棚3	

第2部分　建筑工程施工资料管理技能实训

续表

编号	房间名称	工程做法						备注
		楼地面	踢脚	墙裙	窗台板	内墙面	顶棚	
一层	教师办公室	楼1	踢1	裙1	窗台2	内墙3	棚1	
	卫生间	楼3	踢1		窗台2	内墙2	棚2	内墙砖贴至吊顶底
	盥洗室	楼2	踢1	裙2		内墙3	棚3	
	消防值班室	楼1	踢1	裙1	窗台2	内墙3	棚1	
二层	教室	楼1	踢1	裙1	窗台2	内墙3	棚1	
	行政办公室	楼1	踢1	裙1	窗台2	内墙3	棚3	
	教师办公室	楼1	踢1	裙1	窗台2	内墙3	棚2	
	卫生间	楼3	踢1		窗台2	内墙2	棚2	内墙砖贴至吊顶底
	盥洗室	楼2	踢1	裙2		内墙3	棚3	
	走道	楼1	踢1	裙2	窗台2	内墙3	棚3	
三～四层	教室	楼1	踢1	裙1	窗台2	内墙3	棚1	
	教师办公室	楼1	踢1	裙1	窗台2	内墙3	棚1	
	卫生间	楼3	踢1		窗台2	内墙2	棚2	内墙砖贴至吊顶底
	盥洗室	楼2	踢1	裙2		内墙3	棚3	
	走道	楼1	踢1	裙2	窗台2	内墙3	棚3	
五层	电子教室	楼1	踢1	裙1	窗台2	内墙3	棚1	
	教师办公室	楼1	踢1	裙1	窗台2	内墙3	棚1	
	走道	楼1	踢1	裙2	窗台2	内墙3	棚3	
	楼梯间	楼4	踢1	裙2	窗台2	内墙3	棚1	

工程做法汇总表　　　　　　　　　表2-1-2

名称	做法	名称	做法
散水	细石混凝土散水	外墙	喷（刷）涂料墙面（轻质墙）
	1. 60mm厚C20细石混凝土撒1:1水泥砂子，压实赶光； 2. 素土夯实向外坡5%		1. 喷（刷）外墙防水涂料； 2. 抹5～6mm厚聚合物砂浆； 3. 专用尼龙胀管螺钉固定耐碱玻纤网格布一层（一楼二层）； 4. 专用聚合物粘结砂浆贴80mm厚B1级硬泡聚氨酯板； 5. 基层处理（水泥砂浆找平）

续表

名称	做 法	名称	做 法
台阶	花岗石条石台阶	坡道	花岗石坡道
	1. 100～150mm厚花岗石条石； 2. 30mm厚1∶3干硬水泥砂浆结合层，向外坡1%； 3. 水泥浆一道； 4. 100mm厚C20现浇钢筋混凝土，φ6双向钢筋中距200mm（厚度不包括踏步三角部分），台阶面向外坡1%； 5. 150mm厚5～32mm粒径卵石灌M5混合砂浆； 6. 素土夯实		1. 50mm厚花岗石面层，表面刹平（三道成活）； 2. 30mm厚1∶3干硬性水泥砂浆结合层； 3. 水泥浆结合层一道（内掺建筑胶）； 4. 60mm厚C20混凝土； 5. 150mm厚5～32mm粒径卵石灌M5混合砂浆； 6. 素土夯实（坡度按工程设计）
地1	砂浆地面（燃烧性能：A级）	地2	低温热水地板辐射采暖地面（无防水要求）
	1. 20mm厚1∶2水泥砂浆压实抹光； 2. 水泥浆一道（内掺建筑胶）； 3. 100mm厚C15混凝土垫层； 4. 素土夯实		1. 面层现浇水磨石（由设计人员定）； 2. C15细石混凝土垫层随打随抹平，加热管上皮厚度≥30mm； 3. 沿外侧贴20mm厚聚苯乙烯泡沫塑料保温层（材料或由设计人定），高与垫层上平； 4. 铺18号镀锌低碳钢丝网，用12号低碳钢丝与加热管绑牢（或铺真空镀铝聚酯薄膜一层）（或铺玻璃布基铝箔膜一层）； 5. 40mm厚聚苯乙烯泡沫塑料保温层； 6. 1.5mm厚涂膜防潮层（按工程设计）； 7. 80mm厚C15混凝土随打随抹平； 8. 素土夯实，压实系数0.90
楼1	低温热水地板辐射采暖楼面（适用于采暖分户计量无防潮、防水要求的楼面）	楼2、3	低温热水地板辐射采暖楼面（适用于采暖分户计量无防潮、防水要求的楼面）
	1. 面层水泥浆一道（内参建筑胶）10～15mm厚1∶2.5水泥磨石面磨光打蜡； 2. C15细石混凝土垫层随打随抹平，加热管上皮厚度≥30mm； 3. 沿墙外内侧20mm×50mm聚苯乙烯泡沫塑料保温层（材料或由设计人定），高与垫层上皮平； 4. 铺18号镀锌低碳钢丝网，用12号低碳钢丝与加热管绑牢（或铺真空镀铝聚酯薄膜一层）； 5. 30mm厚聚苯乙烯泡沫塑料保温层（材料由设计人员定）； 6. 10mm厚1∶3水泥砂浆找平层； 7. 现浇钢筋混凝土楼板		1. 面层贴10mm厚100mm×100mm防滑地砖； 2. 20mm厚1∶3水泥砂浆保护层（装修一步到位无此道工序）； 3. 1.5mm厚合成高分子涂抹防水层（材料或由设计人员定）； 4. C15细石混凝土垫层随打随抹平，从门口向地漏找1%坡（无地漏不找坡），加热管上皮最薄处≥30mm； 5. 沿墙外内侧20mm×50mm聚苯乙烯泡沫塑料保温层（材料或由设计人定），高与垫层上皮平； 6. 铺18号镀锌低碳钢丝网，用15号低碳网丝与加热管绑牢（或铺真空镀铝聚酯薄膜一层）； 7. 30mm厚聚苯乙烯泡沫塑料保温层（材料由设计人员定）； 8. 10mm厚1∶3水泥砂浆找平层； 9. 现浇钢筋混凝土楼板

第2部分 建筑工程施工资料管理技能实训

续表

名称	做法	名称	做法
楼4	现浇水磨石楼面（无垫层）（燃烧性能：A级） 1. 10~15mm 厚 1:2.5 水泥磨石面磨光打蜡； 2. 水泥浆一道（内掺建筑胶）； 3. 20mm 厚 1:3 水泥砂浆找平层，上卧分格条 10 高； 4. 水泥浆一道（内掺建筑胶）； 5. 现浇钢筋混凝土楼板	踢1	瓷砖踢脚（轻型墙）（燃烧性能：A级） 1. 8~10mm 厚瓷砖踢脚，稀水泥浆（或彩色水泥浆）擦缝； 2. 12mm 厚 1:2 水泥砂浆（内掺建筑胶）粘结层； 3. 界面剂一道刷毛，刷前将墙面用水润湿
踢2	水泥踢脚（混凝土墙）（燃烧性能：A级） 1. 6mm 厚 1:2.5 水泥砂浆罩面压实赶光； 2. 水泥浆一道； 3. 8mm 厚 1:3 水泥砂浆打底扫毛或划出纹道； 4. 水泥浆一道刷毛（内掺建筑胶）	裙1	瓷砖墙裙（轻型墙基）（燃烧性能：A级） 1. 白水泥擦缝； 2. 贴 5mm 厚面砖（粘贴前将墙面砖浸水 2h 以上）； 3. 5mm 厚 1:2 建筑胶水泥砂浆（或专用胶）粘结层； 4. 水泥浆一道（用专用胶粘贴时无此道工序）； 5. 6mm 厚 1:0.5:2.5 水泥石灰膏砂浆木抹子抹平； 6. 6mm 厚 1:1:6 水泥石灰膏砂浆打底扫毛或刮出纹道； 7. 3mm 厚外加剂专用砂浆抹基地或界面剂一道甩毛（抹前将墙面用水湿润）； 8. 聚合物水泥砂浆修补墙面； 9. 刷界面处理剂一道
裙2	油漆墙裙（轻型墙基）（燃烧性能：B1级） 1. 刷无光油漆； 2. 6mm 厚 1:0.5:2.5 水泥石灰膏砂浆压实赶光； 3. 12mm 厚 1:1:6 水泥石灰膏砂浆打底扫毛划出纹道； 4. 3mm 厚外加剂专用砂浆抹基底部刮糙或界面剂一道甩毛（抹前先撑墙面用水润湿）； 5. 聚合物水泥砂浆修补墙面； 6. 刷界面处理剂一道		

1.1.6 节能设计

（1）总建筑面积：6763.18m²；建筑层数：地上 5 层，地下 1 层。

（2）该工程项目为教学楼，属于公共建筑。

（3）项目地处气候分区：严寒地区 B 区。

（4）建筑物体形系数（具体计算详计算数）：建筑物外表面积 $F=4850.29m^2$；建筑物体积 $V=22050.83m^3$；建筑物体形系数 $S=F/V=0.22/m$。

（5）单一朝向外窗（包括透明幕墙）墙面积比（具体计算详计算书）：西南向 0.31；东北向 0.32；东南向 0.09；西北向 0.18；总窗墙比 0.27。

（6）屋面：保温层 EPS 板 150mm 厚，K_i 值经查表计算得，传热系数 $K_i=0.29$，满足 $K_i \leqslant K0.45$。

外墙：保温层 EPS 板 80mm 厚，K_i 值经查表计算得，传热系数 $K_i=0.45$，满足 $K_i \leqslant K0.50$。

外窗：单框双玻塑钢窗，(4+12+4mm) 空气间隔层；需提供检验报告 K_i 值必须 $\leqslant 2.5$，满足 $K_i \leqslant K$。

外门：采用成品节能外门需提供检验报告，K_i 值必须 $\leqslant 2.5$，满足 $K_i \leqslant K$。

1.1.7 消防设计

(1) 建筑特征：本工程为多层教学楼，其耐火等级为地上二级，地下一级。
(2) 消防控制室设在首层，由200mm厚陶粒空心砌块墙分隔，设直接对外出口。
(3) 楼梯共设有三部楼梯，楼梯总疏散宽度为：6.935m。

本工程由××勘察设计研究院勘察设计；××建筑安装有限公司施工；××监理有限责任公司监理。以上单位均通过招投标方式与建设单位签订了合同。

建设单位与施工单位间签订的合同约定：计划××××年××月××日开工，××××年××月××日完工，施工天数214天。

1.2 结构设计概况

1.2.1 工程概况

本项目位于××市第××中学院内。

由五层教学楼和两层办公楼组成，地下为一层，无人防，教学楼与办公楼之间设有抗震缝，结构概况见表2-1-3所列。

结构概况表　　　　表2-1-3

项目名称	地上层数	地下层数	高度（m）	宽度（m）	长度（m）	结构形式	基础类型
教学楼	5	1	21.00	18.000	72.400	框架	独立基础加防水底板

1.2.2 地基基础

(1) 本工程根据上部结构荷载及工程地基情况采用人工复合地基，CFG桩法。处理后的复合地基承载力特征值300 kPa（由有资质的岩土工程部门设计处理）。
(2) 地基局部超深时采用C20素混凝土垫层升台，地基大部分超深时另行处理。
(3) 钢筋混凝土基础底面应做强度为C15的100mm厚混凝土垫层，垫层宜比基础每侧宽出100mm。
(4) 基础施工完毕（有地下室时在地下室顶板施工完毕，基础外侧防水、防腐施工完成后），用不含对基础有侵蚀作用的戈壁土、角砾土或黄土分层回填夯实，工程周围回填应按《地下工程防水技术规范》（GB 50108—2008）中相关要求施工。回填土压实系数不小于0.97。
(5) 地下室为主体结构的嵌固层，按建筑保温要求外墙防水层在冻土深度以上可采用厚度不大于70mm的挤塑聚苯板兼防护，在冻土深度以下严禁用低密度材料防护（包括挤塑聚苯板）。

1.2.3 地下结构防水、防腐蚀

(1) 地下结构防水等级为二级。
(2) 如基底有地下水出现，施工时应采取有效措施降低地下水位，保证正常施工。
(3) 地下钢筋混凝土防水结构，应采用防水混凝土。
(4) 基础埋置深度≤10m时基础底板、挡土墙、水箱、水池及地下一层顶与土接

触的梁板抗渗设计等级为 P6。防水混凝土的施工配合比应通过试验确定，抗渗等级应比设计要求提高一级（0.2MPa）。

（5）与非腐蚀性水、土直接接触的钢筋混凝土挡土墙、柱、梁（不包括有建筑防水做法的一侧）在接触面刷冷底子油一道，涂改性沥青二道。

（6）与弱腐蚀性水、土直接接触的钢筋混凝土挡土墙、柱、梁、基础（不包括有建筑防水做法的一侧）在接触面涂冷底子油两遍和沥青胶泥两遍。

1.2.4 主要结构材料

（1）钢筋：原材料应符合国家有关标准、规程、规范的规定。

（2）混凝土强度等级见表 2-1-4 所列。

地基与基础混凝土强度等级　　　　　　　　　　　　　　表 2-1-4

项目名称	独立柱基及墙下条基	防水底板	素混凝土垫层
教学楼	C30	C30 P6	C15

（3）主体结构构件混凝土强度等级见表 2-1-5 所列。

主体结构构件混凝土强度等级　　　　　　　　　　　　　表 2-1-5

项目名称	部 位	挡土墙	框架柱	梁	板	楼梯
教学楼	地下室（基础面～-0.120）	C30 P6	C40	C30	C30	C30
	一～二层（-0.120～7.680）		C40	C30	C30	C30
	三层（7.680～11.580）		C35	C30	C30	C30
	四～顶层（11.580 标高以上）		C30	C30	C30	C30

（4）构造柱、填充墙水平系梁、填充墙洞口边框、压顶、现浇过梁混凝土强度等级采用 C20，并须符合使用环境条件下的混凝土耐久性基本要求。女儿墙等外露现浇构件及其他未注明的现浇混凝土构件均采用 C30 混凝土浇筑。

（5）填充墙

填充墙所用材料详见建筑施工图，其材料强度按以下要求施工：

直接置于基础顶面上的填充墙，防潮层以下用 M10 水泥砂浆砌强度等级为 MU10 的烧结普通砖（当用多孔砖时须用 M5 水泥砂浆灌孔）。

（6）所有外露铁件应涂刷防锈漆二底二面。

1.3　给水、排水、采暖设计概况

1.3.1　主要设计参数

散热器采用：CRMT-Ⅱ-600 型。每柱标准散热量 130W/柱。

1.3.2　防腐与保温

（1）管沟及顶棚或地下室管道井内敷设的热水采暖供、回水管，除锈后刷防锈漆两遍后做保温，保温材料采用复合硅酸盐，厚度 30mm，保护层采用玻璃布外刷乳胶漆。

（2）不采暖房间的膨胀水箱及设备，刷防锈漆两遍后进行保温，设计未规定时，可采用复合硅酸镁保温涂料，厚 30mm，外抹防水涂料两遍。

（3）明露热水管金属支、吊、托架、设备等，在表面除锈后刷防锈底漆二遍，调合面漆两遍。

（4）热水供、回水管（集）分水管阀门设备等进行保温。

（5）热水管穿越墙身和楼板时，保温层不间断，在墙体或楼板的两侧，应设置夹板，中间的空间，应用松散保温材料填充。

1.3.3　试压与冲洗

（1）安装完毕后应进行水压试验，试验压力按系统顶点工作压力加 0.1MPa，但不得小于 0.3MPa，在 10min 内压降不大于 0.02MPa 为合格。

（2）水系统水压试验时，若系统低点的压力大于所能承受的压力时，应分层进行水压试验。

（3）经试压合格后，投入使用前热水供回水管用以系统能达到的最大压力和流量进行冲洗，直到排出水中不夹带泥砂、铁屑等杂物且水色和透明度与入水口目测一致为合格。

（4）在冲洗之前，应先除去过滤网，待冲洗工作结束后再装上，管路系统冲洗时水流不得经过所有设备。

1.3.4　室内给水

1. 防腐及保温

（1）明设不保温钢管、铸铁给水管刷防锈漆两遍，再刷银粉或由设计确定的面漆两遍，保温管仅刷防锈漆两遍。

（2）硬聚氯乙烯管（UPVC）不另刷漆，镀锌钢管根据装修要求刷面漆一遍，镀锌层破坏部分，应刷防锈漆一遍，再刷面漆两遍。

（3）暗设在管沟及顶棚或地下室内，不保温的钢管，刷防锈漆两遍，铸铁管刷沥青两遍。

（4）埋在地下的铸铁管，刷热沥青两遍，当为钢管时再包扎一层玻璃丝布后，再刷热沥青一遍。

（5）明设钢支、吊架，刷防锈漆一遍，面漆一遍，暗设钢支吊架、套管均刷防锈漆两遍。

（6）管沟及顶棚或地下室管道井内敷设的热水管，除锈后刷防锈漆两遍后做保温，保温材料采用复合硅酸盐，厚度 30mm，保护层采用玻璃布外刷乳胶漆。

2. 试压及冲洗

（1）给水管的水压试验，一般按系统工作压力的 1.5 倍，但不小于 0.6MPa，然后降至工作压力，做外观检查，不渗不漏为合格，本工程工作压力为 0.25MPa。

（2）给水系统冲洗时，以系统内最大设计流量为冲洗流量或以不小于 1.5m/s 的流速冲洗，直到出水口水色和透明度与入水口目测一致为合格。

（3）热水系统同给水系统。

1.3.5 室内排水及雨水

1. 防腐

(1) 明设铸铁管，刷防锈漆两遍银粉漆或灰铅油两遍；埋地铸铁管刷热沥青两遍，埋地钢管先刷热沥青两遍，包扎玻璃布一层后再刷热沥青一遍。

(2) 明设钢支、吊架刷防锈漆一遍，再刷灰铅油一遍。

2. 试验与回填土

(1) 系统投入使用前须做灌水试验。灌水高度：当为生活排水管时，其高度为不低于底层的地面，以不渗不漏为合格，当为雨水管时，其高度为最高雨水斗至立管底部出口，以灌满水后15min再灌满延续5min，液面不降，不渗不漏为合格。

(2) 暗设或埋设的排水管，须在隐蔽前做灌水试验。

(3) 回填土必须在试验合格后进行，回填土须分层夯实。

1.3.6 消防给水

1. 防腐及保温

(1) 明设不保温钢管刷防锈漆两遍，再刷面漆两遍，保温管仅刷防锈漆两遍。

(2) 镀锌钢管根据装修要求刷面漆一遍，镀锌层破坏部分，应刷防锈漆一遍，再刷面漆两遍。

(3) 暗设在管沟及顶棚或地下室内，不保温的钢管，刷防锈漆两遍。

(4) 明设钢支、吊架，刷防锈漆一遍，面漆一遍，暗设钢支吊架、套管均刷防锈漆两遍。

2. 试压及冲洗

(1) 消防系统试验压力以工作压力加 0.4MPa，但最低不得小于 1.4MPa，其力保持 2h，无渗漏为合格，消火栓系统工作压力为 0.5MPa。

(2) 室内消火栓系统应将室内管道，以最大消防设计流量，将系统管道冲洗干净。

(3) 室内消火栓系统，在与室外给水管道连接之前，必须将室外地下管道，以消防时的最大设计流量冲洗干净。

1.3.7 通风及防排烟

(1) 防烟送风及排烟管道

各层送风管、送风竖风道、排风管及排烟支管和部件制作材料采用镀锌钢板。制作按《通风与空调工程施工质量验收规范》和新02-N2《通风与空调工程》详图。保温材料的选择应符合《建筑设计防火规范》和《高层民用建筑设计防火规范》的要求，当允许采用难燃材料时，其指标应经试验，并经当地消防管理部门同意。本工程未设保温层。

(2) 消防正压送风竖风道、排风竖风道及排烟竖风道采用土建风道。

1) 土建风道材料，可采用砖、混凝土、石膏板，风道尺寸以内直径或内边长为准。

2) 土建风道，应内壁光滑，严密不漏风，在穿过楼板、顶棚和墙壁处风道应连续。砖砌风道风壁应抹 C25 水泥砂浆或内涂玻璃钢，最薄处 10mm。

3) 垂直土建风道断面长或宽≥800mm 时，应在穿过每层楼板处，设置直径中距

200mm 钢筋安全网，并距各层地板 200mm 设置密闭检查门。

1.3.8 换热站设计

应甲方要求，将原校区的换热站设于本工程地下室（重新设计），热源由热力公司提供 70～130℃的高温水进行换热。本校区建筑物的采暖方式有两种形式（且建筑物大多为非节能建筑）：一种是供回水温度为 70～95℃的散热器采暖方式，采暖面积为：30000m²；另一种是供回水温度 40～50℃的低温地板辐射采暖方式，面积为 20000m²，故在本工程地下室设计了两套换热机组，以满足该校区的采暖供热。

1.4 电气设计工程概况

1.4.1 中压配电系统图

中压配电系统图见表 2-1-6 所列。

中压配电系统图　　　　　　表 2-1-6

开关柜型号	ZPJ1-12(D)	ZPJ1-12	ZPJ1-12	ZPJ1-12
开关柜编号	AH1	AH2	AH3	AH4
开关柜用途	进线	计量	互感器	出线
母线规格 TMY-3×(63mm×6.3mm) 一次接线				
真空断路器 AZD-12/630-25	1			
真空断路器 AZD-12/630-20				1
永磁操作机构 DC/AC220	1			1
高压熔断器 XRNP1-12/0.5A		3	3	
刀开关 XGN-10/630	2		1	2
电流互感器 LZZQB2-10Q	2	2		3
电压互感器 JDZJ-10		2	3	
避雷器 HY5WS-17/45	3	3	1	1
带电显示装置 KC006	1	1	1	1
接地开关 HXTN-10/630			3	3
消谐器 WXZ196-4		1		
综控单元 保护装置 XL100D	1			1
综控单元 显示单元 XL100D	1			1

续表

开关柜型号	ZPJ1-12(D)	ZPJ1-12	ZPJ1-12	ZPJ1-12
电度表 DSSD331-2(IF)		1		
电压表 42l6-12kV		1		
设备容量(kVA)	400			400
计算电流(A)	23.1			23.1
导线型号及截面	ZR-YJV-10kV-3×50			ZR-YJV-10kV-3×25
用途	进线	计量	互感器	1号变压器送电
柜体尺寸(宽×深×高)(mm)	500×960×1800	600×960×1800	500×960×1800	500×960×1800

注：1. 计量柜中电流互感器为 0.2S 级，其余为 0.5 级。

2. 操作电源及二次保护电源采用 1kVA/2h/UPS 电源。

3. 计量柜电流互感器变比由供电部门确定。

1.4.2 设计范围

本工程设计包括红线内的以下电气系统：

(1) 10/0.4kV 供配电系统；

(2) 低压配电系统；

(3) 正常照明与应急照明系统；

(4) 动力配电系统；

(5) 建筑物防雷、接地系统及安全措施；

(6) 综合布线系统；

(7) 有线电视系统；

(8) 广播系统；

(9) 火灾报警及联动系统。

1.4.3 供配电系统

(1) 本工程为二级供电负荷，由市电网引来一 10kV 电源，自备柴油发电机，作为应急电源能够负担全部二级负荷。

(2) 低压配电电压为 220/380V，低压电源均由中、低压变电所送出采用单母线分段，平时分段运行，发生事故时应急段母线运行。

1.4.4 照明系统

(1) 光源：有装修要求的场所视装修要求商定，一般场所为荧光灯、金属卤化物灯或其他节能灯具。

(2) 应急照明：本工程在消防控制室、变配电所、门厅、走廊设置应急照明系统，各层走道及出入口均设置疏散指示标志灯，灯具应符合消防局的有关规定。

(3) 照度标准

教室：300LX；办公室：300LX；走道：50LX；中压变电所：200LX 柴油发电机房：200LX。

(4) 装饰灯具须与装修设计及甲方商定，功能型灯具如：荧光灯、出口标志灯、疏散指示标志灯。

1.4.5 防雷、接地系统及安全措施

(1) 本工程属三类防雷建筑，设整体综合防雷保护，做法见99D562-1-14页。

(2) 屋顶设避雷带、避雷网保护（详见平面图）以防直击雷。凡突出屋面的金属物体、构架等均应与避雷带连接。

(3) 采用柱内两根直径＞16mm的主筋相互连通做引下线，所有引下线上下可靠焊接，做法参见99D562-2-40页，引下线组数及位置见平面图注。在建筑物图示位置的防雷引下线，距地0.5m处做测试端子。

(4) 进、出建筑物的埋地金属管道；入户电缆金属外皮及建筑物内主干金属管道均应与防雷装置相连，以防雷电电磁波引入。

(5) 本工程采用TN-S保护接地系统，所有配电箱内PE-N接地端子均分开设置。

(6) 电视、网络、火灾报警、防雷等系统与保护接地共用一组联合接地装置，接地装置利用基础内钢筋网主筋并辅之以－40mm×4m热镀锌扁钢可靠焊接做接地装置，接地电阻不大于1Ω，若实测达不到应引出室外加装人工接地极。

(7) 在地下层设总等电位联结端子，总等电位联结做法见02D501-2-11.13页。建筑内竖向金属管道应与跨越楼层的楼板结构主筋做等电位联结。

1.4.6 线缆选择及敷设方式

(1) 一般配电干线为交联阻燃铜芯电缆，消防设备（消防电梯、消防泵、排烟机等）用电干线采用交联耐火铜芯缆线。其余导线型号见图注。

(2) 直埋电力电缆进出建筑物做法参见新02D5-144页二式。

(3) 系统干线金属桥架，在电气竖井内明敷。做法见新02D5-174～180页。强、弱电竖井地面高出本层地面50mm。

(4) 其余管线安装见平面图注。

1.5 消防设计工程概况

1. 工程概况

(1) 本工程为二类多层建筑，为二级保护对象。设置火灾报警和消防联动控制系统，采用总体保护。

(2) 集中报警器及联动控制装置设在一层消防控制室，各层设置楼层显示盘。

2. 系统设计

本系统包括：集中报警器柜（包括电源单元、通信单元、联动控制单元）、楼层显示盘、消防电话系统、消防广播系统等。火灾自动报警及联动控制系统均采用总线制。

# 第2部分 建筑工程施工资料管理技能实训

2 施工资料管理实训

项目1 地基与基础分部工程资料管理

项目实训目标

任务1 地基与基础分部工程资料信息的采集与分部、分项、检验批的划分

1. 实训目的：在具有地基与基础工程施工图的识读和施工技术、组织等专业知识基础上，通过施工任务分解，培养工程资料信息采集和任务分解的能力。

2. 实训内容及成果：依据《建筑工程施工质量验收统一标准》及《地基与基础工程施工质量验收规范》中有关分项、检验批划分的规定，完成地基与基础分部工程分部、子分部、分项、检验批的划分并填写表2-2-2。

3. 实训步骤、指导与评价：见表2-2-1所示。

实训步骤、指导与评价　　　　　　表2-2-1

一、针对工作任务搜集有关资料及采集相关信息	1. 工作准备：搜集相关资料、文件、规范、技术标准、教材、参考书。 2. 背景资料：分部工程概况（下表按工程实际发生项在□内打√或在空格内填写）			
	工程名称			
	地基类型	天然□ 人工□	基础埋深（m）	
	基础构造类型	独基□　条基□　井格基础□　筏基□ 箱基□　桩基□		
	基础结构类型	混凝土基础□　砌体基础□　劲钢（管）混凝土 钢结构□		
	地下室	有□　无□	地下室顶板构造	现浇混凝土□ 预制混凝土□
	地下室墙体结构	砖砌体□　石砌体□　配筋砌体□ 砌块砌体□　混凝土□		
	地下室防水、防潮	有□　无□	构造做法	
	基坑槽开挖方案	有支护土方□　无支护土方□		
	无支护土方类型	土方开挖□　土方回填□		
	有支护土方发生分项	排桩□　降水□　排水□　地下连续墙□　锚杆□　土钉墙□　水泥土桩□　沉井与沉箱□　钢及混凝土支撑□		
	地基处理发生分项	灰土地基□　砂和砂石地基□　碎砖三合土地基□　土工合成材料地基□　粉煤灰地基□　重锤夯实地基□　强夯地基□　砂桩地基□　预压地基□　高压喷射注浆地基□　土和灰土挤密桩地基□　注浆地基□　水泥粉煤灰碎石桩地基□　夯实水泥土桩地基□		

续表

一、针对工作任务搜集有关资料及采集相关信息	工程名称		
	桩基发生分项	锚杆静压桩及静力压桩□ 预应力离心管桩□ 钢筋混凝土预制桩□ 钢桩□ 混凝土灌注桩（成孔、钢筋笼、清孔、水下混凝土灌注）□	
	地下防水发生分项	防水混凝土□ 水泥砂浆防水层□ 卷材防水层涂料防水层□ 金属板防水层□ 塑料板防水层□ 细部构造□ 喷锚支护□ 复合式衬砌□ 地下连续墙□ 盾构法隧道□ 渗排水□ 盲沟排水□ 隧道□ 坑道排水□ 预注浆□ 后注浆□ 衬砌裂缝注浆□	
	混凝土基础发生分项	模板□ 钢筋□ 混凝土□ 后浇带混凝土□ 混凝土结构缝处理□	
	砌体基础发生分项	砖砌体□ 混凝土砌块砌体□ 配筋砌体□ 石砌体□	
	劲钢（管）混凝土发生分项	劲钢（管）焊接□ 劲钢（管）与钢筋的连接□ 混凝土□	
	钢结构发生分项	焊接钢结构□ 栓接钢结构□ 钢结构制作□ 钢结构安装□ 钢结构涂装□	
	基础主要施工工序		
	施工工艺标准代号		
	混凝土基础强度等级	独基□ C 条基□ C 井格基础□ C 筏基□ C 箱基□ C 桩基□ C 梁板梯□ C 垫层□ C 柱□ C 墙□ C 抗渗混凝土□ C	
	砌体基础强度等级	砖砌体□ MU 石砌体□ MU 砌块砌体□ MU	
	砂浆强度等级	M5□ M7.5□ M10□ M15□	
	钢筋类型及规格	HPB235 □ HRB335□ HRB400□ CRB□ 钢筋规格：$\phi6$□ $\phi8$□ $\phi10$□ $\phi12$□ $\phi14$□ $\phi16$□ $\phi20$□ $\phi22$□ $\phi25$□ $\phi28$□	
二、进行分项、检验批划分	1. 熟悉《建筑工程施工质量验收统一标准》及《地基与基础工程施工质量验收规范》中有关分项、检验批划分的规定：参见本书第一部分分部（子分部）工程、分项工程、检验批划分及代号索引表2-3-3。 2. 逐项确认地基与基础工程各子分部的分项工程、检验批数量并填写表2-2-2的内容		

	工作任务	分值 M_i	评分标准（指标内涵）		评分等级 K_i				学生自评	教师评价
			A	C	A	B	C	D	N_1	N_2
					1	0.8	0.6	0.4		
三、检查评价	信息采集	20	采集相关信息非常准确、齐全	基本准确、有缺项或错选						
	分项检验批划分	20	分项、检验批划分：科学、合理，符合施工方案要求，便于检验和资料管理实施。表2-2-2填写准确	分项检验批划分表2-2-2填写基本准确						
	合计	40			得分 $N=\sum K_i M_i$					
	检查评价				师生评价权重				0.2	0.8
					实得分$=0.2N_1+0.8N_2=$					

第 2 部分　建筑工程施工资料管理技能实训

分部、子分部、分项、检验批划分和数量确定（样表）　　表 2-2-2

子分部名称	分项名称	检验批名称	检验批数量

4. 案例分析

（1）工程概况：××市××中学教学楼工程概况，见表 2-2-3。

工程概况表（C.1.1）　　表 2-2-3

工程名称		××市××中学教学楼	编号	00-00-C1-×××
一般情况	建设单位	×××市××中学		
	建设用途	用于教学办公	设计单位	××勘察设计研究院
	建设地点	××市××路×号	勘察单位	××勘察设计研究院
	建筑面积	6763.18m²	监理单位	××监理有限责任公司
	工期	214 天	施工单位	××建筑安装有限公司
	计划开工日期	××××年××月××日	计划竣工日期	××××年××月××日
	结构类型	框架	基础类型	独立基础加防水底板
	层次	地下 1 层、地上 5 层	建筑檐高	21.00m
	地上面积	5449.54m²	地下面积	1313.64m²
	人防等级		抗震等级	抗震设防烈度 9 度
构造特征	地基与基础	C30、P6 防水底板厚 300mm，其上为 C30、P6 独立基础加条形基础，地下室为混凝土挡土墙 C30、P6		
	柱、内外墙	地下室至二层构架柱混凝土强度等级为 C40，地上外墙 M5.0 水泥砂浆砌 250mm 厚 MU2.5 陶粒混凝土空心砌块，外贴 80mm 厚聚苯板保温层，内墙 M5.0 水泥浆砌 150mm 厚 MU7.5 陶粒混凝土空心砌块		
	梁、板、楼盖	梁、板、楼盖采用 C30 混凝土现浇，板为现浇空心板		
	外墙装饰	外墙外贴 80mm 厚聚苯板保温层，外墙面为防水涂料		
	内墙装饰	室内乳胶漆，过道、卫生间吊顶。详见装饰表		
	楼地面装饰	配电室为水泥砂浆地面，卫生间为防滑地面砖，其余房间地面为现浇水磨石		
	屋面构造	150mm 厚保温层、30mm 厚 CL7.5 轻集料混凝土找坡层，30mm 厚 C20 细石混凝土找平层、两层 1.2mm 厚自带保护层合成高分子防水卷材		
	防火设备	设置火灾报警和消防联动控制系统、消火栓灭火系统、自动喷淋灭火系统、感烟探测器、消防风机、应急照明、疏散指示标志灯、消防广播		
机电系统名称		10/0.4kV 供配电系统、低压配电系统、照明与应急系统、动力配电系统、防雷接地系统、综合布线系统、有线电视系统、广播系统、火灾报警及联动系统		
其他				

(2) 分部、分项、检验批划分

××市××中学教学楼地基与基础分部、分项、检验批划分，见表2-2-4所列。地基与基础分部工程的主要施工工艺流程为：基坑一层开挖→一层锚杆→二层开挖→二层锚杆→垫层→砖砌保护墙→卷材水平防水层→保护层→防水底板、独立基础、墙下条基（模板、钢筋、混凝土）→房心土方回填→地下室挡土墙、柱（模板、钢筋、混凝土）→地下室外墙立面防水→地下室顶梁板梯（模板、钢筋、混凝土）→室外土方回填。

地基与基础分部、分项、检验批划分表　　　　表2-2-4

分部工程	子分部工程		分项工程名称	检验批	检验批数量
地基与基础	无支护土方		土方开挖	土方开挖检验批质量验收记录（分两层开挖）	2
			土方回填	室内回填检验批质量验收记录（分两层）	2
				室外回填检验批质量验收记录（按规范分层）	15
	有支护土方		降水与排水	降水与排水检验批质量验收记录	1
			锚杆	锚喷支护检验批质量验收记录（分两层支护）	2
	地基处理		土和灰土挤密桩地基	土和灰土挤密桩（CFG桩）复合地基检验批质量验收记录	1
	地下防水工程	主体结构防水	防水混凝土	防水混凝土工程检验批质量验收记录（防水底板，地下室挡土墙）	2
			卷材防水层	卷材防水层检验批质量验收记录（垫层上水平防水、地下室挡土墙立面防水）	2
		细部构造防水	变形缝	变形缝检验批质量验收记录	1
			施工缝	施工缝检验批质量验收记录	1
			穿墙管	穿墙管检验批质量验收记录	1
			坑、池	坑、池检验批质量验收记录	
	混凝土基础		模板	基础模板安装、拆除检验批质量验收记录（防水板、独立基础、墙下条基）	2
				模板安装、拆除检验批质量验收记录（地下室挡土墙、柱）	2
				模板安装、拆除检验批质量验收记录（地下室梁板、楼梯）	2
			钢筋	钢筋原材（防水板、独立基础、地梁、地下室挡土墙、柱、地下室梁、板、楼梯）	按批次
				钢筋加工（防水板、独立基础、地梁、地下室挡土墙、柱、地下室梁、板、楼梯）按楼层	1
				钢筋连接、安装（防水板、独立基础、地梁）按楼层	1
				钢筋连接、安装检验批质量验收记录（地下室挡土墙、柱）	1
				钢筋连接、安装检验批质量验收记录（地下室梁、板、楼梯）	1

第 2 部分　建筑工程施工资料管理技能实训

续表

分部工程	子分部工程	分项工程名称	检验批	检验批数量
地基与基础	混凝土基础	混凝土	混凝土原材	按批次
			防水板 C30 P6、独立基础 C30 P6、墙下条基 C30 P6、地下室挡土墙 C30 P6、柱 C40、垫层 C15、配筋砌体 C20 混凝土原材及配合比设计检验批质量验收记录（配合比设计按强度等级和耐久性及工作性能划分）	4
			垫层；防水层保护层混凝土；独立基础、防水板；独立柱、挡土墙；梁板梯混凝土施工检验批质量验收记录	5
		现浇结构	现浇结构外观质量检验批质量验收记录（基础；地下室剪力墙、柱；地下室梁、板、楼梯）	3
			现浇结构尺寸偏差检验批质量验收记录（基础；地下室剪力墙、柱；地下室梁、板、楼梯）	3
	砌体	砖砌体	砖砌体（防水保护层）	1
		配筋砌体	配筋砌体检验批质量验收记录（地下室构造柱、边框柱、水平系梁）	1
		填充墙砌体	填充墙砌体检验批质量验收记录（地下室）	1
		混凝土空心砌块砌体	混凝土空心砌块砌体检验批质量验收记录（地下室）	1

任务 2　地基与基础分部工程施工资料管理计划编制

1. 实训目的：资料管理计划的编制的目的是针对任何施工项目根据每一个分部工程，依据施工部位、施工工艺、空间和时间的不同确定施工资料管理任务的范围和基本内容，同时也是施工资料收集工作能力培养的基本方法。

2. 实训内容及成果：依据《建筑工程施工资料计划，交底编制导则》，完成某工程项目地基与基础分部工程资料管理计划编制及技术交底工作。

3. 实训步骤与指导：见表 2-2-5 所列。

为了方便计划的编制工作，特别编制了《建筑工程施工资料计划、交底编制导则》。《建筑工程施工资料计划、交底编制导则》是依据建筑工程资料管理规程的分类标准设计成一个资料计划，交底编制模版，依据这个编制模版结合分部、分项、检验批划分文件，以分部工程为基本组卷单位，每个分部工程按照四级目录设置，并分为总目录（实际发生的工程资料类别 C1~C8 类）、子目录（C1~C8 各类有多少项）、分目录（每项有多少种）、细目录（每种有多少批次），编制资料计划、交底文件时本着"确实发生的项目详细列，可能发生的事项简约列，不发生的事项就不列"的基本要求。有些资料的份数事先不好确定均以现场实际发生数量确定，在列目录时均以"数份"简约表示，待实际发生数量确定后，可按实际发生数量填写（安全和功能检验资料、观感资料还是以分部工程组卷）。建筑工程施工资料计划、交底编制时还需标注出资料来源、填表人、审核人，审批人形成一个完整的资料管理计划。《建筑工程施工资料计划、交底编制导则》见表2-3-1所列。

实训步骤、指导与评价　　　　　　　　　　　　　　　　　表 2-2-5

一、施工管理资料计划的编制	参见表2-3-1"建筑工程施工资料计划、交底编制导则"，选择该工程地基与基础工程各子分部工程施工资料内容编制资料管理计划								
二、资料目录编制	依照资料管理计划的顺序列出主体结构各子分部工程施工资料组卷目录表的内容。填写时应参照表2-3-1的内容进行选项，并按照组卷的方式汇总。有细目的项，应分级填写								
三、检查评价	工作任务	分值 M_i	评分标准（指标内涵）		评分等级 K_i				学生自评	教师评价
^	^	^	A	C	A	B	C	D	^	^
^	^	^	^	^	1	0.8	0.6	0.4	N_1	N_2
^	计划编制	30	资料分类正确、内容完整	资料分类正确、内容不完整						
^	目录编制	10	目录正确，内容完整	目录正确，内容不完整						
^	态度	20	态度端正，独立完成；具有独立解决问题的能力；工作任务完善，具有较强的持续性	态度端正，与他人合作完成；独立解决问题的能力不够；工作有时缺乏持续性						
^	合计	60			得分 $N=\sum K_i M_i$					
^	检查评价				师生评价权重				0.2	0.8
^						实得分 $=0.2N_1+0.8N_2=$				

4. 案例分析

（1）施工资料管理计划、交底编制案例（××市第××中学教学楼）见表2-2-6。

第2部分 建筑工程施工资料管理技能实训

地基与基础分部工程施工资料管理计划（交底）一览表

表 2-2-6

工程资料类别	工程资料名称（子目录）	资料分目录	细　目	工程资料单位来源	填写或编制	审核、审批、签字
施工管理资料 C1 类	工程概况表（表 C.1.1）					项目经理
	施工现场质量管理检查记录 *（表 C.1.2）			施工单位	项目负责人	总监
	企业资质证书及相关专业人员岗位证书					专业监理/总监
	分包单位资质报审表 *（表 C.1.3）	按分包单位分列分目录		施工单位	项目经理	专业监理/总监
	建设工程质量事故调查、勘查记录（表 C.1.4）	按事故发生次数列分目录		调查单位	调查人	被调查人
	建设工程质量事故报告书	按事故发生次数列分目录		调查单位	报告人	调查负责人
	施工检测计划	钢筋原材送检	按检验批次列细目	施工单位	项目负责人	专业监理
		水泥送检（32.5、42.5）	按检验批次列细目			
		水洗砂、普通用砂送检	按检验批次列细目			
		5~20、20~40 石子送检（卵石）	按检验批次列细目			
		地下防水卷材送检	按检验批次列细目			
		基础钢筋焊接（闪光对焊）送检	按检验批次列细目			
		地下室柱钢筋焊接（电渣压力焊）送检	按检验批次列细目			
		外加剂送检	按检验批次列细目			
		普通烧结砖（MU10）送检	按检验批次列细目			
		MU2.5\MU7.5 陶粒空心砌块送检	按检验批次列细目			
		砂浆试块（不同强度等级）送检	按检验批次列细目			
		混凝土试块（不同强度等级）送检	按检验批次列细目			
		砂浆、混凝土配合比送检	按检验批次列细目			

续表

工程资料类别	工程资料名称（子目录）	资料分目录	细目	工程资料单位来源	填写或编制	审核、审批、签字
施工管理资料C1类	见证记录*	同检测计划	同检测计划		监理见证人	试验取样人（制表人）技术负责人
	见证试验检测汇总表（表C.1.5）	按不同种类列分目录		监理单位	试验员	专业工长/项目负责人
	施工日志（表C.1.6）	土建专业施工日志			记录人	专业监理/总监
		水电设备专业施工日志				
	监理工程师通知回复单*（表C.1.7）	按事项列分目录			项目经理/责任人	专业监理/总监
施工技术资料C2类	工程技术文件报审表*（表C.2.1）	施工组织设计报审表		施工单位	项目经理/责任人	专业监理/总监
		安全施工组织设计报审表				
		临时用电施工方案报审表				
		基坑支护施工方案报审表				
		降排水工程施工方案报审表				
		脚手架工程施工方案报审表				
		模板工程施工方案报审表				
		地下防水工程施工方案报审表				
		塔吊安装、拆除施工方案报审表				
	施工组织设计及施工方案	按专项方案设分目录（名称同上）		施工单位	项目经理/责任人	施工单位技术负责人、专业监理/总监

第2部分 建筑工程施工资料管理技能实训

续表

工程资料类别	工程资料名称（子目录）	资料分目录	细目	工程资料单位来源	填写或编制	审核、审批、签字
施工技术资料C2类	技术交底记录（表C.2.3）	土方开挖工程技术交底		施工单位	交底人	审核人、接受交底人
		锚杆支护工程技术交底				
		降排水工程技术交底				
		土方回填工程技术交底				
		基础模板工程技术交底				
		基础钢筋工程技术交底				
		基础混凝土工程技术交底				
		地基处理工程技术交底				
		地下防水工程技术交底				
		基础砌体工程技术交底				
	图纸会审记录＊＊（表C.2.4）	建筑专业		施工单位	技术、专业负责人	各方技术、专业负责人
		结构专业				
		水、暖、电气专业				
		设备专业				
	设计变更通知单＊＊（表C.2.5）	建筑专业		设计单位	技术、专业负责人	各方技术、专业负责人
		结构专业				
		水、暖、电气专业				
		设备专业				
	工程洽商记录（技术核定单）＊＊（表C.2.6）	按事项分目录		提出单位	技术、专业负责人	各方技术、专业负责人

续表

工程资料类别	工程资料名称（子目录）	资料分目录	细 目	工程资料单位来源	填写或编制	审核、审批、签字
进度造价资料C3类	工程开工报审表*（表C.3.1）	按工程暂停令设分目录		施工单位	项目经理	总监
	工程复工报审表*（表C.3.2）	按约定设分目录		施工单位	项目经理/项目责任人	专业监理/总监
	施工进度计划报审表*（表C.3.3）	按约定设分目录		施工单位	项目经理	专业监理/总监
	施工进度计划	按约定设分目录		施工单位	项目负责人	项目经理/项目责任人
	人、机、料动态表（表C.3.4）	按月列分目录		施工单位	机械员、材料员、劳务员	项目经理
	工程延期申请表（表C.3.5）	按延期事项设分目录		施工单位	项目经理/责任人	总监
	工程款支付申请表（表C.3.6）	按合同约定设分目录		施工单位	项目经理	总监
	工程变更费用报审表*（表C.3.7）	按事项设分目录		施工单位	项目经理/责任人	监理工程师/总监
	费用索赔申请表*（表C.3.8）	按事项设分目录		施工单位	项目经理/责任人	总监

第2部分 建筑工程施工资料管理技能实训

续表

工程资料类别	工程资料名称（子目录）	资料分目录	细 目		工程资料单位来源	填写或编制	审核、审批、签字
施工物质资料C4类	砂、石、砖、水泥、钢筋、隔热保温、防腐材料、轻集料出厂质量证明文件	按类别设分目录	出厂质量证明文件及检测报告		供货单位	材料员	
	其他物资出厂合格证、质量保证书、检测报告和报关单或商检证等	按类别设分目录			供货单位	材料员	
	材料、设备的相关检验报告、型式检测报告、3C强制认证合格证书或3C标志	按类别设分目录			供货单位	材料员	专业质量员
	进口的主要材料设备的商检证明文件	按类别设分目录			供货单位	材料员	
	材料、构配件进场检验记录＊（表C.4.1）	按类别设分目录	进场检验通用表格		施工单位	专业工长	专业工程师
	钢材试验报告	HPB235钢筋原材	进场复验报告	按规格、型号列项目	检测单位	专业试验员	专业试验师
		HRB335钢筋原材					
		HRB400钢筋原材					
		CCR550钢筋原材					

续表

工程资料类别	工程资料名称（子目录）	资料分目录	细目	工程资料单位来源	填写或编制	审核、审批、签字
施工物质资料 C4 类	水泥试验报告	按品种设分目录		检测单位	专业试验员	专业试验师
	砂试验报告	按品种设分目录		检测单位	专业试验员	
	碎（卵）石试验报告	按品种设分目录		检测单位	专业试验员	
	外加剂试验报告	按品种设分目录		检测单位	专业试验员	
	防水涂料试验报告	按品种设分目录		检测单位	专业试验员	
	防水卷材试验报告	按品种设分目录		检测单位	专业试验员	
	砖（砌块）试验报告	普通烧结砖		检测单位	专业试验员	
		空心陶粒混凝土砌块				
施工记录 C5 类	隐蔽工程验收记录*（表 C.5.1）	通用表格				
		土方工程隐蔽验收记录		施工单位	专业技术负责人 专业质检员 专业工长	专业监理工程师
		基础 CFG 桩隐蔽工程验收记录				
		地下防水隐蔽工程验收记录				
		基础钢筋隐蔽工程验收记录				
		地下室挡土墙、柱钢筋隐蔽工程验收记录				
		地下室梁、板、楼梯钢筋隐蔽工程验收记录				
		土方回填隐蔽工程验收记录				
		地下室配筋砌体隐蔽工程验收记录				

第2部分 建筑工程施工资料管理技能实训

续表

工程资料类别	工程资料名称（子目录）	资料分目录	细 目	工程资料单位来源	填写或编制	审核、审批、签字
施工记录C5类	施工检查记录（表C.5.2）	土方开挖工程施工检查记录				
		基坑锚杆支护工程施工检查记录				
		基坑降水排水工程施工检查记录				
		基础垫层及矮挡墙施工检查记录				
		基础防水层及保护层施工检查记录				
		基础钢筋工程施工检查记录				
		基础模板工程施工检查记录				
		基础混凝土工程施工检查记录				
		地下室挡土墙、柱钢筋工程施工检查记录		施工单位	专业质检员	专业技术负责人 专业工长
		地下室挡土墙、柱模板工程施工检查记录				
		地下室挡土墙、柱混凝土工程施工检查记录				
		地下室防水层及保护层施工检查记录				
		房心及室外回填施工检查记录				
		地下室梁、板、楼梯模板施工检查记录				
		地下室梁、板、楼梯钢筋施工检查记录				
		地下室梁、板、楼梯混凝土工程施工检查记录				
		地下室砌体工程施工检查记录				
		地室配筋砌体工程施工检查记录				

续表

工程资料类别	工程资料名称（子目录）	资料分目录	细 目	工程资料单位来源	填写或编制	审核、审批、签字
施工记录 C5 类	交接检查记录（表 C.5.3）	土方开挖班组-锚杆支护班组交接检查记录	土方开挖—锚杆支护交接检查记录	施工单位	移交单位	接收单位 见证单位
		锚杆支护班组-土建班组交接检查记录	锚杆支护—地基处理、基础垫层交接检查记录			
		土建班组-防水班组交接检查记录	基础垫层—基础水平防水层交接检查记录			
		防水班组-土建班组交接检查记录	基础水平防水层—防水混凝土保护层交接检查记录			
		土建班组-钢筋班组交接检查记录	防水混凝土保护层—筏板、地梁、独立基础钢筋连接安装交接检查记录			
		钢筋班组-木工班组交接检查记录	基础钢筋—基础模板交接检查记录			
		钢筋工、木工班组-土建班组交接检查记录	基础模板—基础混凝土交接检查记录			
		钢筋班组-木工班组交接检查记录	地下室挡土墙、柱钢筋—模板交接检查记录			
		木工班组-钢筋班组交接检查记录	地下室梁、板、楼梯模板—钢筋交接检查记录			
		钢筋、木工班组-土建班组交接检查记录	地下室梁、板、楼梯模板、钢筋—地下室混凝土交接检查记录			
		土建班组-防水班组交接检查记录	地下室混凝土—地下室立面防水层交接检查记录			
		钢筋班组-土建瓦工班组交接检查记录	地下室构造柱、拉结筋、配筋砌体交接检查记录			

第2部分　建筑工程施工资料管理技能实训

续表

工程资料类别	工程资料名称（子目录）	资料分目录	专用表格 细目	工程资料单位来源	填写或编制	审核、审批、签字
施工记录 C5类	工程定位测量记录*（表C.5.4）			施工单位	施测人	
	基槽验线记录			施工单位	验线人	专业工程师
	楼层平面放线记录	按楼层列分目录		施工单位	施测人	
	楼层标高抄测记录	按楼层列分目录		施工单位	专业技术负责人 专业质量员	
	建筑物垂直度、标高观测记录*（表C.5.5）	按楼层列分目录		施工单位	施测人	测量单位负责人 施工单位技术负责人 监理工程师
	基坑支护水平位移监测记录			施工单位	专业质量员	施工、设计、勘察、监理、建设单位项目负责人、总监
	地基验槽记录**（表C.5.6）	按施工段列分目录		施工单位 勘察单位	记录人	专业工长/技术负责人/勘察单位项目负责人
	地基钎探记录			施工单位	专业工长、质检员	专业技术负责人
	混凝土浇灌申请书	按检验批设分目录		施工单位	供应单位质量员 供应单位签发人	现场验收人
	预拌混凝土运输单	按检验批设分目录		施工单位 混凝土供应商		
	混凝土开盘鉴定	按混凝土强度等级列分目录		施工单位	混凝土试配单位负责人	施工技术负责人 监理工程师

续表

工程资料类别	工程资料名称（子目录）	资料分目录	细目	工程资料单位来源	填写或编制	审核、审批、签字
施工记录 C5类	混凝土拆模申请单	按检验批设分目录		施工单位	专业工长	专业工长
	混凝土预拌测温记录	按检验批设分目录		施工单位	记录人	专业工长
	混凝土养护测温记录	按检验批设分目录		施工单位	测温员	质量员
	大型构件吊装记录	按检验批设分目录		施工单位	专业质检员	技术负责人
	焊接材料烘焙记录	按检验批设分目录		施工单位	专业质检员	
	地下工程防水效果检查记录*（表C.5.7）	按检验批设分目录		施工单位	专业技术负责人 专业质检员	专业工程师
	防水工程试水检查记录*（表C.5.8）	按检验批设分目录		施工单位	专业技术负责人 专业质检员	专业工程师
施工试验记录及检测报告 C6类	专用表格					
	建筑与结构工程					
	锚杆试验报告	按检验批（次）列分目录				专业检测负责人
	地基承载力检验报告	按检验批（次）列分目录				专业检测负责人
	桩基检测报告	按检验批（次）列分目录		检测单位	专业检测	专业检测负责人
	土工击实试验报告	按检验批（次）列分目录				专业检测负责人
	回填土试验报告（应附图）	按检验批（次）列分目录				专业检测负责人
	钢筋机械连接试验报告	按检验批（次）列分目录		施工单位	专业试验员	专业检测负责人
	钢筋焊接连接试验报告	按检验批（次）列分目录		检测单位	专业检测员	专业检测负责人
	砂浆配合比申请单、通知单	按砂浆强度等级设分目录		施工单位	专业试验员	专业检测负责人
	砂浆抗压强度试验报告	按砂浆强度等级设分目录		检测单位	专业检测员	专业检测负责人
	砌筑砂浆试块强度统计、评定记录（表C.6.5）	按砂浆强度设分目录		施工单位	现场试验员统计	技术负责人

第2部分 建筑工程施工资料管理技能实训

续表

工程资料类别	工程资料名称（子目录）	资料分目录	细目	工程资料单位来源	填写或编制	审核、审批、签字
施工试验记录及检测报告 C6类	混凝土配合比申请单、通知单	C15混凝土配合比申请单、通知单		施工单位	专业试验员	专业技术负责人
		C30P6混凝土配合比申请单、通知单				
		C40混凝土配合比申请单、通知单				
		C30混凝土配合比申请单、通知单				
	混凝土抗压强度等级试验报告	按混凝土强度等级设分目录		检测单位	专业检测员	专业检测负责人
	混凝土试块强度等级统计、评定记录（表C.6.6）	按混凝土强度等级设分目录		施工单位	现场试验员统计	专业工长 技术负责人
	混凝土抗渗试验报告	按混凝土抗渗等级、混凝土强度等级设分目录		检测单位	专业检测员	专业检测负责人
	砂、石、水泥放射性指标报告	按类别设分目录		施工单位 检测单位	专业检测员	专业检测负责人
	混凝土碱总量计算书	按混凝土强度等级设分目录		施工单位	专业试验员	专业技术负责人
	超声波探伤报告、探伤记录	按检验批列分目录		检测单位	专业检测员	专业检测负责人
	磁粉探伤报告	按检验批列分目录		检测单位	专业检测员	专业检测负责人
	结构实体混凝土强度等级检验记录*（表C.6.7）	C15结构实体混凝土强度检验记录		施工单位	质量员	项目技术负责人 专业监理工程师
		C30P6结构实体防水混凝土强度检验记录				
		C40结构实体混凝土强度检验记录				
		C30结构实体混凝土强度检验记录				

续表

工程资料类别	工程资料名称（子目录）	资料分目录	细目	工程资料单位来源	填写或编制	审核、审批、签字
施工试验记录及检测报告 C6类	结构实体钢筋保护层厚度检验记录*（表C.6.8）	结构实体钢筋保护层厚度检验记录（基础钢筋）		施工单位	质量员	项目技术负责人 专业监理工程师
		结构实体钢筋保护层厚度检验记录（地下室挡土墙）				
		结构实体钢筋保护层厚度检验记录（地下室柱）				
		结构实体钢筋保护层厚度检验记录（地下室梁、板、楼梯）				
施工质量验收记录 C7类	检验批质量验收记录*（表C.7.1）	土方开挖（分项）	土方开挖检验批工程质量验收记录（-0.6～-3.0m）	施工单位	专业质检员	专业监理工程师
			土方开挖检验批工程质量验收记录（-3.0～-5.2m）			
		土方回填（分项）	室内土方回填检验批质验收记录（-4.8～-4.5m）	施工单位	专业质检员	专业监理工程师
			土方回填检验批质验收记录（-4.5～-4.2m）			
			室外土方回填检验批质验收记录（-5.2～-4.9m）			
			室外土方回填检验批质验收记录（-4.9～-4.6m）			
			室外土方回填检验批质验收记录（-4.6～-4.3m）			

续表

工程资料类别	工程资料名称（子目录）	资料分目录	细目	工程资料单位来源	填写或编制	审核、审批、签字
施工质量验收记录C7类	检验批质量验收记录＊（表C7.1)	土方回填（分项）	室外土方回填检验批质量验收记录（-4.3～-4.0m）	施工单位	专业质检员	专业监理工程师
			室外土方回填检验批质量验收记录（-4.0～-3.7m）			
			室外土方回填检验批质量验收记录（-3.7～-3.4m）			
			室外土方回填检验批质量验收记录（-3.4～-3.1m）			
			室外土方回填检验批质量验收记录（-3.1～-2.9m）			
			室外土方回填检验批质量验收记录（-2.9～-2.6m）			
			室外土方回填检验批质量验收记录（-2.6～-2.3m）			
			室外土方回填检验批质量验收记录（-2.3～-2.0m）			
			室外土方回填检验批质量验收记录（-2.0～-1.7m）			
			室外土方回填检验批质量验收记录（-1.7～-1.4m）			
			室外土方回填检验批质量验收记录（-1.4～-1.1m）			
			室外土方回填检验批质量验收记录（-1.1～-0.8m）			

续表

工程资料类别	工程资料名称（子目录）	资料分目录		细目	工程资料单位来源	填写或编制	审核、审批、签字
施工质量验收记录C7类	检验批质量验收记录*（表C7.1）	降水与排水（分项）		降水与排水检验批质量验收记录（1份）	施工单位	专业质检员	专业监理工程师
		锚杆（分项）		锚杆支护检验批质量验收记录（-0.6～-3.0m）	施工单位	专业质检员	专业监理工程师
				锚杆支护检验批质量验收记录（-3.0～-5.2m）	施工单位	专业质检员	专业监理工程师
		CFG桩		土和灰土挤密复合地基检验批质量验收记录1份	施工单位	专业质检员	专业监理工程师
		防水混凝土		防水混凝土工程检验批质量验收记录（防水板、条基、独立基础）	施工单位	专业质检员	专业监理工程师
				防水混凝土工程检验批质量验收记录（地下室挡土墙）	施工单位	专业质检员	专业监理工程师
		卷材防水层		卷材防水层检验批质量验收记录（基础水平防水层）	施工单位	专业质检员	专业监理工程师
				卷材防水层检验批质量验收记录（基础、地下室立面防水层）	施工单位	专业质检员	专业监理工程师
		细部构造防水	变形缝	变形缝检验批质量验收记录		专业质检员	专业监理工程师
			施工缝	施工缝检验批质量验收记录	施工单位	专业质检员	专业监理工程师
			穿墙管	穿墙管检验批质量验收记录		专业质检员	专业监理工程师
			坑、池	坑、池检验批质量验收记录		专业质检员	专业监理工程师

第2部分 建筑工程施工资料管理技能实训

续表

工程资料类别	工程资料名称（子目录）	资料分目录	细目	工程资料单位来源	填写或编制	审核、审批、签字
施工质量验收记录 C7类	检验批质量验收记录 * （表C7.1）	模板	基础模板安装、拆除检验批质量验收记录（2个）	施工单位	专业质检员	专业监理工程师
			地下室挡土墙、柱模板安装、拆除检验批质量验收记录（2个）			
			地下室梁、板、楼梯模板安装拆除检验批质量验收记录（2个）			
			地下室二次构造安装、拆除检验批质量验收记录（2个）			
		钢筋	基础、地下室钢筋原材料记录（按批次）	施工单位	专业质检员	专业监理工程师
			防水板、独立基础、地梁钢筋加工检验批质量验收记录（1个）			
			地下室挡土墙、柱钢筋加工检验批质量验收记录（2个）			
			地下室梁、板、楼梯钢筋加工检验批质量验收记录（1个）			
			防水板、独立基础、地梁钢筋连接、安装工程检验批质量验收记录（1个）			
			地下室挡土墙、柱钢筋连接、安装工程检验批质量验收记录（2个）			
			地下室梁、板、楼梯钢筋连接、安装工程检验批质量验收记录（1个）			

续表

工程资料类别	工程资料名称（子目录）	资料分目录	细目	工程资料来源单位	填写或编制	审核、审批、签字
施工质量验收记录 C7 类	检验批质量验收记录 * (表 C7.1)	混凝土	防水板、独立基础、墙下条基防水混凝土检验批质量验收记录（C30P6）			
			地下室柱混凝土原材料及配合比检验批质量验收记录（C40）			
			垫层混凝土原材料及配合比检验批质量验收记录（C15）	施工单位	专业质检员	专业监理工程师
			地下室梁、板混凝土原材及配合比检验批质量验收记录（C30）（1个）			
			混凝土施工检验批质量验收记录（C40、C30、C15）（3个）			
			地下室挡土墙防水混凝土检验批质量验收记录（C30P6）	施工单位	专业质检员	专业监理工程师
		现浇结构	基础、地下室剪力墙、柱、地下室梁、板、楼梯现浇结构外观质量检验批质量验收记录（3个）	施工单位	专业质检员	专业监理工程师
			基础、地下室剪力墙、柱、地下室梁、板、楼梯现浇结构尺寸偏差检验批质量验收记录（3个）	施工单位	专业质检员	专业监理工程师
		砖砌体	防水保护层砖砌体（1个）	施工单位	专业质检员	专业监理工程师
		配筋砌体	地下室构造柱、边柱、水平系梁配筋砌体检验批质量验收记录（1个）	施工单位	专业质检员	专业监理工程师
		填充墙砌体	地下室填充墙砌体检验批质量验收记录（1个）	施工单位	专业质检员	专业监理工程师
		小型混凝土砌块砌体	地下室空心陶粒混凝土砌块砌体检验批质量验收记录（1个）	施工单位	专业质检员	专业监理工程师

第2部分 建筑工程施工资料管理技能实训

续表

工程资料类别	工程资料名称（子目录）	资料分目录	细目	工程资料单位来源	填写或编制	审核、审批、签字
施工质量验收记录 C7类	分项工程质量验收记录*（表C.7.2）	无支护土方	土方开挖分项工程质量验收记录	施工单位	专业质检员	专业监理工程师
			土方回填分项工程质量验收记录			
		有支护土方	降水、排水分项工程质量验收记录			
			锚杆分项工程质量验收记录			
		地基处理	(CFG桩)土和灰土挤密桩地基分项工程质量验收记录			
		地下防水	防水混凝土分项工程质量验收记录			
			卷材防水层分项工程质量验收记录			
		混凝土基础	细部构造分项工程质量验收记录			
			模板分项工程质量验收记录			
			钢筋分项工程质量验收记录			
			混凝土分项工程质量验收记录			
			现浇结构分项工程质量验收记录			
		砌体基础	砖砌体分项工程质量验收记录			
			配筋砌体分项工程质量验收记录			
			填充墙砌体分项工程质量验收记录			
			空心陶粒混凝土砌块分项工程质量验收记录			
	分部（子分部）工程质量验收记录**（表C.7.3）			施工单位	专业质检员	施工项目经理、设计勘察项目负责人/总监

（2）施工资料目录汇总编制案例（限于篇幅，本书仅以地基与基础分部为例，其余分部均省略）。

1）地基分基础分部工程资料总目录。见表2-2-7。

地基分基础分部工程资料总目录　　　　　　　　　　　　表2-2-7

地基基础分部工程资料总目录						
工程名称 || ××市第某中学教学楼					
序号	工程资料类别	编制单位	编制日期	页次	备注
1	施工管理资料C1	××建筑工程有限公司××项目部	××××年××月××日	××	
2	施工技术资料C2	××建筑工程有限公司××项目部	××××年××月××日	××	
3	进度造价资料C3	××建筑工程有限公司××项目部	××××年××月××日	××	
4	施工物资资料C4	××建筑工程有限公司××项目部	××××年××月××日	××	
5	施工记录C5	××建筑工程有限公司××项目部	××××年××月××日	××	
6	施工试验记录及检测报告C6	××建筑工程有限公司××项目部	××××年××月××日	××	
7	施工质量验收记录C7	××建筑工程有限公司××项目部	××××年××月××日	××	
8	竣工验收资料C8	××建筑工程有限公司××项目部	××××年××月××日	××	

2）地基与基础分部工程子目资料见表2-2-8。

地基与基础分部工程资料子目录　　　　　　　　　　　　表2-2-8

工程名称			××市第某中学教学楼			
序号	工程资料类别	工程资料名称（子目录）	编制单位	编制日期	页次	备注
1	施工管理资料C1	工程概况表（表C.1.1）	施工单位	××××年××月××日		
		施工现场质量管理检查记录*（表C.1.2）	施工单位	××××年××月××日		
		企业资质证书及相关专业人员岗位证书	施工单位			
		分包单位资质报审表*（表C.1.3）	施工单位	××××年××月××日		按事故发生次数列分目录
		建设工程质量事故调查、勘查记录（表C.1.4）	调查单位	××××年××月××日		按事故发生次数列分目录
		建设工程质量事故报告书	调查单位			按事故发生次数列分目录
		施工检测计划	施工单位	××××年××月××日		按检测项目列分目录
		见证记录*	监理单位	××××年××月××日		按检测项目列分目录
		见证试验检测汇总表（表C.1.5）	施工单位	××××年××月××日		
		施工日志（表C.1.6）	施工单位	××××年××月××日		按专业归类（不单列分目和细目）
		监理工程师通知回复单*（表C.1.7）	施工单位	××××年××月××日		按事项列分目录

第2部分 建筑工程施工资料管理技能实训

续表

工程名称			××市第某中学教学楼			
序号	工程资料类别	工程资料名称（子目录）	编制单位	编制日期	页次	备注
2	施工技术资料 C2	工程技术文件报审表*（表C.2.1）	施工单位	××××年××月××日		按施工组织设计、施工方案、重点部位、关键工序施工工艺、四新内容列分目录
		施工组织设计及施工方案	施工单位	××××年××月××日		按专项方案设分目录
		危险性较大分部分项工程施工方案专家论证表（表C.2.2）	施工单位	××××年××月××日		按分项设细目
		技术交底记录（表C.2.3）	施工单位	××××年××月××日		按分项工程设分目录
		图纸会审记录**（表C.2.4）	施工单位	××××年××月××日		按专业归类（不单列分目和细目）
		设计变更通知单**（表C.2.5）	设计单位	××××年××月××日		
		工程洽商记录（技术核定单）**（表C.2.6）	施工单位	××××年××月××日		按事项列分目录
3	进度造价资料 C3	工程开工报审表*（表C.3.1）	施工单位	××××年××月××日		
		工程复工报审表*（表C.3.2）	施工单位	××××年××月××日		按工程暂停令设分目录
		施工进度计划报审表*（表C.3.3）	施工单位	××××年××月××日		按约定设分目录
		施工进度计划	施工单位	××××年××月××日		按约定设分目录
		人、机、料动态表（表C.3.4）	施工单位	××××年××月××日		按月列分目录
		工程延期申请表（表C.3.5）	施工单位	××××年××月××日		按延期事项设分目录
		工程款支付申请表（表C.3.6）	施工单位	××××年××月××日		按合同约定设分目录
		工程变更费用报审表*（表C.3.7）	施工单位	××××年××月××日		按事项设分目录
		费用索赔申请表*（表C.3.8）	施工单位	××××年××月××日		按事项设分目录

续表

工程名称		××市第某中学教学楼			
序号	工程资料类别	工程资料名称（子目录）	编制单位	编制日期	页次	备注
4	施工物资资料 C4	出厂质量证明文件及检测报告					
		砂、石、砖、水泥、钢筋、隔热保温、防腐材料、轻集料出厂质量证明文件	施工单位	××××年××月××日		按类别设分目录；分批次按品种、规格列细目
		其他物资出厂合格证、质量保证书、检测报告和报关单或商检证等	施工单位	××××年××月××日		
		材料、设备的相关检验报告、型式检测报告、3C强制认证合格证书或3C标志	检测单位	××××年××月××日		
		进口的主要材料设备的商检证明文件	检测单位	××××年××月××日		
		进场检验通用表格					
		材料、构配件进场检验记录＊（表C.4.1）	检测单位	××××年××月××日		按类别设分目录；分批次按品种、规格列细目
		进场复试报告					
		钢材试验报告	检测单位	××××年××月××日		按品种设分目录；分批次按规格列细目
		水泥试验报告	检测单位	××××年××月××日		
		砂试验报告	检测单位	××××年××月××日		按品种设分目录；分批次列细目
		碎（卵）石试验报告	检测单位	××××年××月××日		按品种设分目录；分批次按规格列细目
		外加剂试验报告	检测单位	××××年××月××日		按品种设分目录；分批次列细目
		防水涂料试验报告	检测单位	××××年××月××日		
		防水卷材试验报告	检测单位	××××年××月××日		
		砖（砌块）试验报告	检测单位	××××年××月××日		按品种设分目录；分批次按强度等级、规格列细目
5	施工记录 C5	通用表格					
		隐蔽工程验收记录	施工单位	××××年××月××日		按项目列分目录；按部位列细目
		施工检查记录	施工单位	××××年××月××日		
		交接检查记录	施工单位	××××年××月××日		按项目列分目录；按部位列细目
		工程定位测量记录	施工单位	××××年××月××日		
		专用表格					
		基槽验线记录	施工单位	××××年××月××日		

第2部分 建筑工程施工资料管理技能实训

续表

工程名称		××市第某中学教学楼				
序号	工程资料类别	工程资料名称（子目录）	编制单位	编制日期	页次	备注
5	施工记录 C5	楼层平面放线记录	施工单位	××××年××月××日		按楼层列分目录
		楼层标高抄测记录	施工单位	××××年××月××日		
		基坑支护水平位移监测记录	施工单位	××××年××月××日		
		地基验槽记录	施工单位	××××年××月××日		按施工段列分目录
		地基钎探记录	施工单位	××××年××月××日		按检验批列分目录
		混凝土浇灌申请书	施工单位	××××年××月××日		按混凝土强度等级列分目录；按检验批设细目
		预拌混凝土运输单	施工单位	××××年××月××日		
		混凝土开盘鉴定	施工单位	××××年××月××日		按混凝土强度等级列分目录
		混凝土拆模申请单	施工单位	××××年××月××日		按检验批设分目录
		混凝土预拌测温记录	施工单位	××××年××月××日		
		焊接材料烘焙记录	施工单位	××××年××月××日		
		地下工程防水效果检查记录	施工单位	××××年××月××日		
		防水工程试水检查记录	施工单位	××××年××月××日		
6	施工试验记录及检测报告 C6	专用表格				
		建筑与结构工程				
		锚杆试验记录	检测单位	××××年××月××日		按检验批（次）列分目
		地基承载力检验报告	检测单位	××××年××月××日		
		桩基检测报告	检测单位	××××年××月××日		
		土工击实试验报告	检测单位	××××年××月××日		
		回填土试验报告（应附图）	检测单位	××××年××月××日		
		钢筋机械连接试验报告	检测单位	××××年××月××日		
		钢筋焊接试验报告	检测单位	××××年××月××日		
		砂浆配合比申请单、通知单	检测单位	××××年××月××日		按强度等级列分目录
		砂浆抗压强度等级试验报告	检测单位	××××年××月××日		按强度列分目录；按检验批（次）列分目录
		砌筑砂浆试块强度等级统计、评定记录（表C.6.5）	施工单位	××××年××月××日		按强度等级列分目录
		混凝土配合比申请单、通知单	检测单位	××××年××月××日		按强度等级列分目录；

续表

工程名称		××市第某中学教学楼				
序号	工程资料类别	工程资料名称（子目录）	编制单位	编制日期	页次	备注
6	施工试验记录及检测报告 C6	混凝土抗压强度试验报告	检测单位	××××年××月××日		按强度等级列分目录；按检验批次列细目
		混凝土试块强度统计、评定记录（表C.6.6）	施工单位	××××年××月××日		按强度等级列分目录
		混凝土抗渗试验报告	检测单位	××××年××月××日		按强度等级列分目录；按检验批次列细目
		砂、石、水泥放射性指标报告	检测单位	××××年××月××日		按类别列分目录；按检验批次列细目
		混凝土碱总量计算书	施工单位	××××年××月××日		
		超声波探伤报告、探伤记录	检测单位	××××年××月××日		按检验批次列分目
		磁粉探伤报告	检测单位	××××年××月××日		
		结构实体混凝土强度等级检验记录＊（表C.6.7）	施工单位	××××年××月××日		按检验批列细目
		结构实体钢筋保护层厚度检验记录＊（表C.6.8）	施工单位	××××年××月××日		按检验批列细目
7	施工质量验收记录 C7	检验批质量验收记录＊（表C7.1）	施工单位	××××年××月××日		按分项列分目录；按检验批列细目
		分项工程质量验收记录＊（表C.7.2）	施工单位	××××年××月××日		按子分部列分目录；按分项列细目
		分部（子分部）工程质量验收记录＊＊（表C.7.3）	施工单位	××××年××月××日		
8	竣工验收资料 C8					

3）地基与基础分部工程施工技术交底分目资料见表2-2-9所示。

地基与基础分部工程施工技术交底分目资料表　　　　表2-2-9

施工技术交底C.2.3（分目录）					
工程名称		××市第××中学教学楼			
序号	工程资料名称	编制单位	编制日期	份数	填写或编制	审核、审批、签字
1	土方开挖工程技术交底	××建筑工程有限公司××项目部	××××年××月××日	××	施工员或项目技术负责人	机械工、普工
2	锚杆支护工程技术交底	××建筑工程有限公司××项目部	××××年××月××日	××	施工员或项目技术负责人	木工、普工

续表

施工技术交底 C.2.3（分目录）							
工程名称				××市第××中学教学楼			
序号	工程资料名称	编制单位	编制日期	份数	填写或编制	审核、审批、签字
3	降排水工程技术交底	××建筑工程有限公司××项目部	××××年××月××日	××	施工员或项目技术负责人	混凝土浇筑工、瓦工
4	回填工程技术交底	××建筑工程有限公司××项目部	××××年××月××日	××	施工员或项目技术负责人	普工
5	基础模板工程技术交底	××建筑工程有限公司××项目部	××××年××月××日	××	施工员或项目技术负责人	木工
6	基础钢筋工程技术交底	××建筑工程有限公司××项目部	××××年××月××日	××	施工员或项目技术负责	钢筋工
7	基础混凝土工程技术交底	××建筑工程有限公司××项目部	××××年××月××日	××	施工员或项目技术负责	混凝土工、普工
8	地基处理工程技术交底	××建筑工程有限公司××项目部	××××年××月××日	××	施工员或项目技术负责人	普工
9	地下防水工程技术交底	××建筑工程有限公司××项目部	××××年××月××日	××	施工员或项目技术负责人	防水工
10	基础砌体工程技术交底	××建筑工程有限公司××项目部	××××年××月××日	××	施工员或项目技术负责人	混凝土浇筑工、瓦工
11	基础配筋砌体（填充墙砌体、空心陶粒混凝土砌体）工程技术交底	××建筑工程有限公司××项目部	××××年××月××日	××	施工员或项目技术负责人	混凝土浇筑工、瓦工

4）地基与基础分部工程隐蔽工程验收记录分目资料见表 2-2-10 所列。

地基与基础分部工程隐蔽工程验收记录分目资料表　　表 2-2-10

隐蔽工程验收记录（分目录）							
工程名称				××市第××中学教学楼			
序号	工程资料名称	编制单位	编制日期	页次	填写、编制人	审核、审批、签字
1	基础CFG桩隐蔽工程验收记录	××建筑工程有限公司××项目部	××××年××月××日	××	专业工长、质量员、专业技术负责人	专业监理工程师
2	地下防水隐蔽工程验收记录	××建筑工程有限公司××项目部	××××年××月××日	××	专业工长、质量员、专业技术负责人	专业监理工程师
3	基础钢筋隐蔽工程验收记录	××建筑工程有限公司××项目部	××××年××月××日	××	专业工长、质量员、专业技术负责人	专业监理工程师
4	地下室挡土墙、柱钢筋隐蔽工程验收记录	××建筑工程有限公司××项目部	××××年××月××日	××	专业工长、质量员、专业技术负责人	专业监理工程师

续表

隐蔽工程验收记录（分目录）					
工程名称		××市第××中学教学楼			
序号	工程资料名称	编制单位	编制日期	页次	填写、编制人	审核、审批、签字
5	地下室梁、板、楼梯钢筋隐蔽工程验收记录	××建筑工程有限公司××项目部	××××年××月××日	××	专业工长、质量员、专业技术负责人	专业监理工程师
6	土方回填隐蔽工程验收记录	××建筑工程有限公司××项目部	××××年××月××日	××	专业工长、质量员、专业技术负责人	专业监理工程师
7	基础配筋砌体隐蔽工程验收记录	××建筑工程有限公司××项目部	××××年××月××日	××	专业工长、质量员、专业技术负责人	专业监理工程师

5）地基与基础分部工程见证记录分目资料见表 2-2-11 所列。

地基与基础分部工程见证记录分目资料表　　表 2-2-11

见证记录（分目）					
工程名称		××市第××中学教学楼			
序号	工程资料名称	编制单位	编制日期	页次	填写或编制	审核、审批、签字
1	钢筋原材见证记录（按检验批次）	××监理公司××项目部	××××年××月××日	××	监理见证人	取样人
2	不同种类水泥见证记录（强度等级为 32.5 级、42.5 级）	××监理公司××项目部	××××年××月××日	××	监理见证人	取样人
3	水洗砂、普通用砂见证记录	××监理公司××项目部	××××年××月××日	××	监理见证人	取样人
4	5～20、20～40 石子见证记录（卵石）	××监理公司××项目部	××××年××月××日	××	监理见证人	取样人
5	地下防水卷材见证记录	××监理公司××项目部	××××年××月××日	××	监理见证人	取样人
6	基础钢筋焊接见证记录（闪光对焊）	××监理公司××项目部	××××年××月××日	××	监理见证人	取样人
7	地下室柱钢筋焊接见证记录（电渣压力焊）	××监理公司××项目部	××××年××月××日	××	监理见证人	取样人
8	外加剂见证记录	××监理公司××项目部	××××年××月××日	××	监理见证人	取样人
9	普通烧结砖见证记录（MU10）	××监理公司××项目部	××××年××月××日	××	监理见证人	取样人

续表

	见证记录（分目）					
工程名称		××市第××中学教学楼				
序号	工程资料名称	编制单位	编制日期	页次	填写或编制	审核、审批、签字
10	MU2.5、MU7.5陶粒空心砌块见证记录	××监理公司××项目部	××××年××月××日	××	监理见证人	取样人
11	砂浆试块见证记录（不同标号）	××监理公司××项目部	××××年××月××日	××	监理见证人	取样人
12	混凝土试块见证记录（C30P6、C15、C40、C30不同强度等级）	××监理公司××项目部	××××年××月××日	××	监理见证人	取样人
13	砂浆、混凝土配合比见证记录	××监理公司××项目部	××××年××月××日	××	监理见证人	取样人

6）地基与基础分部工程施工检查记录细目资料见表2-2-12所列。

地基与基础分部工程施工检查记录细目资料表　　　表2-2-12

	施工检查记录目录（细目）					
工程名称			××市第××中学教学楼			
序号	工程资料名称	施工部位	编制单位	编制日期	页次	填写或编制	审核、审批、签字
1	土方开挖工程施工检查记录	基坑	××建筑工程有限公司××项目部	××××年××月××日	××	专业质检员	专业技术负责人、专业工长
2	基坑锚杆支护工程施工检查记录	基础	××建筑工程有限公司××项目部	××××年××月××日	××	专业质检员	专业技术负责人、专业工长
3	基坑降水排水工程施工检查记录	基础	××建筑工程有限公司××项目部	××××年××月××日	××	专业质检员	专业技术负责人、专业工长
4	基础垫层及矮挡墙施工检查记录	基础	××建筑工程有限公司××项目部	××××年××月××日	××	专业质检员	专业技术负责人、专业工长
5	基础防水层及保护层施工检查记录	基坑	××建筑工程有限公司××项目部	××××年××月××日	××	专业质检员	专业技术负责人、专业工长
6	基础钢筋工程施工检查记录	基础	××建筑工程有限公司××项目部	××××年××月××日	××	专业质检员	专业技术负责人、专业工长
7	基础模板工程施工检查记录	基础	××建筑工程有限公司××项目部	××××年××月××日	××	专业质检员	专业技术负责人、专业工长
8	基础混凝土工程施工检查记录	基础	××建筑工程有限公司××项目部	××××年××月××日	××	专业质检员	专业技术负责人、专业工长
9	地下室挡土墙、柱钢筋工程施工检查记录	地下室竖向结构	××建筑工程有限公司××项目部	××××年××月××日	××	专业质检员	专业技术负责人、专业工长

续表

施工检查记录目录（细目）							
工程名称 || ×× 市第 ×× 中学教学楼						
序号	工程资料名称	施工部位	编制单位	编制日期	页次	填写或编制	审核、审批、签字
10	地下室挡土墙、柱模板工程施工检查记录	地下室竖向结构	×× 建筑工程有限公司 ×× 项目部	××××年××月××日	××	专业质检员	专业技术负责人、专业工长
11	地下室挡土墙、柱混凝土工程施工检查记录	地下室竖向结构	×× 建筑工程有限公司 ×× 项目部	××××年××月××日	××	专业质检员	专业技术负责人、专业工长
12	地下室防水层及保护层施工检查记录	地下室竖向结构	×× 建筑工程有限公司 ×× 项目部	××××年××月××日	××	专业质检员	专业技术负责人、专业工长
13	房心及室外回填施工检查记录	房心及室外	×× 建筑工程有限公司 ×× 项目部	××××年××月××日	××	专业质检员	专业技术负责人、专业工长
14	地下室梁、板、楼梯模板工程施工检查记录	地下室	×× 建筑工程有限公司 ×× 项目部	××××年××月××日	××	专业质检员	专业技术负责人、专业工长
15	地下室梁、板、楼梯钢筋工程施工检查记录	地下室	×× 建筑工程有限公司 ×× 项目部	××××年××月××日	××	专业质检员	专业技术负责人、专业工长
16	地下室梁、板、楼梯混凝土工程施工检查记录	地下室	×× 建筑工程有限公司 ×× 项目部	××××年××月××日	××	专业质检员	专业技术负责人、专业工长
17	地下室砌体工程施工检查记录	地下室	×× 建筑工程有限公司 ×× 项目部	××××年××月××日	××	专业质检员	专业技术负责人、专业工长
18	地下室配筋砌体工程施工检查记录	地下室	×× 建筑工程有限公司 ×× 项目部	××××年××月××日	××	专业质检员	专业技术负责人、专业工长

7) 地基与基础分部工程交接检查记录细目资料见表 2-2-13 所列。

地基与基础分部工程交接检查记录细目资料表　　　　表 2-2-13

交接检查记录（细目）							
工程名称 || ×× 市第 ×× 中学教学楼						
序号	工程资料名称	施工工序	编制单位	编制日期	页次	填写、编制人	审核、审批、签字
1	土方开挖班组-锚杆支护班组交接检查记录	土方开挖-锚杆支护	×× 建筑工程有限公司 ×× 项目部	××××年××月××日	××	移交单位（土方开挖班组长）	接收单位（锚杆支护班组长）/见证单位（专业工长、质量员）

第2部分　建筑工程施工资料管理技能实训

续表

| \multicolumn{8}{c}{交接检查记录（细目）} |
| 工程名称 | | | ××市第××中学教学楼 | | | | |
序号	工程资料名称	施工工序	编制单位	编制日期	页次	填写、编制人	审核、审批、签字
2	锚杆支护班组-土建班组交接检查记录	锚杆支护-地基处理、基础垫层及挡墙	××建筑工程有限公司××项目部	××××年××月××日	××	移交单位（锚杆支护班组长）	接收单位（土建班组长）/见证单位（专业工长、质量员）
3	土建班组-防水班组交接检查记录	基础垫层-基础水平防水层	××建筑工程有限公司××项目部	××××年××月××日	××	移交单位（土建班组长）	接收单位（防水班组长）/见证单位（专业工长、质量员）
4	防水班组-土建班组交接检查记录	基础水平防水层-防水混凝土保护层	××建筑工程有限公司××项目部	××××年××月××日	××	移交单位（防水班组长）	接收单位（土建班组长）/见证单位（专业工长、质量员）
5	土建班组-钢筋班组交接检查记录	防水混凝土保护层-筏板、地梁、独立基础钢连接安装	××建筑工程有限公司××项目部	××××年××月××日	××	移交单位（土建班组长）	接收单位（钢筋工班组长）/见证单位（专业工长、质量员）
6	钢筋班组-木工班组交接检查记录	基础钢筋-基础模板	××建筑工程有限公司××项目部	××××年××月××日	××	移交单位（钢筋班组长）	接收单位（木工班组长）/见证单位（专业工长、质量员）
7	钢筋工、木工班组-土建班组交接检查记录	基础模板-基础混凝土	××建筑工程有限公司××项目部	××××年××月××日	××	移交单位（钢筋、木工班组长）	接收单位（土建班组长）/见证单位（专业工长、质量员）
8	钢筋班组-木工班组交接检查记录	地下室挡土墙、柱钢筋-模板	××建筑工程有限公司××项目部	××××年××月××日	××	移交单位（土建班组长）	接收单位（瓦工班组长）/见证单位（专业工长、质量员）
9	木工班组-钢筋班组交接检查记录	地下室梁、板、楼梯模板-钢筋	××建筑工程有限公司××项目部	××××年××月××日	××	移交单位（木工班组长）	接收单位（钢筋工班组长）/见证单位（专业工长、质量员）
10	钢筋、木工班组-土建班组交接检查记录	地下室梁、板、楼梯模板、钢筋-地下室混凝土	××建筑工程有限公司××项目部	××××年××月××日	××	移交单位（钢筋、木工班组长）	接收单位（土建班组长）/见证单位（专业工长、质量员）
11	土建班组-防水班组交接检查记录	地下室混凝土-地下室立面防水层	××建筑工程有限公司××项目部	××××年××月××日	××	移交单位（土建班组长）	接收单位（防水班组长）/见证单位（专业工长、质量员）
12	土建、钢筋班组-瓦工班组交接检查记录	地下室砌体、配筋砌体	××建筑工程有限公司××项目部	××××年××月××日	××	移交单位（土建班组长）	接收单位（瓦工班组长）/见证单位（专业工长、质量员）

8）地基与基础分部工程检验批工程质量验收记录细目资料见表2-2-14。

地基与基础分部工程检验批工程质量验收记录细目资料表　　表2-2-14

分项、检验批工程质量验收记录目录（细目）							
工程名称 || ××市第××中学教学楼						
序号	工程资料名称		编制单位	编制日期	页次	填写或编制	审核、审批、签字
1	土方开挖（分项）	土方开挖检验批工程质量验收记录（2份）	××建筑工程有限公司××项目部	××××年××月××日	××	专业质检员	专业技术负责人、专业监理
2	土方回填（分项）	土方回填检验批质验收记录（20份）	××建筑工程有限公司××项目部	××××年××月××日	××	专业质检员	专业技术负责人、专业监理
3	降水与排水（分项）	降水与排水检验批质量验收记录（1份）	××建筑工程有限公司××项目部	××××年××月××日	××	专业质检员	专业技术负责人、专业监理
4	锚杆（分项）	锚喷支护检验批质量验收记录（2份）	××建筑工程有限公司××项目部	××××年××月××日	××	专业质检员	专业技术负责人、专业监理
5	CFG桩	土和灰土挤密桩复合地基检验批质量验收记录（1份）	××建筑工程有限公司××项目部	××××年××月××日	××	专业质检员	专业技术负责人、专业监理
6	防水混凝土	防水混凝土工程检验批质量验收记录（1份）	××建筑工程有限公司××项目部	××××年××月××日	××	专业质检员	专业技术负责人、专业监理
7	卷材防水层	卷材防水层检验批质量验收记录（2份）	××建筑工程有限公司××项目部	××××年××月××日	××	专业质检员	专业技术负责人、专业监理
8	变形缝	变形缝检验批质量验收记录（1份）	××建筑工程有限公司××项目部	××××年××月××日	××	专业质检员	专业技术负责人、专业监理
8	施工缝	施工缝检验批质量验收记录	××建筑工程有限公司××项目部	××××年××月××日	××	专业质检员	专业技术负责人、专业监理
8	穿墙管	穿墙管检验批质量验收记录	××建筑工程有限公司××项目部	××××年××月××日	××	专业质检员	专业技术负责人、专业监理
8	坑、池	坑、池检验批质量验收记录	××建筑工程有限公司××项目部	××××年××月××日	××	专业质检员	专业技术负责人、专业监理

第2部分 建筑工程施工资料管理技能实训

续表

分项、检验批工程质量验收记录目录（细目）

工程名称		××市第××中学教学楼				
序号	工程资料名称		编制单位	编制日期	页次	填写或编制	审核、审批、签字

序号		工程资料名称	编制单位	编制日期	页次	填写或编制	审核、审批、签字
9	模板	基础模板安装、拆除检验批质量验收记录（2个）	××建筑工程有限公司××项目部	××××年××月××日	××	专业质检员	专业技术负责人、专业监理
		地下室挡土墙、柱模板安装、拆除检验批质量验收记录（2个）	××建筑工程有限公司××项目部	××××年××月××日	××	专业质检员	专业技术负责人、专业监理
		地下室梁、板、楼梯模板安装拆除检验批质量验收记录	××建筑工程有限公司××项目部	××××年××月××日	××	专业质检员	专业技术负责人、专业监理
		地下室二次构造安装、拆除检验批质量验收记录（2个）	××建筑工程有限公司××项目部	××××年××月××日	××	专业质检员	专业技术负责人、专业监理
10	钢筋	地下室钢筋原材料（按批次）进场验收检验批质量验收记录	××建筑工程有限公司××项目部	××××年××月××日	××	专业质检员	专业技术负责人、专业监理
		地下室钢筋加工检验批质量验收记录（1个）	××建筑工程有限公司××项目部	××××年××月××日	××	专业质检员	专业技术负责人、专业监理
		防水板、独立基础、地梁钢筋连接、安装工程检验批质量验收记录（1个）	××建筑工程有限公司××项目部	××××年××月××日	××	专业质检员	专业技术负责人、专业监理
		地下室挡土墙、柱钢筋连接、安装工程检验批质量验收记录（1个）	××建筑工程有限公司××项目部	××××年××月××日	××	专业质检员	专业技术负责人、专业监理
		地下室梁、板、楼梯钢筋连接、安装工程检验批质量验收记（1个）	××建筑工程有限公司××项目部	××××年××月××日	××	专业质检员	专业技术负责人、专业监理
11	混凝土	防水板、独立基础、墙下条基、地下室挡土墙混凝土原材及配合比C30检验批质量验收记录（1个）	××建筑工程有限公司××项目部	××××年××月××日	××	专业质检员	专业技术负责人、专业监理
		柱混凝土原材料及配合比C40检验批质量验收记录（1个）	××建筑工程有限公司××项目部	××××年××月××日	××	专业质检员	专业技术负责人、专业监理
		垫层混凝土原材及配合比C15检验批质量验收记录（1个）	××建筑工程有限公司××项目部	××××年××月××日	××	专业质检员	专业技术负责人、专业监理

续表

分项、检验批工程质量验收记录目录（细目）

工程名称		××市第××中学教学楼				
序号	工程资料名称	编制单位	编制日期	页次	填写或编制	审核、审批、签字
11	混凝土	防水混凝土原材及配合比P6检验批质量验收记录（1个）	××建筑工程有限公司××项目部	××××年××月××日	××	专业质检员	专业技术负责人、专业监理
		混凝土施工检验批质量验收记录（5个）	××建筑工程有限公司××项目部	××××年××月××日	××	专业质检员	专业技术负责人、专业监理
12	现浇结构	基础，地下室剪力墙、柱，地下室梁、板、楼梯现浇结构外观质量检验批质量验收记录（3个）	××建筑工程有限公司××项目部	××××年××月××日	××	专业质检员	专业技术负责人、专业监理
		基础，地下室剪力墙、柱，地下室梁、板、楼梯现浇结构尺寸偏差检验批质量验收记录（3个）	××建筑工程有限公司××项目部	××××年××月××日	××	专业质检员	专业技术负责人、专业监理
13	砖砌体	防水保护层砖砌体检验批质量验收记录（1个）	××建筑工程有限公司××项目部	××××年××月××日	××	专业质检员	专业技术负责人、专业监理
14	配筋砌体	地下室构造柱、边框柱、水平系梁配筋砌体检验批质量验收记录（1个）	××建筑工程有限公司××项目部	××××年××月××日	××	专业质检员	专业技术负责人、专业监理
15	填充墙砌体	地下室填充墙砌体检验批质量验收记录（1个）	××建筑工程有限公司××项目部	××××年××月××日	××	专业质检员	专业技术负责人、专业监理
16	空心陶粒混凝土砌块砌体	地下室空心陶粒混凝土砌块砌体检验批质量验收记录（1个）	××建筑工程有限公司××项目部	××××年××月××日	××	专业质检员	专业技术负责人、专业监理

9）地基与基础分部工程施工进度计划报审表细目资料见表2-2-15所列。

地基与基础分部工程施工进度计划报审表C.3.3细目资料表　　表2-2-15

施工进度计划报审表C.3.3（细目）						
工程名称		××市第××中学教学楼				
序号	工程资料名称	编制单位	编制日期	份数	填写或编制	审核、审批、签字
1	××月××日施工进度计划报审表	××建筑工程有限公司××项目部	××××年××月××日	××	项目经理	专业监理工程师
2	……					

第2部分 建筑工程施工资料管理技能实训

10) 地基与基础分部工程相关资料样表见表 2-2-16 所列。

<u>土方回填工程检验批质量验收记录（C.7.1）</u>　　　　表 2-2-16

工程名称	××市第××中学教学楼				验收部位	①-⑪/Ⓐ-Ⓕ轴								编号	01-01-C7-×××
施工单位	×××建筑安装有限公司													项目经理	×××
施工执行标准名称及编号	建筑安装工程施工工艺规程 QB-××-××××													专业工长	×××
分包单位	/				分包项目经理	/								施工班组长	×××
项目	规范规定（设计要求）						施工单位检查评定记录							监理（建设）单位验收记录	
	柱基基坑基槽	挖方场地平整		管沟	地(路)面基层										
		人工	机械												
主控项目 1 标高	−50	±30	±50	−50	−50	2	1	3	5	6	−2	−6	−9	−8	1	
主控项目 2 分层压实系数	设计要求													合格	
一般项目 1 回填土料	设计要求													合格设计要求	
一般项目 2 分层厚度及含水量	设计要求														
一般项目 3 表面平整度	20	20	30	20	20	7	8	9	3	5	6	8	9	12	14	
施工单位检查评定结果	主控项目和一般项目质量经抽样检验合格，施工操作依据、质量检查记录完整。 项目专业质量检查员：×××　　　　　　　　　　　　　　××××年××月××日														
监理（建设）单位验收结论	同意验收 专业监理工程师：(建设单位项目专业技术负责人)：×××　　　　××××年××月××日														

项目2 主体分部工程资料管理

项目实训目标

任务1 主体分部工程资料信息的采集与分部、分项、检验批的划分

1. 实训目的：在具有主体工程施工图的识读和施工技术、组织专业知识基础上，通过施工任务分解，培养工程资料信息采集和任务分解的能力。

2. 实训内容及成果：依据《建筑工程施工质量验收统一标准》及《混凝土工程施工质量验收规范》、《砌体结构工程施工质量验收规范》中有关分部、分项、检验批划分的规定，完成主体分部工程资料信息采集与分部、子分部、分项、检验批的划分并填写表 2-2-18。

3. 实训步骤与指导：见表 2-2-17 所列。

实训步骤、指导与评价　　　　　　　　　　表 2-2-17

	1. 工作准备：搜集相关资料、文件、规范、技术标准、教材、参考书。 2. 背景资料：分部工程概况（下表按工程实际发生项在□内打√或在空格内填写）	
一、针对工作任务搜集有关资料及采集相关信息	工程名称	
	主体结构发生子分部项	混凝土结构□　砌体结构□　劲钢（管）混凝土结构□ 钢结构□　木结构□　网架和索膜结构□
	主体结构防水	有□　无□　　　　防水做法
	混凝土结构发生分项	模板□　钢筋□　混凝土□　预应力□ 现浇结构□　装配式结构□
	劲钢（管）混凝土结构发生分项	劲钢（管）焊接□　螺栓连接□　劲钢（管）与钢筋的连接□　劲钢（管）制作、安装□　混凝土□
	砌体结构发生分项	砖砌体□　混凝土小型空心砌块砌体□　石砌体□　填充墙砌体□ 配筋砖砌体□
	钢结构发生分项	钢结构焊接□　坚固件连接□　钢零部件加工□　单层钢结构安装□　多层及高层钢结构安装□　钢结构涂装□　钢构件组装□　钢构件预拼装□　钢网架结构安装□　压型金属板□
	木结构发生分项	方木和原木结构□　胶合木结构□　轻型木结构□　木构件防护□
	网架和索膜结构发生分项	网架制作□　网架安装□　索膜安装□　网架防火□　防腐涂料□
	砌体工程主要施工过程	
	钢筋混凝土工程主要施工过程	
	钢结构工程主要施工过程	
	木结构工程主要施工过程	
	网架和索膜结构主要施工过程	
	主体结构检验及抽样检测内容	
	混凝土结构强度等级	梁板梯□C　柱□C　墙□C　构造柱□
	砌体结构强度等级	砖砌体□MU　石砌体□MU　砌块砌体□MU
	砂浆强度等级	M5□　M10□　M15□
	钢筋类型及规格	HPB235□　HRB335□　HRB400□　CRB□ 钢筋规格：Φ6□　Φ8□　Φ10□　Φ12□　Φ14□　Φ16□　Φ20□　Φ22□　Φ25□　Φ28□
	资料管理软件名称	
	施工工艺标准代号	

第 2 部分 建筑工程施工资料管理技能实训

续表

二、进行分项、检验批划分和数量确定	1. 熟悉《建筑工程施工质量验收统一标准》、《混凝土结构工程施工质量验收规范》及《砌体结构工程施工质量验收规范》中有关分项、检验批划分的规定：参见分部（子分部）工程、分项工程、检验批划分及代号索引。 2. 逐项确认主体结构工程各子分部的分项工程、检验批数量并填写表 2-2-18 的内容								
三、检查评价	工作任务	分值 M_i	评分标准（指标内涵）		评分等级 K_i				学生自评	教师评价
			A	C	A	B	C	D	N_1	N_2
					1	0.8	0.6	0.4		
	信息采集	20	采集相关信息非常准确、齐全	基本准确、有缺项或错选						
	分项检验批划分	20	分项、检验批划分：科学、合理、符合工艺要求便于检验和资料管理实施	分项检验批划分基本准确						
	合计	40			得分 $N=\Sigma K_i M_i$					
	检查评价				师生评价权重				0.2	0.8
					实得分 $=0.2N_1+0.8N_2=$					

分部、子分部、分项、检验批划分和数量确定（样表）   表 2-2-18

子分部名称	分项名称	检验批名称	检验批数量

4. 案例分析

××市×中学教学楼主体结构分部、分项、检验批划分，见表 2-2-19。主体分部工程采用分段施工，即 1～2 层分①～⑧轴、⑨～⑪轴两段，3 层以上仅为一段即①～⑧轴。主要施工工艺流程为：柱筋安装→柱、梁、板、梯模板安装→梁板梯钢筋安装→柱、梁、板、梯混凝土浇筑→模板拆除→墙体砌筑。

主体结构分部、分项、检验批划分表　　　　表 2-2-19

分部工程	子分部工程	分项工程名称	检验批	检验批数量
主体结构	混凝土结构	模板	一层①～⑧轴模板安装、拆除检验批质量验收记录	2
			一层⑨～⑪轴模板安装、拆除检验批质量验收记录	2
			二层①～⑧轴模板安装、拆除检验批质量验收记录（按楼层、施工段）	2
			二层⑨～⑪轴模板安装、拆除检验批质量验收记录（按楼层、施工段）	2
			三层①～⑧轴模板安装、拆除检验批质量验收记录（按楼层、施工段）	2
			四层①～⑧轴模板安装、拆除检验批质量验收记录（按楼层、施工段）	2
			五层①～⑧轴模板安装、拆除检验批质量验收记录（按楼层、施工段）	2
			屋面花房模板安装、拆除检验批质量验收记录（按楼层、施工段）	2
		钢筋	钢筋原材检验批质量验收记录	按批次
			一层①～⑧轴钢筋加工；连接、安装（按楼层、施工段）	2
			一层⑨～⑪轴钢筋加工；连接、安装（按楼层、施工段）	2
			二层①～⑧轴钢筋加工；连接、安装（按楼层、施工段）	2
			二层⑨～⑪轴钢筋加工；连接、安装（按楼层、施工段）	2
			三层①～⑧轴钢筋加工；连接、安装（按楼层、施工段）	2
			四层①～⑧轴钢筋加工；连接、安装（按楼层、施工段）	2
			五层①～⑧轴钢筋加工；连接、安装（按楼层、施工段）	2
			屋面花房 钢筋加工；连接、安装（按楼层、施工段）	2
		混凝土	混凝土原材	按批次
			柱C30、C35、C40；梁板梯C30；二次结构室内C20、室外C30。配合比施工检验批质量验收记录（配合比设计按强度等级和耐久性及工作性能划分）	4
			一层①～⑧轴混凝土施工检验批质量验收记录（按楼层、施工段）	
			一层⑨～⑪轴混凝土施工检验批质量验收记录（按楼层、施工段）	2
			二层①～⑧轴混凝土施工检验批质量验收记录（按楼层、施工段）	2
			二层⑨～⑪轴混凝土施工检验批质量验收记录（按楼层、施工段）	2
			三层①～⑧轴混凝土施工检验批质量验收记录（按楼层、施工段）	2
			四层①～⑧轴混凝土施工检验批质量验收记录（按楼层、施工段）	2
			五层①～⑧轴混凝土施工检验批质量验收记录（按楼层、施工段）	2
			（屋面花房）混凝土施工检验批质量验收记录（按楼层、施工段）	2

续表

分部工程	子分部工程	分项工程名称	检验批	检验批数量
主体结构	混凝土结构	现浇结构	一层①~⑧轴现浇结构外观质量、尺寸偏差检验批质量验收记录（按楼层、施工段）	2
			一层⑨~⑪轴现浇结构外观质量、尺寸偏差检验批质量验收记录（按楼层、施工段）	2
			二层①~⑧轴现浇结构外观质量、尺寸偏差检验批质量验收记录（按楼层、施工段）	2
			二层⑨~⑪轴现浇结构外观质量、尺寸偏差检验批质量验收记录（按楼层、施工段）	2
			三层①~⑧轴现浇结构外观质量、尺寸偏差检验批质量验收记录（按楼层、施工段）	2
			四层①~⑧轴现浇结构外观质量、尺寸偏差检验批质量验收记录（按楼层、施工段）	2
			五层①~⑧轴现浇结构外观质量、尺寸偏差检验批质量验收记录（按楼层、施工段）	2
			屋面花房 现浇结构外观质量、尺寸偏差检验批质量验收记录（按楼层、施工段）	2
	砌体结构子分部	配筋砌体	一层①~⑧轴配筋砌体检验批质量验收记录（按楼层、施工段）	1
			一层⑨~⑪轴配筋砌体检验批质量验收记录（按楼层、施工段）	1
			二层①~⑧轴配筋砌体检验批质量验收记录（按楼层、施工段）	1
			二层⑨~⑪轴配筋砌体检验批质量验收记录（按楼层、施工段）	1
			三层①~⑧轴配筋砌体检验批质量验收记录（按楼层、施工段）	1
			四层①~⑧轴配筋砌体检验批质量验收记录（按楼层、施工段）	1
			五层①~⑧轴配筋砌体检验批质量验收记录（按楼层、施工段）	1
			三层屋面女儿墙配筋砌体检验批质量验收记录（按楼层、施工段）	1
			四层屋面女儿墙配筋砌体检验批质量验收记录（按楼层、施工段）	1
			五层屋面女儿墙配筋砌体检验批质量验收记录（按楼层、施工段）	1
		填充砌体	一层①~⑧轴填充砌体检验批质量验收记录（按楼层、施工段）	1
			一层⑨~⑪轴填充砌体检验批质量验收记录（按楼层、施工段）	1
			二层①~⑧轴填充砌体检验批质量验收记录（按楼层、施工段）	1
			二层⑨~⑪轴填充砌体检验批质量验收记录（按楼层、施工段）	1
			三层①~⑧轴填充砌体检验批质量验收记录（按楼层、施工段）	1
			四层①~⑧轴填充砌体检验批质量验收记录（按楼层、施工段）	1
			五层①~⑧轴填充砌体检验批质量验收记录（按楼层、施工段）	1
		混凝土空心砌块砌体	一层①~⑧轴混凝土空心砌块砌体检验批质量验收记录（按楼层、施工段）	1
			一层⑨~⑪轴混凝土空心砌块砌体检验批质量验收记录（按楼层、施工段）	1
			二层①~⑧轴混凝土空心砌块砌体检验批质量验收记录（按楼层、施工段）	1
			二层⑨~⑪轴混凝土空心砌块砌体检验批质量验收记录（按楼层、施工段）	1
			三层①~⑧轴混凝土空心砌块砌体检验批质量验收记录（按楼层、施工段）	1
			四层①~⑧轴混凝土空心砌块砌体检验批质量验收记录（按楼层、施工段）	1
			五层①~⑧轴混凝土空心砌块砌体检验批质量验收记录（按楼层、施工段）	1

续表

分部工程	子分部工程	分项工程名称	检验批	检验批数量
主体结构	砌体结构子分部	砖砌体	三层屋面女儿墙砖砌体检验批质量验收记录（按楼层、施工段）	1
			四层屋面女儿墙砖砌体检验批质量验收记录（按楼层、施工段）	1
			五层屋面女儿墙砖砌体检验批质量验收记录（按楼层、施工段）	1

任务2　主体分部工程资料管理计划编制

1. 实训目的：主体分部工程施工资料管理计划的编制的目的是针对任何施工项目根据主体分部工程的结构特点、施工部位、施工工艺、空间和时间的不同确定施工资料管理任务的范围和基本内容，同时也是施工资料收集工作能力培养的基本方法。

2. 实训内容及成果：依据《建筑工程施工资料计划、交底编制导则》见表2-3-1，完成某工程项目主体分部工程资料管理计划编制及技术交底工作。

3. 实训步骤与指导：见表2-2-20

实训步骤、指导与评价　　　　　　　　　　　　　表 2-2-20

一、施工管理资料计划的编制	参见《施工资料管理计划、交底编制导则》，选择该工程主体工程各子分部工程施工资料内容编制资料管理计划							
二、资料目录编制	依照资料管理计划的顺序列出主体结构各子分部工程施工资料组卷目录表的内容。填写时应参照附表的内容进行选项，并按照组卷的方式汇总。有细目的项，应分级填写							
三、检查评价	工作任务	分值 M_i	评分标准（指标内涵）		评分等级 K_i			学生自评	教师评价
			A	C	A	B	C	D	N_1	N_2
					1	0.8	0.6	0.4		
	计划编制	30	资料分类正确、内容完整	资料分类正确、内容不完整						
	目录编制	10	目录正确，内容完整	目录正确，内容不完整						
	态度	20	态度端正，独立完成；具有独立解决问题的能力；工作任务完善，具有较强的持续性	态度端正，与他人合作完成；独立解决问题的能力不够；工作有时缺乏持续性						
	合计	60			得分 $N=\Sigma K_i M_i$					
	检查评价				师生评价权重				0.2	0.8
					实得分 $=0.2 N_1 + 0.8 N_2$					

4. 案例分析

（1）主体结构分部工程施工资料管理计划（交底），见表2-2-21所列。

第2部分 建筑工程施工资料管理技能实训

主体结构分部工程施工资料管理计划（交底）一览表

表 2-2-21

工程资料类别	工程资料名称（子目录）	资料分目录	细目	工程资料单位来源	填写或编制	审核、审批、签字
施工管理资料 C1类	建设工程质量事故调查、勘查记录（表 C.1.4）	按事故发生次数列分目录		调查单位	调查人	故调查人
	建设工程质量事故报告书	按事故发生次数列分目录		调查单位	报告人	调查负责人
		钢筋原材（每一品种、规格型号）	按送检批次列细目			
		不同种类水泥（强度等级 32.5 级、42.5 级）	按送检批次列细目			
		水洗砂、普通用砂	按送检批次列细目			
		5～20mm、20～40mm 石子（卵石）	按送检批次列细目			
		（一～五层梁）钢筋焊接（闪光对焊）	按送检批次列细目			
		（一～五层柱）钢筋焊接（电渣压力焊）		施工单位	项目负责人	专业监理
		外加剂	按送检批次列细目			
		普通烧结砖（MU10）	按送检批次列细目			
		MU10空心陶粒混凝土砌块	按送检批次列细目			
		砂浆试块（M10.0）	按送检批次列细目			
		混凝土试块（C30、C35、C40、C20、CL15）	按送检批次列细目			
		砂浆、混凝土配合比（M10）	按送检批次列细目			
		拉结筋植筋拉拔试验	按送检批次列细目			
	见证记录*	按检测项目列细目		监理单位	监理见证人	试验取样人
	见证试验检测汇总表（表 C.1.6）	按专业归类（不单列分目和细目）		施工单位	试验员	制表人/技术负责人
	施工日志（表 C.1.7）			施工单位	记录人	专业工长/专业项目负责人
	监理工程师通知回复单（表 C.1.7）	按检测项目列分目录		施工单位	项目经理/责任人	专业监理/总监

续表

工程资料类别	工程资料名称（子目录）	资料分目录	细目	工程资料单位来源	填写或编制	审核、审批、签字
施工技术资料 C2类	工程技术文件报审表＊（表C.2.1)	按施工组织设计、施工方案、重点部位、关键工序施工工艺、四新内容列分目录		施工单位	项目经理/责任人	专业监理/总监
	技术交底记录（表C.2.3)	按分项或专业工程设分目录		施工单位	交底人	审核人、接受交底人
	图纸会审记录＊＊（表C.2.4)	按专业归类（不单列分目和细目）		施工单位		各方技术、专业负责人
	设计变更通知单＊＊（表C.2.5)	按专业归类分目录		设计单位	技术、专业负责人	
	工程洽商记录（技术核定单）＊＊（表C.2.6)	按专业归类分目录		提出单位		
	工程复工报审表＊（表C.3.2)	按工程暂停令设分目录		施工单位	项目经理/项目责任人	专业监理/总监
	施工进度计划报审表＊（表C.3.3)	按约定设分目录		施工单位	项目经理	专业监理/总监
	施工进度计划	按月列分目录		施工单位	项目负责人	项目经理/项目责任人
进度造价资料 C3类	人、机、料动态表（表C.3.4)			施工单位	机械员、材料员、劳务员	项目经理
	工程延期申请表＊（表C.3.5)	按延期事项设分目录		施工单位	项目经理/项目责任人	总监
	工程款支付申请表＊（表C.3.6)	按合同约定设分目录		施工单位	项目经理	总监
	工程变更费用报审表＊（表C.3.7)	按事项设分目录		施工单位	项目经理/责任人	监理工程师/总监
	费用索赔申请表＊（表C.3.8)	按事项设分目录		施工单位	责任人	总监

第2部分 建筑工程施工资料管理技能实训

续表

工程资料类别	工程资料名称（子目录）	资料分目录	细 目	工程资料单位来源	填写或编制	审核、审批、签字
			出厂质量证明文件及检测报告			
	砂、石、砖、水泥、钢筋、隔热保温、防腐材料、轻集料出厂质量证明文件	按类别设分目录		供货单位	材料员	
	其他物资出厂合格证、质量保证书、检测报告和报关单或商检证书等	按类别设分目录		供货单位	材料员	
	材料、设备的相关检验报告、型式检验报告、3C强制认证合格证书或3C标志	按类别设分目录		供货单位	材料员	专业质量员
	进口的主要材料设备的商检证明文件	按类别设分目录		供货单位	材料员	
	涉及消防、安全、卫生、环保、节能的材料、设备的检测报告或法定机构出具检测证明文件	按类别设分目录		供货单位	材料员	
			进场检验通用表格			
	材料、构配件进场检验记录*（表C.4.1）	按类别设分目录		施工单位	专业工长	专业工程师
施工物质资料 C4类	进场复验报告					
	钢材试验报告	按品种设分目录		检测单位	专业试验员	
	水泥试验报告	按品种设分目录		检测单位	专业试验员	
	砂试验报告	按品种设分目录		检测单位	专业试验员	专业试验师
	碎（卵）石试验报告	按品种设分目录		检测单位	专业试验员	
	外加剂试验报告	按品种设分目录		检测单位	专业试验员	
	砖（砌块）试验报告	普通烧结砖		检测单位		
		空心陶粒混凝土砌块				

续表

工程资料类别	工程资料名称（子目录）	资料分目录	细 目	工程资料单位来源	填写或编制	审核、审批、签字
施工记录 C5 类	隐蔽工程验收记录*（表C.5.1）	一层柱、梁板楼梯隐蔽工程验收记录	通 用 表 格	施工单位	专业技术负责人/专业质检员/专业工长	专业监理工程师
		二层柱、梁板楼梯隐蔽工程验收记录				
		三层柱、梁板楼梯隐蔽工程验收记录				
		四层柱、梁板楼梯隐蔽工程验收记录				
		五层柱、梁板楼梯隐蔽工程验收记录				
		一层配筋砌体隐蔽工程验收记录				
		二层配筋砌体隐蔽工程验收记录				
		三层配筋砌体隐蔽工程验收记录				
		四层配筋砌体隐蔽工程验收记录				
		五层配筋砌体隐蔽工程验收记录				
		二层屋面女儿墙隐蔽工程验收记录				
		四层屋面女儿墙隐蔽工程验收记录				
		五层屋面女儿墙隐蔽工程验收记录				
	施工检查记录（表C.5.2）	钢筋工程施工检查记录	一层柱、梁板楼梯钢筋工程施工检查记录	施工单位	专业质检员	专业技术负责人/专业工长
			二层柱、梁板楼梯钢筋工程施工检查记录			
			三层柱、梁板楼梯钢筋工程施工检查记录			
			四层柱、梁板楼梯钢筋工程施工检查记录			
			五层柱、梁板楼梯钢筋工程施工检查记录			

第2部分　建筑工程施工资料管理技能实训

续表

工程资料类别	工程资料名称（子目录）	资料分目录	细　目	工程资料单位来源	填写或编制	审核、审批、签字
施工记录C5类	施工检查记录（表C.5.2）	模板工程施工检查记录	一层柱、梁板楼梯模板工程施工检查记录	施工单位	专业质检员	专业技术负责人/专业工长
			二层柱、梁板楼梯模板工程施工检查记录			
			三层柱、梁板楼梯模板工程施工检查记录			
			四层柱、梁板楼梯模板工程施工检查记录			
			五层柱、梁板楼梯模板工程施工检查记录			
		混凝土工程施工检查记录	一层柱、梁板楼梯混凝土工程施工检查记录			
			二层柱、梁板楼梯混凝土工程施工检查记录			
			三层柱、梁板楼梯混凝土工程施工检查记录			
			四层柱、梁板楼梯混凝土工程施工检查记录			
			五层柱、梁板楼梯混凝土工程施工检查记录			
		砖砌体工程施工检查记录	一层女儿墙砖砌体工程施工检查记录			
			二层女儿墙砖砌体工程施工检查记录			
			三层女儿墙砖砌体工程施工检查记录			
			四层女儿墙砖砌体工程施工检查记录			
			五层女儿墙砖砌体工程施工检查记录			
		配筋砌体（混凝土小型空心砌块）施工检查记录	一层配筋砌体（空心陶粒混凝土砌块）施工检查记录			
			二层配筋砌体（空心陶粒混凝土砌块）施工检查记录			
			三层配筋砌体（空心陶粒混凝土砌块）施工检查记录			
			四层配筋砌体（空心陶粒混凝土砌块）施工检查记录			
			五层配筋砌体（空心陶粒混凝土砌块）施工检查记录			

续表

工程资料类别	工程资料名称（子目录）	资料分目录	细目	工程资料单位来源	填写或编制	审核、审批、签字
施工记录C5类	交接检查记录（表C.5.3）	（钢筋班组－木工班组）交接检查记录	一层柱钢筋－模板工程交接检查记录	施工单位	移交单位钢筋班组长	接收单位（木工班组长）/见证单位（专业工长、质量员）
			二层柱钢筋－模板工程交接检查记录			
			三层柱钢筋－模板工程交接检查记录			
			四层柱钢筋－模板工程交接检查记录			
			五层柱钢筋－模板工程交接检查记录			
		（木工班组－钢筋班组）交接检查记录	一层梁、板、楼梯模板－钢筋工程交接检查记录	施工单位	移交单位木工班组长	接收单位（钢筋班组长）/见证单位（专业工长、质量员）
			二层梁、板、楼梯模板－钢筋工程交接检查记录			
			三层梁、板、楼梯模板－钢筋工程交接检查记录			
			四层梁、板、楼梯模板－钢筋工程交接检查记录			
			五层梁、板、楼梯模板－钢筋工程交接检查记录			
		（钢筋、木工班组－土建班组）交接检查记录	一层柱、梁、板、楼梯模板－混凝土工程交接检查记录	施工单位	移交单位（钢筋、木工班组长）	接收单位（土建班组长）/见证单位（专业工长、质量员）
			二层柱、梁、板、楼梯模板－混凝土工程交接检查记录			
			三层柱、梁、板、楼梯模板－混凝土工程交接检查记录			
			四层柱、梁、板、楼梯模板－混凝土工程交接检查记录			
			五层柱、梁、板、楼梯模板－混凝土工程交接检查记录			

第2部分 建筑工程施工资料管理技能实训

续表

工程资料类别	工程资料名称（子目录）	资料分目录	细 目	工程资料单位来源	填写或编制	审核、审批、签字
	交接检查记录（表C.5.3）	（钢筋班组—土建瓦工班）交接检查记录	一层构造柱、拉结筋—配筋砌体交接检查记录	施工单位	移交单位（土建班组长）	接收单位（瓦工班班组长）/见证单位（专业工长、质量员）
			二层构造柱、拉结筋—配筋砌体交接检查记录，女儿墙砌体交接检查记录			
			三层构造柱、拉结筋—配筋砌体交接检查记录			
			四层构造柱、拉结筋—配筋砌体交接检查记录，女儿墙砌体交接检查记录			
			五层构造柱、拉结筋—配筋砌体交接检查记录，女儿墙砌体交接检查记录			
	专 用 表 格					
施工记录 C5类	楼层平面放线记录	按楼层列分目录		施工单位	施测人/专业技术负责人	专业工长
	楼层标高抄测记录	按楼层列分目录		施工单位	专业工长、质检员	专业技术负责人
	建筑物垂直度、标高观测记录*（表C.5.5）	按楼层列分目录		施工单位	专业工长、质检员	现场验收人
	混凝土浇灌申请书	按检验批设分目录		施工单位	供应单位质量负责人/供应单位签发人	施工技术负责人/监理工程师
	预拌混凝土运输单	按检验批设分目录		施工单位混凝土供应商	混凝土试配单位负责人	
	混凝土开盘鉴定	按混凝土强度等级列分目录		施工单位	专业工长	专业工长/技术负责人
	混凝土拆模申请单	按检验批设分目录		施工单位	记录人	
	混凝土预拌测温记录	按检验批设分目录		施工单位	测温员	
	混凝土养护测温记录	按检验批设分目录		施工单位	专业质检员	
	焊接材料烘焙记录	按检验批设分目录		施工单位		

续表

工程资料类别	工程资料名称（子目录）	资料分目录	细　目	工程资料单位来源	填写或编制	审核、审批、签字
		专　用　表　格				
		建筑与结构工程				
施工试验记录及检测报告 C6类	钢筋机械连接试验报告	一层①~⑧轴梁钢筋机械连接试验报告		检测单位	专业检测员	专业检测负责人
		一层⑨~⑭轴梁钢筋机械连接试验报告				
		二层①~⑧轴梁钢筋机械连接试验报告				
		二层⑨~⑭轴梁钢筋机械连接试验报告				
		三层①~⑧轴梁钢筋机械连接试验报告				
		四层①~⑧轴梁钢筋机械连接试验报告				
		五层①~⑧轴梁钢筋机械连接试验报告				
		屋面花房梁钢筋机械连接试验报告				
	钢筋焊接连接试验报告	一层①~⑧轴柱钢筋焊接连接试验报告		检测单位	专业检测员	专业检测负责人
		一层⑨~⑭轴柱钢筋焊接连接试验报告				
		二层①~⑧轴柱钢筋焊接连接试验报告				
		二层⑨~⑭轴柱钢筋焊接连接试验报告				
		三层①~⑧轴柱钢筋焊接连接试验报告				
		四层①~⑧轴柱钢筋焊接连接试验报告				
		五层①~⑧轴柱钢筋焊接连接试验报告				
		屋面花房柱钢筋焊接连接试验报告				

第2部分 建筑工程施工资料管理技能实训

续表

工程资料类别	工程资料名称（子目录）	资料分目录	细目	工程资料单位来源	填写或编制	审核、审批、签字
施工试验记录及检测报告 C6类	砂浆配合比申请单、通知单	按砂浆强度等级设分目录		施工单位	专业试验员	专业技术负责人
	砂浆抗压强度试验报告	按砂浆强度等级设分目录		检测单位	专业检测员	专业检测负责人
	砌筑砂浆试块强度统计、评定记录（表C.6.5）	按砂浆强度等级设分目录		施工单位	现场试验员统计	专业工长/技术负责人
	混凝土配合比申请单、通知单	按混凝土强度等级设分目录		施工单位	专业试验员	专业技术负责人
	混凝土抗压强度试验报告	按混凝土强度等级设分目录		检测单位	专业检测员	专业检测负责人
	混凝土试块强度统计、评定记录（表C.6.6）	按混凝土强度等级设分目录		施工单位	现场试验员	专业工长/技术负责人
	混凝土抗渗试验报告	按混凝土抗渗等级、混凝土强度设分目录		检测单位	专业检测员	专业检测负责人
	砂、石、水泥放射性指标报告	按类别设分目录		施工单位检测单位	专业检测员	专业检测负责人
	混凝土碱总量计算书	按强度等级设分目录		施工单位	专业检测员	专业技术负责人
	超声波探伤报告、探伤记录	按检验批列分目录		检测单位	专业试验员	专业检测负责人
	结构实体钢筋保护层厚度检验记录*（表C.6.8）	按检验批列分目录		施工单位	质量员	

续表

工程资料类别	工程资料名称（子目录）	资料分目录	细 目	工程资料单位来源	填写或编制	审核、审批、签字
施工质量验收记录 C7类	检验批质量验收记录 * （表 C7.1）	模板	一层①~⑧轴模板安装、拆除检验批质量验收记录	施工单位	专业质检员	专业监理工程师
			一层⑨~⑪轴模板安装、拆除检验批质量验收记录			
			二层①~⑧轴模板安装、拆除检验批质量验收记录			
			二层⑨~⑪轴模板安装、拆除检验批质量验收记录			
			三层①~⑧轴模板安装、拆除检验批质量验收记录			
			四层①~⑧轴模板安装、拆除检验批质量验收记录			
			五层①~⑧轴模板安装、拆除检验批质量验收记录			
			（屋面花房）模板安装、拆除检验批质量验收记录			
		钢筋	一层①~⑧轴钢筋原材，加工；连接、安装检验批质量验收记录	施工单位	专业质检员	专业监理工程师
			一层⑨~⑪轴钢筋原材加工、连接、安装检验批质量验收记录			
			二层①~⑧轴钢筋原材加工、连接、安装检验批质量验收记录			
			二层⑨~⑪轴钢筋原材加工、连接、安装检验批质量验收记录			
			三层①~⑧轴钢筋原材加工、连接、安装检验批质量验收记录			
			四层①~⑧轴钢筋原材加工、连接、安装检验批质量验收记录			
			五层①~⑧轴钢筋原材加工、连接、安装检验批质量验收记录			
			屋面花房钢筋原材加工、连接、安装检验批质量验收记录			

第2部分 建筑工程施工资料管理技能实训

续表

工程资料类别	工程资料名称（子目录）	资料分目录	细 目	工程资料单位来源	填写或编制	审核、审批、签字
施工质量验收记录 C7类	检验批质量验收记录*（表C7.1）	混凝土	一层①~⑧轴混凝土原材及配合比、施工检验批质量验收记录	施工单位	专业质检员	专业监理工程师
			一层⑨~⑪轴混凝土原材及配合比、施工检验批质量验收记录			
			二层①~⑧轴混凝土原材及配合比、施工检验批质量验收记录			
			二层⑨~⑪轴混凝土原材及配合比、施工检验批质量验收记录			
			三层①~⑧轴混凝土原材及配合比、施工检验批质量验收记录			
			四层①~⑧轴混凝土原材及配合比、施工检验批质量验收记录			
			五层①~⑧轴混凝土原材及配合比、施工检验批质量验收记录			
			层面花房 混凝土原材及配合比、施工检验批质量验收记录			
		现浇结构	一层①~⑧轴现浇结构验收批质量验收记录 尺寸偏差现浇结构外观质量	施工单位	专业质检员	专业监理工程师
			一层⑨~⑪轴现浇结构验收批质量验收记录 尺寸偏差现浇结构外观质量			
			二层①~⑧轴现浇结构验收批质量验收记录 尺寸偏差现浇结构外观质量			
			二层⑨~⑪轴现浇结构验收批质量验收记录 尺寸偏差现浇结构外观质量			
			三层①~⑧轴现浇结构验收批质量验收记录 尺寸偏差现浇结构外观质量			
			四层①~⑧轴现浇结构验收批质量验收记录 尺寸偏差现浇结构外观质量			
			五层①~⑧轴现浇结构验收批质量验收记录 尺寸偏差现浇结构外观质量			
			层面花房 现浇结构验收批质量验收记录 尺寸偏差现浇结构外观质量			

续表

工程资料类别	工程资料名称（子目录）	资料分目录	细 目	工程资料单位来源	填写或编制	审核、审批、签字
施工质量验收记录 C7类	检验批质量验收记录＊（表C7.1）	砖砌体	二层屋面女儿墙砖砌体检验批质量验收记录	施工单位	专业质检员	专业监理工程师
			四层屋面女儿墙砖砌体检验批质量验收记录			
			五层屋面女儿墙砖砌体检验批质量验收记录			
			一层①~⑧轴配筋砌体检验批质量验收记录			
			一层⑨~⑪轴配筋砌体检验批质量验收记录			
			二层①~⑧轴配筋砌体检验批质量验收记录			
			二层⑨~⑪轴配筋砌体检验批质量验收记录			
		配筋砌体	三层①~⑧轴配筋砌体检验批质量验收记录	施工单位	专业质检员	专业监理工程师
			四层①~⑧轴配筋砌体检验批质量验收记录			
			五层①~⑧轴配筋砌体检验批质量验收记录			
			二层屋面女儿墙配筋砌体检验批质量验收记录			
			四层屋面女儿墙配筋砌体检验批质量验收记录			
			五层屋面女儿墙配筋砌体检验批质量验收记录			

第2部分 建筑工程施工资料管理技能实训

续表

工程资料类别	工程资料名称（子目录）	资料分目录	细 目	工程资料单位来源	填写或编制	审核、审批、签字
施工质量验收记录 C7类	检验批质量验收记录 * （表 C7.1）	填充墙砌体	一层①~⑧轴填充墙砌体检验批质量验收记录	施工单位	专业质检员	专业监理工程师
			一层⑨~⑪轴填充墙砌体检验批质量验收记录			
			二层①~⑧轴填充墙砌体检验批质量验收记录			
			二层⑨~⑪轴填充墙砌体检验批质量验收记录			
			三层①~⑧轴填充墙砌体检验批质量验收记录			
			四层①~⑪轴填充墙砌体检验批质量验收记录			
			五层①~⑧轴配筋砌体检验批质量验收记录			
		混凝土小型空心砌块	一层①~⑧轴混凝土小型空心砌块检验批质量验收记录	施工单位	专业质检员	专业监理工程师
			一层⑨~⑪轴混凝土小型空心砌块检验批质量验收记录			
			二层①~⑧轴混凝土小型空心砌块检验批质量验收记录			
			二层⑨~⑪轴混凝土小型空心砌块检验批质量验收记录			

续表

工程资料类别	工程资料名称（子目录）	资料分目录	细 目	工程资料单位来源	填写或编制	审核、审批、签字
施工质量验收记录 C7 类	检验批质量验收记录 * （表 C7.1）	混凝土小型空心砌块	三层①～⑧轴混凝土小型空心砌块检验批质量验收记录	施工单位	专业质检员	专业监理工程师
			四层①～⑧轴混凝土小型空心砌块检验批质量验收记录			
			五层①～⑧轴混凝土小型空心砌块检验批质量验收记录			
	分项工程质量验收记录 * （表 C7.2）	混凝土结构	模板分项工程质量验收记录	施工单位	专业质检员	专业技术负责人/专业监理工程师
			钢筋分项工程质量验收记录			
			混凝土分项工程质量验收记录			
			现浇结构分项工程质量验收记录			
		砌体结构	砖砌体分项工程质量验收记录			
			配筋砌体分项工程质量验收记录			
			填充墙砌体分项工程质量验收记录			
			混凝土小型空心砌块分项工程质量验收记录			
	分部（子分部）工程质量验收记录 ** （表 C.7.3）			施工单位	专业质检员	施工项目经理，设计勘察项目负责人/总监

第2部分 建筑工程施工资料管理技能实训

（2）主体分部工程相关资料样表，见表2-2-22所列。

模板安装检验批质量验收记录　　　　　　　　　　　　　　表 2-2-22

工程名称	××市××中学教学楼			验收部位	①-⑪/Ⓐ-Ⓕ轴梁、板							编号		01-01-C7-×××
施工单位	×××建筑安装有限公司											项目经理		×××
施工执行标准名称及编号	建筑安装工程施工工艺规程 QB-××-××××											专业工长		×××
分包单位	/			分包项目经理	/							施工班组长		×××
		施工质量验收规范的规定			施工单位检查评定记录									监理（建设）单位验收记录
主控项目	1	模板支撑、立柱位置和垫板		第4.2.1条	符合承载能力和安装要求									经检查主控项目符合要求
	2	避免隔离剂沾污		第4.2.2条	无污染钢筋和混凝土接槎处现象									
一般项目	1	模板安装的一般要求		第4.2.3条	符合规范规定及设计要求									经检查一般项目符合要求
	2	用做模板地坪、胎膜质量		第4.2.4条	符合规范规定及设计要求									
	3	模板起拱高度		第4.2.5条	符合规范规定及设计要求									
	4	预埋件、预留孔允许偏差	预埋钢板中心线位置（mm）		3	2	0	1	3	2	1	2	0	1	2
			预埋管、预留孔中心线位置（mm）		3	1	2	2	1	0	1	2	0	1	2
			插筋	中心线位置（mm）	5										
				外露长度（mm）	+10，0										
			预埋螺栓	中心线位置（mm）	2										
				外露长度（mm）	+10，0										
			预留洞	中心线位置（mm）	10										
				尺寸（mm）	+10，0	6	7	5	4	3	2	4	5	2	1
	5	模板安装允许偏差	轴线位置（mm）		5	2	3	1	2	3	1	3	2	4	5
			底模上表面标高（mm）		±5										
			截面内部尺寸（mm）	基础	±10										
				柱、墙、梁	+4，-5	3	2	1	4	-1	-2	2	3	-4	1
			层高垂直度（mm）	不大于5m	6	2	3	4	5	6	4	5	3	2	1
				大于5m	8										
			相邻两板表面高低差（mm）		2	1	1	2	0	1	1	2	0	1	1
			表面平整度（mm）		5	1	2	3	4	3	2	1	1	2	3
施工单位检查评定结果	主控项目和一般项目质量经抽样检验合格，施工操作依据、质量检查记录完整。 项目专业质量检查员：×××　　　　　　　　　　　××××年××月××日													
监理（建设）单位验收结论	同意验收。 专业监理工程师（建设单位项目专业技术负责人）：××× 　　　　　　　　　　　　　　　　　　　　　　××××年××月××日													

模板拆除检验批质量验收记录

表 2-2-23

工程名称	××市××中学教学楼	验收部位	①-⑪/Ⓐ-Ⓕ轴梁、板	编号	01-01-C7-×××
施工单位	×××建筑安装有限公司			项目经理	×××
施工执行标准名称及编号	建筑安装工程施工工艺规程 QB-××-××××			专业工长	×××
分包单位	/	分包项目经理	/	施工班组长	×××

		施工质量验收规范的规定		施工单位检查评定记录	监理(建设)单位验收记录
主控项目	1	底模及其支架拆除时的混凝土强度	第4.3.1条	符合规范规定	符合规范规定
	2	后张法预应力构件侧模和底模的拆除时间	第4.3.2条	/	
	3	后浇带拆模和支顶	第4.3.3条	/	
一般项目	1	避免拆模损伤	第4.3.4条	符合规范规定	符合有关规定及要求
	2	模板拆除、堆放和清运	第4.3.5条	符合施工组织设计要求	

施工单位检查评定结果	主控项目和一般项目质量经抽样检验合格,施工操作依据、质量检查记录完整。 项目专业质量检查员:×××　　　　　　　　　　××××年××月××日
监理(建设)单位验收结论	同意验收。 专业监理工程师(建设单位项目专业技术负责人):××× 　　　　　　　　　　　　　　　　　　　　××××年××月××日

钢筋原材料及加工检验批质量验收记录

表 2-2-24

工程名称	××市××中学教学楼	验收部位	①-⑪/Ⓐ-Ⓕ轴梁、板	编号	01-01-C7-×××
施工单位	×××建筑安装有限公司			项目经理	×××
施工执行标准名称及编号	建筑安装工程施工工艺规程 QB-××-××××			专业工长	×××
分包单位	/	分包项目经理	/	施工班组长	×××

		施工质量验收规范的规定												施工单位检查评定记录	监理(建设)单位验收记录
主控项目	1	力学性能检验		第5.2.1条										详见检测报告×××号	符合规范规定
	2	抗震用钢筋强度实测值		第5.2.2条										详见检测报告×××号	
	3	化学成分等专项检验		第5.2.3条										详见检测报告×××号	
	4	受力钢筋的弯钩和弯折		第5.3.1条										符合规范规定	
	5	箍筋弯钩形式		第5.3.2条										符合规范规定	
一般项目	1	外观质量		第5.2.4条										符合规范规定	符合规范规定
	2	钢筋调直		第5.3.3条										符合规范规定	
	3	钢筋加工的形状、尺寸	受力钢筋顺长度方向全长的净尺寸	±10	2	3	4	5	6	—1	—3	—6	4	6		
			弯起钢筋的弯折位置	±20	8	9	7	9	—5	—4	6	7	8	9		
			箍筋内净尺寸	±5	2	—2	4	5	1	3	5	—3	—2	—1		

施工单位检查评定结果	主控项目和一般项目的质量经抽样检验合格,施工操作依据、质量检查记录完整。 项目专业质量检查员:×××　　　　　　　　　　××××年××月××日
监理(建设)单位验收结论	同意验收。 专业监理工程师(建设单位项目专业技术负责人):××× 　　　　　　　　　　　　　　　　　　　　××××年××月××日

第2部分 建筑工程施工资料管理技能实训

钢筋连接、安装检验批质量验收记录

表 2-2-25

工程名称	××市××中学教学楼	验收部位	①-⑪/Ⓐ-Ⓕ轴梁、板	编号	01-01-C7-×××
施工单位	×××建筑安装有限公司			项目经理	×××
施工执行标准名称及编号	建筑安装工程施工工艺规程 QB-××-××××			专业工长	×××
分包单位	/	分包项目经理	/	施工班组长	×××

		施工质量验收规范的规定		施工单位检查评定记录										监理(建设)单位验收记录
主控项目	1	纵向受力钢筋的连接方式	第5.4.1条	符合规范规定设计要求										
	2	机械连接和焊接接头的力学性能	第5.4.2条	详见试验报告单×××号										
	3	受力钢筋的品种、级别、规格和数量	第5.5.1条	符合规范规定及设计要求										
一般项目	1	接头位置和数量	第5.4.3条	符合规范规定及设计要求										符合规范及设计要求
	2	机械连接、焊接的外观质量	第5.4.4条	符合规范规定设计要求										
	3	机械连接、焊接的接头面积百分率	第5.4.5条	符合规范规定及设计要求										
	4	绑扎搭接接头面积百分率和搭接长度	第5.4.6条 附录B	符合规范规定及设计要求										
	5	搭接长度范围内的箍筋	第5.4.7条	符合规范规定及设计要求										

					施工单位检查评定记录									
一般项目	6 钢筋安装允许偏差	绑扎钢筋网	长、宽 (mm)	±10	1	2	3	4	5	6	5	4	3	2
			网眼尺寸 (mm)	±20	9	8	7	8	9	12	14	12	11	9
		绑扎钢筋骨架	长 (mm)	±10										
			宽、高 (mm)	±5										
		受力钢筋	间距 (mm)	±10	1	2	3	4	5	6	7	-3	-2	-1
			排距 (mm)	±5	-1	-3	1	2	3	-2	-4	-1	2	3
			保护层厚度 (mm) 基础	±10										
			保护层厚度 (mm) 柱、梁	±5	2	3	4	1	2	3	-2	-3	-3	-1
			保护层厚度 (mm) 板、墙、壳	±3	1	2	-1	-2	-1	-3	1	2	3	-1
		绑扎箍筋、横向钢筋间距 (mm)		±20	2	4	6	8	9	-9	-5	11	12	15
		钢筋弯起点位置 (mm)		20	4	5	6	7	8	12	11	10	13	14	11
		预埋件	中心线位置 (mm)	5										
			水平高差 (mm)	+3, 0										

施工单位检查评定结果	主控项目和一般项目的质量经抽样检验合格,施工操作依据、质量检查记录完整。 项目专业质量检验员:×××　　　　　　　　××××年××月××日
监理(建设)单位验收结论	同意验收。 专业监理工程师(建设单位项目专业技术负责人):×× ××××年××月××日

混凝土原材料及配合比设计检验批质量验收记录

表 2-2-26

工程名称	××市××中学教学楼		验收部位	一层①-⑪/Ⓐ-Ⓕ轴梁、板		编号	01-01-C7-×××
施工单位		×××建筑安装有限公司			项目经理		×××
施工执行标准 名称及编号		建筑安装工程施工工艺规程 QB-××-××××			专业工长		×××
分包单位		/	分包项目经理		/	施工班组长	×××

		施工质量验收规范的规定		施工单位检查评定记录	监理（建设）单位验收记录
主控项目	1	水泥进场检验	第7.2.1条	审查合格详见合格证、复试检验报告×××号	符合规范要求
	2	外加剂质量及应用	第7.2.2条	审查合格详见合格证、复试检验报告×××号	
	3	混凝土中氯化物、碱的总含量控制	第7.2.3条	审查合格详见合格证、复试检验报告×××号	
	4	配合比设计	第7.3.1条	符合设计要求，见配合比通知单××××号	
一般项目	1	矿物掺合料质量及掺量	第7.2.4条	/	符合规范要求
	2	粗细骨料的质量	第7.2.5条	经复试符合要求，见复试报告××××号	
	3	拌制混凝土用水	第7.2.6条	符合规范要求	
	4	开盘鉴定	第7.3.2条	符合规范要求	
	5	依砂、石含水率调整配合比	第7.3.3条	符合规范要求	
施工单位检查评定结果		主控项目和一般项目的质量经抽样检验合格，施工操作依据、质量检查记录完整。 专业质量检查员：×××　　　　　　　　　　××××年××月××日			
监理（建设） 单位验收结论		符合规范及设计要求。 专业监理工程师（建设单位项目专业技术负责人）：××× 　　　　　　　　　　　　　　　　　　　　××××年××月××日			

混凝土施工检验批质量验收记录

表 2-2-27

工程名称	××市××中学教学楼		验收部位	一层①-⑪/Ⓐ-Ⓕ轴梁、板		编号	01-01-C7-×××
施工单位		×××建筑安装有限公司			项目经理		×××
施工执行标准 名称及编号		建筑安装工程施工工艺规程 QB-××-××××			专业工长		×××
分包单位		/	分包项目经理		/	施工班组长	×××

		施工质量验收规范的规定		施工单位检查评定记录	监理（建设）单位验收记录
主控项目	1	混凝土强度等级及试件的取样和留置	第7.4.1条	符合规范要求	符合规范要求
	2	混凝土抗渗及试件取样和留置	第7.4.2条	/	
	3	原材料每盘称量的偏差	第7.4.3条	符合规范要求	
	4	初凝时间控制	第7.4.4条	符合规范要求	
一般项目	1	施工缝的位置和处理	第7.4.5条	符合规范要求	符合规范要求
	2	后浇带的位置和浇筑	第7.4.6条	/	
	3	混凝土养护	第7.4.7条	符合规范要求	
施工单位检查评定结果		主控项目和一般项目的质量经抽样检验合格，施工操作依据、质量检查记录完整。 项目专业质量检查员：×××　　　　　　　　××××年××月××日			
监理（建设） 单位验收结论		符合规范要求。 专业监理工程师（建设单位项目专业技术负责人）：××× 　　　　　　　　　　　　　　　　　　　　××××年××月××日			

第 2 部分　建筑工程施工资料管理技能实训

现浇结构外观及尺寸偏差检验批质量验收记录　　　　　表 2-2-28

工程名称	××市××中学教学楼			验收部位	一层①-⑪/Ⓐ-Ⓕ轴梁、板									编号	01-01-C7-×××
施工单位	×××建筑安装有限公司												项目经理	×××	
施工执行标准名称及编号	建筑安装工程施工工艺规程 QB-××-××××												专业工长	×××	
分包单位	/			分包项目经理	/								施工班组长	×××	

		施工质量验收规范的规定			施工单位检查评定记录										监理（建设）单位验收记录
主控项目	1	外观质量		第8.2.1条	符合规范要求										符合规范要求
	2	过大尺寸偏差处理及验收		第8.3.1条	符合规范要求										
一般项目	1	外观质量一般缺陷		第8.2.2条	符合规范要求										符合规范要求
	2	轴线位置 mm	基础	15											
			独立基础	10											
			墙、柱、梁	8	2	1	3	2	4	5	3	2	2	7	
			剪力墙	5											
	3	垂直度 (mm)	层高 ≤5m	8	2	1	3	2	4	1	2	2	2	1	
			层高 >5m	10											
			全高（H）	H/1000 且 ≤30											
	4	标高 (mm)	层高	±10	-1	2	-2	4	5	1	-4	-3	-6		
			全高	±30											
	5	截面尺寸		+8, -5	4	3	4	5	6	-1	-3	1	2	3	
	6	电梯井	进筒长、宽对定位中心线 (mm)	+25, 0											
			井筒全高（H）垂直度 (mm)	H/1000 且 ≤30											
	7	表面平整度 (mm)		8	2	1	2	3	4	2	5	6	5	7	
	8	预埋设施中心线位置 (mm)	预埋件	10											
			预埋螺栓	5											
			预埋管	5	1	2	3	4	3	1	2	4	3	2	
	9	预留洞中心线位置 (mm)		15	6	8	9	7	8	11	12	14	2	3	

施工单位检查评定结果	主控项目和一般项目的质量经抽样检验合格，施工操作依据、质量检查记录完整。 项目专业质量检查员：×××　　　　　　　　　　××××年××月××日
监理（建设）单位验收结论	同意验收。 专业监理工程师（建设单位项目专业技术负责人）：××× 　　　　　　　　　　　　　　　　　　　　　××××年××月××日

砖砌体工程检验批质量验收记录

表 2-2-29

工程名称	××市××中学教学楼		验收部位	①-⑪/Ⓐ-Ⓕ轴墙				编号		01-01-C7-×××
施工单位	×××建筑安装有限公司							项目经理		×××
施工执行标准名称及编号	建筑安装工程施工工艺规程 QB-××-××××							专业工长		×××
分包单位	/		分包项目经理	/				施工班组长		×××

		施工质量验收规范的规定		施工单位检查评定记录										监理（建设）单位验收记录
主控项目	1	砖强度等级	设计要求 MU	MU10 多孔砖符合设计要求，详见合格证及复试试验报告×××号										符合规范规定及设计要求
	2	砂浆强度等级	设计要求 M	标养砂浆强度达到设计要求，详见试验报告×××号										
	3	水平灰缝砂浆饱满度（%）	≥80	85	82	83	85	88	82	84	83	85	81	
	4	斜槎留置	第5.2.3条	符合规范规定										
	5	直槎拉结筋及接槎处理	第5.2.4条	符合规范规定										
	6	轴线位移（mm）	≤10	3	5	4	2	6	7	8	1	2	3	
	7	垂直度（每层）(mm)	≤5	1	2	3	3	2	2	2	3	4	2	
一般项目	1	组砌方法	第5.3.1条	符合设计要求										符合规范规定及设计要求
	2	水平灰缝厚度10（mm）	8～12	8	9	9	11	8	9		10	11	9	
	3	基础顶面、楼面标高（mm）	±15	5	7	8	9	10	−9	−8	−7	6	11	
	4	表面平整度（混水）(mm)	8	3	4	5	4	3	2	4	5	6	8	
	5	门窗洞口高度宽（mm）	±5											
	6	外墙上下窗口偏移（mm）	20											
	7	水平灰缝平直度（混水）(mm)	10											

施工单位检查评定结果	主控项目和一般项目的质量经抽样检验合格，施工操作依据、质量检查记录完整。 项目专业质量检查员：×××　　　　　　××××年××月××日
监理（建设）单位验收结论	同意验收。 专业监理工程师（建设单位项目专业技术负责人）：××× 　　　　　　　　　　　　　　　　　　　××××年××月××日

第2部分 建筑工程施工资料管理技能实训

配筋砌体检验批质量验收记录　　　　　　　　表 2-2-30

工程名称	××市××中学教学楼		验收部位	①-⑪/Ⓐ-Ⓕ轴墙		编号	01-01-C7-×××
施工单位	×××建筑安装有限公司				项目经理		×××
施工执行标准名称及编号	建筑安装工程施工工艺规程 QB-××-××××				专业工长		×××
分包单位	/		分包项目经理	/	施工班组长		×××
		施工质量验收规范的规定		施工单位检查评定记录			监理（建设）单位验收记录
主控项目	1	钢筋品种规格数量	第 8.2.1 条	符合设计要求，详见合格证及复试试验报告×××号			符合设计及规范要求
	2	混凝土、砂浆强度	设计要求 C 设计要求 M	符合设计要求，详见试验报告×××号和×××号			
	3	马牙槎及拉结筋	第 8.2.3 条	符合规范要求			
	4	芯柱	第 8.2.5 条	符合规范要求			
	5	柱中心线位置（mm）	≤10	2　3　4　1　5　6　8　9　7　6			
	6	柱层间错位（mm）	≤8				
	7	柱垂直度（每层）（mm）	≤10	2　3　4　1　2　3　5　4　3　4			
一般项目	1	水平灰缝钢筋	第 8.3.1 条	符合规范要求			符合规范要求
	2	钢筋防腐	第 8.3.2 条	符合规范要求			
	3	网状配筋及间距	第 8.3.3 条	符合规范要求			
	4	组合砌体及拉结筋	第 8.3.4 条	符合规范要求			
	5	砌块砌体钢筋搭接	第 8.3.5 条	符合规范要求			
施工单位检查评定结果			主控项目和一般项目的质量经抽样检验合格，施工操作依据、质量检查记录完整。项目专业质量检查员：×××　　　　　　　　　　　　　　　××××年××月××日				
监理（建设）单位验收结论			同意验收。专业监理工程师：×××（建设单位项目专业技术负责人）：×××　　　　　　××××年××月××日				

项目 3　装饰装修分部工程资料管理

项目实训目标

任务 1　装饰装修分部工程资料信息的采集与分部、分项、检验批的划分

1. 实训目的：在具有装饰装修工程施工图的识读和装饰工程施工组织专业知识基础上，通过施工任务分解，培养装饰装修工程资料信息采集和任务分解的能力。

2. 实训内容及成果：依据《建筑工程施工质量验收统一标准》及《装饰装修工程施工质量验收规范》中有关分部、分项、检验批划分的规定，完成装饰装修分部工程资料信息采集与分部、子分部、分项、检验批的划分并填写表 2-2-32。

3. 实训步骤与指导：见表2-2-31

实训步骤、指导与评价　　　　　　　　　　　　　　　　表2-2-31

一、针对工作任务搜集有关资料及采集相关信息	1. 工作准备：搜集相关资料、文件、规范、技术标准、教材、参考书。 2. 背景资料：分部工程概况（下表按工程实际发生项在□内打√或在空格内填写）		
	工程名称		
	地面	整体地面	基层：基土□　灰土垫层□　砂垫层和砂石垫层□　碎石垫层和碎砖垫层□　三合土及四合土垫层□　炉渣垫层□　水泥混凝土垫层□　找平层□　隔离层□　填充层□　绝热层□ 面层：水泥混凝土面层□　水泥砂浆面层□　水磨石面层□　硬化耐磨面层□　防油渗面层□　不发火（防爆的）面层□　自流平面层□　涂料面层□　塑胶面层□　地面辐射供暖的整体面层□
		板块地面	基层：基土□　灰土垫层□　砂垫层和砂石垫层□　碎石垫层和碎砖垫层□　三合土及四合土垫层□　炉渣垫层□　水泥混凝土垫层和陶粒混凝土垫层□　找平层□　隔离层□　填充层□　绝热层□ 面层：砖面层（陶瓷锦砖□　缸砖□　陶瓷地砖□　和水泥花砖□）大理石面层□　花岗岩面层□　预制板块面层（水泥混凝土板块□　水磨石板块□　人造石板块□）料石面层（条石□、块石面层□）塑料板面层□　活动地板面层□　金属板面层□　地毯面层□　地面辐射供暖的板块面层□
		木竹地面	基层：基土□　灰土垫层□　砂垫层和砂石垫层□　碎石垫层和碎砖垫层□　三合土及四合土垫层□　炉渣垫层□　水泥混凝土垫层和陶粒混凝土垫层□　找平层□　隔离层□　填充层□　绝热层□ 面层：实木地板面层□　实木集成地板□　竹地板面层（条材□、块材面层□）实木复合地板面层（条材□、块材面层□）浸渍纸层压木质地板面层（条材□、块材面层□）软木类地板面层□　地面辐射供暖的木板面层□
	抹灰		一般抹灰□　装饰抹灰□　清水砌体勾缝□
	一般抹灰类型		石灰砂浆□　水泥砂浆□　水泥混合砂浆□　聚合物水泥砂浆和麻刀石灰□　纸筋石灰□　石膏灰□
	装饰抹灰类型		水刷石□　斩假石□　干粘石□　假面砖□
	清水砌体勾缝类型		清水砌体砂浆勾缝□　原浆勾缝□
	门窗		木门窗制作与安装□　金属门窗安装□　塑料门窗安装□　特种门安装□　门窗玻璃安装□
	吊顶		暗龙骨吊顶□　明龙骨吊顶□
	轻质隔墙		板材隔墙□　骨架隔墙□　活动隔墙□　玻璃隔墙□
	饰面板（砖）		饰面板安装□　饰面砖粘贴□
	幕墙		玻璃幕墙□　金属幕墙□　石材幕墙□
	玻璃幕墙类型		隐框玻璃幕墙□　半隐框玻璃幕墙□　明框玻璃幕墙□　全玻璃幕墙□
	幕墙设计、材料、工艺和施工条件是否一致		是□　否□　同一单位工程幕墙连续□　不连续□

第2部分 建筑工程施工资料管理技能实训

续表

一、针对工作任务搜集有关资料及采集相关信息	涂饰	水性涂料涂饰□ 溶剂型涂料涂饰□ 美术涂饰□	
	水性涂料涂饰类型	乳液型涂料□ 无机涂料□ 水溶性涂料□	
	溶剂型涂料涂饰类型	丙烯酸酯涂料□ 聚氨酯丙烯酸涂料□ 有机硅丙烯酸涂料□	
	美术涂饰类型	套色涂饰□ 滚花涂饰□ 仿花纹涂饰□	
	裱糊与软包类型	裱糊□ 软包□	
	裱糊品种	聚氯乙烯塑料壁纸□ 复合纸质壁纸□ 墙布□	
	细部类型	橱柜制作与安装□ 窗帘盒□ 窗台板和暖气罩制作与安装□ 门窗套制作与安装□ 护栏和扶手制作与安装□ 花饰制作与安装□	
	新工艺新材料	有□ 无□	
	地面工程主要施工过程		
	抹灰工程主要施工过程		
	门窗工程主要施工过程		
	吊顶工程主要施工过程		
	轻质隔墙工程主要施工过程		
	饰面板（砖）工程主要施工过程		
	幕墙工程主要施工过程		
	涂饰工程主要施工过程		
	裱糊与软包工程主要施工过程		
	细部工程主要施工过程		
	资料管理软件名称		
	施工工艺标准代号		

二、进行分项、检验批划分和数量确定	1. 熟悉《建筑工程施工质量验收统一标准》及《装饰装修工程施工质量验收规范》中有关分项、检验批划分的规定；参见分部（子分部）工程、分项工程、检验批划分及代号索引。 2. 逐项确认装饰装修工程各子分部的分项工程、检验批数量并填写表2-2-32的内容

三、检查评价	工作任务	分值 M_i	评分标准（指标内涵）		评分等级 K_i				学生自评	教师评价
			A	C	A	B	C	D		
					1	0.8	0.6	0.4	N_1	N_2
	信息采集	20	采集相关信息非常准确、齐全	基本准确、有缺项或错选						
	分项检验批划分	20	分项、检验批划分：科学、合理、符合施工方案要求，便于检验和资料管理实施	分项检验批划分基本准确						
	合计	40			得分 $N=\Sigma K_i M_i$					
	检查评价				师生评价权重				0.2	0.8
					实得分 $=0.2N_1+0.8N_2=$					

分部、子分部、分项、检验批划分和数量确定（样表）　　　表 2-2-32

子分部名称	分项名称	检验批名称	检验批数量

4. 案例分析

装饰装修工程分部、分项、检验批划分，见表 2-2-33 所列。

××市××中学教学楼装饰装修工程分部、分项、检验批划分表　　　表 2-2-33

分部工程	子分部工程	分项工程名称	检验批（部位）	检验批数量
装饰装修分部	地面子分部	整体面层	基层：基土、水泥混凝土垫层、卵石灌浆垫层、找平层、隔离层、绝热层	基土检验批质量验收记录	
			地1、地2；（按层、段分）	1
			散水、坡道、台阶（按层、段分）	1
			水泥混凝土垫层检验批质量验收记录	
			地1：100mm 厚 C15 混凝土垫层（按层、段分）	1
			地2：80mm 厚 C15 混凝土随打随抹平（按层、段分）	1
			卵石灌浆垫层检验批质量验收记录	
			台阶：150 厚 5～32mm 卵石灌 M5 混合砂浆（按层、段分）	1
			坡道：150 厚 5～32mm 卵石灌 M5 混合砂浆（按层、段分）	1
			混凝土找平层检验批质量验收记录	
			台阶：100mm 厚 C20 现浇钢筋混凝土，Φ6 双向钢筋中距 200mm（厚度不包括踏步三角部分），台阶面向外坡 1%（按层、段分）	1
			坡道：60mm 厚 C20 混凝土（按层、段分）	1
			地2：C15 细石混凝土垫层随打随抹平，加热管上皮厚度≥30mm（按层、段分）	1
			楼1：C15 细石混凝土垫层随打随抹平，加热管上皮厚度≥30mm（按层、段分）	5

第2部分 建筑工程施工资料管理技能实训

续表

分部工程	子分部工程	分项工程名称	检验批（部位）	检验批数量
装饰装修分部	地面子分部	整体面层	水泥砂浆找平层检验批质量验收记录	
		基层：基土、水泥混凝土垫层、卵石灌浆垫层、找平层、隔离层、绝热层	楼1：10mm厚1：3水泥砂浆找平（按层、段分）	5
			楼4：20mm厚1：3水泥砂浆找平层，上卧分格条高10mm（按层、段分）	3
			隔离层检验批质量验收记录	
			地2：5mm厚涂膜防潮层（按工程设计）	1
			绝热层检验批质量验收记录	
			地2：30mm厚聚苯乙烯泡沫塑料绝热层（材料由设计人员定）；40mm厚聚苯乙烯泡沫塑料保温层（按层、段分）	2
			楼1：30mm厚聚苯乙烯泡沫塑料绝热层；沿墙外内侧20mm×50mm聚苯乙烯泡沫塑料保温层，高与垫层上皮平（按层、段分）	10
		面层：水泥砂浆面层，水磨石面层，混凝土面层	水泥砂浆面层检验批质量验收记录	
			地1：20mm厚1：2水泥砂浆压实抹光（按层、段分）	1
			水磨石面层检验批质量验收记录	
			楼1、楼2、楼4（按层、段分）	11
			地2（按层、段分）	1
			无障碍通道检验批质量验收记录（一层通道）	1
			障碍厕所和无障碍厕位检验批质量验收记录（一层盥洗室）	1
			混凝土面层检验批质量验收记录	
			散水：细石混凝土散水（按层、段分）	1
		板块面层	混凝土找平层检验批质量验收记录	
		基层：找平层、隔离层	水泥砂浆找平层检验批质量验收记录（4个）	4
			隔离层检验批质量验收记录（3个）	3
			绝热层检验批质量验收记录（4个）	4
		板块面层	大理石面层和花岗石面层	
			台1、台2、台3：大理石和花岗石面层检验批质量验收记录	3
			无障碍坡道检验批质量验收记录（残疾人坡道）	1
			无障碍厕所和无障碍厕位检验批质量验收记录（一层卫生间）	1
			砖面层检验批质量验收记录（上人屋面）（按层、段分）	1
			砖面层检验批质量验收记录（楼3）（4个）	4

续表

分部工程	子分部工程	分项工程名称	检验批（部位）	检验批数量
装饰装修分部	抹灰子分部	一般抹灰	一般抹灰检验批质量验收记录	
			外墙 6mm 厚 1：2.5 水泥砂浆抹面（简约按四面墙分）	4
			外墙 6mm 厚 1：1：6 水泥石灰膏砂浆抹平扫毛（简约按四面墙分）	4
			外墙 6mm 厚 1：0.5：4 水泥石灰膏砂浆打底扫毛；墙面基层刷加气混凝土界面处理剂一道（简约按四面墙分）	4
			踢 2：6mm 厚 1：2.5 水泥砂浆罩面压实赶光；水泥浆一道（按工艺分）	1
			踢 2：8mm 厚 1：3 水泥砂浆打底扫毛或划出纹道；水泥浆一道甩毛（内掺建筑胶）（按工艺分）	1
			裙 2：12mm 厚 1：1：6 水泥石灰膏砂浆打底扫毛划出纹；3mm 厚外加剂专用砂浆抹基底部刮糙或界面剂一道甩毛（抹前先将墙面用水润湿）；聚合物水泥砂浆修补墙面；刷界面处理剂一道（按工艺、层分）	7
			裙 2：6mm 厚 1：0.5：2.5 水泥石灰膏砂浆压实赶光（按工艺、层分）	7
			内墙 1：15 厚 1：3 水泥砂浆打底；刷混凝土界面处理剂一道（随刷随抹底灰）（按工艺分）	1
			内墙 1：5mm 厚 1：2.5 水泥砂浆抹面，压实赶光（按工艺分）	1
			裙 1：6mm 厚 1：1：6 水泥石灰膏砂浆打底扫毛或刮出纹道；3mm 厚外加剂专用砂浆抹基地或界面剂一道甩毛（抹前将墙面用水湿润）；聚合物水泥砂浆修补墙面；刷界面处理剂一道（按工艺、层分）	5
			裙 1：6mm 厚 1：0.5：2.5 水泥石灰膏砂浆木抹子抹平（按工艺、层分）	5
			内墙 2：6mm 厚 1：0.5：4 水泥石膏砂浆打底扫毛；刷加气混凝土界面处理剂一道（按工艺分）	1
			内墙 2：6mm 厚 1：1：6 水泥石膏砂浆抹平（按工艺分）	1
			内墙 3：6mm 厚 1：0.5：4 水泥石灰膏砂浆打底扫毛；刷混凝土界面处理剂一道（按工艺分）	7
			内墙 3：5mm 厚 1：1：6 水泥石灰膏砂浆扫毛（按工艺、层分）	7
			内墙 3：5mm 厚 1：2.5 水泥砂浆抹面，压实赶光（按工艺、层分）	7
			棚 1：5mm 厚 1：3 水泥砂浆打底；刷素水泥浆一道（内掺建筑胶）（按工艺、层分）	7
			棚 1：5mm 厚 1：2.5 水泥砂浆抹面（按工艺、层分）	7

第2部分　建筑工程施工资料管理技能实训

续表

分部工程	子分部工程	分项工程名称	检验批（部位）	检验批数量
装饰装修分部	门窗	特种门安装	特种门安装检验批质量验收记录（按不同规格）	17
		金属门窗安装	金属门窗安装检验批质量收记录（按不同规格）（M-1、MIC-1\2\3）	4
		木门窗制作与安装	木门窗安装检验批质量验收记录（按不同规格）	9
		塑料门窗安装	塑料门窗安装检验批质量验收记录（按不同规格）	23
		门窗玻璃安装	门窗玻璃安装检验批质量验收记录（按不同规格）	门14、窗25、
		门	门检验批质量验收记录（一层无障碍通道、厕所门）	3
	幕墙	玻璃幕墙	玻璃幕墙（明框）工程检验批质量验收记录（按500～1000m²；或是否连续）	1
	吊顶子分部	明龙骨吊顶	棚2：明龙骨吊顶工程检验批质量验收记录（按品种、自然间）	1
		暗龙骨吊顶	棚3：暗龙骨吊顶工程检验批质量验收记录（按品种、自然间）	6
	轻质隔墙	玻璃隔墙	玻璃隔墙工程检验批质量验收记录（按品种、自然间）	1
	饰面板	饰面砖粘贴	饰面砖粘贴工程检验批质量验收记录	
			踢1：按材料、工艺简约按层分	7
			裙1：按材料、工艺简约按层分	6
			内墙2：（按自然间分）	1
		饰面板安装	饰面板工程检验批质量验收记录（外墙勒脚按面积分）	1
	涂料	水性涂料涂饰	水性涂料涂饰工程（薄涂料）检验批质量验收记录	
			外墙（按4面墙）	4
			内墙1：（按自然间分）	1
			内墙3：（按层和楼梯间分）	7
		溶剂型涂料涂饰	溶剂型涂料涂饰工程（色漆）检验批质量验收记录	
			裙2：（按层和楼梯间分）	7
			楼梯间（按楼梯部数）	3
			木门漆（按规格）	9
			护栏和扶手（按楼梯部数）	1
			室内外明露金属件	1
	细部构造	窗台板	窗帘盒、窗台板制作与安装工程检验批质量验收记录（按层）	6
		护栏和扶手制作与安装	护栏和扶手制作与安装工程检验批质量验收记录（按楼梯部数）	3
		扶手	扶手检验批质量验收记录（无障碍通道、厕所、坡道）	3

任务2 装饰装修分部工程资料管理计划编制

1. 实训目的：装饰装修分部工程施工资料管理计划的编制的目的是针对任何施工项目根据装饰装修分部工程的结构特点，施工部位、施工工艺、空间和时间的不同确定施工资料管理任务的范围和基本内容，同时也是施工资料收集工作能力培养的基本方法。

2. 实训内容及成果：依据《建筑工程施工资料计划、交底编制导则》，完成某工程项目装饰装修分部工程资料管理计划编制及技术交底工作（目录省略）。

3. 实训步骤与指导：见表 2-2-34 所示。

实训步骤、指导与评价　　　　　　　　　　表 2-2-34

一、施工管理资料计划的编制	参见《施工资料管理计划、交底编制导则》，选择该装饰装修分部工程各子分部工程施工资料内容编制资料管理计划								
二、资料目录编制	依照资料管理计划的顺序列出装饰装修分部工程各子分部工程施工资料组卷目录表的内容。填写时应参照附表的内容进行选项，并按照组卷的方式汇总。有细目的项，应分级填写								
三、检查评价	工作任务	分值 M_i	评分标准（指标内涵）		评分等级 K_i				学生自评 N_1	教师评价 N_2
			A	C	A	B	C	D		
					1	0.8	0.6	0.4		
	计划编制	30	资料分类正确、内容完整	资料分类正确、内容不完整						
	目录编制	10	目录正确，内容完整	目录正确，内容不完整						
	态度	20	态度端正，独立完成；具有独立解决问题的能力；工作任务完善，具有较强的持续性	态度端正，与他人合作完成；独立解决问题的能力不够；工作有时缺乏持续性						
	合计	60			得分 $N = \Sigma K_i M_i$					
	检查评价				师生评价权重				0.2	0.8
					实得分 $= 0.2N_1 + 0.8N_2 =$					

4. 案例分析

（1）建筑装饰装修分部工程施工资料管理计划（交底）

建筑装饰装修分部工程施工资料管理计划（交底）见表 2-2-35 所列。

第2部分 建筑工程施工资料管理技能实训

装饰装修分部工程施工资料管理计划（交底）一览表

表 2-2-35

工程资料类别	工程资料名称（子目录）	资料分目录	细　目	工程资料单位来源	填写或编制	审核、审批、签字
施工管理资料C1类	分包单位资质报审表*（表C.1.3）	按分包单位列分目录		施工单位	项目经理	专业监理/总监
	建设工程质量事故调查、勘查记录（表C.1.4）	按事故发生次数列分目录		调查单位	调查人	被调查人
	建设工程质量事故报告书	按事故发生次数列分目录		调查单位	报告人	调查负责人
	施工检测计划	按检测项目列分目录		施工单位	项目负责人	专业监理
	见证记录*		外墙保温苯板见证记录			
			外墙保温粘结砂浆见证记录			
			玻纤网格布见证记录			
			外墙保温苯板粘结拉拔实验见证记录			
			楼地面卫生间防水卷材见证记录			
			门窗见证记录	监理单位	监理见证人	试验取样人
			玻璃幕墙螺栓拉拔实验			
			装饰装修用水泥见证记录			
			装饰装修用水洗砂见证记录			
			装饰装修用石子见证记录			
			M5混合砂浆见证记录			
			C15细石混凝土配合比见证记录			
			C20细石混凝土配合比见证记录			
			水溶性涂料见证记录			
			溶剂性涂料见证记录			
	见证试验检测汇总表（表C.1.5）	按专业归类（不单列分目和细目）		施工单位	试验员	（制表人）专业工长项目负责人
	施工日志（表C.1.6）			施工单位	记录人	专业工长项目负责人
	监理工程师通知回复单*（表C.1.7）	按事项列分目录		施工单位	项目经理/责任人	专业监理/总监

续表

工程资料类别	工程资料名称（子目录）	资料分目录	细 目	工程资料单位来源	填写或编制	审核、审批、签字
施工技术资料C2类	工程技术文件报审表*（表C.2.1）	按施工组织设计、施工方案、重点部位、关键工序施工工艺、四新内容列分目录		施工单位	项目经理/项目责任人	专业监理/总监
	施工组织设计及施工方案	按专项方案设计分目录		施工单位	项目经理/项目责任人	施工单位技术负责人、专业监理/总监
	技术交底记录（表C.2.3）	门窗安装技术交底		施工单位	交底人	审核人、接受交底人
		墙面抹灰技术交底				
		水泥砂浆地面技术交底				
		水磨石地面技术交底				
		饰面砖面技术交底				
		大理石、花岗石面层技术交底				
		楼地面防水层技术交底				
		水溶性涂料技术交底				
		溶剂性涂料技术交底				
		玻璃幕墙技术交底				
		门窗玻璃安装技术交底				
		扶手与栏杆制作安装技术交底				
		明、暗龙骨吊顶技术交底				
		外墙保温涂料技术交底				
		玻璃雨篷安装技术交底				
		窗台板安装技术交底				
	图纸会审记录**（表C.2.4）	按专业归类（不单列分目和细目）		施工单位		
	设计变更通知单**（表C.2.5）	按专业归类		设计单位	技术、专业负责人	各方技术、专业负责人
	工程洽商记录（技术核定单）**（表C.2.6）	按专业归类		提出单位		

第2部分　建筑工程施工资料管理技能实训

续表

工程资料类别	工程资料名称（子目录）	资料分目录	细目	工程资料来源单位	填写或编制	审核、审批、签字
进度造价资料C3类	工程复工报工审表*（表C.3.2）	按工程暂停令设分目录		施工单位	项目经理/项目责任人	专业监理/总监
	施工进度计划报审表*（表C.3.3）	按约定设分目录		施工单位	项目经理	专业监理/总监
	施工进度计划	按约定设分目录		施工单位	项目负责人	项目经理/项目责任人
	人、机、料动态表（表C.3.4）	按月列分目录		施工单位	机械员、材料员、劳务员	项目经理
	工程延期申请表（表C.3.5）	按延期事项设分目录		施工单位	项目负责人/责任人	总监
	工程款支付申请表（表C.3.6）	按合同约定设分目录		施工单位	项目经理	总监
	工程变更费用报审表*（表C.3.7）	按事项设分目录		施工单位	项目经理/责任人	监理工程师/总监
	费用索赔申请表*（表C.3.8）	按事项设分目录		施工单位	项目经理/责任人	总监
施工物质资料C4类	砂、石、砖、水泥、钢筋、隔热保温、防腐材料、轻集料出厂质量证明文件	按类别设分目录	出厂质量证明文件及检测报告	供货单位	材料员	专业质量员
	其他物资出厂质量保证书、检测报告和报关单或商检证等	按类别设分目录		供货单位	材料员	
	材料、设备的相关检验报告、型式检测报告、3C强制认证合格证书或3C标志	按类别设分目录		供货单位	材料员	
	涉及消防、安全、卫生、环保、节能的材料、设备的检测报告或鉴定机构出具的检测证明文件	按类别设分目录		供货单位	材料员	

续表

工程资料类别	工程资料名称（子目录）	资料分目录	细目	工程资料单位来源	填写或编制	审核、审批、签字
施工物质资料C4类	材料、构配件进场检验记录*（表C.4.1）	按类别设分目录	进场检验通用表格	施工单位	专业工长	专业工程师
	水泥试验报告	按品种设分目录	进场复验报告	检测单位	专业试验员	
	砂试验报告	按品种设分目录		检测单位	专业试验员	
	碎（卵）石试验报告	按品种设分目录		检测单位	专业试验员	
	外加剂试验报告	按品种设分目录		检测单位	专业试验员	
	装饰装修用门窗复试报告	按品种设分目录		检测单位	专业试验员	
	装饰装修用人造木板复试报告	按品种设分目录		检测单位	专业试验员	
	装饰装修用花岗石复试报告	按品种设分目录		检测单位	专业试验员	
	装饰装修用安全玻璃复试报告	按品种设分目录		检测单位	专业试验员	
	装饰装修用外墙面砖复试报告	按品种设分目录		检测单位	专业试验员	
	幕墙用铝塑板、石材、玻璃、结构胶复试报告	按品种设分目录		检测单位	专业试验员	
	节能工程材料复试报告	按品种设分目录		检测单位	专业试验员	
施工记录C5类	隐蔽工程验收记录*（表C.5.1）	门窗安装隐蔽工程验收记录	通用表格 塑料窗安装隐蔽工程验收记录 塑料门安装隐蔽工程验收记录 金属门安装隐蔽工程验收记录 特种门安装隐蔽工程验收记录 木门安装隐蔽工程验收记录	施工单位	专业技术负责人/专业质检员/专业工长	专业监理工程师

第2部分 建筑工程施工资料管理技能实训

续表

工程资料类别	工程资料名称（子目录）	资料分目录	细 目	工程资料单位来源	填写或编制	审核、审批、签字
施工记录 C5类	隐蔽工程验收记录*（表C.5.1）	楼地面隔离层隐蔽工程验收记录	地面防潮层隐蔽工程验收记录（地2）	施工单位	专业技术负责人/专业质检员/专业工长	专业监理工程师
			一层卫生间、盥洗室防水层隐蔽工程验收记录			
			二层卫生间、盥洗室防水层隐蔽工程验收记录			
			三层卫生间、盥洗室防水层隐蔽工程验收记录			
			四层卫生间、盥洗室防水层隐蔽工程验收记录			
		扶手与栏杆制作安装隐蔽工程验收记录	1号楼梯扶手与栏杆制作安装隐蔽工程验收记录	施工单位	专业技术负责人/专业质检员/专业工长	专业监理工程师
			2号楼梯扶手与栏杆制作安装隐蔽工程验收记录			
			3号楼梯扶手与栏杆制作安装隐蔽工程验收记录			
		吊顶工程隐蔽工程验收记录	明龙骨吊顶隐蔽工程验收记录	施工单位	专业技术负责人/专业质检员/专业工长	专业监理工程师
			暗龙骨吊顶隐蔽工程验收记录			
		玻璃幕墙隐蔽工程验收记录	玻璃幕墙隐蔽工程验收记录			
		外墙保温隐蔽工程验收记录	①~⑪轴外墙保温隐蔽工程验收记录	施工单位	专业技术负责人/专业质检员/专业工长	专业监理工程师
			⑪~①轴外墙保温隐蔽工程验收记录			
			Ⓐ~Ⓕ轴外墙保温隐蔽工程验收记录			
			Ⓕ~Ⓐ轴外墙保温隐蔽工程验收记录			

续表

工程资料类别	工程资料名称（子目录）	资料分目录	细　目	工程资料单位来源	填写或编制	审核、审批、签字
施工记录 C5类	施工检查记录 C.5.2	水磨石地面施工检查记录		施工单位	专业技术负责人/专业质检员/专业工长	专业监理工程师
		楼地面防水施工检查记录				
		门窗安装施工检查记录				
		玻璃幕墙施工检查记录				
		一般抹灰施工检查记录				
		内墙涂料施工检查记录				
		明、暗龙骨吊顶施工检查记录				
		外墙保温施工检查记录				
		外墙涂料施工检查记录				
		饰面砖施工检查记录				
		大理石花岗石面层施工检查记录				
		（抹灰、水暖班组-防水班组）交接检查记录	一层卫生间、盥洗室抹灰、管道安装交接防水层检查记录	施工单位	移交单位	接收单位/见证单位
			二层卫生间、盥洗室抹灰、管道安装交接防水层检查记录			
			三层卫生间、盥洗室抹灰、管道安装交接防水层检查记录			
			四层卫生间、盥洗室抹灰、管道安装交接防水层检查记录			
	交接检查记录（表）C.5.3	土建、门窗安装班组-抹灰班组交接检查记录	地下室墙体、门窗安装-一般抹灰交接检查记录	施工单位	移交单位	接收单位/见证单位
			一层墙体、门窗安装-一般抹灰交接检查记录			
			二层墙体、门窗安装-一般抹灰交接检查记录			
			三层墙体、门窗安装-一般抹灰交接检查记录			
			四层墙体、门窗安装-一般抹灰交接检查记录			
			五层墙体、门窗安装-一般抹灰交接检查记录			

第 2 部分 建筑工程施工资料管理技能实训

续表

工程资料类别	工程资料名称（子目录）	资料分目录	细 目	工程资料单位来源	填写或编制	审核、审批、签字
施工记录 C5 类	交接检查记录（表 C.5.3）	抹灰班组-外墙保温班组交接检查记录	①~⑪轴外墙抹灰-外墙保温交接检查记录	施工单位	移交单位	接收单位/见证单位
			⑪~⑪轴外墙抹灰-外墙保温交接检查记录			
			Ⓐ~Ⓓ轴外墙抹灰-外墙保温交接检查记录			
			Ⓓ~Ⓐ轴外墙抹灰-外墙保温交接检查记录			
		抹灰班组-涂料班组交接检查记录	地下室墙面抹灰-墙面涂料交接检查记录	施工单位	移交单位	接收单位/见证单位
			一层墙面抹灰-墙面涂料交接检查记录			
			二层墙面抹灰-墙面涂料交接检查记录			
			三层墙面抹灰-墙面涂料交接检查记录			
			四层墙面抹灰-墙面涂料交接检查记录			
			五层墙面抹灰-墙面涂料交接检查记录			
		吊顶装饰班组-涂料班组交接检查记录	室内棚 1 吊顶-顶棚涂料交接检查记录	施工单位	移交单位	接收单位/见证单位
			室内棚 2 吊顶-顶棚涂料交接检查记录			

续表

工程资料类别	工程资料名称（子目录）	资料分目录	细目	工程资料来源	填写或编制	审核、审批、签字
施工记录 C5类	交接检查记录（表 C.5.3）	防水班组-饰面面砖装饰班组交接检查记录	一层卫生间、盥洗室防水层饰面面砖粘贴交接检查记录	施工单位	移交单位	接收单位/见证单位
			二层卫生间、盥洗室防水层饰面面砖粘贴交接检查记录			
			三层卫生间、盥洗室防水层饰面面砖粘贴交接检查记录			
			四层卫生间、盥洗室防水层饰面面砖粘贴交接检查记录			
		土建班组-大理石装饰班组交接检查记录	室外台阶大理石镶嵌交接检查记录	施工单位	移交单位	接收单位/见证单位
		专用表格				
	混凝土浇灌申请书	按检验批设分目录		施工单位	专业工长、质检员	专业技术负责人
	预拌混凝土运输单	按混凝土强度等级列分目录		施工单位混凝土供应商	供应单位质量员/供应单位签发人	现场验收人
	混凝土开盘鉴定	按检验批设分目录		施工单位	混凝土试配单位负责人	施工技术负责人/监理工程师
	混凝土拆模申请单	按检验批设分目录		施工单位	专业工长	专业技术负责人/技术负责人
	混凝土预拌测温记录	按检验批设分目录		施工单位	记录人	
	混凝土养护测温记录	按检验批设分目录		施工单位	测温员	
	焊接材料烘焙记录	按检验批设分目录		施工单位	专业质检员	
	防水工程试水检查记录*（表 C.5.8）	专用表格				
	幕墙注胶检查记录					

续表

工程资料类别	工程资料名称（子目录）	资料分目录	细目	工程资料来源单位	填写或编制	审核、审批、签字
			建筑与结构工程			
施工试验记录及检测报告C6类	混凝土配合比申请单、通知单	按混凝土强度等级设分目录		施工单位	专业试验员	专业技术负责人
	混凝土抗压强度试验报告	按混凝土强度等级设分目录		检测单位	专业检测员	专业检测负责人
	混凝土试块强度统计、评定记录（表C.6.6）	按混凝土强度等级设分目录		施工单位	现场试验员	专业工长/技术负责人
	外墙饰面砖样板粘结强度试验报告	按检验批列分目录		检测单位	专业检测员	
	后置埋件抗拔试验报告	按检验批列分目录		检测单位	专业检测员	
	幕墙双组分硅酮结构密封胶混匀性及拉断试验报告	按检验批列分目录		检测单位	专业检测员	专业检测负责人
	幕墙的抗风压性能、空气渗透性能、雨水渗透性能及平面内变形性能检测报告	按检验批列分目录		检测单位	专业检测员	
	外门窗的抗风压性能、空气渗透性能和雨水渗透性能检测报告	按品种规格设分目录		检测单位	专业检测员	
	墙体节能工程保温板材与基层粘结强度现场拉拔试验	按检验批列分目录		检测单位	专业检测员	
	外墙保温浆料同条件养护试件试验报告	按检验批列分目录		检测单位	专业检测员	

续表

工程资料类别	工程资料名称（子目录）	资料分目录		细 目	工程资料来源单位	填写或编制	审核、审批、签字
施工质量验收记录 C7 类	检验批质量验收记录*（表 C.7.1）	整体面层	基层：基土、水泥混凝土垫层、找平层、隔离层、绝热层	基土检验批质量验收记录（2个）	施工单位	专业质检员	专业监理工程师
				水泥混凝土垫层检验批质量验收记录（2个）			
				卵石灌浆垫层检验批质量验收记录（2个）			
				混凝土找平层检验批质量验收记录（8个）			
				水泥砂浆找平层检验批质量验收记录（8个）			
				隔离层检验批质量验收记录（1个）			
				绝热层检验批质量验收记录（12个）			
			面层：水泥砂浆面层、混凝土面层、水磨石面层	水泥砂浆面层检验批质量验收记录（1个）	施工单位	专业质检员	专业监理工程师
				水磨石面层检验批质量验收记录（7个）			
				混凝土面层检验批质量验收记录（1个）			
				无障碍通道检验批质量验收记录（1个）			
				无障碍厕所和无障碍厕位检验批质量验收记录（1个）			

续表

工程资料类别	工程资料名称（子目录）	资料分目录		细 目	工程资料单位来源	填写或编制	审核、审批、签字
施工质量验收记录 C7类	检验批质量验收记录*（表C.7.1）	板块面层	面层	大理石面层和花岗石面层检验批质量验收记录（2个）	施工单位	专业质检员	专业监理工程师
				砖面层（楼2、楼3、上人屋面）（5个）			
				轮椅坡道检验批质量验收记录（1个）			
				无障碍厕所和无障碍点位检验批质量验收记录（1个）			
			基层	混凝土找平层检验批质量验收记录（4个）	施工单位	专业质检员	专业监理工程师
				水泥砂浆找平层检验批质量验收记录（5个）			
				隔离层检验批质量验收记录（5个）			
				填充层检验批质量验收记录（4个）			
		一般抹灰		外墙一般抹灰（4个）	施工单位	专业质检员	专业监理工程师
				踢脚一般抹灰（2个）			
				墙裙一般抹灰（24个）			
				内墙一般抹灰（25个）			
				顶棚一般抹灰（14个）			
		特种门安装检验批质量验收记录		特种门安装检验批（17个检验批，按不同规格）	施工单位	专业质检员	专业监理工程师
		金属门窗安装检验批验收质量验收记录		金属门窗安装检验批，M-1，MIC-1，2，3（4个检验批）	施工单位	专业质检员	专业监理工程师
		木门窗安装检验批质量验收记录		木门窗安装检验批质量验收记录（9个检验批，按不同规格）	施工单位	专业质检员	专业监理工程师

续表

工程资料类别	工程资料名称（子目录）	资料分目录	细目	工程资料单位来源	填写或编制	审核、审批、签字
施工质量验收记录 C7类	检验批质量验收记录* （表C.7.1）	塑料门窗安装检验批质量验收记录	塑料门窗安装检验批质量验收记录（23个检验批，按不同规格）	施工单位	专业质检员	专业监理工程师
		门窗玻璃安装检验批质量验收记录	门窗玻璃安装检验批质量验收记录（门14个检验批、窗25个安装检验批）	施工单位	专业质检员	专业监理工程师
		门安装检验批质量验收记录	门安装检验批质量验收记录（一层无障碍通道、厕所门）（3个检验批）	施工单位	专业质检员	专业监理工程师
		暗龙骨吊顶检验批质量验收记录	棚2（暗龙骨）暗龙骨吊顶工程检验批质量验收记录（1个）	施工单位	专业质检员	专业监理工程师
		明龙骨吊顶检验批质量验收记录	棚3（明龙骨按层分）明龙骨吊顶工程检验批质量验收记录（6个）	施工单位	专业质检员	专业监理工程师
		玻璃隔墙检验批质量验收记录	玻璃隔墙工程检验批质量验收记录（1个）	施工单位	专业质检员	专业监理工程师
		饰面砖粘贴检验批质量验收记录	饰面砖粘贴工程检验批质量验收记录（7个、踢1按层和楼梯间分）	施工单位	专业质检员	专业监理工程师
			饰面砖粘贴工程检验批质量验收记录（6个、裙1按层分）			
			饰面砖粘贴工程检验批质量验收记录（4个、内墙2按层分）			
		饰面板安装检验批质量验收记录	饰面板工程检验批质量验收记录（1个、外墙勒脚）	施工单位	专业质检员	专业监理工程师
		玻璃幕墙检验批质量验收记录	玻璃幕墙（明框）工程检验批质量验收记录（1个）	施工单位	专业质检员	专业监理工程师

续表

工程资料类别	工程资料名称（子目录）	资料分目录	细目	工程资料单位来源	填写或编制	审核、审批、签字
施工质量验收记录 C7类	检验批质量验收记录（表C.7.1）	水溶性涂料检验批质量验收记录	水性涂料涂饰工程（薄涂料）检验批质量验收记录（4个、外墙按4面墙分）	施工单位	专业质检员	专业监理工程师
			水性涂料涂饰工程（薄涂料）检验批质量验收记录（1个、内墙1）			
			水性涂料涂饰工程（薄涂料）检验批质量验收记录（7个、内墙3按层和楼梯间分）			
		溶剂性涂料检验批质量验收记录	溶剂型涂料涂饰工程（色漆）检验批质量验收记录（7个、裙2按层和楼梯间地板漆）	施工单位	专业质检员	专业监理工程师
			溶剂型涂料涂饰工程（色漆）检验批质量验收记录（1个、木门漆按规格）			
			溶剂型涂料涂饰工程（色漆）检验批质量验收记录（9个、护栏和扶手）			
			溶剂型涂料涂饰工程（色漆）检验批质量验收记录（1个、室内外明露金属件）			
		窗台板和暖气罩制作与安装检验批质量验收记录	窗台板、窗台板制作与安装工程检验批质量验收记录	施工单位	专业质检员	专业监理工程师
		护栏和扶手制作与安装检验批质量验收记录	护栏和扶手制作与安装工程检验批质量验收记录	施工单位	专业质检员	专业监理工程师
		扶手检验批质量验收记录	扶手检验批质量验收记录（无障碍通道、坡道、厕所）			

续表

工程资料类别	工程资料名称（子目录）	资料分目录	细目	工程资料来源单位	填写或编制	审核、审批、签字
施工质量验收记录 C7类	分项工程质量验收记录*（表C.7.2）	地面	整体面层分项工程质量验收记录	施工单位	专业质检员	专业技术负责人/专业监理工程师
			板块面层分项工程质量验收记录	施工单位	专业质检员	专业技术负责人/专业监理工程师
		抹灰	一般抹灰分项工程质量验收记录			
			特种门安装分项工程质量验收记录			
		门窗	金属门窗安装分项工程质量验收记录	施工单位	专业质检员	专业技术负责人/专业监理工程师
			木门窗安装分项工程质量验收记录			
			塑料门窗安装分项工程质量验收记录			
			门窗玻璃安装分项工程质量验收记录			
		吊顶	暗龙骨吊顶分项工程质量验收记录	施工单位	专业质检员	专业技术负责人/专业监理工程师
			明龙骨吊顶分项工程质量验收记录			
		轻质隔墙	玻璃隔墙分项工程质量验收记录	施工单位	专业质检员	专业技术负责人/专业监理工程师

第2部分 建筑工程施工资料管理技能实训

续表

工程资料类别	工程资料名称（子目录）	资料分目录	细 目	工程资料来源单位	填写或编制	审核、审批、签字
施工质量验收记录 C7类	分项工程质量验收记录*（表C.7.2）	饰面板	饰面板安装分项工程质量验收记录	施工单位	专业质检员	专业技术负责人/专业监理工程师
			饰面砖安装分项工程质量验收记录	施工单位	专业质检员	专业技术负责人/专业监理工程师
		幕墙	玻璃幕墙分项工程质量验收记录	施工单位	专业质检员	专业技术负责人/专业监理工程师
		涂饰	水溶性涂料分项工程质量验收记录	施工单位	专业质检员	专业技术负责人/专业监理工程师
			溶剂性涂料分项工程质量验收记录	施工单位	专业质检员	专业技术负责人/专业监理工程师
		细部	窗台板和暖气罩制作与安装分项工程质量验收记录	施工单位	专业质检员	专业技术负责人/专业监理工程师
			护栏和扶手制作与安装分项工程质量验收记录			
	分部（子分部）工程质量验收记录**（表C.7.3）			施工单位	专业质检员	施工项目经理、设计负责人/总监察项目负责人
C7类其他资料						

(2) 装饰装修分部工程相关资料样表

基土垫层检验批质量验收记录   表 2-2-36

工程名称		××市第××中学教学楼		验收部位		地下室①-⑪/Ⓐ-Ⓕ轴					编号		03-01-C7-×××
施工单位		×××建筑安装有限公司									项目经理		×××
施工执行标准名称及编号		建筑安装工程施工工艺规程 QB-××-××××									专业工长		×××
分包单位		/		分包项目经理		/					施工班组长		×××
施工质量验收规范的规定						施工单位检查评定记录						监理(建设)单位验收记录	
主控项目	1	基土土料		设计要求		符合设计要求						符合设计要求及规范规定	
	2	基土压实		第4.2.5条		符合设计要求及规范规定							
一般项目	1	允许偏差(mm)	表面平整度	15	9	8	7	9	6	5	8	9	11	12
	2		标高	0, −50	0	−1	−9	−8	−7	0	−7	−1	−5	−9
	3		坡度	2/1000L，且不大于30										
	4		厚度	<1/10L										

注：一般项目右侧"监理(建设)单位验收记录"栏填写：符合规范规定

施工单位检查评定结果	主控项目合格，一般项目满足规范规定，施工操作依据、质量检查记录完整。 项目专业质量检查员：×××　　　　　　　　　　　××××年××月××日
监理(建设)单位验收结论	同意验收。 专业监理工程师（建设单位项目专业技术负责人）：×××　　××××年××月××日

第2部分 建筑工程施工资料管理技能实训

水泥混凝土垫层检验批质量验收记录   表 2-2-37

工程名称	××市第××中学教学楼		验收部位	地下室①-⑪/Ⓐ-Ⓕ轴			编号			03-01-C7-×××	
施工单位	×××建筑安装有限公司						项目经理			×××	
施工执行标准名称及编号	建筑安装工程施工工艺规程 QB-××-××××						专业工长			×××	
分包单位	/		分包项目经理	/			施工班组长			×××	
			施工质量验收规范的规定		施工单位检查评定记录					监理(建设)单位验收记录	
主控项目	1	材料质量		第4.8.8条	水泥、砂石符合规范规定、均有合格证、检测报告和复验报告××××××号 ××××××号					符合规范规定	
	2	混凝土强度等级		设计要求	符合设计要求,详见试验报告×××号						
一般项目	1	允许偏差(mm)	表面平整度	10	2	3	5	7	9	3	6	5	7	9
	2		标高	±10	-6	-3	-4	-5	3	4	2	5	-4	-1
	3		坡度	2/1000L 且≤30							符合规范规定	
	4		厚度	<1/10h								

(注:一般项目第1、2行有10个检测数据列,第3、4行验收结果为"符合规范规定")

施工单位检查评定结果	主控项目和一般项目的质量经抽样检验合格,施工操作依据、质量检查记录完整。 项目专业质量检查员:××× ××××年××月××日
监理(建设)单位验收结论	同意验收。 专业监理工程师(建设单位项目专业技术负责人):××× ××××年××月××日

水泥混凝土面层检验批质量验收记录　　　　表 2-2-38

工程名称	××市第××中学教学楼	验收部位	地下室①-⑪/Ⓐ-Ⓕ轴	编号	03-01-C7-×××
施工单位	×××建筑安装有限公司			项目经理	×××
施工执行标准名称及编号	建筑安装工程施工工艺规程 QB-××-××××			专业工长	×××
分包单位	/	分包项目经理	/	施工班组长	×××

		施工质量验收规范的规定		施工单位检查评定记录	监理（建设）单位验收记录
主控项目	1	骨料粒径	第5.2.3条	符合规范规定	符合要求
	2	面层强度等级	设计要求	符合设计要求	
	3	面层与下一层结合	第5.2.5条	结合牢固无空鼓裂缝	
一般项目	1	表面质量	第5.2.6条	无裂纹、脱皮、麻面、起砂等缺陷	符合规范规定
	2	表面坡度（有坡度地面）	第5.2.7条	无倒泛水和积水现象	
	3	踢脚线与墙面结合（30cm）	第5.2.8条	粘结牢靠、高度一致、出墙厚度均匀	
	4	楼梯踏步	第5.2.9条	符合规范规定	
	5	允许偏差(mm)	表面平整度	5　1　2　3　4　3　2　3　4　5　3	
	6		踢脚线上口平直	4　1　1　2　1　3　2　3　4　2　3	
	7		缝格平直	3	
	8		旋转楼梯踏步两端宽度	5	

施工单位检查评定结果	主控项目和一般项目的质量经抽样检验合格，施工操作依据、质量检查记录完整。 项目专业质量检查员：×××　　　　　　　　　　　××××年××月××日
监理（建设）单位验收结论	同意验收。 专业监理工程师（建设单位项目专业技术负责人）：×××　　××××年××月××日

第 2 部分　建筑工程施工资料管理技能实训

砖面层检验批质量验收记录　　　　　　表 2-2-39

工程名称	××市第××中学教学楼			验收部位	地下室①-⑪/Ⓐ-Ⓕ轴					编号		03-01-C7-×××
施工单位	×××建筑安装有限公司							项目经理				×××
施工执行标准名称及编号	建筑安装工程施工工艺规程 QB-××-××××							专业工长				×××
分包单位	/			分包项目经理	/					施工班组长		×××
		施工质量验收规范的规定				施工单位检查评定记录						监理(建设)单位验收记录
主控项目	1	块材质量		设计要求		经检查符合设计要求，见合格证、出厂检验报告×××						符合规范规定及设计要求
	2	面层与下一层结合		第6.2.8条		结合牢固无空鼓现象，符合规范规定						
一般项目	1	面层表面质量		第6.2.9条		符合规范规定						符合规范规定
	2	邻接处镶边用料		第6.2.10条		符合规范规定						
	3	踢脚线质量		第6.2.11条		符合规范规定						
	4	楼梯踏步高度差		第6.2.12条		符合规范规定						
	5	面层表面坡度		第6.2.13条		符合规范规定						
	6	允许偏差(mm)	表面平整度	缸砖	4.0	1	2	1	2	3	1	2	2	1	1
				水泥花砖	3.0										
				陶瓷锦砖、陶瓷地砖	2.0										
	7		缝格平直		3.0										
	8		接缝高低差	陶瓷锦砖、陶瓷地砖、水泥花砖	0.5										
				缸砖	1.5	1	0	1	1	0	1	1	0	1	1
	9		踢脚线上口平直	陶瓷锦砖、陶瓷地砖	3.0										
				缸砖	4.0	2	3	1	2	3	2	1	1	1	2
	10		板块间隙宽度		2.0	1	1	1	1	0	0	2	1	2	0
施工单位检查评定结果	主控项目和一般项目的质量经抽样检验合格，施工操作依据、质量检查记录完整。 项目专业质量检查员：×××　　　　　　　　　　　××××年××月××日											
监理(建设)单位验收结论	同意验收。 专业监理工程师(建设单位项目专业技术负责人)：×××　　××××年××月××日											

一般抹灰检验批质量验收记录

表 2-2-40

工程名称	××市第××中学教学楼			验收部位	首层①-⑪/Ⓐ-Ⓕ轴内墙			编号		03-02-C7-×××			
施工单位	×××建筑安装有限公司							项目经理		×××			
施工执行标准名称及编号	建筑安装工程施工工艺规程 QB-××-××××							专业工长		×××			
分包单位	/			分包项目经理	/			施工班组长		×××			
		施工质量验收规范的规定				施工单位检查评定记录					监理（建设）单位验收记录		
主控项目	1	基层表面	第4.2.2条			尘土污垢已清除并浇水湿润					符合设计和规范规定		
	2	材料品种和性能	第4.2.3条			水泥经复试符合要求，报告编号××××、砂浆配合比符合设计要求							
	3	操作要求	第4.2.4条			符合规范规定							
	4	层粘结及面层质量	第4.2.5条			符合规范规定							
一般项目	1	表面质量	第4.2.6条			表面光滑洁净、颜色均匀无抹纹 分割缝、灰分清晰					符合规范规定		
	2	细部质量	第4.2.7条			护角孔洞抹灰整齐、管道后抹灰平整							
	3	层与层间材料要求层总厚度	第4.2.8条			符合规范规定							
	4	分格缝	第4.2.9条			符合规范规定							
	5	滴水线（槽）	第4.2.10条			滴水槽整齐顺直、滴水线内高外低滴水槽的深度宽度大于10mm							
		允许偏差	普通抹灰	高级抹灰									
	1	立面垂直度（mm）	4	3	3	3	2	1	2	3	1	2	
	2	表面平整度（mm）	4	3	4	3	2	1	1	1	2	3	
	3	阴阳角方正（mm）	4	3	1	1	2	3	4	3	4	2	
	4	分格条（缝）直线度（mm）	4	3									
	5	墙裙、勒脚上口直线度（mm）	4	3									
施工单位检查评定结果			主控项目和一般项目的质量经抽样检验合格，施工操作依据、质量检查记录完整。 项目专业质量检查员：×××　　　　　　　　　　××××年××月××日										
监理（建设）单位验收结论			同意验收。 专业监理工程师（建设单位项目专业技术负责人）：××× 　　　　　　　　　　　　　　　　　　　　　　××××年××月××日										

第2部分 建筑工程施工资料管理技能实训

金属门窗安装检验批质量验收记录

表 2-2-41

工程名称	××市第××中学教学楼		验收部位	首层				编号		03-03-C7-×××
施工单位	×××建筑安装有限公司							项目经理		×××
施工执行标准名称及编号	建筑安装工程施工工艺规程 QB-××-××××							专业工长		×××
分包单位	/		分包项目经理	/				施工班组长		×××

		施工质量验收规范的规定								施工单位检查评定记录	监理（建设）单位验收记录
主控项目	1	门窗质量	第5.3.2条							符合规范规定	符合设计和规范规定
	2	框和副框安装，预埋件	第5.3.3条							框和副框安装牢固、预埋件数量、位置、埋置方式符合设计要求	
	3	门窗扇安装	第5.3.4条							安装牢固、开启灵活	
	4	配件质量及安装	第5.3.5条							符合规范规定	
一般项目	1	表面质量	第5.3.6条							符合规范规定	符合规范规定
	2	推拉扇开关力	第5.3.7条							推拉扇开关力小于100N	
	3	框与墙体间缝隙	第5.3.8条							符合规范规定	
	4	扇密封胶条或毛毡密封条	第5.3.9条							符合规范规定	
	5	排水孔	第5.3.10条							符合规范规定	
	6	留缝隙值和允许偏差	留缝限值(mm)	符合规范规定							
	7	门窗槽口宽度、高度(mm)	≤1500	—							
			>1500	—	1	1	2	1	1		
	8	门窗槽口对角线长度差(mm)	≤2000	—	5						
			>2000	—	6	2	3	4	5	6	
	9	门窗框的正、侧面垂直度	—	3	1	1	1	2	3		
	10	门窗横框的水平度	—	3	1	1	1	1	0		
	11	门窗横框标高	—	5	1	1	2	2	3		
	12	门窗竖向偏离中心	—	4	3	2	4	1	2		
	13	双层门窗内外框间距	—	5							
	14	门窗框、扇配合间隙(mm)	≤2	—	2	0	1	1	1		
	15	无下框时门扇与地面间留缝(mm)	4~8	—	1	2	1	2	3		

施工单位检查评定结果	主控项目和一般项目的质量经抽样检验合格，施工操作依据、质量检查记录完整。 项目专业质量检查员：×××　　　　　　　　　　　××××年××月××日
监理（建设）单位验收结论	同意验收。 专业监理工程师(建设单位项目专业技术负责人)：×××　××××年××月××日

暗龙骨吊顶检验批质量验收记录

表 2-2-42

工程名称	××市第××中学教学楼	验收部位	卫生间顶棚	编号	03-04-C7-××
施工单位	×××建筑安装有限公司			项目经理	×××
施工执行标准名称及编号	建筑安装工程施工工艺规程 QB-××-××××			专业工长	×××
分包单位	/	分包项目经理	/	施工班组长	×××

		施工质量验收规范的规定		施工单位检查评定记录	监理（建设）单位验收记录
主控项目	1	标高、尺寸、起拱、造型	第6.2.2条	符合规范规定	符合设计和规范规定
	2	饰面材料	第6.2.3条	符合规范规定	
	3	吊杆、龙骨、饰面材料安装	第6.2.4条	符合规范规定	
	4	吊杆、龙骨材质	第6.2.5条	符合规范规定	
	5	石膏板接缝	第6.2.6条		
一般项目	1	材料表面质量	第6.2.7条	符合规范规定	符合规范规定
	2	灯具等设备	第6.2.8条	符合规范规定	
	3	龙骨、吊杆接缝	第6.2.9条	符合规范规定	
	4	填充材料	第6.2.10条		

		项次	项目	允许偏差（mm）				1	2	3	4	5	6	7	8	9	10
				纸面石膏板	金属板	矿棉板	木板、塑料板、格栅										
一般项目	5	(1)	表面平整度	3	2	2	2	2	1	2	1	2	1	0	1	2	1
		(2)	接缝直线度	3	1.5	3	3										
		(3)	接缝高低差	1	1	1.5	1										

施工单位检查评定结果	主控项目和一般项目的质量经抽样检验合格，施工操作依据、质量检查记录完整。 项目专业质量检查员：×××　　　　　　　　　　　××××年××月××日
监理（建设）单位验收结论	同意验收。 专业监理工程师（建设单位项目专业技术负责人）：×××　××××年××月××日

第2部分 建筑工程施工资料管理技能实训

饰面板安装检验批质量验收记录　　　　　　　　　表 2-2-43

工程名称	××市第××中学教学楼	验收部位	首层外墙	编号	03-06-C7-×××
施工单位	×××建筑安装有限公司			项目经理		×××
施工执行标准名称及编号	建筑安装工程施工工艺规程 QB-××-××××			专业工长		×××
分包单位	/	分包项目经理	/	施工班组长	×××

		施工质量验收规范的规定		施工单位检查评定记录	监理（建设）单位验收记录
主控项目	1	材料质量	第8.2.2条	符合规范规定及设计要求，见出厂合格证及检验报告××××	符合设计和规范规定
	2	饰面板孔、槽	第8.2.3条	饰面板孔槽的数量和位置尺寸符合设计要求	
	3	饰面板安装	第8.2.4条	规范规定	
一般项目	1	饰面板表面质量	第8.2.5条	表面平整洁净、色泽一致，无裂痕和缺损	符合设计和规范规定
	2	饰面板嵌缝	第8.2.6条	规范规定	
	3	湿作业施工	第8.2.7条	/	
	4	饰面板孔洞套割	第8.2.8条	规范规定	
	5	允许偏差	第8.2.9条	规范规定	
施工单位检查评定结果	主控项目和一般项目的质量经抽样检验合格，施工操作依据、质量检查记录完整。 项目专业质量检查员：×××　　　　　　　　　　××××年××月××日				
监理（建设）单位验收结论	同意验收。 专业监理工程师(建设单位项目专业技术负责人)：×××　××××年××月××日				

水性涂料涂饰检验批质量验收记录

表 2-2-44

工程名称	××市第××中学教学楼			验收部位	外墙面	编号	03-08-C7-×××
施工单位	×××建筑安装有限公司					项目经理	×××
施工执行标准名称及编号	建筑安装工程施工工艺规程 QB-××-××××					专业工长	×××
分包单位	/			分包项目经理	/	施工班组长	×××
施工质量验收规范的规定					施工单位检查评定记录		监理(建设)单位验收记录
主控项目	1	材料质量			第10.2.2条	符合设计规定,见合格证及出厂检验报告	符合规范规定
	2	涂饰颜色和图案			第10.2.3条	符合设计要求	
	3	涂饰综合质量			第10.2.4条	涂饰均匀、粘贴牢固无漏涂、透底、走坡和掉筋	
	4	基层处理			第10.2.5条	符合规范规定	
一般项目	1	与其他材料和设备衔接处			第10.2.9条	符合规范规定	符合规范规定
	2	薄涂料涂饰质量允许偏差	颜色	普通涂饰	均匀一致	符合规范规定	
				高级涂饰	均匀一致		
			泛碱、咬色	普通涂饰	允许少量轻微	符合规范规定	
				高级涂饰	不允许		
			流坠、疙瘩	普通涂饰	允许少量轻微	符合规范规定	
				高级涂饰	不允许		
			砂眼、刷纹	普通涂饰	允许少量轻微砂眼、刷纹通顺	符合规范规定	
				高级涂饰	无砂眼、无刷纹		
			装饰线、分色线直线度(mm)	普通涂饰	2	1 1 0 0 1 2 0 0 2 1	
				高级涂饰	1		
	3	厚涂料涂饰质量允许偏差	颜色	普通涂饰	均匀一致		
				高级涂饰	均匀一致		
			泛碱、咬色	普通涂饰	允许少量轻微		
				高级涂饰	不允许		
			点状分布	普通涂饰	—		
				高级涂饰	疏密均匀		
	4	复层涂饰质量允许偏差	颜色		均匀一致		
			泛碱、咬色		不允许		
			喷点疏密程度		均匀,不允许连片		
施工单位检查评定结果	主控项目和一般项目的质量经抽样检验合格,施工操作依据、质量检查记录完整。 项目专业质量检查员:×××　　　　　　　　　　　××××年××月××日						
监理(建设)单位验收结论	同意验收。 专业监理工程师(建设单位项目专业技术负责人):×××　　××××年××月××日						

第2部分 建筑工程施工资料管理技能实训

护栏和扶手制作与安装检验批质量验收记录　　　　表 2-2-45

工程名称			××市第××中学教学楼		验收部位	①-⑪/Ⓐ-Ⓕ轴					编号			03-10-C7-×××
施工单位			×××建筑安装有限公司					项目经理			×××			
施工执行标准名称及编号			建筑安装工程施工工艺规程 QB-××-××××					专业工长			×××			
分包单位			/		分包项目经理	/				施工班组长			×××	
		施工质量验收规范的规定				施工单位检查评定记录						监理（建设）单位验收记录		
主控项目	1	材料质量			第12.5.3条	符合规范规定及设计要求见合格证及出厂检验报告						符合规范规定及设计要求		
	2	造型、尺寸			第12.5.4条	造型尺寸、安装位置符合设计要求								
	3	预埋件及连接			第12.5.5条	符合规范规定								
	4	护栏高度、位置与安装			第12.5.6条	符合规范规定								
	5	护栏玻璃			第12.5.7条	/								
一般项目	1	转角、接缝及表面质量			第12.5.8条	符合规范规定						符合规范规定		
	2	安装允许偏差（mm）	护栏垂直度	3	1	1	2	1	2	1	2	1	2	3
			栏杆间距	3	2	1	2	1	3	2	1	2	3	1
			扶手直线度	4	2	3	4	3	2	3	2	1	2	3
			扶手高度	3	1	2	3	1	2	1	2	1	2	2
施工单位检查评定结果		主控项目和一般项目的质量经抽样检验合格，施工操作依据、质量检查记录完整。 项目专业质量检查员：×××　　　　　　　　　　　　××××年××月××日												
监理（建设）单位验收结论		同意验收。 专业监理工程师(建设单位项目专业技术负责人)：×××　　××××年××月××日												

项目 4 屋面分部工程资料管理

项目实训目标

任务 1 屋面分部工程资料信息的采集与分部、分项、检验批的划分

1. 实训目的:在具有屋面工程施工图的识读和屋面工程施工组织专业知识基础上,通过施工任务分解,培养屋面工程资料信息采集和任务分解的能力。

2. 实训内容及成果:依据《建筑工程施工质量验收统一标准》及《屋面工程施工质量验收规范》中有关分部、分项、检验批划分的规定,完成屋面分部工程资料信息采集与分部、子分部、分项、检验批的划分并填写表 2-2-47。

3. 实训步骤与指导:见表 2-2-46 所列。

实训步骤、指导与评价　　　　　　　表 2-2-46

一、针对工作任务搜集有关资料及采集相关信息	1. 工作准备:搜集相关资料、文件、规范、技术标准、教材、参考书。 2. 背景资料:分部工程概况(下表按工程实际发生项在□打√或在空格填写)	
	工程名称	
	基层与保护	找坡层□　找平层□　隔气层□　隔离层□　保护层□
	保温与隔热	板状材料保温层□　纤维材料保温层□　喷涂硬泡聚氨酯保温层□　现浇泡沫混凝土保温层□　种植隔热层□　架空隔热层□　蓄水隔热层□
	防水与密封	卷材防水层□　涂膜防水层□　复合防水层□　接缝密封防水□
	瓦面与板面	烧结瓦和混凝土瓦铺装□　沥青瓦铺装□　金属板铺装□　玻璃采光顶铺装□
	细部构造	檐口□　檐沟和天沟□　女儿墙和山墙□　水落口□　变形缝□　伸出屋面管道□　屋面出入口□　反梁过水孔□　设施基座□　屋脊□　屋顶窗□
	屋面工程施工工艺流程	
	新工艺新材料	有□　无□
	资料管理软件名称	
	施工工艺标准代号	
二、进行分项、检验批划分	1. 熟悉《建筑工程施工质量验收统一标准》及《屋面工程施工质量验收规范》中有关分项、检验批划分的规定;参见分部(子分部)工程、分项工程、检验批划分及代号索引。 2. 逐项确认屋面工程各子分部的分项工程、检验批数量并填写表 2-2-47 的内容	

第2部分　建筑工程施工资料管理技能实训

续表

工作任务	分值 M_i	评分标准（指标内涵）		评分等级 K_i				学生自评	教师评价
		A	C	A	B	C	D	N_1	N_2
				1	0.8	0.6	0.4		
三、检查评价	信息采集	20	采集相关信息非常准确、齐全	基本准确、有缺项或错选					
	分项检验批划分	20	分项、检验批划分：科学、合理、符合施工方案要求，便于检验和资料管理实施	分项检验批划分基本准确					
	合计	40			得分 $N=\Sigma K_i M_i$				
	检查评价				师生评价权重			0.2	0.8
					实得分 $=0.2N_1+0.8N_2=$				

分部、子分部、分项、检验批划分和数量确定（样表）　　　表2-2-47

子分部名称	分项名称	检验批名称	检验批数量

4. 案例分析

屋面工程分部、分项、检验批划分，见表2-2-48所列。

××市××中学教学楼屋面工程分部、分项、检验批划分表　　　表2-2-48

分部工程	子分部工程	分项工程名称	检 验 批	检验批数量
屋面工程	基层保护	找坡层	二、四、五层屋面、雨篷找坡层检验批质量验收记录（按不同层高分）	4
		找平层	二、四、五层屋面、雨篷找平层检验批质量验收记录（按不同层高分）	4
		隔汽层	二、四、五层屋面隔汽层检验批质量验收记录	3
		隔离层	四层屋面隔离层检验批质量验收记录	1
	保温与隔热	板状材料保温层	二、四、五层屋面找平层检验批质量验收记录（按不同层高分）	4
	防水与密封	卷材防水层	二、五层屋面及雨篷卷材防水层、四层上人屋面卷材防水层检验批质量验收记录（按不同层高分）	4
		接缝密封防水	二、四、五层屋面接缝密封防水检验批质量验收记录	3

续表

分部工程	子分部工程	分项工程名称	检 验 批	检验批数量
屋面工程	细部构造	檐沟和天沟	五层屋面檐沟和天沟检验批质量验收记录	1
		女儿墙和山墙	二、四、五层女儿墙和山墙检验批质量验收记录	3
		水落口	二、四、五层屋面及雨篷水落口检验批质量验收记录（按不同层高分）	4
		变形缝	二层变形缝检验批质量验收记录	1
		伸出屋面管道	四层伸出屋面管道检验批质量验收记录	1

任务 2　屋面分部工程资料管理计划编制

1. 实训目的：屋面分部工程施工资料管理计划编制的目的是针对任何施工项目屋面分部工程的结构特点，根据施工部位、施工工艺、空间和时间的不同确定施工资料管理任务的范围和基本内容，同时也是施工资料收集工作能力培养的基本方法。

2. 实训内容及成果：依据《建筑工程施工资料计划、交底编制导则》见表 2-3-1，完成某工程项目屋面分部工程资料管理计划编制及技术交底工作（目录省略）。

3. 实训步骤与指导：见表 2-2-49 所列。

实训步骤、指导与评价　　　　　　　　　　　　　　　　表 2-2-49

一、施工管理资料计划的编制	参见《施工资料管理计划、交底编制导则》，选择该屋面分部工程各子分部工程施工资料内容编制资料管理计划								
二、资料目录编制	依照资料管理计划的顺序列出屋面分部工程各子分部工程施工资料组卷目录表的内容。填写时应参照附表的内容进行选项，并按照组卷的方式汇总。有细目的项，应分级填写								
三、检查评价	工作任务	分值 M_i	评分标准（指标内涵）		评分等级 K_i				学生自评	教师评价
			A	C	A	B	C	D	N_1	N_2
					1	0.8	0.6	0.4		
	计划编制	30	资料分类正确、内容完整	资料分类正确、内容不完整						
	目录编制	10	目录正确，内容完整	目录正确，内容不完整						
	态度	20	态度端正，独立完成；具有独立解决问题的能力；工作任务完善，具有较强的持续性	态度端正，与他人合作完成；独立解决问题的能力不够；工作有时缺乏持续性						
	合计	60			得分 $N = \Sigma K_i M_i$					
		检查评价				师生评价权重				0.2	0.8
						实得分 $= 0.2N_1 + 0.8N_2$					

4. 案例分析

（1）屋面分部工程施工资料管理计划（交底）见表 2-2-50 所列。

第2部分 建筑工程施工资料管理技能实训

屋面分部工程施工资料管理计划（交底）

表 2-2-50

工程资料类别	工程资料名称（子目录）	资料分目录	细目	工程资料单位来源	填写或编制	审核、审批、签字
施工管理资料C1类	分包单位资质报审表*（表C.1.3）	按分包单位列分目录		施工单位	项目经理	专业监理/总监
	建设工程质量事故调查、勘查记录（表C.1.4）	按事故发生次数列分目录		调查单位	调查人	被调查人
	建设工程质量事故报告书	按事故发生次数列分目录		调查单位	报告人	调查负责人
	施工检测计划	按检测项目列分目录		施工单位	项目负责人	专业监理
	见证记录*	防水卷材见证记录 保温材料见证记录 隔汽层见证记录（上人屋面）		监理单位	监理见证人	试验取样人
	见证试验检测汇总表（表C.1.5）			施工单位	试验员	制表人
	施工日志（表C.1.6）	按专业归类（不单列分目和细目）		施工单位	记录人	专业工长/项目负责人
	监理工程师通知回复单*（表C.1.7）	按事项列分目录		施工单位	项目经理/项目负责人	专业监理/总监
施工技术资料C2类	工程技术文件报审表*（表C.2.1）	按施工组织设计、施工方案、重点部位、关键工序施工工艺、四新内容列分目录		施工单位	项目经理/项目负责人	专业监理/总监
	施工组织设计及施工方案	按专项方案设分目录		施工单位		
	技术交底记录（表C.2.3）	屋面隔汽层工程技术交底 屋面保温层工程技术交底 屋面找平层工程技术交底 屋面防水层工程技术交底 屋面细部构造工程技术交底		施工单位	交底人	审核人、接受交底人
	图纸会审记录**（表C.2.4）	按专业归类分目录		施工单位		
	设计变更通知单**（表C.2.5）	按专业归类分目录		设计单位	技术专业负责人	各方技术负责人
	工程洽商记录**（表C.2.6）	按专业归类（不单列分目和细目）		提出单位		

续表

工程资料类别	工程资料名称(子目录)	资料分目录	细目	工程资料来源	填写或编制	审核、审批、签字
进度造价资料C3类	工程复工报审表*(表C.3.2)	按工程暂停令设分目录		施工单位	项目经理/项目责任人	专业监理/总监
	施工进度计划报审表*(表C.3.3)	按约定设分目录		施工单位	项目经理	专业监理/总监
	施工进度计划	按约定设分目录		施工单位	项目负责人	项目经理/项目责任人
	人、机、料动态表(表C.3.4)	按月列分目录		施工单位	机械员、材料员、劳务员	项目经理
	工程延期申请表(表C.3.5)	按延期事项设分目录		施工单位	项目经理/项目责任人	总监
	工程款支付申请表*(表C.3.6)	按合同约定设分目录		施工单位	项目经理	总监
	工程变更费用报审表*(表C.3.7)	按事项设分目录		施工单位	项目经理/项目责任人	监理工程师/总监
	费用索赔申请表*(表C.3.8)	按事项设分目录		施工单位	项目经理/项目责任人	总监
施工物质资料C4类	砂、石、砖、水泥、钢筋、隔热保温、防腐材料、轻集料出厂质量证明文件	按类别设分目录	出厂质量证明文件及检测报告	供货单位	材料员	专业质量员
	其他物资出厂合格证、质量保证书、检测报告和报关单或商检证等	按类别设分目录		供货单位	材料员	
	材料、设备的相关检验报告、型式检测报告、3C强制认证合格证书或3C标志	按类别设分目录		供货单位	材料员	
	涉及消防、安全、卫生、环保、节能的材料、设备的检测报告或法定机构出具的有效证明文件	按事项设分目录		供货单位	材料员	

第2部分　建筑工程施工资料管理技能实训

续表

工程资料类别	工程资料名称（子目录）	资料分目录	细目	工程资料单位来源	填写或编制	审核、审批、签字
施工物质资料C4类	材料、构配件进场检验记录*（表C.4.1）	按类别设分目录	进场检验通用表格	施工单位	专业工长	专业工程师
	防水涂料试验报告	按品种设分目录	进场复验报告	检测单位	专业试验员	
	防水卷材试验报告	按品种设分目录		检测单位	专业试验员	
施工记录C5类	隐蔽工程验收记录*（表C.5.1）		通用表格	施工单位	专业技术质责任人/专业质检员/专业工长	专业监理工程师
		屋面隔气层隐蔽工程验收记录	二层屋面隔气层隐蔽工程验收记录			
			四层屋面隔气层隐蔽工程验收记录			
			五层屋面隔气层隐蔽工程验收记录			
		屋面保温层隐蔽工程验收记录	二层屋面保温层隐蔽工程验收记录			
			四层屋面保温层隐蔽工程验收记录			
			五层屋面保温层隐蔽工程验收记录			
		屋面找平层隐蔽工程验收记录	二层屋面找平层隐蔽工程验收记录			
			四层屋面找平层隐蔽工程验收记录			
			五层屋面找平层隐蔽工程验收记录			
		屋面防水层隐蔽工程验收记录	二层屋面防水层隐蔽工程验收记录			
			四层屋面防水层隐蔽工程验收记录			
			五层屋面防水层隐蔽工程验收记录			

续表

工程资料类别	工程资料名称（子目录）	资料分目录	细 目	工程资料单位来源	填写或编制	审核、审批、签字
施工记录 C5类	施工检查记录（表C.5.2）	屋面隔汽层施工检查记录	二层屋面隔汽层施工检查记录 四层屋面隔汽层施工检查记录 五层屋面隔汽层施工检查记录	施工单位	专业质检员	专业技术负责人/专业工长
		屋面保温层施工检查记录	二层屋面保温层施工检查记录 四层屋面保温层施工检查记录 五层屋面保温层施工检查记录			
		屋面找坡、找平层施工检查记录	二层屋面找坡、找平层施工检查记录 四层屋面找坡、找平层施工检查记录 五层屋面找坡、找平层施工检查记录			
		屋面防水层施工检查记录	二层屋面防水层施工检查记录 四层屋面防水层施工检查记录 五层屋面防水层施工检查记录			
	交接检查记录（表C.5.3）	土建班组-防水班组交接检查记录	二层屋面卫生清理-隔汽层施工交接检查记录 四层屋面卫生清理-隔汽层施工交接检查记录 五层屋面卫生清理-隔汽层施工交接检查记录	施工单位	移交单位	接收单位/见证单位
		防水班组-土建班组交接检查记录	二层屋面隔汽层-保温层施工交接检查记录 四层屋面隔汽层-保温层施工交接检查记录 五层屋面隔汽层-保温层施工交接检查记录			
		土建班组-防水班组交接检查记录	二层屋面找平层-卷材防水层施工交接检查记录 四层屋面找平层-卷材防水层施工交接检查记录 五层屋面找平层-卷材防水层施工交接检查记录			

第2部分 建筑工程施工资料管理技能实训

续表

专用表格

工程资料类别	工程资料名称（子目录）	资料分目录	细目	工程资料来源单位	填写或编制	审核、审批、签字
施工记录 C5类	楼层标高抄测记录	按楼层列分目录		施工单位		
	建筑物垂直度、标高观测记录*（表C.5.5）	按楼层列分目录		施工单位	施测人/专业技术负责人/专业质量员	
	防水工程试水检查记录*（表C.5.8）	按检验批设分目录		施工单位		专业工程师
施工质量验收记录 C7类	检验批质量验收记录*（表C7.1）	找坡层分项工程质量验收记录	二层找坡层检验批质量验收记录	施工单位	专业质检员	专业监理工程师
			四层找坡层检验批质量验收记录			
			五层找坡层检验批质量验收记录			
			雨篷找坡层检验批质量验收记录			
		找平层分项工程质量验收记录	二层找平层检验批质量验收记录	施工单位	专业质检员	专业监理工程师
			四层找平层检验批质量验收记录			
			五层找平层检验批质量验收记录			
			雨篷找平层检验批质量验收记录			
		隔汽层分项工程质量验收记录	二层隔汽层检验批质量验收记录	施工单位	专业质检员	专业监理工程师
			四层隔汽层检验批质量验收记录			
			五层屋面隔汽层检验批质量验收记录			
		隔离层分项工程质量验收记录	四层隔离层检验批质量验收记录	施工单位	专业质检员	专业监理工程师
		板状材料保温层分项工程质量验收记录	二层板状材料保温层检验批质量验收记录	施工单位	专业质检员	专业监理工程师
			四层板状材料保温层检验批质量验收记录			
			五层板状材料保温层检验批质量验收记录			

续表

工程资料类别	工程资料名称（子目录）	资料分目录	细目	工程资料单位来源	填写或编制	审核、审批、签字
施工质量验收记录C7类	检验批质量验收记录*（表C7.1）	卷材防水层分项工程质量验收记录	二层卷材防水层检验批质量验收记录	施工单位	专业质检员	专业监理工程师
			四层卷材防水层检验批质量验收记录			
			五层卷材防水层检验批质量验收记录			
			雨篷卷材防水层检验批质量验收记录			
		接缝密封防水分项工程质量验收记录	二层接缝密封防水检验批质量验收记录	施工单位	专业质检员	专业监理工程师
			四层接缝密封防水检验批质量验收记录			
			五层接缝密封防水检验批质量验收记录			
		檐沟和天沟分项工程质量验收记录	五层檐沟和天沟检验批质量验收记录	施工单位	专业质检员	专业监理工程师
		女儿墙和山墙分项工程质量验收记录	二层女儿墙和山墙检验批质量验收记录	施工单位	专业质检员	专业监理工程师
			四层女儿墙和山墙检验批质量验收记录			
			五层女儿墙和山墙检验批质量验收记录			
		水落口分项工程质量验收记录	二层水落口检验批质量验收记录	施工单位	专业质检员	专业监理工程师
			四层水落口检验批质量验收记录			
			五层水落口检验批质量验收记录			
			雨篷水落口检验批质量验收记录			
		变形缝分项工程质量验收记录	二层变形缝检验批质量验收记录	施工单位	专业质检员	专业监理工程师
		伸出屋面管道分项工程质量验收记录	四层伸出屋面管道检验批质量验收记录	施工单位	专业质检员	专业监理工程师

第2部分 建筑工程施工资料管理技能实训

续表

工程资料类别	工程资料名称（子目录）	资料分目录	细 目	工程资料单位来源	填写或编制	审核、审批、签字
施工质量验收记录 C7类	分项工程质量验收记录*（表C.7.2）	基层与保护	找坡层分项工程质量验收记录	施工单位	专业质检员	专业技术负责人/专业监理工程师
			找平层分项工程质量验收记录			
			隔汽层分项工程质量验收记录			
			隔离层分项工程质量验收记录			
		保温与隔热	板状材料保温层分项工程质量验收记录			
		防水与密封	卷材防水层分项工程质量验收记录			
			接缝密封防水分项工程质量验收记录			
		细部构造	檐沟和天沟分项工程质量验收记录			
			女儿墙和山墙分项工程质量验收记录			
			水落口分项工程质量验收记录			
			变形缝分项工程质量验收记录			
			伸出屋面管道分项工程质量验收记录			
	分部（子分部）工程质量验收记录**（C.7.3）			施工单位	专业质检员	施工项目经理、设计勘察项目负责人/总监

(2) 屋面分部工程相关资料样表

屋面保温层检验批质量验收记录

表 2-2-51

工程名称	××市第××中学教学楼		验收部位	屋面保温层（五层）			编号	04-01-C7-×××
施工单位	×××建筑安装有限公司					项目经理		×××
施工执行标准名称及编号	建筑安装工程施工工艺规程 QB-××-××××					专业工长		×××
分包单位	/		分包项目经理	/		施工班组长		×××
		施工质量验收规范的规定		施工单位检查评定记录				监理（建设）单位验收记录
主控项目	1	材料质量	设计要求	符合设计要求				符合设计要求及规范规定
	2	保温层含水率	设计要求	符合设计要求				
一般项目	1	保温层铺设	第4.2.10条	符合规范规定				符合规范规定及设计要求
	2	倒置式屋面保护层	第4.2.12条	/				
	3	保温层厚度允许偏差	松散、整体	+10%，-5%				
			板块	±5%	2 1 4 2 4 -1 2 -3			
施工单位检查评定结果	主控项目和一般项目的质量经抽样检验合格，施工操作依据、质量检查记录完整。 项目专业质量检查员：×××　　　　　　　　　　　××××年××月××日							
监理（建设）单位验收结论	同意验收。 专业监理工程师（建设单位项目专业技术负责人）：×××　××××年××月××日							

第2部分 建筑工程施工资料管理技能实训

屋面找平层检验批质量验收记录　　　　　　　　　　　　　表 2-2-52

工程名称		××市第××中学教学楼		验收部位	屋面保温层（五层）			编号		04-01-C7-×××
施工单位		×××建筑安装有限公司				项目经理		×××		
施工执行标准名称及编号		建筑安装工程施工工艺规程 QB-××-××××				专业工长		×××		
分包单位		/		分包项目经理	/		施工班组长	×××		
		施工质量验收规范的规定			施工单位检查评定记录					监理（建设）单位验收记录
主控项目	1	材料质量及配合比		设计要求		符合设计要求				符合设计要求
	2	排水坡度		设计要求		符合设计要求				
一般项目	1	交接处和转角处细部处理		第4.1.9条		符合规范规定				符合规范规定
	2	表面质量		第4.1.10条		符合规范规定				
	3	分格缝位置和间距		第4.1.11条		符合规范规定				
	4	表面平整度允许偏差		5mm		3　4　2　1　2　4　3　4　5　3				
施工单位检查评定结果		主控项目和一般项目的质量经抽样检验合格，施工操作依据、质量检查记录完整。 项目专业质量检查员：×××　　　　　　　　××××年××月××日								
监理（建设）单位验收结论		同意验收。 专业监理工程师(建设单位项目专业技术负责人)：×××　××××年××月××日								

屋面卷材防水层检验批质量验收记录

表 2-2-53

工程名称	××市第××中学教学楼	验收部位	屋面①-⑪/Ⓐ-Ⓕ轴	编号	04-01-C7-×××
施工单位	×××建筑安装有限公司			项目经理	×××
施工执行标准名称及编号	建筑安装工程施工工艺规程 QB-××-××××			专业工长	×××
分包单位	/	分包项目经理	/	施工班组长	×××

		质量验收规范的规定		施工单位检查评定记录	监理（建设）单位验收记录
主控项目	1	卷材及配套材料质量	设计要求	经检查符合设计要求，见合格证、检测报告和复验报告	符合规范规定及设计要求
	2	卷材防水层	第4.3.16条	按规定检测无渗漏	
	3	防水细部构造	第4.3.17条	符合规范规定	
一般项目	1	卷材搭接缝与收头质量	第4.3.18条	收头与基层粘结牢固封口严密无翘边符合规范规定	符合规范规定及设计要求
	2	卷材保护层	第4.3.19条	符合规范规定	
	3	排汽屋面孔道留置	第4.3.20条	符合规范规定	
	4	卷材铺贴方向	铺贴方向正确	符合规范规定	
	5	搭接宽度允许偏差	—10mm	—2 —3 —4 —6 —3 —5 —7 —4 —2 —8	

施工单位检查评定结果	主控项目和一般项目的质量经抽样检验合格，施工操作依据、质量检查记录完整。 项目专业质量检查员：×××　　　　　　　　　　　　　　××××年××月××日
监理（建设）单位验收结论	同意验收。 专业监理工程师（建设单位项目专业技术负责人）：×××　××××年××月××日

第2部分 建筑工程施工资料管理技能实训

密封材料嵌缝工程检验批质量验收记录　　　　　　　　　　　表 2-2-54

工程名称		××市第××中学教学楼		验收部位		屋面①-⑪/Ⓐ-Ⓕ轴		编号	04-01-C7-×××
施工单位		\multicolumn{5}{c}{×××建筑安装有限公司}			项目经理	×××
施工执行标准名称及编号		\multicolumn{5}{c}{建筑安装工程施工工艺规程 QB-××-××××}			专业工长	×××
分包单位		/		分包项目经理		/		施工班组长	×××
\multicolumn{2}{c}{}	\multicolumn{2}{c}{施工质量验收规范的规定}		\multicolumn{4}{c}{施工单位检查评定记录}		监理（建设）单位验收记录
主控项目	1	密封材料质量		设计要求		符合设计要求			符合规范规定及设计要求
	2	嵌缝施工质量		第6.2.7条		符合规范规定			
一般项目	1	嵌缝基层处理		第6.2.8条		符合规范规定			符合规范规定及设计要求
	2	外观质量		第6.2.10条		符合规范规定			
	3	接缝宽度允许偏差		±10%					
施工单位检查评定结果		\multicolumn{8}{l}{主控项目和一般项目的质量经抽样检验合格，施工操作依据、质量检查记录完整。　　　项目专业质量检查员：×××　　　　　　　　　××××年××月××日}
监理（建设）单位验收结论		\multicolumn{8}{l}{同意验收。　　　专业监理工程师(建设单位项目专业技术负责人)：×××　　××××年××月××日}

细部构造检验批质量验收记录　　　　　　表 2-2-55

工程名称	××市第××中学教学楼		验收部位	屋面①-⑪/Ⓐ-Ⓕ轴		编号	04-01-C7-×××
施工单位	×××建筑安装有限公司				项目经理		×××
施工执行标准名称及编号	建筑安装工程施工工艺规程 QB-××-××××				专业工长		×××
分包单位	/		分包项目经理	/		施工班组长	×××
	施工质量验收规范的规定			施工单位检查评定记录			监理（建设）单位验收记录
主控项目	1	天沟、檐沟排水坡度		设计要求	符合设计要求		符合规范规定及设计要求
	2 防水构造	（1）	天沟、檐沟	第9.0.4条	符合规范规定		
		（2）	檐口	第9.0.5条	/		
		（3）	水落口	第9.0.7条	符合规范规定		
		（4）	泛水	第9.0.6条	符合规范规定		
		（5）	变形缝	第9.0.8条	符合规范规定		
		（6）	伸出屋面管道	第9.0.9条	符合规范规定		
施工单位检查评定结果	主控项目和一般项目的质量经抽样检验合格，施工操作依据、质量检查记录完整。 项目专业质量检查员：×××　　　　　　　　　　　××××年××月××日						
监理（建设）单位验收结论	同意验收。 专业监理工程师（建设单位项目专业技术负责人）：×××　××××年××月××日						

项目5　建筑给水、排水及采暖分部工程资料管理

项目实训目标

任务1　建筑给水、排水及采暖分部工程资料信息的采集与分部、分项、检验批的划分

1. 实训目的：在具有建筑给水、排水及采暖工程施工图的识读和建筑给水、排水及采暖工程施工组织专业知识基础上，通过施工任务分解，培养建筑给水、排水及采暖工程资料信息采集和任务分解的能力。

第2部分 建筑工程施工资料管理技能实训

2. 实训内容及成果：依据《建筑工程施工质量验收统一标准》及《建筑给水、排水及采暖工程质量验收规范》中有关分部、分项、检验批划分的规定，完成建筑给水、排水及采暖分部工程资料信息采集与分部、子分部、分项、检验批的划分并填写表2-2-57。

3. 实训步骤与指导：见表2-2-56所列。

实训步骤、指导与评价　　　　　　　　　　表 2-2-56

一、针对工作任务搜集有关资料及采集相关信息	1. 工作准备：搜集相关资料、文件、规范、技术标准、教材、参考书。 2. 背景资料：分部工程概况（下表按工程实际发生项在□打√或在空格填写）	
	工程名称	
	给水方式	直接给水□　设有水箱给水□　设有水泵给水□　水箱水泵联合给水□　分区供水□　气压给水□
	布置方式	下行上给式□　上行下给式□　环状给水式□　枝状给水式□
	引入管数量	一个□　两个□　多个□　给水坡度
	截流调节配件	闸阀□　截止阀□　蝶阀□　止回阀□　减压阀□　安全阀□
	热水系统形式	全循环□　半循环□　不循环□
	水表类型	旋翼式□　螺翼式□　排水体制　分流制□　合流制□
	大便器类型	坐式□　蹲式□　大便槽式□
	排水管管径	DN50□　DN75□　DN100□　DN150□
	雨水系统	有□　无□　管道敷设形式　明设□　暗设□
	采暖形式	水平串联□　垂直单管□　双管系统□　同程式□　异程式□
	管材	钢管□　铸铁管□　塑料管□　混凝土管□　陶土管□
	管材连接方法	螺纹连接□　热熔连接□　法兰连接□　粘接□
	室内给水系统	给水管道及配件安装□　室内消火栓系统安装□　给水设备安装□　管道防腐□　绝热
	室内排水系统	排水管道及配件安装□　雨水管道及配件安装□
	室内热水供应系统	管道及配件安装□　辅助设备安装□　防腐□　绝热□
	卫生器具安装	卫生器具安装□　卫生器具给水配件安装□　卫生器具排水管道安装□
	室内采暖系统	管道及配件安装□　辅助设备及散热器安装□　金属辐射板安装□　低温热水地板辐射采暖系统安装□　系统水压试验及调试□　防腐□　绝热□
	室外给水管网	给水管道安装□　消防水泵接水器及室外消火栓安装□　管沟及井室□
	室外排水管网	排水管道安装□　排水管沟与井池□
	室外供热管网	管道及配件安装□　系统水压试验及调试□　防腐□　绝热□
	建筑中水系统及游泳池系统	建筑中水系统管道及辅助设备安装□　游泳池水系统安装□
	供热锅炉及辅助设备安装	锅炉安装□　辅助设备及管道安装□　安全附件安装□　烘炉、煮炉和试运行□　换热站安装□　防腐□　绝热□
	资料管理软件名称	
	施工工艺标准代号	

续表

二、进行分项、检验批划分和数量确定	1. 熟悉《建筑工程施工质量验收统一标准》及《建筑给水、排水及采暖工程施工质量验收规范》中有关分项、检验批划分的规定：参见分部（子分部）工程、分项工程、检验批划分及代号索引，见表 2-3-1 所示。 2. 逐项确认建筑给水、排水及采暖工程各子分部的分项工程、检验批数量并填写表 2-2-57 的内容							
三、检查评价	工作任务	分值 M_i	评分标准（指标内涵）		评分等级 K_i				学生自评 N_1	教师评价 N_2
			A	C	A	B	C	D		
					1	0.8	0.6	0.4		
	信息采集	20	采集相关信息非常准确、齐全	基本准确、有缺项或错选						
	分项检验批划分	20	分项、检验批划分：科学、合理、符合施工方案要求便于检验和资料管理实施	分项检验批划分基本准确						
	合计	40			得分 $N = \Sigma K_i M_i$					
	检查评价				师生评价权重				0.2	0.8
					实得分$=0.2N_1+0.8N_2=$					

分部、子分部、分项、检验批划分和数量确定（样表）　　表 2-2-57

子分部名称	分项名称	检验批名称	检验批数量

第 2 部分　建筑工程施工资料管理技能实训

4. 案例分析

建筑给水、排水及采暖工程分部、分项、检验批划分，见表 2-2-58 所列。

××市×中学教学楼建筑给水、排水及采暖工程分部、分项、检验批划分　　表 2-2-58

分部工程	子分部工程	分项工程名称	检验批	检验批数量
建筑给水、排水及采暖分部	室内给水系统	室内给水管道及配件安装	室内给水管道及配件安装工程检验批质量验收记录	
			进户管（按系统、组别分）	1
			立管、水平管（按系统、组别分）	1
		室内消火栓系统安装	室内消火栓系统安装工程检验批质量验收记录	
			进户管（按系统、组别分）	1
			立管、水平管（按系统、组别分）	5
	室内排水系统	室内排水管道及配件安装	室内排水管道及配件安装工程检验批质量验收记录	
			立管、水平管：卫生间（按系统、组别分）	1
			出户管：卫生间	1
			污水出户管：换热站	1
		雨水管道及配件安装	雨水管道及配件安装工程检验批质量验收记录	
			立管、水平出户管	10
	卫生器具安装	卫生器具安装	卫生器具安装工程检验批质量验收记录	1
		卫生器具给水配件安装	卫生器具给水配件安装工程检验批质量验收记录	1
		卫生器具排水管道安装	卫生器具排水管道安装工程检验批质量验收记录	1
	室内采暖系统	室内采暖管道及配件安装	室内采暖管道及配件安装工程检验批质量验收记录	
			进户管道	1
			系统	8
		辅助设备及散热器安装	辅助设备及散热器安装工程检验批质量验收记录	
			热交换站	1
			楼梯间	3
		低温热水地板辐射采暖系统安装	低温热水地板辐射采暖系统安装工程检验批质量验收记录：地下室；五个楼层	6
		无障碍厕所和无障碍厕位	无障碍厕所和无障碍厕位检验批质量验收记录	1

任务 2　建筑给水、排水及采暖分部工程资料管理计划编制

1. 实训目的：建筑给水、排水及采暖分部工程施工资料管理计划编制的目的是针对任何施工项目建筑给水、排水及采暖分部工程的施工特点，根据施工部位、施工工艺、空间和时间的不同确定施工资料管理任务的范围和基本内容，同时也是施工资料收集工作能力培养的基本方法。

2. 实训内容及成果：依据《建筑工程施工资料计划、交底编制导则》见表 2-3-1，完成某工程项目建筑给水、排水及采暖分部工程资料管理计划编制及技术交底工作（目录省略）。

3. 实训步骤与指导：见表 2-2-59 所列。

实训步骤、指导与评价　　　　　　　　　　表 2-2-59

一、施工管理资料计划的编制	参见《施工资料管理计划、交底编制导则》，选择该建筑给水、排水及采暖分部工程各子分部工程施工资料内容编制资料管理计划								
二、资料目录编制	依照资料管理计划的顺序列出建筑给水、排水及采暖分部工程各子分部工程施工资料组卷目录表的内容。填写时应参照附表的内容进行选项，并按照组卷的方式汇总。有细目的项，应分级填写								
三、检查评价	工作任务	分值 M_i	评分标准（指标内涵）		评分等级 K_i				学生自评	教师评价
^	^	^	A	C	A	B	C	D	^	^
^	^	^	^	^	1	0.8	0.6	0.4	N_1	N_2
^	计划编制	30	资料分类正确、内容完整	资料分类正确、内容不完整						
^	目录编制	10	目录正确，内容完整	目录正确，内容不完整						
^	态度	20	态度端正，独立完成；具有独立解决问题的能力；工作任务完善，具有较强的持续性	态度端正，与他人合作完成；独立解决问题的能力不够；工作有时缺乏持续性						
^	合计	60			得分 $N = \Sigma K_i M_i$					
^	检查评价				师生评价权重				0.2	0.8
^	^				实得分 $=0.2N_1+0.8N_2=$					

4. 案例分析

（1）建筑给水、排水及采暖分部工程施工资料管理计划（交底）。见表 2-2-60 所列。

第2部分 建筑工程施工资料管理技能实训

建筑给水、排水及采暖分部工程施工资料管理计划（交底）

表 2-2-60

工程资料类别	工程资料名称（子目录）	资料分目录	细 目	工程资料单位来源	填写或编制	审核、审批、签字
施工管理资料C1类	分包单位资质报审表*（表C.1.3）	按分包单位分列分目录		施工单位	项目经理	专业监理/总监
	建设工程质量事故调查、勘查记录（表C.1.4）	按事故发生次数列分目录		调查单位	调查人	被调查人
	建设工程质量事故报告书	按事故发生次数列分目录		调查单位	报告人	调查负责人
	施工检测计划	按检测项目列分目录		施工单位	项目负责人	专业监理
	见证记录*见证试验检测汇总表（表C.1.5）	按检测项目列分目录		监理单位	监理见证人	试验取样人
	施工日志（表C.1.6）			施工单位	试验员	（制表人）技术负责人
	监理工程师通知回复单*（表C.1.7）	按专业归类（不单列分目和细目）		施工单位	记录人	专业工长项目负责人
施工技术资料C2类	工程技术文件报审表*（表C.2.1）	按专项列分目录		施工单位	项目经理/项目责任人	专业监理/总监
	施工组织设计及施工方案	按：施工组织设计、施工方案，重点部位、关键工序施工工艺，四新内容列分目录		施工单位	项目经理/项目责任人	专业监理
	技术交底记录（表C.2.3）	按专项方案设计分目录		施工单位	项目经理/项目责任人	施工单位技术负责人、专业监理/总监
		给水管道及配件安装技术交底		施工单位	交底人	审核人，接受交底人
		室内水管系统安装技术交底				
		排水、雨水管道及配件安装技术交底记录				
		卫生器具安装技术交底				
		采暖管道及配件安装、防腐、绝热技术交底				
		低温热水地板辐射采暖系统安装技术交底				
		室内消火栓系统安装技术交底				

续表

工程资料类别	工程资料名称（子目录）	资料分目录	细 目	工程资料单位来源	填写或编制	审核、审批、签字
施工技术资料C2类	图纸会审记录**（表C.2.4)	按专业归类（不单列分目细目）		施工单位		
	设计变更通知单**（表C.2.5)			设计单位	各方技术、专业负责人	各方技术、专业负责人
	工程洽商记录（技术核定单)**（表C.2.6)			提出单位		
	工程复工报审表*（表C.3.2)	按工程暂停令设分目		施工单位	项目经理/项目责任人	专业监理/总监
	施工进度计划报审表*（表C.3.3)	按约定设分目录		施工单位	项目经理	专业监理/总监
	施工进度计划	按约定设分目录		施工单位	项目负责人	项目经理/项目责任人
	人、机、料动态表（表C.3.4)	按月列分目录		施工单位	机械员、材料员、劳务员	项目经理
进度造价资料C3类	工程延期申请表*（表C.3.5)	按延期事项设分目		施工单位	项目经理/项目责任人	总监
	工程款支付申请表*（表C.3.6)	按合同约定设分目录		施工单位	项目经理	总监
	工程变更费用报审表*（表C.3.7)	按事项设分目录		施工单位	项目经理/项目责任人	监理工程师/总监
	费用索赔申请表*（表C.3.8)	按事项设分目录		施工单位	项目经理/项目责任人	总监

第2部分 建筑工程施工资料管理技能实训

续表

工程资料类别	工程资料名称（子目录）	资料分目录	细目		工程资料来源单位	填写或编制	审核、审批、签字
施工物资资料C4类	其他物资出厂合格证、质量保证书、检测报告和报关单或商检证等	按类别设分目录	出厂质量证明文件及检测报告		供货单位	材料员	
	材料、设备的相关检验报告、型式检测报告，3C强制认证合格证书或3C标志	按类别设分目录			供货单位	材料员	
	主要设备、器具的安装使用说明书	按类别设分目录			供货单位	材料员	
	进口的主要材料设备的商检证明文件	按类别设分目录			供货单位	材料员	
	涉及消防、安全、卫生、环保、节能的材料、设备的检测报告或法定机构出具的有效证明文件	按类别设分目录			供货单位	材料员	
	材料、构配件进场检验记录*（表C.4.1）	按类别设分目录	进场检验通用表格		施工单位	专业工长	专业工程师
	设备开箱检验记录*（表C.4.2）	按类别设分目录			施工单位	专业工长	
	设备及管道附件试验记录*（表C.4.3）	按类别设分目录			施工单位	专业工长	
	散热器、采暖系统保温材料，通风与空调工程绝热材料，风机盘管机组、低压配电系统电缆的见证取样复验报告	按品种设分目录	进场复验报告		检测单位	专业试验员	

续表

工程资料类别	工程资料名称（子目录）	资料分目录	细目	工程资料单位来源	填写或编制	审核、审批、签字
施工记录 C5类	隐蔽工程验收记录*（表C.5.1）	通用表格				
		低温热水地板辐射采暖系统隐蔽工程验收记录	地下室低温热水地板辐射采暖系统隐蔽工程验收记录	施工单位	专业技术负责人/专业质检员/专业工长	专业监理工程师
			一层低温热水地板辐射采暖系统隐蔽工程验收记录			
			二层低温热水地板辐射采暖系统隐蔽工程验收记录			
			三层低温热水地板辐射采暖系统隐蔽工程验收记录			
			四层低温热水地板辐射采暖系统隐蔽工程验收记录			
			五层低温热水地板辐射采暖系统隐蔽工程验收记录			
		室内给水系统隐蔽工程验收记录	地下室室内给水系统隐蔽工程验收记录			
			一层室内给水系统隐蔽工程验收记录			
			二层室内给水系统隐蔽工程验收记录			
			三层室内给水系统隐蔽工程验收记录			
			四层室内给水系统隐蔽工程验收记录			
			五层室内给水系统隐蔽工程验收记录			

第2部分　建筑工程施工资料管理技能实训

续表

工程资料类别	工程资料名称（子目录）	资料分目录	细目	工程资料单位来源	填写或编制	审核、审批、签字
施工记录 C5类	隐蔽工程验收记录*（表C.5.1）	室内排水系统隐蔽工程验收记录	地下室室内排水系统隐蔽工程验收记录	施工单位	专业技术负责人/专业质检员/专业工长	专业监理工程师
			一层室内排水系统隐蔽工程验收记录			
			二层室内排水系统隐蔽工程验收记录			
			三层室内排水系统隐蔽工程验收记录			
			四层室内排水系统隐蔽工程验收记录			
			五层室内排水系统隐蔽工程验收记录			
	施工检查记录（表C.5.2）	室内给水管道及配件安装施工检查记录	地下室室内给水管道及配件安装施工检查记录	施工单位	专业质检员	专业技术负责人/专业工长
			一层室内给水管道及配件安装施工检查记录			
			二层室内给水管道及配件安装施工检查记录			
			三层室内给水管道及配件安装施工检查记录			
			四层室内给水管道及配件安装施工检查记录			
			五层室内给水管道及配件安装施工检查记录			

续表

工程资料类别	工程资料名称（子目录）	资料分目录	细目	工程资料来源单位	填写或编制	审核、审批、签字
施工记录 C5类	施工检查记录（表C.5.2）	室内排水管道及配件安装施工检查记录	地下室室内排水管道及配件安装施工检查记录	施工单位	专业质检员	专业技术负责人/专业工长
			一层室内排水管道及配件安装施工检查记录			
			二层室内排水管道及配件安装施工检查记录			
			三层室内排水管道及配件安装施工检查记录			
			四层室内排水管道及配件安装施工检查记录			
			五层室内排水管道及配件安装施工检查记录			
		采暖系统管道及配件安装检查施工记录	地下室采暖系统管道及配件安装检查施工记录			
			一层采暖系统管道及配件安装检查施工记录			
			二层采暖系统管道及配件安装检查施工记录			
			三层采暖系统管道及配件安装检查施工记录			
			四层采暖系统管道及配件安装检查施工记录			
			五层采暖系统管道及配件安装检查施工记录			

第 2 部分 建筑工程施工资料管理技能实训

续表

工程资料类别	工程资料名称（子目录）	资料分目录	细　目	工程资料单位来源	填写或编制	审核、审批、签字
施工记录 C5 类	施工检查记录（表 C.5.2）	室内消火栓安装施工检查记录	地下室室内消火栓安装施工检查记录	施工单位	专业质检员	专业技术负责人/专业工长
			一层室内消火栓安装施工检查记录			
			二层室内消火栓安装施工检查记录			
			三层室内消火栓安装施工检查记录			
			四层室内消火栓安装施工检查记录			
			五层室内消火栓安装施工检查记录			
	交接检查记录（表 C.5.3）	土建班组水暖安装班组交接检查记录	地下室地面找平层-低温热水地板辐射盘管施工交接检查记录	施工单位	移交单位	接收单位/见证单位
			一层楼面找平层-低温热水地板辐射盘管施工交接检查记录			
			二层楼面找平层-低温热水地板辐射盘管施工交接检查记录			
			三层楼面找平层-低温热水地板辐射盘管施工交接检查记录			
			四层楼面找平层-低温热水地板辐射盘管施工交接检查记录			
			五层楼面找平层-低温热水地板辐射盘管施工交接检查记录			

续表

工程资料类别	工程资料名称（子目录）	资料分目录	细目	工程资料单位来源	填写或编制	审核、审批、签字
施工记录C5类	交接检查记录（表C.5.3）	防水班组-水暖安装班组交接检查记录	一层卫生间、盥洗室隔离层-低温热水地板辐射盘管施工交接检查记录			
			二层卫生间、盥洗室隔离层-低温热水地板辐射盘管施工交接检查记录			
			三层卫生间、盥洗室隔离层-低温热水地板辐射盘管施工交接检查记录			
			四层卫生间、盥洗室隔离层-低温热水地板辐射盘管施工交接检查记录			
		水暖安装班组-土建班组交接检查记录	地下室地暖盘管-填充层施工交接检查记录	施工单位	移交单位	接收单位/见证单位
			一层地暖盘管-填充层施工交接检查记录			
			二层地暖盘管-填充层施工交接检查记录			
			三层地暖盘管-填充层施工交接检查记录			
			四层地暖盘管-填充层施工交接检查记录			
			五层地暖盘管-填充层施工交接检查记录			

第2部分 建筑工程施工资料管理技能实训

续表

工程资料类别	工程资料名称（子目录）	资料分目录	细目	工程资料单位来源	填写或编制	审核、审批、签字
施工试验记录及检测报告C6类	设备单机试运转记录*（表C.6.1）		通用表格	施工单位	专业质检员	专业工长/专业技术负责人/专业工程师
	系统试运转调试记录*（表C.6.2）			施工单位	专业质检员	专业工长/专业技术负责人/专业工程师
			给水排水及采暖工程			
	灌（满）水试验记录*（表C.6.9）		专用表格	施工单位	专业质检员	专业监理工程师
	强度严密性试验记录*（表C.6.10）		按系统列细目	施工单位	专业质检员	专业监理工程师
	通水试验记录*（表C.6.11）		按分项列细目	施工单位	专业质检员	专业监理工程师
	冲（吹）洗试验记录*（表C.6.12）			施工单位	专业质检员	专业监理工程师
	通球试验记录			施工单位	专业质检员	专业监理工程师
	补偿器安装记录			施工单位	专业质检员	专业监理工程师
	消火栓试射记录			施工单位	专业技术负责人	建设、监理、施工单位项目负责人
	自动喷水灭火系统联动试验记录			施工单位	专业质检员	建设、监理、施工单位项目负责人
施工质量验收记录C7类	检验批质量验收记录*（表C.7.1）	室内给水管道及配件安装	室内给水管道及配件安装工程检验批质量验收记录（1个，进户管，水平管）	施工单位	专业质检员	专业监理工程师
			室内给水管道及配件安装工程检验批质量验收记录（1个，立管，水平管）	施工单位	专业质检员	专业监理工程师
		室内消火栓系统安装	室内消火栓系统安装工程检验批质量验收记录（1个，进户管）	施工单位	专业质检员	专业监理工程师
			室内消火栓系统安装工程检验批质量验收记录（1个，立管，水平管）	施工单位	专业质检员	专业监理工程师

续表

工程资料类别	工程资料名称(子目录)	资料分目录	细目	工程资料单位来源	填写或编制	审核、审批、鉴字
施工质量验收记录C7类	检验批质量验收记录*（表C.7.1）	室内排水管道及配件安装	室内排水管道及配件安装工程检验批质量验收记录（1个，卫生间立管、水平管）	施工单位	专业质检员	专业监理工程师
			室内排水管道及配件安装工程检验批质量验收记录（1个，卫生间出户管）	施工单位	专业质检员	专业监理工程师
			室内排水管道及配件安装工程检验批质量验收记录（1个，换热站污水出户管）	施工单位	专业质检员	专业监理工程师
		雨水管道及配件安装	雨水管道及配件安装工程检验批质量验收记录（10个，立管、水平出户管）	施工单位	专业质检员	专业监理工程师
		卫生器具安装	卫生器具安装工程检验批质量验收记录（1个）	施工单位	专业质检员	专业监理工程师
		卫生器具给水配件安装	卫生器具给水配件安装工程检验批质量验收记录（1个）	施工单位	专业质检员	专业监理工程师
		卫生器具排水管道安装	卫生器具排水管道安装工程检验批质量验收记录（1个）	施工单位	专业质检员	专业监理工程师
		室内采暖管道及配件安装	室内采暖管道及配件安装工程检验批质量验收记录（1个，进户管道）	施工单位	专业质检员	专业监理工程师
			室内采暖管道及配件安装工程检验批质量验收记录（8个，按系统）	施工单位	专业质检员	专业监理工程师

续表

工程资料类别	工程资料名称（子目录）	资料分目录	细目	工程资料单位来源	填写或编制	审核、审批、签字
施工质量验收记录 C7 类	检验批质量验收记录*（表 C.7.1）	辅助设备及散热器安装	辅助设备及散热器安装工程检验批质量验收记录（1个，热交换站）	施工单位	专业质检员	专业监理工程师
		辅助设备及散热器安装	辅助设备及散热器安装工程检验批质量验收记录（3个，楼梯间）	施工单位	专业质检员	专业监理工程师
		低温热水地板辐射采暖系统安装	低温热水地板辐射采暖系统安装工程检验批质量验收记录（6个，地下室、五个楼层）	施工单位	专业质检员	专业监理工程师
		无障碍厕所和无障碍厕位	无障碍厕所和无障碍厕位检验批质量验收记录（一层）	施工单位	专业质检员	专业监理工程师
	分项工程质量验收记录*（表 C.7.2）	室内给水系统	室内给水管道及配件安装分项工程质量验收记录	施工单位	专业质检员	专业技术负责人/专业监理工程师
		室内给水系统	室内消火栓系统安装分项工程质量验收记录	施工单位	专业质检员	
		室内排水系统	室内排水管道及配件安装分项工程质量验收记录	施工单位	专业质检员	专业技术负责人/专业监理工程师
			雨水管道及配件安装分项工程质量验收记录	施工单位	专业质检员	

续表

工程资料类别	工程资料名称（子目录）	资料分目录	细目	工程资料单位来源	填写或编制	审核、审批、签字
施工质量验收记录 C7类	分项工程质量验收记录*（表C.7.2）	卫生器具安装	卫生器具安装分项工程质量验收记录	施工单位	专业质检员	专业技术负责人/专业监理工程师
			卫生器具给水配件安装分项工程质量验收记录			
			卫生器具排水管道安装分项工程质量验收记录			
		室内采暖系统	室内采暖管道及配件安装分项工程质量验收记录	施工单位	专业质检员	专业技术负责人/专业监理工程师
			辅助设备及散热器安装分项工程质量验收记录			
			低温热水地板辐射采暖系统安装分项工程质量验收记录			
	分部（子分部）工程质量验收记录**（表C.7.3）			施工单位	专业质检员	施工项目经理，设计、勘察项目负责人/总监
	自动喷水系统验收缺陷项目划分记录			施工单位	专业质检员	施工项目负责人/建设单位项目负责人、专业监理工程师
	给水排水系统分项工程质量验收记录			施工单位	专业质检员	
	热源和热交换系统分项工程质量验收记录			施工单位	专业质检员	

第 2 部分 建筑工程施工资料管理技能实训

(2) 建筑建筑给水、排水及采暖分部工程相关资料样表

室内给水管道及配件安装工程检验批质量验收记录 表 2-2-61

工程名称	××市××中学教学楼		验收部位		7-8轴卫生间		编号			05-01-C7-×××				
施工单位	×××建筑安装有限公司						项目经理			×××				
施工执行标准名称及编号	建筑安装工程施工工艺规程 QB-××-××××						专业工长			×××				
分包单位	/		分包项目经理		/			施工班组长		×××				
施工质量验收规范规定					施工单位检查评定记录									监理（建设）单位验收记录
主控项目	1	给水管道水压试验			设计要求		符合规范规定							符合规范规定及设计要求
	2	给水系统通水试验			第4.2.2条		符合规范规定							
	3	生活给水系统管冲洗和消毒			第4.2.3条		符合规范规定							
	4	直埋金属给水管道防腐			第4.2.4条		符合规范规定							
一般项目	1	给水排水管铺设的平行、垂直净距			第4.2.5条		符合规范规定							符合规范规定
	2	金属给水管道及管件焊接			第4.2.6条		符合规范规定							
	3	给水水平管道坡度坡向			第4.2.7条		符合规范规定							
	4	管道支、吊架			第4.2.9条		符合规范规定							
	5	水表安装			第4.2.10条		符合规范规定							
	6	水平管道纵、横方向弯曲允许偏差（mm）	钢管	每m										
				全长25m以上	≤25									
			塑料管复合管	每m	1.5	1.1	1	1	0.9	1.2	1.3	1	1.1	1.1	1.2
				全长25m以上	≤25									
			铸铁管	每m	2									
				全长25m以上	≤25									
		立管垂直度允许偏差（mm）	钢管	每m	3									
				5m以上	≤8									
			塑料管复合管	每m	2	1.1	1	1	0.9	1.2	1.3	1	1.1	1.1	1.2
				5m以上	≤8									
			铸铁管	每m	3									
				5m以上	≤10									
		成排管段和成排阀门		在同一平面上的间距	3	1	2	1	2	3	1	2	3	2	3
施工单位检查评定结果	主控项目和一般项目的质量经抽样检验合格，施工操作依据、质量检查记录完整。 项目专业质量检查员：×××　　　　　　　　　　　　　　××××年××月××日													
监理（建设）单位验收结论	同意验收。 专业监理工程师(建设单位项目专业技术负责人)：×××　××××年××月××日													

卫生器具及给水配件安装工程检验批质量验收记录

表 2-2-62

工程名称	××市××中学教学楼		验收部位	⑦～⑧轴卫生间	编号	05-04-C7-×××
施工单位	×××建筑安装有限公司				项目经理	×××
施工执行标准名称及编号	建筑安装工程施工工艺规程 QB-××-××××				专业工长	×××
分包单位	/		分包项目经理	/	施工班组长	×××

		施工质量验收规范规定		施工单位检查评定记录	监理（建设）单位验收记录
主控项目	1	卫生器具满水试验和通水试验	第7.2.2条	符合规范规定	符合规范规定及设计要求
	2	排水栓与地漏安装	第7.2.1条	符合规范规定	
	3	卫生器具给水配件	第7.3.1条	符合规范规定	

					施工单位检查评定记录										监理（建设）单位验收记录
一般项目	1	卫生器具安装允许偏差 (mm)	坐标	单独器具	2	3	2	4	6	8	9	7	8	5	符合规范规定
				成排器具											
			标高	单独器具	3	5	4	6	7	1	-3	-5	6	7	9
				成排器具											
			器具水平度		2	1	2	0	0	1	2	10	1	2	0
			器具垂直度		3	2	2	0	3	2	1	2	0	3	1
	2	给水配件安装允许偏差 (mm)	高、低水箱、阀角及截止阀水嘴	±10	4	5	7	9	7	8	-3	9	-8	7	
			淋浴器喷头下沿	±15											
			浴盆软管淋浴器挂钩	±20											
	3	浴盆检修门、小便槽冲洗管安装	第7.2.4条 第7.2.5条	符合规范规定											
	4	卫生器具的支、托架	第7.2.6条	符合规范规定											
	5	浴盆淋浴器挂钩高度距地1.8m	第7.3.3条												

施工单位检查评定结果	主控项目和一般项目的质量经抽样检验合格，施工操作依据、质量检查记录完整。 项目专业质量检查员：×××　　　　　　　　　　　　　　　××××年××月××日
监理（建设）单位验收结论	同意验收。 专业监理工程师(建设单位项目专业技术负责人)：×××　　××××年××月××日

第2部分 建筑工程施工资料管理技能实训

室内采暖辅助设备及散热器及金属辐射板安装工程检验批质量验收记录　表 2-2-63

工程名称	××市××中学教学楼	验收部位	①-⑪/Ⓐ-Ⓕ轴	编号	05-05-C7-×××
施工单位	×××建筑安装有限公司			项目经理	×××
施工执行标准名称及编号	建筑安装工程施工工艺规程 QB-××-××××			专业工长	×××
分包单位	/	分包项目经理	/	施工班组长	×××

		施工质量验收规范规定		施工单位检查评定记录	监理（建设）单位验收记录
主控项目	1	散热器水压试验	第 8.3.1 条	试验 3min，压力下降，无渗漏	符合规范规定及设计要求
	2	金属辐射板水压试验	第 8.4.1 条	/	
	3	金属辐射板安装	第 8.4.2 条、第 8.4.3 条	/	
	4	水泵、水箱安装	第 8.3.2 条	/	
一般项目	1	散热器的组对	第 8.3.3 条、第 8.3.4 条	符合规范规定	符合规范规定
	2	散热器的安装	第 8.3.5 条、第 8.3.6 条	符合规范规定	
	3	散热器表面防腐涂漆	第 8.3.8 条	色泽均匀，无脱落气泡等现象	
	散热器允许偏差（mm）	散热器背面与墙内表面距离	3	1　3　1　2　3　1　1　2　0	
		与窗中心线或设计定位尺寸	20	9　7　8　6　9　7　8　12　11　10	
		散热器垂直度	3	1　1　0　0　2　1　2　1　3　2	

施工单位检查评定结果	主控项目和一般项目的质量经抽样检验合格，施工操作依据、质量检查记录完整。 项目专业质量检查员：×××　　　　　　　　　　××××年××月××日
监理（建设）单位验收结论	同意验收。 专业监理工程师(建设单位项目专业技术负责人)：×××　××××年××月××日

室内采暖管道及配件安装工程检验批质量验收记录   表 2-2-64

工程名称	××市××中学教学楼			验收部位	①-⑪/Ⓐ-Ⓕ轴					编号		05-05-C7-×××
施工单位	×××建筑安装有限公司									项目经理		×××
施工执行标准名称及编号	建筑安装工程施工工艺规程 QB-××-××××									专业工长		×××
分包单位	/			分包项目经理	/					施工班组长		×××

		施工质量验收规范规定						施工单位检查评定记录				监理(建设)单位验收记录
主控项目	1	管道安装坡度				第8.2.1条		支管宽度为1‰				符合规范规定及设计要求
	2	采暖系统水压试验				第8.6.1条		系统试压各连接处不渗不漏				
	3	采暖系统冲洗、试运行和调试				第8.6.2条、第8.6.3条		符合规范规定				
	4	补偿器的制作、安装及预拉伸				第8.2.2条 第8.2.5条 第8.2.6条		/				
	5	平衡阀、调节阀、减压阀安装				第8.2.3条 第8.2.4条		符合规范规定				
一般项目	1	热量表、疏水器、除污器等安装				第8.2.7条		/				符合规范规定
	2	钢管焊接				第8.2.8条		/				
	3	采暖入口及分户计量入户装置安装				第8.2.9条		符合规范规定				
	4	管道连接及散热器支管安装				第8.2.10条~8.2.15条		符合规范规定				
	5	管道及金属支架的防腐				第8.2.16条		无脱皮、起泡、漏涂等缺陷				
	6	管道安装允许偏差(mm)	横管道纵横方向弯曲	每米	管径≤100	1	0.1	0.2	0.3	0.4	0.6	0.8	0.9
					管径>100	1.5							
				全长(25m以上)	管径≤100	≤13							
					管径>100	≤25							
			立管垂直度	每1米		2	1	2	1	1	0	0	2
				全长(5m以上)		≤10							
			弯管	椭圆率	管径≤100	10%							
					管径>100	8%							
				折皱不平度	管径≤100	4	1	2	3	4	3	4	2
					管径>100	5							
	7	管道保温允许偏差(mm)		厚度		+0.1δ -0.05δ							
				表面平整度	卷材	5							
					涂料	10	2	4	6	8	9	4	5

施工单位检查评定结果	主控项目和一般项目的质量经抽样检验合格,施工操作依据、质量检查记录完整。 项目专业质量检查员:×××　　××××年××月××日
监理(建设)单位验收结论	同意验收。 专业监理工程师(建设单位项目专业技术负责人):××× 　　　　　××××年××月××日

第2部分 建筑工程施工资料管理技能实训

项目6 建筑电气分部工程资料管理

项目实训目标

任务1 建筑电气分部工程资料信息的采集与分部、分项、检验批的划分

1. 实训目的：在具有建筑电气工程施工图的识读和建筑电气工程施工组织专业知识基础上，通过施工任务分解，培养建筑电气工程资料信息采集和任务分解的能力。

2. 实训内容及成果：依据《建筑工程施工质量验收统一标准》及《建筑电气工程质量验收规范》中有关分部、分项、检验批划分的规定，完成建筑电气分部工程资料信息采集与分部、子分部、分项、检验批的划分并填写表2-2-66。

3. 实训步骤与指导：见表2-2-65所列。

实训步骤、指导与评价　　　　　　　　　　　　表2-2-65

一、针对工作任务搜集有关资料及采集相关信息	1. 工作准备：搜集相关资料、文件、规范、技术标准、教材、参考书。 2. 背景资料：分部工程概况（下表按工程实际发生项在□打√或在空格填写）	
	工程名称	
	建筑类别	工业□　民用□　　　进户方式　　架空□　电缆埋地□
	配电方式	树干式□　放射式□　混合式□
	电气设计内容	变配电□　动力□　照明□　备用和不间断电源□　室外□
	防雷及接地	有□　无□　　　接地方式　　自然□　人工□
	防雷及接地安装	架空线路及杆上电气设备安装□　变压器□　箱式变电所安装□　成套配电柜、控制柜（屏、台）和动力、照明配电箱（盘）及控制柜安装□　电线□　电缆导管和线槽敷设□　电线、电缆穿管和线槽敷设、电缆头制作、导线连接和线路电气试验□　建筑物外部装饰灯具、航空障碍标志灯和庭院路灯安装□　建筑照明通电试运行□　接地装置安装□
	电气照明安装	变压器、箱式变电所安装□　成套配电柜、控制柜（屏、台）和动力、照明配电箱（盘）及控制柜安装□　裸母线、封闭母线、插接式母线安装□　电缆沟内和电缆竖井内电缆敷设□　电缆头制作、导线连接和线路电气试验□　接地装置安装□　避雷引下线和变电室接地干线敷设□
	备用和不间断电源安装	裸母线、封闭母线、插接式母线安装□　桥架安装和桥架内电缆敷设□　电缆沟内和电缆竖井电缆敷设□　电线、电缆导管和线槽敷设□　电线、电缆穿管和线槽敷线□　电缆头制作、导线连接和线路电气试验□
	室外电气	成套配电柜、控制柜（屏、台）和动力、照明配电箱（盘）及控制柜安装□　低压电动机、电加热器及电动执行机构检查、接线□　低压气动力设备检测、试验和空载试运行□　桥架安装和桥架内电缆敷设□　电线、电缆导管和线槽敷设□　电线、电缆穿管和线槽敷线□　电缆头制作、导线连接和线路电气试验□　插座、开关、风扇安装□

续表

一、针对工作任务搜集有关资料及采集相关信息	变配电室	成套配电柜、控制柜（屏、台）和动力、照明配电箱（盘）安装□ 电线、电缆导管和线槽敷设□ 电线、电缆导管和线槽敷设□ 电线、电缆导管和线槽敷线□ 槽板配线□ 钢索配线□ 电缆头制作□ 导线连接和线路电气试验□ 普通灯具安装□ 专用灯具安装□ 插座、开关、风扇安装□ 建筑照明通电试运行□
	供电干线	成套配电柜、控制柜（屏、台）和动力、照明配电箱（盘）安装□ 柴油发电机安装□ 不间断电源的其他功能单元安装□ 裸母线、封闭母线、插接式母线安装□ 电线、电缆导管和线槽敷设□ 电线、电缆导管和线槽敷线□ 电缆头制作□ 导线连接和线路电气试验□ 接地装置安装□
	电气动力	接地装置安装□ 避雷引下线和变配电室接地干线敷设□ 建筑物等电位连接□ 接闪器安装□
	资料管理软件名称	
	施工工艺标准代号	
二、进行分项、检验批划分和数量确定		1. 熟悉《建筑工程施工质量验收统一标准》及《建筑电气工程施工质量验收规范》中有关分项、检验批划分的规定：参见分部（子分部）工程、分项工程、检验批划分及代号索引。 2. 逐项确认建筑电气工程各子分部的分项工程、检验批数量并填写表2-2-66的内容

	工作任务	分值 M_i	评分标准（指标内涵）		评分等级 K_i				学生自评	教师评价
			A	C	A	B	C	D	N_1	N_2
					1	0.8	0.6	0.4		
三、检查评价	信息采集	20	采集相关信息非常准确、齐全	基本准确、有缺项或错选						
	分项检验批划分	20	分项、检验批划分：科学、合理、符合施工方案要求，便于检验和资料管理实施	分项检验批划分基本准确						
	合计	40			得分 $N=\Sigma K_i M_i$					
			检查评价		师生评价权重				0.2	0.8
					实得分 $=0.2N_1+0.8N_2=$					

分部、子分部、分项、检验批划分和数量确定（样表）　　　　表2-2-66

子分部名称	分项名称	检验批名称	检验批数量

第 2 部分　建筑工程施工资料管理技能实训

4. 案例分析

建筑电气工程分部、分项、检验批划分，见表 2-2-67 所列。

××市×中学教学楼建筑电气工程分部、分项、检验批划分　　表 2-2-67

分部工程	子分部工程	分项工程名称	检验批	检验批数量
建筑电气分部	变配电室（单独组卷）	变压器、箱式变电所安装	变压器、箱式变电所安装工程检验批质量验收记录	1
		成套配电柜、控制柜（屏、台）和动力、照明配电箱（盘）安装	成套配电柜、控制柜（屏、台）和动力、照明配电箱（盘）安装（Ⅰ）高压开关柜工程检验批质量验收记录	1
			成套配电柜、控制柜（屏、台）和动力、照明配电箱（盘）安装（Ⅱ）低压成套柜（屏、台）工程检验批质量验收记录	1
			成套配电柜、控制柜（屏、台）和动力、照明配电箱（盘）安装（Ⅲ）照明配电箱（盘）工程检验批质量验收记录	1
		裸母线、封闭母线、插接式母线安装	裸母线、封闭母线、插接式母线安装工程检验批质量验收记录	1
		电缆沟内和电缆竖井内电缆敷设	电缆沟内和电缆竖井内电缆敷设工程检验批质量验收记录	1
		电缆头制作、接线和线路绝缘测试	电缆头制作、接线和线路绝缘测试工程检验批质量验收记录	1
		接地装置安装	接地装置安装工程检验批质量验收记录	1
		避雷引下线和变配电室接地干线敷设	避雷引下线和变配电室接地干线敷设（Ⅱ）变配电室接地干线工程检验批质量验收记录	1
	供电干线	裸母线、封闭母线、插接式母线安装	裸母线、封闭母线、插接式母线安装工程检验批质量验收记录	
			进户线到总箱	1
			总箱到分箱	5
			地下室	1
		电缆桥架安装和桥架内电缆敷设	电缆桥架安装和桥架内电缆敷设工程检验批质量验收记录	
			地下室	1
		电缆沟内和电缆竖井内电缆敷设	电缆沟内和电缆竖井内电缆敷设工程检验批质量验收记录	1
		电线导管、电缆导管和线槽敷设	电线导管、电缆导管和线槽敷设（Ⅰ）室内工程检验批质量验收记录	
			进户线到总箱	1
			总箱到分箱	5
			地下室	1
		电线、电缆穿管和线槽敷线	电线、电缆穿管和线槽敷线工程检验批质量验收记录	
			进户线到总箱	1
			总箱到分箱	5
			地下室	1

续表

分部工程	子分部工程	分项工程名称	检验批	检验批数量
建筑电气分部	供电干线	电缆头制作、导线连接线和线路电气试验	电缆头制作、接线和线路绝缘测试工程检验批质量验收记录	
			进户线到总箱	1
			总箱到分箱	5
			地下室	1
	电气动力	低压电动机、电加热器及电动执行机构检查、接线	采暖低压配电系统	1
			消防风机	1
			防火卷帘	1
		低压电气动力设备检测、试验和空载试运行	采暖低压配电系统	1
			消防风机	1
			防火卷帘	1
		桥架安装和桥架内电缆敷设	桥架安装和桥架内电缆敷设工程检验批质量验收记录	1
		电线、电缆穿管和线槽敷设	电线、电缆穿管和线槽敷设工程检验批质量验收记录	
			采暖低压配电系统	1
			消防风机	1
			防火卷帘	1
		电线、电缆穿管和线槽敷线	电线、电缆穿管和线槽敷线工程检验批质量验收记录	
			采暖低压配电系统	1
			消防风机	1
			防火卷帘	1
		电缆头制作、导线连接线和线路电气试验	电缆头制作、接线和线路绝缘测试工程检验批质量验收记录	
			采暖低压配电系统	1
			消防风机	1
			防火卷帘	1
		开关、插座、风扇安装	开关、插座、风扇安装工程检验批质量验收记录	1

第2部分 建筑工程施工资料管理技能实训

续表

分部工程	子分部工程	分项工程名称	检验批	检验批数量
建筑电气分部	电气照明安装	成套配电柜、控制柜（屏、台）和动力、照明配电箱（盘）安装	成套配电柜、控制柜（屏、台）和动力、照明配电箱（盘）安装（Ⅲ）照明配电箱（盘）工程检验批质量验收记录（照明配电箱分箱）	6
		电线导管、电缆导管和线槽敷设	电线导管、电缆导管和线槽敷设（Ⅰ）室内工程检验批质量验收记录（3种敷设方式，沿顶WC、沿墙WW、沿地WF；每层1个共6个分箱的回路系统）	18
		电线、电缆穿管和线槽敷线	电线、电缆穿管和线槽敷线工程检验批质量验收记录（每层1个共6个分箱的回路系统）	6
		电缆头制作、导线连接线和线路电气试验	电缆头制作、接线和线路绝缘测试工程检验批质量验收记录（每层1个共6个分箱的回路系统）	6
		普通灯具安装	普通灯具安装工程检验批质量验收记录（每层1个共6个分箱的回路系统）	6
		专用灯具安装	专用灯具安装工程检验批质量验收记录（卫生间、盥洗室的防爆灯，过道和楼梯间的应急照明灯）	2
		开关、插座、风扇安装	开关、插座、风扇安装工程检验批质量验收记录（每层1个共6个分箱的回路系统，3部楼梯）	9
		建筑照明通电试运行	建筑物照明通电试运行工程检验批质量验收记录	1
	备用和不间断电源安装	成套配电柜、控制柜（屏、台）和动力、照明配电箱(盘)安装（Ⅱ）低压成套柜（屏、台）	成套配电柜、控制柜（屏、台）和动力、照明配电箱（盘）安装（Ⅱ）低压成套柜（屏、台）工程检验批质量验收记录	1
		柴油发电机组安装	柴油发电机组安装工程检验批质量验收记录	1
		裸母线、封闭母线、插接式母线安装	裸母线、封闭母线、插接式母线安装工程检验批质量验收记录	1
		电线导管、电缆导管和线槽敷设	电线导管、电缆导管和线槽敷设（Ⅰ）室内工程检验批质量验收记录	1
		电线、电缆穿管和线槽敷线	电线、电缆导管和线槽敷线工程检验批质量验收记录	1
		电缆头制作、导线连接和线路电气试验	电缆头制作、导线连接和线路电气试验工程检验批质量验收记录	1
		接地装置安装	接地装置安装工程检验批质量验收记录	1

续表

分部工程	子分部工程	分项工程名称	检验批	检验批数量
建筑电气分部	防雷及接地安装	接地装置安装	接地装置安装工程检验批质量验收记录	1
		避雷引下线和变配电室接地干线敷设	避雷引下线和变配电室接地干线敷设工程检验批质量验收记录	1
		建筑物等电位联结	建筑物等电位联结工程检验批质量验收记录（按层）	6
		接闪器安装	接闪器安装工程检验批质量验收记录	1
		无障碍厕所和无障碍厕位	无障碍厕所和无障碍厕位检验批质量难以记录	1

任务2　建筑电气分部工程资料管理计划编制

1. 实训目的：建筑电气分部工程施工资料管理计划的编制目的是针对任何施工项目建筑电气分部工程的施工特点，根据施工部位、施工工艺、空间和时间的不同确定施工资料管理任务的范围和基本内容，同时也是施工资料收集工作能力培养的基本方法。

2. 实训内容及成果：依据《建筑工程施工资料计划、交底编制导则》见表2-3-1，完成某工程项目建筑电气分部工程资料管理计划编制及技术交底工作（目录省略）。

3. 实训步骤与指导：见表2-2-68。

实训步骤、指导与评价　　　　　表2-2-68

一、施工管理资料计划的编制	参见附表2-3-1-1《施工资料管理计划、交底编制导则》，选择该建筑电气分部工程各子分部工程施工资料内容编制资料管理计划								
二、资料目录编制	依照资料管理计划的顺序列出建筑电气分部工程各子分部工程施工资料组卷目录表的内容。填写时应参照附表的内容进行选项，并按照组卷的方式汇总。有细目的项，应分级填写								
三、检查评价	工作任务	分值 M_i	评分标准（指标内涵）		评分等级 K_i				学生自评	教师评价
			A	C	A	B	C	D	N_1	N_2
					1	0.8	0.6	0.4		
	计划编制	30	资料分类正确、内容完整	资料分类正确、内容不完整						
	目录编制	10	目录正确，内容完整	目录正确，内容不完整						
	态度	20	态度端正，独立完成；具有独立解决问题的能力；工作任务完善，具有较强的持续性	态度端正，与他人合作完成；独立解决问题的能力不够；工作有时缺乏持续性						
	合计	60			得分 $N=\Sigma K_i M_i$					
	检查评价				师生评价权重				0.2	0.8
					实得分 $=0.2N_1+0.8N_2=$					

4. 案例分析

建筑电气分部工程施工资料管理计划（交底），见表2-2-69所列。

第2部分 建筑工程施工资料管理技能实训

建筑电气分部工程施工资料管理计划（交底）

表 2-2-69

工程资料类别	工程资料名称（子目录）	资料分目录	细 目	工程资料单位来源	填写或编制	审核、审批、签字
施工管理资料 C1 类	分包单位资质报审表 *（表 C.1.3）	按分包单位列分目录		施工单位	项目经理	专业监理/总监
	建设工程质量事故调查、勘查记录（表 C.1.4）	按事故发生次数列分目录		调查单位	调查人	被调查人
	建设工程质量事故报告书	按事故发生次数列分目录		调查单位	报告人	调查负责人
	施工检测计划	按检测项目列分目录		施工单位	项目负责人	专业监理
		电线导管、电缆导管和线槽敷设技术交底				
		电线、电缆穿管技术交底记录				
		开关、插座安装技术交底记录				
		接地装置安装技术交底记录				
		灯具安装技术交底记录				
		变压器、箱式变电所安装、技术交底记录				
		建筑物等电位联结技术交底记录				
		成套配电柜、控制柜和动力、照明配电箱安装技术交底记录				
		避雷接地引下线和变配电室接地干线敷设技术交底记录				
	见证记录 *			监理单位	监理见证人	试验取样人
	见证试验检测汇总表（表 C.1.5）	按专业归类		施工单位	试验员	（制表人）技术负责人
	施工日志（表 C.1.6）	（不单列分目和细目）		施工单位	记录人	专业工长项目负责人
	监理工程师通知回复单 *（表 C.1.7）	按事项列分目录		施工单位	项目经理/责任人	专业监理/总监

续表

工程资料类别	工程资料名称（子目录）	资料分目录	细目	工程资料来源单位	填写或编制	审核、审批、签字
施工技术资料C2类	工程技术文件报审表＊（表C.2.1）	按施工组织设计、施工方案、重点部位、关键工序施工工艺、四新内容列分目录		施工单位	项目经理/责任人	专业监理/总监
	技术交底记录（表C.2.3）	电线导管、电缆导管和线槽敷设技术交底		施工单位	交底人	审核人、接受交底人
		电线、电缆穿管技术交底记录				
		开关、插座安装技术交底记录				
		接地装置安装技术交底记录				
		灯具安装技术交底记录				
		变压器、箱式变电所安装、技术交底记录				
		建筑物等电位联结技术交底记录				
		成套配电柜、控制柜和动力、照明配电箱安装技术交底记录				
		避雷接地引下线和变配电室接地干线敷设技术交底记录				
	图纸会审记录＊＊（表C.2.4）	按专业归类（不单列分目和细目）		施工单位	技术、专业负责人	各方技术、专业负责人
	设计变更通知单＊＊（表C.2.5）	按专业归类（不单列分目和细目）		设计单位	技术、专业负责人	各方技术、专业负责人
	工程洽商记录＊＊（技术核定单）（表C.2.6）	按专业归类（不单列分目和细目）		提出单位	技术、专业负责人	各方技术、专业负责人

第2部分 建筑工程施工资料管理技能实训

续表

工程资料类别	工程资料名称（子目录）	资料分目录	细目	工程资料单位来源	填写或编制	审核、审批、签字
进度造价资料 C3类	工程复工报审表＊（表C.3.2）	按工程暂停令设设分目录		施工单位	项目经理/项目责任人	专业监理/总监
	施工进度计划报审表＊（表C.3.3）	按约定设设分目录		施工单位	项目经理	专业监理/总监
	施工进度计划	按约定设设分目录		施工单位	项目负责人	项目经理/项目责任人
	人、机、料动态表（表C.3.4）	按月列分目录		施工单位	机械员、材料员、劳务员	项目经理
	工程延期申请表（表C.3.5）	按延期事项设分目录		施工单位	项目经理/责任人	总监
	工程款支付申请表（表C.3.5）	按合同约定设设分目录		施工单位	项目经理	总监
	工程变更费用报审表＊（表C.3.7）	按事项设设分目录		施工单位	项目经理/责任人	监理工程师/总监
	费用索赔申请表（表C.3.8）	按事项设设分目录		施工单位	项目经理/责任人	总监
施工物质资料 C4类	其他物资出厂合格证、质量保证书、检测报告和报关单或商检证等	按类别设设分目录	出厂质量证明文件及检测报告	供货单位	材料员	
	材料、设备的相关检验报告、型式检测报告、3C强制认证合格证书或3C标志	按类别设设分目录		供货单位	材料员	
	主要设备、器具的安装使用说明书	按类别设设分目录		供货单位	材料员	

续表

工程资料类别	工程资料名称（子目录）	资料分目录	细 目	工程资料单位来源	填写或编制	审核、审批、签字
施工物质资料 C4 类	进口的主要材料设备的商检证明文件	按类别设分目录		供货单位	材料员	
	涉及消防、安全、卫生、环保、节能的材料、设备的检测报告或认定机构出具的有效证明文件	按类别设分目录		供货单位	材料员	
	材料、构配件进场检验记录*（表C.4.1）	按类别设分目录	进场检验通用表格	施工单位	专业工长	专业工程师
	设备开箱检验记录*（表C.4.2）	按类别设分目录		施工单位	专业工长	
	设备及管道附件试验记录*（表C.4.3）	按类别设分目录		施工单位	专业工长	
	散热器、采暖系统保温材料，通风与空调工程绝热材料，风机盘管机组、低压配电系统电缆的见证取样复试报告	按品种设分目录	进场复验报告	检测单位	专业试验员	
施工记录 C5 类	隐蔽工程验收记录*（表C.5.1）	电线导管、电缆导管和线槽敷设	通用表格	施工单位	专业技术负责人/专业质检员/专业工长	专业监理工程师
		电线导管、电缆导管和线槽验收记录	电线导管、电缆导管和线槽敷设工程隐蔽工程记录（6个，沿墙敷设）			
			电线导管、电缆导管和线槽敷设隐蔽工程验收记录（6个，沿顶板敷设）			

第2部分 建筑工程施工资料管理技能实训

续表

工程资料类别	工程资料名称(子目录)	资料分目录	细目	工程资料来源单位	填写或编制	审核、审批、签字
施工记录 C5类	隐蔽工程验收记录 * (表 C.5.1)	电线导管、电缆导管和线槽敷设隐蔽工程验收记录	电线导管、电缆导管和线槽敷设隐蔽工程验收记录（1个，沿地敷设）	施工单位	专业技术负责人/专业质检员/专业工长	专业监理工程师
		避雷接地引下线敷设和变配电室接地干线敷设隐蔽工程验收记录	变配电室接地干线敷设隐蔽工程验收记录			
			避雷接地引下线敷设隐蔽工程验收记录			
		接地装置安装隐蔽工程验收记录	变配电室接地装置安装隐蔽工程验收记录			
			不同断电源接地装置安装隐蔽工程验收记录			
			基础防雷接地装置安装隐蔽工程验收记录			
		建筑物等电位装隐蔽工程验收记录	地下室建筑物等电位安装隐蔽工程验收记录			
			一层建筑物等电位安装隐蔽工程验收记录			
			二层建筑物等电位安装隐蔽工程验收记录			
			三层建筑物等电位安装隐蔽工程验收记录			
			四层建筑物等电位安装隐蔽工程验收记录			
			五层建筑物等电位安装隐蔽工程验收记录			

续表

工程资料类别	工程资料名称(子目录)	资料分目录	细目	工程资料单位来源	填写或编制	审核、审批、签字
施工记录 C5类	施工检查记录(表C.5.2)	变配电室安装施工检查记录	地下室变配电室安装施工检查记录	施工单位	专业质检员	专业技术负责人/专业工长
		电线、电缆导管敷设施工检查记录	地下室电线、电缆导管敷设施工检查记录			
			一层电线、电缆导管敷设施工检查记录			
			二层电线、电缆导管敷设施工检查记录			
			三层电线、电缆导管敷设施工检查记录			
			四层电线、电缆导管敷设施工检查记录			
			五层电线、电缆导管敷设施工检查记录			
		灯具安装施工检查记录	地下室灯具安装施工检查记录			
			一层灯具安装施工检查记录			
			二层灯具安装施工检查记录			
			三层灯具安装施工检查记录			
			四层灯具安装施工检查记录			
			五层灯具安装施工检查记录			
		电线、电缆穿线施工检查记录	地下室电线、电缆穿线施工检查记录			
			一层电线、电缆穿线施工检查记录			
			二层电线、电缆穿线施工检查记录			
			三层电线、电缆穿线施工检查记录			
			四层电线、电缆穿线施工检查记录			
			五层电线、电缆穿线施工检查记录			
		不间断电源安装施工检查记录	配电室不间断电源安装施工检查记录			
		柴油发电机安装施工检查记录	地下室柴油发电机安装施工检查记录			

第2部分 建筑工程施工资料管理技能实训

续表

工程资料类别	工程资料名称（子目录）	资料分目录	细 目	工程资料单位来源	填写或编制	审核、审批、签字
施工记录 C5类	交接检查记录（表C.5.3）	电气安装班组-土建班组交接检查记录	地下室顶板线管、线盒预埋-混凝土施工交接检查记录			
			一层顶板线管、线盒预埋-混凝土施工交接检查记录			
			二层顶板线管、线盒预埋-混凝土施工交接检查记录			
			三层顶板线管、线盒预埋-混凝土施工交接检查记录			
			四层顶板线管、线盒预埋-混凝土施工交接检查记录			
			五层顶板线管、线盒预埋-混凝土施工交接检查记录			
		电气安装班组-抹灰班组交接检查记录	地下室填充墙线管、线盒预埋-墙面一般抹灰施工交接检查记录	施工单位	移交单位	接收单位/见证单位
			一层填充墙线管、线盒预埋-墙面一般抹灰施工交接检查记录			
			二层填充墙线管、线盒预埋-墙面一般抹灰施工交接检查记录			
			三层填充墙线管、线盒预埋-墙面一般抹灰施工交接检查记录			
			四层填充墙线管、线盒预埋-墙面一般抹灰施工交接检查记录			
			五层填充墙线管、线盒预埋-墙面一般抹灰施工交接检查记录			

续表

工程资料类别	工程资料名称(子目录)	资料分目录	细目	工程资料单位来源	填写或编制	审核、审批、签字
施工记录 C5类	交接检查记录(表C.5.3)	土建班组-电气安装班组交接检查记录	地下室电缆沟-敷线施工交接检查记录	施工单位	移交单位	接收单位/见证单位
		电气安装班组-涂料工班组交接检查记录	地下室室内电气安装-涂料施工交接检查记录			
			一层室内电气安装-涂料施工交接检查记录			
			二层室内电气安装-涂料施工交接检查记录			
			三层室内电气安装-涂料施工交接检查记录			
			四层室内电气安装-涂料施工交接检查记录			
			五层室内电气安装-涂料施工交接检查记录			
施工试验记录及检测报告 C6类	设备单机试运转记录*(表C.6.1)	通用表格		施工单位	专业质检员	专业工长/专业负责人
	系统试运转调试记录*(表C.6.2)			施工单位	专业质检员	技术负责人/专业工程师
	接地电阻测试记录*(表C.6.3)			施工单位	专业质检员/专业测试人	
	绝缘电阻测试记录*(表C.6.4)			施工单位	专业质检员/测试人	

第2部分 建筑工程施工资料管理技能实训

续表

工程资料类别	工程资料名称(子目录)	资料分目录	细目	工程资料单位来源	填写或编制	审核、审批、签字
		专用表格				
		建筑电气工程				
施工试验记录及检测报告 C6类	电气接地装置平面示意图表			施工单位	专业质检员	
	电气器具通电安全检查记录	按系统工程设置分目录	按检验批列细目	施工单位	专业质检员/专业测试人	
	电气设备空载试运行记录*(表C.6.13)	按设备类型设分目录		施工单位	专业质检员	专业工长/专业技术负责人/专业工程师
	建筑物照明通电试运行记录			施工单位	专业质检员	
	漏电开关模拟试验记录			施工单位	专业质检员	
	低压配电电源质量测试记录			施工单位	专业质检员	
	建筑物照明系统照度测试记录			施工单位	专业质检员	
施工质量验收记录 C7类	检验批质量验收记录*(表C.7.1)	变压器、箱式变电所安装	变压器、箱式变电所安装工程检验批质量验收记录(1个)	施工单位	专业质检员	专业监理工程师
		成套配电柜、控制柜(屏、台)和动力、照明配电箱(盘)安装	成套配电柜、控制柜(屏、台)和动力、照明配电箱(盘)安装(I)高压开关柜工程检验批质量验收记录(1个)	施工单位	专业质检员	专业监理工程师
			成套配电柜、控制柜(屏、台)和动力、照明配电箱(盘)安装(II)低压成套配电柜工程检验批质量验收记录(1个)			
			成套配电柜、控制柜(屏、台)和动力、照明配电箱(盘)安装(III)照明配电箱工程检验批质量验收记录(1个)			

续表

工程资料类别	工程资料名称（子目录）	资料分目录	细 目	工程资料来源单位	填写或编制	审核、审批、签字
施工质量验收记录 C7类	检验批质量验收记录 *（表 C.7.1）	裸母线、封闭母线、插接式母线安装	裸母线、封闭母线、插接式母线安装工程检验批质量验收记录（1个）	施工单位	专业质检员	专业监理工程师
		电缆沟内和电缆竖井内电缆敷设	电缆沟内和电缆竖井内电缆敷设工程检验批质量验收记录（1个）	施工单位	专业质检员	专业监理工程师
		电缆头制作、接线和线路绝缘测试	电缆头制作、接线和线路绝缘测试工程检验批质量验收记录（1个）	施工单位	专业质检员	专业监理工程师
		接地装置安装	接地装置安装工程检验批质量验收记录（1个）	施工单位	专业质检员	专业监理工程师
		避雷引下线和变配电室接地干线敷设	避雷引下线（Ⅱ）变配电室接地干线干线工程检验批质量验收记录（1个）	施工单位	专业质检员	专业监理工程师
		裸母线、封闭母线、插接式母线安装	裸母线、封闭母线、插接式母线安装工程检验批质量验收记录（1个，进户线到总箱）			
			裸母线、封闭母线、插接式母线安装工程检验批质量验收记录（5个，总箱到分箱）			
			裸母线、封闭母线、插接式母线安装工程检验批质量验收记录（1个，地下室）			
		电缆桥架安装和桥架内电缆敷设	电缆桥架安装和桥架内电缆敷设工程检验批质量验收记录（1个，地下室）	施工单位	专业质检员	专业监理工程师
		电缆沟沟内和电缆竖井内电缆敷设	电缆沟沟内和电缆竖井内电缆敷设工程检验批质量验收记录（1个）	施工单位	专业质检员	专业监理工程师

续表

工程资料类别	工程资料名称（子目录）	资料分目录	细目	工程资料来源单位	填写或编制	审核、审批、签字
施工质量验收记录 C7 类	检验批质量验收记录 * （表 C.7.1）	电线导管、电缆导管和线槽敷设	电线导管、电缆导管和线槽敷设工程检验批质量验收记录（1个，进户线到总箱）	施工单位	专业质检员	专业监理工程师
			电线导管、电缆导管和线槽敷设工程检验批质量验收记录（5个，总箱到分箱）			
			电线导管、电缆导管和线槽敷设工程检验批质量验收记录（1个，地下室）			
		电线、电缆穿管和线槽敷线	电线、电缆穿管和线槽敷线工程检验批质量验收记录（1个，进户线到总箱）	施工单位	专业质检员	专业监理工程师
			电线、电缆穿管和线槽敷线工程检验批质量验收记录（5个，总箱到分箱）			
			电线、电缆穿管和线槽敷线工程检验批质量验收记录（1个，地下室）			
		电缆头制作、导线连接和线路电气试验	电缆头制作、接线和线路绝缘测试工程检验批质量验收记录（1个，进户线到总箱）	施工单位	专业质检员	专业监理工程师
			电缆头制作、接线和线路绝缘测试工程检验批质量验收记录（5个，总箱到分箱）			
			电缆头制作、接线和线路绝缘测试工程检验批质量验收记录（1个，地下室）			

续表

工程资料类别	工程资料名称(子目录)	资料分目录	细 目	工程资料来源单位	填写或编制	审核、审批、签字
施工质量验收记录 C7类	检验批质量验收记录 * (表 C.7.1)	低压电动机、电加热器及电动执行机构检查、接线	低压电动机、电加热器及电动执行机构检查、接线验收记录(1个,采暖低压配电系统)	施工单位	专业质检员	专业监理工程师
			低压电动机、电加热器及电动执行机构检查、接线验收记录(1个,消防风机)	施工单位	专业质检员	专业监理工程师
			低压电动机、电加热器及电动执行机构检查、接线验收记录(1个,防火卷帘)	施工单位	专业质检员	专业监理工程师
		低压电气动力设备检测、试验和空载试运行	低压电气动力设备检测、试验和空载试运行验收记录(1个,采暖低压配电系统)	施工单位	专业质检员	专业监理工程师
			低压电气动力设备检测、试验和空载试运行验收记录(1个,消防风机)			
			低压电气动力设备检测、试验和空载试运行验收记录(1个,防火卷帘)			
		桥架安装和桥架内电缆敷设	桥架安装和桥架内电缆敷设工程检验批质量验收记录	施工单位	专业质检员	专业监理工程师
		电线、电缆导管和线槽敷设	电线、电缆导管和线槽敷设工程检验批质量验收记录(1个,进户线到总箱)	施工单位	专业质检员	专业监理工程师
			电线、电缆导管和线槽敷设工程检验批质量验收记录(5个,总箱到分箱)	施工单位	专业质检员	专业监理工程师
			电线、电缆导管和线槽敷设工程检验批质量验收记录(1个,地下室)			

第2部分 建筑工程施工资料管理技能实训

续表

工程资料类别	工程资料名称（子目录）	资料分目录	细目	工程资料单位来源	填写或编制	审核、审批、签字
施工质量验收记录C7类	检验批质量验收记录 * （表C.7.1）	电线、电缆穿管和线槽敷线	电线、电缆穿管和线槽敷线工程检验批质量验收记录（1个，进户线到总箱）	施工单位	专业质检员	专业监理工程师
			电线、电缆穿管和线槽敷线工程检验批质量验收记录（5个，总箱到分箱）			
			电线、电缆穿管和线槽敷线工程检验批质量验收记录（1个，地下室）			
		电缆头制作、导线连接和线路电气试验	电缆头制作、接线和线路绝缘测试工程检验批质量验收记录（1个，进户线到总箱）	施工单位	专业质检员	专业监理工程师
			电缆头制作、接线和线路绝缘测试工程检验批质量验收记录（5个，总箱到分箱）			
			电缆头制作、接线和线路绝缘测试工程检验批质量验收记录（1个，地下室）			
		开关、插座、风扇安装	开关、插座、风扇安装工程检验批质量验收记录（6个）	施工单位	专业质检员	专业监理工程师
		成套配电柜、控制柜（屏、台）和动力、照明配电箱（盘）安装	成套配电柜、控制柜（屏、台）安装和动力、照明配电箱（盘）安装（Ⅱ）工程检验批质量验收记录（6个，照明配电箱分箱）	施工单位	专业质检员	专业监理工程师
		电线导管、电缆导管和线槽敷设	电线导管、电缆导管和线槽敷设电线、电缆室内工程检验批质量验收记录（18个，3种敷设方式，沿顶WC，沿墙WW，沿地WF；每层1个，共6个分箱的回路系统）	施工单位	专业质检员	专业监理工程师

续表

工程资料类别	工程资料名称（子目录）	资料分目录	细 目	工程资料单位来源	填写或编制	审核、审批、签字
施工质量验收记录 C7 类	检验批质量验收记录＊（表 C.7.1）	电线、电缆穿管和线槽敷线	电线、电缆穿管和线槽敷线工程检验批质量验收记录（每层 1 个，共 6 个分箱的回路系统）	施工单位	专业质检员	专业监理工程师
		电缆头制作、导线连接和线路电气试验	电缆头制作、接线和线路绝缘测试工程检验批质量验收记录（每层 1 个，共 6 个分箱的回路系统）	施工单位	专业质检员	专业监理工程师
		普通灯具安装	普通灯具安装工程检验批质量验收记录（每层 1 个共 6 个分箱的回路系统）	施工单位	专业质检员	专业监理工程师
		专用灯具安装	专用灯具安装工程检验批质量验收记录（2 个，卫生间、盥洗室的防爆灯，过道和楼梯间的应急照明灯）	施工单位	专业质检员	专业监理工程师
		开关、插座、风扇安装	开关、插座、风扇安装工程检验批质量验收记录（每层 1 个共 6 个分箱的回路系统，3 部楼梯）	施工单位	专业质检员	专业监理工程师
		建筑照明通电试运行	建筑物照明通电试运行工程检验批质量验收记录（1 个）	施工单位	专业质检员	专业监理工程师
		成套配电柜、控制柜（屏、台）和动力、照明配电箱（盘）安装（Ⅱ）	成套配电柜、控制柜（屏、台）和动力、照明配电箱（盘）安装（Ⅱ）工程检验批质量验收记录（1 个）	施工单位	专业质检员	专业监理工程师
		柴油发电机组安装	柴油发电机组安装工程检验批质量验收记录（1 个）	施工单位	专业质检员	专业监理工程师
		裸母线、封闭母线、插接式母线安装	裸母线、封闭母线、插接式母线安装工程检验批质量验收记录（1 个）	施工单位	专业质检员	专业监理工程师

第2部分 建筑工程施工资料管理技能实训

续表

工程资料类别	工程资料名称(子目录)	资料分目录	细 目	工程资料单位来源	填写或编制	审核、审批、签字
施工质量验收记录 C7类	检验批质量验收记录*（表C.7.1）	电线导管、电缆导管和线槽敷设	电线导管、电缆导管和线槽敷设(I)室内工程检验批质量验收记录(1个)	施工单位	专业质检员	专业监理工程师
		电线、电缆导管和线槽敷线	电线、电缆导管和线槽敷线工程检验批质量验收记录(1个)	施工单位	专业质检员	专业监理工程师
		电缆头制作、导线连接和线路电气试验	电缆头制作、导线连接和线路电气试验工程检验批质量验收记录(1个)	施工单位	专业质检员	专业监理工程师
		接地装置安装	接地装置安装工程检验批质量验收记录(1个)	施工单位	专业质检员	专业监理工程师
		避雷引下线和变配电室接地干线敷设	避雷引下线和变配电室接地干线敷设工程检验批质量验收记录	施工单位	专业质检员	专业监理工程师
		建筑物等电位联接	建筑物等电位联接工程检验批质量验收记录(6个，按楼层)	施工单位	专业质检员	专业监理工程师
		接闪器安装	接闪器安装工程检验批质量验收记录(1个)	施工单位	专业质检员	专业监理工程师
		无障碍厕所和无障碍同位	无障碍厕所和无障碍同位检验批质量验收记录	施工单位	专业质检员	
	分项工程质量验收记录*（表C.7.2）	变配电室（单独组卷）	变压器、箱式变电所安装分项工程质量验收记录 成套配电柜、控制柜（屏、台）和动力、照明配电箱（盘）安装分项工程质量验收记录 裸母线、封闭母线、插接式母线安装分项工程质量验收记录	施工单位	专业质检员	专业技术负责人/专业监理工程师

续表

工程资料类别	工程资料名称（子目录）	资料分目录	细 目	工程资料单位来源	填写或编制	审核、审批、签字
施工质量验收记录 C7 类	分项工程质量验收记录 *（表 C.7.2）	变配电室（单独组卷）	电缆沟内和电缆竖井内电缆敷设分项工程质量验收记录	施工单位	专业质检员	专业技术负责人/专业监理工程师
			电缆头制作、接线和线路绝缘测试分项工程质量验收记录			
			接地装置安装分项工程质量验收记录			
			避雷引下线和变配电室接地干线敷设分项工程质量验收记录			
			裸母线、封闭母线、插接式母线安装分项工程质量验收记录			
		供电干线	电缆桥架安装和桥架内电缆敷设分项工程质量验收记录	施工单位	专业质检员	专业技术负责人/专业监理工程师
			电缆沟内和电缆竖井内电缆敷设分项工程质量验收记录			
			电线导管、电缆导管和电缆敷设分项工程质量验收记录			
			电线、电缆穿管和线槽敷线分项工程质量验收记录			
			电缆头制作、导线连接和线路电气试验分项工程质量验收记录			

第2部分 建筑工程施工资料管理技能实训

续表

工程资料类别	工程资料名称（子目录）	资料分目录	细目	工程资料单位来源	填写或编制	审核、审批、签字
施工质量验收记录 C7类	分项工程质量验收记录* （表C.7.2）	电气动力	低压电动机、电加热器及电动执行机构检查、接线分项工程质量验收记录 低压电气动力设备检测、试验和空载试运行分项工程质量验收记录 桥架安装和桥架内电缆敷设分项工程质量验收记录 电线、电缆导管和线槽敷设分项工程质量验收记录 电缆头制作、导线连接和线路电气试验分项工程质量验收记录	施工单位	专业质检员	专业技术负责人/专业监理工程师
		电气照明安装	开关、插座、风扇安装分项工程质量验收记录 成套配电柜、控制柜（屏、台）和动力、照明配电箱（盘）安装分项工程质量验收记录 电线导管、电缆导管和线槽敷设分项工程质量验收记录 电线、电缆导管和线槽敷设分项工程质量验收记录 电缆头制作、导线连接和线路电气试验分项工程质量验收记录 普通灯具安装分项工程质量验收记录 专用灯具安装分项工程质量验收记录 开关、插座、风扇安装分项工程质量验收记录 建筑照明通电试运行分项工程质量验收记录	施工单位	专业质检员	专业技术负责人/专业监理工程师

续表

工程资料类别	工程资料名称（子目录）	资料分目录	细 目	工程资料单位来源	填写或编制	审核、审批、签字
施工质量验收记录 C7 类	分项工程质量验收记录* （表 C.7.2）	备用和不间断电源安装	成套配电柜、控制柜（屏、台）和动力、照明配电箱（盘）安装（I）分项工程质量验收记录	施工单位	专业质检员	专业技术负责人/专业监理工程师
			柴油发电机组安装分项工程质量验收记录			
			裸母线、封闭母线、插接式母线安装分项工程质量验收记录			
			电线导管、电缆导管和线槽敷设分项工程质量验收记录			
			电线、电缆导管和线槽敷线分项工程质量验收记录			
			电缆头制作、导线连接和线路电气试验分项工程质量验收记录			
			接地装置安装分项工程质量验收记录	施工单位	专业质检员	专业技术负责人/专业监理工程师
		防雷及接地安装	接地装置安装分项工程验收记录			
			避雷引下线和变配电室接地干线敷设分项工程质量验收记录	施工单位	专业质检员	专业技术负责人/专业监理工程师
			建筑物等电位联接分项工程质量验收记录			
			接闪器安装分项工程质量验收记录			
	分部（子分部）工程质量验收记录** （表 C.7.3）			施工单位	专业质检员	施工项目经理、设计勘察项目负责人/总监
	变配电系统分项工程质量验收记录			施工单位	专业质检员	
	公共照明系统分项工程质量验收记录			施工单位	专业质检员	专业技术负责人/专业监理工程师

第2部分 建筑工程施工资料管理技能实训

5. 建筑电气分部工程相关资料样表

成套配电柜控制柜（屏、台）和动力、照明配电箱（盘）安装工程
检验批质量验收记录

表 2-2-70

工程名称	××市××中学教学楼		验收部位		楼梯间		编号		06-02-C7-×××
施工单位	×××建筑安装有限公司						项目经理		×××
施工执行标准名称及编号	建筑安装工程施工工艺规程 QB-××-××××						专业工长		×××
分包单位	/		分包项目经理		/		施工班组长		×××
		施工质量验收规范的规定				施工单位检查评定记录			监理（建设）单位验收记录
主控项目	1	金属箱体的接地或接零		第6.1.1条		符合规范规定			符合设计及施工质量验收规范要求
	2	电击保护和保护导体截面积		第6.1.2条		符合规范规定			
	3	箱（盘）间线路绝缘电阻测试		第6.1.6条		符合规范规定			
	4	箱（盘）内接线及开关动作等		第6.1.9条		符合规范规定			
一般项目	1	箱（盘）内部检查试验		第6.2.4条		符合规范规定			符合设计及施工质量验收规范要求
	2	低压电器组合		第6.2.5条		符合规范规定			
	3	箱（盘）间配线		第6.2.6条		符合规范规定			
	4	箱与其面板间可动部位的配线		第6.2.7条		符合规范规定			
	5	箱（盘）安装位置、开孔、回路编号等		第6.2.8条		符合规范规定			
	6	垂直度允许偏差		≤1.5‰	1	1 1.2 1 1 1 1 0.8 1			

施工单位检查评定结果	主控项目和一般项目的质量经抽样检验合格，施工操作依据、质量检查记录完整。 项目专业质量检查员：×××　　　　　　××××年××月××日
监理（建设）单位验收结论	同意验收。 专业监理工程师（建设单位项目专业技术负责人）：××× 　　　　　　　　　　　　　　　　　　××××年××月××日

电线导管、电缆导管和线槽敷设工程检验批质量验收记录　　　　表 2-2-71

工程名称	××市××中学教学楼		验收部位	首层①-⑪/Ⓐ-Ⓕ轴	编号	06-04-C7-×××
施工单位	×××建筑安装有限公司				项目经理	×××
施工执行标准名称及编号	建筑安装工程施工工艺规程 QB-××-××××				专业工长	×××
分包单位	/		分包项目经理	/	施工班组长	×××
		施工质量验收规范的规定		施工单位检查评定记录	监理（建设）单位验收记录	
主控项目	1	金属导管、金属线槽的接地或接零	第14.1.1条	符合规范规定	符合设计及施工质量验收规范要求	
	2	金属导管的连接	第14.1.2条	符合规范规定		
	3	防爆导管的连接	第14.1.3条	符合规范规定		
	4	绝缘导管在砌体剔槽的埋设	第14.1.4条	符合规范规定		
一般项目	1	电缆导管的弯曲半径	第14.2.3条	符合规范规定	符合设计及施工质量验收规范要求	
	2	金属导管的防腐	第14.2.4条	符合规范规定		
	3	柜、台、箱、盘内导管管口高度	第14.2.5条	符合规范规定		
	4	暗配导管的埋设深度，明配导管的固定	第14.2.6条	符合规范规定		
	5	线槽固定及外观检查	第14.2.7条	/		
	6	防爆导管的连接、接地、固定和防腐	第14.2.8条	/		
	7	绝缘导管的连接和保护	第14.2.9条	符合规范规定		
	8	柔性导管的长度、连接和接地	第14.2.10条	/		
	9	导管和线槽在建筑物变形缝处的处理	第14.2.11条	/		
施工单位检查评定结果		主控项目和一般项目的质量经抽样检验合格，施工操作依据、质量检查记录完整。 项目专业质量检查员：××× 　　　　　　　　　　　　　　××××年××月××日				
监理（建设）单位验收结论		同意验收。 专业监理工程师（建设单位项目专业技术负责人）：××× 　　　　　　　　　　　　　　××××年××月××日				

第2部分 建筑工程施工资料管理技能实训

电线、电缆穿管和线槽敷线工程检验批质量验收记录　　　　　表 2-2-72

工程名称		××市××中学教学楼	验收部位	①-⑪/Ⓐ-Ⓕ轴	编号	06-04-C7-×××
施工单位		×××建筑安装有限公司			项目经理	×××
施工执行标准名称及编号		建筑安装工程施工工艺规程 QB-××-××××			专业工长	×××
分包单位		/	分包项目经理	/	施工班组长	×××
		施工质量验收规范的规定		施工单位检查评定记录		监理（建设）单位验收记录
主控项目	1	交流单芯电缆不得单独穿于钢导管内	第15.1.1条	符合规范规定		符合设计及施工质量验收规范要求
	2	电线穿管	第15.1.2条	符合规范规定		
	3	爆炸危险环境照明线路的电线、电缆选用和穿管	第15.1.3条	/		
一般项目	1	电线、电缆管内清扫和管口处理	第15.2.1条	符合规范规定		符合设计及施工质量验收规范要求
	2	同一建筑物、构筑物内电线绝缘层颜色的选择	第15.2.2条	符合规范规定		
	3	线槽敷线	第15.2.3条	/		
施工单位检查评定结果		主控项目和一般项目的质量经抽样检验合格，施工操作依据、质量检查记录完整。 项目专业质量检查员：××× ××××年××月××日				
监理（建设）单位验收结论		同意验收。 专业监理工程师（建设单位项目专业技术负责人）：××× ××××年××月××日				

普通灯具安装工程检验批质量验收记录　　　　　　表 2-2-73

工程名称	××市××中学教学楼	验收部位	首层	编号	06-05-C7-×××
施工单位	×××建筑安装有限公司			项目经理	×××
施工执行标准名称及编号	建筑安装工程施工工艺规程 QB-××-××××			专业工长	×××
分包单位	/	分包项目经理	/	施工班组长	×××

		施工质量验收规范的规定		施工单位检查评定记录	监理（建设）单位验收记录
主控项目	1	灯具的固定	第19.1.1条	符合规范规定	符合设计及施工质量验收规范要求
	2	花灯吊钩选用、固定及悬吊装置的过载试验	第19.1.2条	/	
	3	钢管吊灯灯杆检查	第19.1.3条	/	
	4	灯具的绝缘材料耐火检查	第19.1.4条	符合规范规定	
	5	灯具的安装高度和使用电压等级	第19.1.5条	符合规范规定	
	6	距地高度小于2.4m的灯具可接近裸露导体的接地或接零	第19.1.6条	/	
一般项目	1	引向每个灯具的导线线芯最小截面积	第19.2.1条	符合规范规定	符合设计及施工质量验收规范要求
	2	灯具的外形，灯头及其接线检查	第19.2.2条	符合规范规定	
	3	变电所内灯具的安装位置	第19.2.3条	/	
	4	装有白炽灯泡的吸顶灯具隔热检查	第19.2.4条	符合规范规定	
	5	在重要场所的大型灯具的玻璃罩安全措施	第19.2.5条	/	
	6	投光灯的固定检查	第19.2.6条	/	
	7	室外壁灯的防水检查	第19.2.7条	/	

施工单位检查评定结果	主控项目和一般项目的质量经抽样检验合格，施工操作依据、质量检查记录完整。 项目专业质量检查员：××× 　　　　　　　　　　　　　　　　××××年××月××日
监理（建设）单位验收结论	同意验收。 专业监理工程师（建设单位项目专业技术负责人）：××× 　　　　　　　　　　　　　　　　××××年××月××日

第2部分 建筑工程施工资料管理技能实训

开关、插座、风扇安装工程检验批质量验收记录　　　　表 2-2-74

工程名称	××市××中学教学楼		验收部位	首 层	编号	06-05-C7-×××
施工单位	×××建筑安装有限公司				项目经理	×××
施工执行标准名称及编号	建筑安装工程施工工艺规程 QB-××-××××				专业工长	×××
分包单位	/		分包项目经理	/	施工班组长	×××
		施工质量验收规范的规定		施工单位检查评定记录		监理（建设）单位验收记录
主控项目	1	交流、直流或不同电压等级在同一场所的插座应有区别	第22.1.1条	/		符合设计及施工质量验收规范要求
	2	插座的接线	第22.1.2条	符合规范规定		
	3	特殊情况下的插座安装	第22.1.3条	/		
	4	照明开关的选用、开关的位置	第22.1.4条	符合规范规定		
	5	吊扇的安装高度、挂钩选用和吊扇的组装及试运转	第22.1.5条	/		
	6	壁扇、底座和防护罩的固定及试运转	第22.1.6条	/		
一般项目	1	插座安装和外观检查	第22.2.1条	符合规范规定		符合设计及施工质量验收规范要求
	2	照明开关的安装位置、控制顺序和外观检查	第22.2.2条	符合规范规定		
	3	吊扇的吊杆、开关和表面检查	第22.2.3条	/		
	4	壁扇的高度和表面检查	第22.2.4条	/		
施工单位检查评定结果	主控项目和一般项目的质量经抽样检验合格，施工操作依据、质量检查记录完整。 项目专业质量检查员：××× 　　　　　　　　　　　　　　　　××××年××月××日					
监理（建设）单位验收结论	同意验收。 专业监理工程师（建设单位项目专业技术负责人）：××× 　　　　　　　　　　　　　　　　××××年 ××月 ××日					

接地装置安装工程检验批质量验收记录

表 2-2-75

工程名称	××市××中学教学楼	验收部位	接地装置	编号	06-07-C7-×××
施工单位	×××建筑安装有限公司			项目经理	×××
施工执行标准名称及编号	建筑安装工程施工工艺规程 QB-××-××××			专业工长	×××
分包单位	/	分包项目经理	/	施工班组长	×××

		施工质量验收规范的规定		施工单位检查评定记录	监理（建设）单位验收记录
主控项目	1	接地装置测试点的设置	第24.1.1条	符合规范规定	符合设计及施工质量验收规范要求
	2	接地电阻值测试	第24.1.2条	符合规范规定	
	3	防雷接地的人工接地装置的接地干线埋设	第24.1.3条	/	
	4	接地模块的埋设深度、间距和基坑尺寸	第24.1.4条	/	
	5	接地模块设置应垂直或水平就位	第24.1.5条	/	
一般项目	1	接地装置埋设深度、间距搭接长度和防腐措施	第24.2.1条	/	符合设计及施工质量验收规范要求
	2	接地装置的材质和最小允许规格、尺寸	第24.2.2条	符合规范规定	
	3	接地模块与干线的连接和干线材质选用	第24.2.3条	/	

施工单位检查评定结果	主控项目和一般项目的质量经抽样检验合格，施工操作依据、质量检查记录完整。 项目专业质量检查员：××× 　　　　　　　　　　　　　　　　××××年××月××日
监理（建设）单位验收结论	同意验收。 专业监理工程师（建设单位项目专业技术负责人）：××× 　　　　　　　　　　　　　　　　××××年××月××日

第 2 部分　建筑工程施工资料管理技能实训

避雷引下线和变配电室接地干线敷设工程（防雷引下线）
检验批质量验收记录

表 2-2-76

工程名称	××市××中学教学楼		验收部位	①-⑪/Ⓐ-Ⓕ轴	编号	06-07-C7-×××
施工单位	×××建筑安装有限公司			项目经理		×××
施工执行标准名称及编号	建筑安装工程施工工艺规程 QB-××-××××			专业工长		×××
分包单位	/		分包项目经理	/	施工班组长	×××

		施工质量验收规范的规定		施工单位检查评定记录	监理（建设）单位验收记录
主控项目	1	引下线的敷设、明敷引下线焊接处的防腐	第 25.1.1 条	符合规范规定	符合设计及施工质量验收规范要求
	2	利用金属构件、金属管道作接地线时与接地干线的连接	第 25.1.3 条	符合规范规定	
一般项目	1	钢制接地线的连接和材料规格、尺寸	第 25.2.1 条	符合规范规定	符合设计及施工质量验收规范要求
	2	明敷接地引下线支持件的设置	第 25.2.2 条	/	
	3	接地线穿越墙壁、楼板和地坪处的保护	第 25.2.3 条	/	
	4	幕墙金属框架和建筑物金属门窗与接地干线的连接	第 25.2.7 条	/	

施工单位检查评定结果	主控项目和一般项目的质量经抽样检验合格，施工操作依据、质量检查记录完整。 项目专业质量检查员：××× 　　　　　　　　　　　　××××年××月××日
监理（建设）单位验收结论	同意验收。 专业监理工程师（建设单位项目专业技术负责人）：××× 　　　　　　　　　　　　××××年××月××日

项目7 智能建筑分部工程资料管理

项目实训目标

任务1 智能建筑分部工程资料信息的采集与分部、分项、检验批的划分

1. 实训目的：在具有智能建筑工程施工图的识读和智能建筑工程施工组织专业知识基础上，通过施工任务分解，培养智能建筑工程资料信息采集和任务分解的能力。

2. 实训内容及成果：依据《建筑工程施工质量验收统一标准》及《智能建筑工程质量验收规范》中有关分部、分项、检验批划分的规定，完成智能建筑分部工程资料信息采集与分部、子分部、分项、检验批的划分并填写表2-2-78。

3. 实训步骤与指导：见表2-2-77。

实训步骤、指导与评价　　　　　　　　　　　　　　　　　　表2-2-77

	1. 工作准备：搜集相关资料、文件、规范、技术标准、教材、参考书。 2. 背景资料：分部工程概况（下表按工程实际发生项在□内打√或在空格内填写）	
一、针对工作任务搜集有关资料及采集相关信息	工程名称	
	通信网络系统	通信系统□ 卫星及有线电视系统□ 公共广播系统□
	办公自动化系统	计算机网络系统□ 信息平台及办公自动化应用软件□ 网络安全系统□
	建筑设备监控系统	空调与通风系统□ 变配电系统□ 照明系统□ 给排水系统□ 热源和热交换系统□ 冷冻和冷却系统□ 电梯和自动扶梯系统□ 中央管理工作站与操作分站□ 子系统通信接口□
	火灾报警及消防联动系统	火灾和可燃气体探测系统□ 火灾报警控制系统□ 消防联动系统□
	安全防范系统	电视监控系统□ 入侵报警系统□ 巡更系统□ 出入口控制（门禁）系统□ 停车管理系统□
	综合布线系统	缆线敷设和终接□ 机柜、机架、配线架的安装□ 信息插座和光缆芯线终端的安装□
	智能化集成系统	集成系统网络□ 实时数据库□ 信息安全□ 功能接口□
	电源与接地	智能建筑电源□ 防雷及接地□
	环境	空间环境□ 室内空调环境□ 视觉照明环境□ 电磁环境□
	住宅（小区）智能化系统	火灾自动报警及消防联动系统□ 安全防范系统（含电视监视控制系统、入侵报警系统、巡更系统、门禁系统、楼宇对讲系统、停车管理系统）□ 物业管理系统（多表现场计量及与远程传输系统、建筑设备监控系统、公共广播系统、小区建筑设备监控系统、物业办公自动化系统）□ 智能家庭信息平台□
	资料管理软件名称	
	施工工艺标准代号	

第2部分　建筑工程施工资料管理技能实训

二、进行分项、检验批划分和数量确定	\multicolumn{10}{l}{1. 熟悉《建筑工程施工质量验收统一标准》及《智能建筑工程质量验收规范》中有关分项、检验批划分的规定：参见本教材第一部分分部（子分部）工程、分项工程、检验批划分及代号索引。}
	\multicolumn{10}{l}{2. 逐项确认智能建筑工程各子分部的分项工程、检验批数量并填写表2-2-78的内容}

	工作任务	分值 M_i	评分标准（指标内涵）		评分等级 K_i				学生自评	教师评价
			A	C	A	B	C	D	N_1	N_2
					1	0.8	0.6	0.4		
三、检查评价	信息采集	20	采集相关信息非常准确、齐全	基本准确、有缺项或错选						
	分项检验批划分	20	分项、检验批划分：科学、合理、符合施工方案要求，便于检验和资料管理实施	分项检验批划分基本准确						
	计划编制	30	资料分类正确、内容完整	资料分类正确、内容不完整						
	合计	40			\multicolumn{4}{l	}{得分 $N=\Sigma K_i M_i$}		
	\multicolumn{5}{c	}{检查评价}	\multicolumn{4}{l	}{师生评价权重}	0.2	0.8
					\multicolumn{6}{l}{实得分 $=0.2N_1+0.8N_2=$}

分部、子分部、分项、检验批划分和数量确定（样表）　　表2-2-78

子分部名称	分项名称	检验批名称	检验批数量

4. 案例分析

智能建筑工程分部、分项、检验批划分，见表2-2-79所列。

××市×中学教学楼智能建筑工程分部、分项、检验批划分　　表2-2-79

分部工程	子分部工程	分项工程名称	检验批	检验批数量
智能建筑	通信网络系统（单独组卷）	通信系统	通信系统检测检验批质量验收记录	1
		卫星及有线电视系统	卫星及有线电视系统检测检验批质量验收记录	1
		公共广播系统	公共广播系统检测检验批质量验收记录	1
	火灾报警及消防联动系统	火灾和可燃气体探测系统	火灾和可燃气体探测系统检测检验批质量验收记录	1
		火灾报警控制系统	火灾报警控制系统检测检验批质量验收记录	1
		消防联动系统	消防联动系统检测检验批质量验收记录	1

续表

分部工程	子分部工程	分项工程名称	检验批	检验批数量
智能建筑	综合布线系统（单独组卷）	缆线敷设和终接	缆线敷设和终接工程系统安装质量检测检验批质量验收记录	1
		机柜、机架、配线架的安装	机柜、机架、配线架的安装工程系统安装质量检测检验批质量验收记录	1
		信息插座和光缆芯线终端的安装	信息插座和光缆芯线终端的安装工程系统安装质量检测检验批质量验收记录	1
			信息插座和光缆芯线终端的安装工程系统性能检测检验批质量验收记录	1
	电源与接地	智能建筑电源	智能建筑电源系统检验批质量验收记录	1
		防雷及接地	防雷及接地系统检验批质量验收记录	1
		无障碍厕所和无障碍厕位	无障碍厕所和无障碍厕位检验批质量验收记录	1

任务 2　智能建筑分部工程资料管理计划编制

1. 实训目的：智能建筑分部工程施工资料管理计划的编制目的是针对任何施工项目智能建筑分部工程的施工特点，根据施工部位、施工工艺、空间和时间的不同确定施工资料管理任务的范围和基本内容，同时也是施工资料收集工作能力培养的基本方法。

2. 实训内容及成果：依据《建筑工程施工资料计划、交底编制导则》见表 2-3-1，完成某工程项目智能建筑分部工程资料管理计划编制及技术交底工作（目录省略）。

3. 实训步骤与指导：见表 2-2-80。

实训步骤、指导与评价　　　　　　　　　　　　　　　　表 2-2-80

一、施工管理资料计划的编制	参见《施工资料管理计划、交底编制导则》，选择该智能建筑分部工程各子分部工程施工资料内容编制资料管理计划								
二、资料目录编制	依照资料管理计划的顺序列出智能建筑分部工程各子分部工程施工资料组卷目录表的内容。填写时应参照附表的内容进行选项，并按照组卷的方式汇总。有细目的项，应分级填写								
三、检查评价	工作任务	分值 M_i	评分标准（指标内涵）		评分等级 K_i				学生自评	教师评价
			A	C	A	B	C	D	N_1	N_2
					1	0.8	0.6	0.4		
	计划编制	30	资料分类正确、内容完整	资料分类正确、内容不完整						
	目录编制	10	目录正确，内容完整	目录正确，内容不完整						
	态度	20	态度端正，独立完成；具有独立解决问题的能力；工作任务完善，具有较强的持续性	态度端正，与他人合作完成；独立解决问题的能力不够；工作有时缺乏持续性						
	合计	60			得分 $N=\Sigma K_i M_i$					
	检查评价				师生评价权重				0.2	0.8
					实得分 $=0.2N_1+0.8N_2=$					

4. 案例分析

智能建筑分部工程施工资料管理计划（交底）见表 2-2-81 所列。

第2部分　建筑工程施工资料管理技能实训

表 2-2-81

智能建筑分部工程施工资料管理计划（交底）

工程资料类别	工程资料名称（子目录）	资料分目录	细目	工程资料单位来源	填写或编制	审核、审批、签字
施工管理资料C1类	分包单位资质报审表*（表C.1.3）	按分包单位列分目录		施工单位	项目经理	专业监理/总监
	建设工程质量事故调查、勘查记录（表C.1.4）	按事故发生次数列分目录		调查单位	调查人	被调查人
	建设工程质量事故报告书	按事故发生次数列分目录		调查单位	报告人	调查负责人
	施工检测计划	按检测项目列分目录		施工单位	项目负责人	专业监理
	见证记录*	电线、电缆、光纤接口终端见证记录各种接口终端见证记录报警设备见证记录		监理单位	监理见证人	试验取样人
	见证试验检测汇总表（表C.1.5）	按专业归类（不单列分目和细目）		施工单位	试验员	（制表人）技术负责人
	施工日志（表C.1.6）			施工单位	记录人	专业工长项目负责人
	监理工程师通知回复单*（表C.1.7）	按事项列分目录		施工单位	项目经理责任人	专业监理/总监
施工技术资料C2类	工程技术文件报审表*（表C.2.1）	按施工组织设计、施工方案、关键工序施工工艺、四新点部位，重点内容列分目录综合布线系统工程技术交底有线电视系统工程技术交底广播系统工程技术交底火灾报警及联动系统工程技术交底		施工单位	项目经理责任人	专业监理/总监
	技术交底记录（表C.2.3）	按专业归类		施工单位	交底人	审核人、接受交底人
	图纸会审记录**（表C.2.4）	按专业归类（不单列分目和细目）		施工单位	技术、专业负责人	各方技术、专业负责人
	设计变更通知单**（表C.2.5）			设计单位	技术、专业负责人	各方技术、专业负责人
	工程洽商记录（技术核定单）**（表C.2.6）			提出单位	技术、专业负责人	各方技术、专业负责人

续表

工程资料类别	工程资料名称（子目录）	资料分目录	细 目	工程资料单位来源	填写或编制	审核、审批、签字
进度造价资料C3类	工程复工报审表＊（表C.3.2）	按工程暂停令设分目		施工单位	项目经理/项目责任人	专业监理/总监
	施工进度计划报审表＊（表C.3.3）	按约定设分目		施工单位	项目经理	专业监理/总监
	施工进度计划	按约定设分目		施工单位	项目负责人	项目经理/项目责任人
	人、机、料动态表（表C.3.4）	按月列设分目		施工单位	机械员、材料员、劳务员	项目经理
	工程延期申请表（表C.3.5）	按延期事项设分目		施工单位	项目经理/项目责任人	总监
	工程款支付申请表（表C.3.6）	按合同约定设分目		施工单位	项目经理	总监
	工程变更费用报审表＊（表C.3.7）	按事项设分目		施工单位	项目经理/项目责任人	监理工程师/总监
	费用索赔申请表＊（表C.3.8）	按事项设分目		施工单位	项目经理/项目责任人	总监
施工物质资料C4类	其他物资出厂合格证、质量保证书、检测报告和报关单或商检证等	按类别设分目	出厂质量证明文件及检测报告	供货单位	材料员	
	材料、设备的相关检验报告、型式检测报告、3C强制认证合格证书或3C标志	按类别设分目		供货单位	材料员	
	材料、构配件进场检验记录＊（表C.4.1）	按类别设分目	进场检验通用表格	施工单位	专业工长	专业工程师

续表

工程资料类别	工程资料名称（子目录）	资料分目录	细目	工程资料单位来源	填写或编制	审核、审批、签字
			通用表格			
施工记录 C5类	隐蔽工程验收记录*（表C.5.1）	电线、电缆导管敷设隐蔽工程验收记录（综合布线系统）	电线、电缆导管敷设隐蔽工程验收记录（6个，沿墙暗敷）	施工单位	专业技术负责人/专业质检员/专业工长	专业监理工程师
			电线、电缆导管敷设隐蔽工程验收记录（6个，沿顶板暗敷）			
			电线、电缆导管敷设隐蔽工程验收记录（1个，沿地暗敷）			
			有线电视系统防雷接地隐蔽工程验收记录			
			广播系统防雷接地隐蔽系统验收记录			
			火灾报警及联动系统接地隐蔽工程验收记录			
		防雷接地隐蔽工程验收记录				
	施工检查记录（表C.5.2）	综合布线施工检查记录	通用表格	施工单位	专业质检员	专业技术负责人/专业工长
		有线电视系统施工检查记录				
		广播系统施工检查记录				
		火灾报警及联动系统施工检查记录				
	交接检查记录（表C.5.3）	电气安装班组-土建班组交接检查记录		施工单位	移交单位	接收单位/见证单位
		电气安装班组-装饰装修班组交接检查记录				
			专用表格			
施工试验记录及检测报告 C6类	设备单机试运转记录*（表C.6.1）	按设备设分目录		施工单位	专业质检员	专业工长/专业技术负责人
	系统试运转调试记录*（表C.6.2）	按系统类别设分目录		施工单位	专业质检员	
	接地电阻测试记录*（表C.6.3）	按接地类别设分目录		施工单位	专业质检员/专业测试人	专业工长/专业技术负责人/专业工程师
	绝缘电阻测试记录*（表C.6.4）	按干线或支线设分目录		施工单位		

续表

工程资料类别	工程资料名称（子目录）	资料分目录	细目	工程资料单位来源	填写或编制	审核、审批、签字
			智能建筑工程			
施工试验记录及检测报告C6类	综合布线测试记录*	按分项工程设分目录	按检验批列细目	施工单位	专业质检员	专业工长/专业技术负责人/专业工程师
	光纤损耗测试记录*	按用途设分目录		施工单位	专业质检员	专业工长/专业技术负责人/专业工程师
	视频系统末端测试记录*	按用途设分目录		施工单位	专业质检员	检测负责人
	子系统检测记录*（表C.6.15）	按子系统工程设分目录			专业质检员	专业工长/专业技术负责人/专业工程师
	系统试运行记录*	按系统工程设分目录		施工单位	专业质检员	
施工质量验收记录C7类	检验批质量验收记录*（表C.7.1）	通信系统	通信系统检测检验批质量验收记录（1个）	施工单位	专业质检员	专业监理工程师
		卫星及有线电视系统	卫星及有线电视系统检测检验批质量验收记录（1个）			
		公共广播系统	公共广播系统检测检验批质量验收记录（1个）			
		火灾和可燃气体探测系统	火灾和可燃气体探测系统检测检验批质量验收记录			
		火灾报警控制系统	火灾报警控制系统检测检验批质量验收记录			
		消防联动系统	消防联动系统检测检验批质量验收记录			
		缆线敷设和终接	缆线敷设和终接检验批质量验收安装质量检验批质量验收记录（3个，按系统）			
		机柜、机架、配线架的安装	机柜、机架、配线架工程检验批质量验收记录（3个，按系统）			

第2部分　建筑工程施工资料管理技能实训

续表

工程资料类别	工程资料名称（子目录）	资料分目录	细目	工程资料来源单位	填写或编制	审核、审批、签字
施工质量验收记录 C7 类	检验批质量验收记录 *（表 C.7.1）	信息插座和光缆芯线终端的安装	信息插座和光缆芯线终端的安装工程检验批质量验收记录（1 个，通信系统）	施工单位	专业质检员	专业监理工程师
			信息插座和光缆芯线终端的检测性能检验批质量验收记录（1 个，卫星及有线电视系统）			
			信息插座和光缆芯线终端的检测性能检验批质量验收记录（1 个，公共广播系统）			
		智能建筑电源	智能建筑电源系统检验批质量验收记录（1 个）			
		防雷及接地	防雷及接地系统检验批质量验收记录（1 个）			
		无障碍厕所和无障碍厕位	无障碍厕所和无障碍厕位检验批质量验收记录			
	分项工程质量验收记录 *（表 C.7.2）	通信网络系统（单独组卷）	通信系统分项工程质量验收记录	施工单位	专业质检员	专业技术负责人／专业监理工程师
			卫星及有线电视系统分项工程质量验收记录			
			公共广播系统分项工程质量验收记录			
		火灾报警及消防联动系统	火灾和可燃气体探测系统分项工程质量验收记录			
			火灾报警控制系统分项工程质量验收记录			
			消防联动系统分项工程质量验收记录			

续表

工程资料类别	工程资料名称（子目录）	资料分目录	细 目	工程资料单位来源	填写或编制	审核、审批、签字
施工质量验收记录 C7 类	分项工程质量验收记录*（表C.7.2）	综合布线系统（单独组卷）	缆线敷设和终端接分项工程质量验收记录	施工单位	专业质检员	专业技术负责人/专业监理工程师
			机柜、机架、配线架的安装分项工程质量验收记录			
			信息插座和光缆芯线终端的安装分项工程质量验收记录			
		电源与接地	智能建筑电源分项工程质量验收记录			
			防雷及接地分项工程质量验收记录			
			无障碍厕所和无障碍厕位分项工程质量验收记录			
	分部（子分部）工程质量验收记录**（表C.7.3）			施工单位	专业质检员	施工项目经理、设计勘察项目负责人/总监
	自动喷水系统验收缺陷项目划分记录			施工单位	专业质检员	施工项目负责人、建设单位项目负责人、专业监理工程师
	卫星数字电视系统分项工程质量验收记录			施工单位	专业质检员	专业技术负责人/专业监理工程师
	有线电视系统分项工程质量验收记录			施工单位	专业质检员	专业技术负责人/专业监理工程师

续表

工程资料类别	工程资料名称（子目录）	资料分目录	细目	工程资料单位来源	填写或编制	审核、审批、签字
施工质量验收记录 C7类	公共广播与紧急广播系统分项工程质量验收记录			施工单位	专业质检员	
	网络安全系统分项工程质量验收记录			施工单位	专业质检员	专业技术负责人/专业监理工程师
	数据通信接口分项工程质量验收记录			施工单位	专业质检员	
	系统实时性、可维护性、可靠性分项工程质量验收记录			施工单位	专业质检员	
	现场设备安装及检测分项工程质量验收记录			施工单位	专业质检员	专业技术负责人/专业监理工程师
	火灾自动报警及消防联动系统分项工程质量验收记录			施工单位	专业质检员	
	综合布线系统安装分项工程质量验收记录			施工单位	专业质检员	专业技术负责人/专业监理工程师
	综合布线系统性能检测分项工程质量验收记录			施工单位	专业质检员	

项目8 通风空调分部工程资料管理

项目实训目标

任务1 通风空调分部工程资料信息的采集与分部、分项、检验批的划分

1. 实训目的：在具有通风空调工程施工图的识读和通风空调工程施工组织专业知识基础上，通过施工任务分解，培养通风空调工程资料信息采集和任务分解的能力。

2. 实训内容及成果：依据《建筑工程施工质量验收统一标准》及《通风空调工程施工质量验收规范》中有关分部、分项、检验批划分的规定，完成通风空调分部工程资料信息采集与分部、子分部、分项、检验批的划分并填写表2-2-83。

3. 实训步骤与指导：见表2-2-82所列。

实训步骤、指导与评价　　　　　　　表2-2-82

一、针对工作任务搜集有关资料及采集相关信息	1. 工作准备：搜集相关资料、文件、规范、技术标准、教材、参考书。 2. 背景资料：分部工程概况（下表按工程实际发生项在□打√或在空格填写）	
	工程名称	
	通风类型	局部通风□　全面通风□　自然通风□　机械通风□
	避风天窗	有□　无□　形式　矩形□　下沉式□　曲线形□
	风机类型	离心式□　轴流式□
	空调系统类型	集中式□　局部式□　半集中式□
	空调负荷介质	全空气□　全水□　空气水□　制冷剂□
	送风口形式	侧送风口□　散流器□　孔板送风□　喷射式送风□
	气流组织形式	上送风下回风□　上送风上回风□　中送风□　下送风□
	风管材料	镀锌钢板□　不锈钢板□　普通薄钢板□　玻璃钢板□　硬聚氯乙烯板□　其他材料□
	送排风系统	风管与配件制作□　部件制作□　风管系统安装□　空气处理设备安装□　消声设备制作与安装□　风管与设备防腐□　风机安装□　系统调试□
	防排烟系统	风管与配件制作□　部件制作□　风管系统安装□　防排烟风口、常闭正压风口与设备安装□　风管与设备防腐□　风机安装□，系统调试□
	除尘系统	风管与配件制作□　部件制作□　风管系统安装□　除尘器与排污设备安装□　风管与设备防腐□　风机安装□　系统调试□
	空调风系统	风管与配件制作、部件制作□　风管系统安装□　空气处理设备安装□　消声设备制作与安装□　风管与设备防腐□　风机安装□　风管与设备绝热□　系统调试□
	净化空调系统	风管与配件制作□　部件制作□　风管系统安装□　空气处理设备安装□　消声设备制作与安装□　风管与设备防腐□　风机安装□　风管与设备绝热□　高效过滤器安装□　系统调试□
	制冷设备系统	制冷组安装□　制冷剂管道及配件安装□　制冷附属设备安装□　管道及设备的防腐与绝热□　系统调试□
	空调水系统	管道冷热（媒）水系统安装□　冷却水系统安装□　冷凝水系统安装□　阀门及部件安装□　冷却塔安装□　水泵及附属设备安装□　管道与设备的防腐与绝热□　系统调试□
	资料管理软件名称	
	施工工艺标准代号	

第 2 部分　建筑工程施工资料管理技能实训

续表

二、进行分项、检验批划分和数量确定	1. 熟悉《建筑工程施工质量验收统一标准》及《通风与空调工程施工质量验收规范》中有关分项、检验批划分的规定：参见分部（子分部）工程、分项工程、检验批划分及代号索引。 2. 逐项确认通风与空调工程各子分部的分项工程、检验批数量并填写表 2-2-83 的内容									
三、检查评价	工作任务	分值 M_i	评分标准（指标内涵）		评分等级 K_i				学生自评	教师评价
			A	C	A	B	C	D	N_1	N_2
					1	0.8	0.6	0.4		
	信息采集	20	采集相关信息非常准确、齐全	基本准确、有缺项或错选						
	分项检验批划分	20	分项、检验批划分：科学、合理、符合施工方案要求，便于检验和资料管理实施	分项检验批划分基本准确						
	合计	40			得分 $N=\sum K_i M_i$					
	检查评价				师生评价权重				0.2	0.8
					实得分＝$0.2N_1+0.8N_2$＝					

分部、子分部、分项、检验批划分和数量确定（样表）　　表 2-2-83

子分部名称	分项名称	检验批名称	检验批数量

4. 案例分析

通风空调工程分部、分项、检验批划分，见表 2-2-84 所列。

××市×中学教学楼通风空调工程分部、分项、检验批划分　　表 2-2-84

分部工程	子分部工程	分项工程名称	检验批	检验批数量
通风与空调	送排风系统	风管与配件制作	风管制作检验批质量验收记录	1
		部件制作	风管部件与消声器制作检验批质量验收记录	1
		风管系统安装	风管系统安装检验批质量验收记录	1
		空气处理设备安装	通风与空调设备安装检验批质量验收记录	1
		风管与设备防腐	防腐与绝热检验批质量验收记录	1
		风机安装	通风与空调设备安装检验批质量验收记录	1
		系统调试	系统调试检验批质量验收记录	1
	防排烟系统	风管与配件制作	风管制作检验批质量验收记录	1
		部件制作	风管部件与消声器制作检验批质量验收记录	1
		风管系统安装	风管系统安装检验批质量验收记录	1
		防排烟风口、常闭正压风口与设备安装	通风与空调设备安装检验批质量验收记录	1
		风管与设备防腐	防腐与绝热检验批质量验收记录	1
		风机安装	通风与空调设备安装检验批质量验收记录	1
		系统调试	系统调试检验批质量验收记录	1

任务2 通风空调分部工程资料管理计划编制

1. 实训目的:建立资料管理的核心能力即目标管理,完成目标管理的基本步骤是确定目标、计划、实施、检查、处置。通过任务一明确了资料管理目标,资料管理计划的编制是确定资料管理任务的范围,同时也是这里收集工作能力培养的基本方法。

2. 实训内容及成果:依据《建筑工程施工资料计划、交底编制导则》见表 2-3-1,完成某工程项目通风空调分部工程资料管理计划编制及技术交底工作(目录省略)。

3. 实训步骤与指导:见表 2-2-85 所列。

实训步骤、指导与评价　　　　　　　　　　表 2-2-85

一、施工管理资料计划的编制	参见《施工资料管理计划、交底编制导则》,选择该通风空调分部工程各子分部工程施工资料内容,编制资料管理计划							
二、资料目录编制	依照资料管理计划的顺序列出通风空调分部工程各子分部工程施工资料组卷目录表的内容。填写时应参照附表的内容进行选项,并按照组卷的方式汇总。有细目的项,应分级填写							
三、检查评价	工作任务	分值 M_i	评分标准(指标内涵)		评分等级 K_i			学生自评	教师评价
			A	C	A	B	C	D		
					1	0.8	0.6	0.4	N_1	N_2
	计划编制	30	资料分类正确、内容完整	资料分类正确、内容不完整						
	目录编制	10	目录正确,内容完整	目录正确,内容不完整						
	态度	20	态度端正具有独立解决问题的能力;任务完善,具有较强的持续性	态度端正,与他人合作完成;独立解决问题的能力不够;工作有时缺乏持续性						
	合计	60			得分 $N=\Sigma K_i M_i$				
			检查评价		师生评价权重				0.2	0.8
					实得分$=0.2N_1+0.8N_2=$					

4. 案例分析

通风空调分部工程施工资料管理计划(交底)见表 2-2-86 所列。

第2部分 建筑工程施工资料管理技能实训

通风空调分部工程施工资料管理计划(交底)

表 2-2-86

工程资料类别	工程资料名称(子目录)	资料分目录	细 目	工程资料单位来源	填写或编制	审核、审批、签字
施工管理资料C1类	分包单位资质报审表(表C.1.3)	按分包单位列分目录		施工单位	项目经理	专业监理/总监
	建设工程质量事故调查记录(表C.1.4)	按事故发生次数列分目录		调查单位	调查人	被调查人
	建设工程质量事故报告书	按事故发生次数列分目录		调查单位	报告人	专业监理
	施工检测计划	按检测项目列分目录		施工单位	项目负责人	试验负责人
	见证记录*	按检测项目列分目录		监理单位	监理见证人	试验取样人
	见证试验检测汇总表(表C.1.5)			施工单位	试验员	(制表人)技术负责人
	施工日志*(表C.1.6)	按专业归类(不单列分目录)		施工单位	记录人	专业工长/项目负责人
	监理工程师通知回复单(表C.1.7)	按事项列分目录		施工单位	项目经理/项目责任人	专业监理/总监
施工技术资料C2类	工程技术文件报审表*(表C.2.1)	按施工组织设计、施工方案、重点部位、关键工序施工工艺、四新内容列分目录		施工单位	项目经理/项目负责人	专业监理/总监
	技术交底记录*(表C.2.3)	按分项或专业工程设列分目录		施工单位	交底人	审核人、接受交底人
	图纸会审记录*(表C.2.4)	按专业归类(不单列分目录)		施工单位	技术、专业负责人	各方技术、专业负责人
	设计变更通知单*(表C.2.5)	按专业归类列分目录		设计单位	技术、专业负责人	各方技术、专业负责人
	工程洽商记录(技术核定单)*(表C.2.6)	按专业归类列分目录		提出单位	技术、专业负责人	各方技术、专业负责人
	工程复工报审表*(表C.3.2)	按工程暂停另设分目录		施工单位	项目经理/项目责任人	专业监理/总监
进度造价资料C3类	施工进度计划报审表*(表C.3.3)	按约定设分目录		施工单位	项目经理	专业监理/总监
	施工进度计划			施工单位	项目负责人	项目经理/项目责任人
	人、机、料动态表(表C.3.4)	按月列分目录		施工单位	机械员、材料员、劳务员	项目经理

续表

工程资料类别	工程资料名称(子目录)	资料分目录	细 目		工程资料来源单位	填写或编制	审核、审批、签字
进度造价资料C3类	工程延期申请表（表C.3.5)	按延期事项设分目录			施工单位	项目经理/项目责任人	总监
	工程款支付申请表（表C.3.6)	按合同约定设分目录			施工单位	项目经理	总监
	工程变更费用报审表*（表C.3.7)	按事项设分目录			施工单位	项目经理/项目责任人	监理工程师/总监
	费用索赔申请表*（表C.3.8)	按事项设分目录			施工单位	项目经理/项目责任人	总监
施工物质资料C4类	其他物资出厂合格证、质量保证书,检测报告和报关商检证等	按类别设分目录	出厂质量证明文件及检测报告		供货单位	材料员	
	材料、设备的相关检验报告、型式检测报告、3C强制认证合格证书或3C标志	按类别设分目录			供货单位	材料员	
	材料、构配件进场检验记录*（表C.4.1)	按类别设分目录	进场检验通用表格		施工单位	专业工长	
	设备开箱检验记录*（表C.4.2)	按类别设分目录			施工单位	专业工长	
	设备及管道附件试验记录*（表C.4.3)	按类别设分目录		进场复验报告	施工单位	专业工长	
	散热器、采暖系统保温材料、通风与空调工程绝热材料、风机盘管机组、低压配电系统电缆的见证取样复验报告	按品种设分目录			检测单位	专业试验员	专业工程师

第2部分 建筑工程施工资料管理技能实训

续表

工程资料类别	工程资料名称（子目录）	资料分目录	细目		工程资料单位来源	填写或编制	审核、审批、签字
			通用表格				
	隐蔽工程验收记录*（表C.5.1）	通风设备隐蔽工程验收记录			施工单位	专业技术负责人/专业质检员/专业工长	专业监理工程师
		通风管道隐蔽工程验收记录					
		防排烟设备隐蔽工程验收记录					
		防排烟管道隐蔽工程验收记录					
施工记录 C5类	施工检查记录（表C.5.2）	送排风设备安装施工检查记录			施工单位	专业质检员	专业技术负责人/专业工长
		通风管道安装施工检查记录					
		防排烟设备安装施工检查记录					
		防排烟管道安装施工检查记录					
	交接检查记录（表C.5.3）	土建班组-设备安装班组-装饰装修班组交接检查记录			施工单位	移交单位	接收单位/见证单位
		设备安装班组-装饰装修班组交接检查记录					
			专用表格				
	通风（烟）道、垃圾道检查记录*（表C.5.9）	按类设分目录			施工单位	专业质检员	专业工长/技术负责人
			通用表格				
	设备单机试运转记录*（表C.6.1）	按设备分目			施工单位	专业质检员	专业工长/专业技术负责人/专业工程师
	系统试运转调试记录*（表C.6.2）	按系统类别设分目录			施工单位	专业质检员	
			专用表格				
			通风与空调工程				
施工试验及检测报告 C6类	风管漏光检测记录*（表C.6.16）	按系统分目录			施工单位	专业质检员	专业工长/专业技术负责人/专业工程师
	风管漏风检测记录*（表C.6.17）	按系统分目录			施工单位	专业质检员	
	现场组装除尘器、空调机漏风检测记录				施工单位	专业质检员	
	各房间室内风量测量记录				施工单位	专业质检员	
	管网风量平衡记录				施工单位	专业质检员	
	防排烟系统联合试运行记录				施工单位	专业质检员	

续表

工程资料类别	工程资料名称(子目录)	资料分目录	细 目	工程资料单位来源	填写或编制	审核、审批、签字
施工质量验收记录 C7 类	检验批质量验收记录 *（表 C.7.1）	风管与配件制作	风管制作检验批质量验收记录	施工单位	专业质检员	专业监理工程师
		部件制作	风管部件与消声器制作检验批质量验收记录			
		风管系统安装	风管系统安装检验批质量验收记录			
		空气处理设备安装	通风与空调设备安装检验批质量验收记录			
		风管与设备防腐	防腐与绝热检验批质量验收记录			
		风机安装	通风与空调设备安装检验批质量验收记录			
		系统调试	系统调试检验批质量验收记录			
		风管与配件制作	风管制作检验批质量验收记录			
		部件制作	风管部件与消声器制作检验批质量验收记录			
		风管系统安装	风管系统安装检验批质量验收记录			
		防排烟风口、常闭正压风口与设备安装	通风与空调设备安装检验批质量验收记录			
		风管与设备防腐	防腐与绝热检验批质量验收记录			
		风机安装	通风与空调设备安装检验批质量验收记录			
		系统调试	系统调试检验批质量验收记录			

第2部分 建筑工程施工资料管理技能实训

续表

工程资料类别	工程资料名称(子目录)	资料分目录	细 目	工程资料单位来源	填写或编制	审核、审批、签字
施工质量验收记录C7类	分项工程质量验收记录**（表C.7.2）	送排风系统	风管与配件制作			
			部件制作			
			风管系统安装			
			空气处理设备安装			
			风管与设备防腐			
			风机安装			
			系统调试			
		防排烟系统	风管与配件制作	施工单位	专业质检员	专业技术负责人/专业监理工程师
			部件制作			
			风管系统安装			
			防排烟风口、常闭正压风口与设备安装			
			风管与设备防腐			
			风机安装			
			系统调试			
	分部（子分部）工程质量验收记录**（表C.7.3）			施工单位	专业质检员	施工项目经理、设计勘察项目负责人/总监
	空调与通风系统分项工程质量验收记录			施工单位	专业质检员	专业技术负责人/专业监理工程师

项目9　建筑节能分部工程资料管理

项目实训目标

任务1　建筑节能分部工程资料信息的采集与分部、分项、检验批的划分

1. 实训目的：在具有建筑节能工程施工图的识读和建筑节能工程施工组织专业知识基础上，通过施工任务分解，培养建筑节能工程资料信息采集和任务分解的能力。

2. 实训内容及成果：依据《建筑工程施工质量验收统一标准》及《建筑节能工程施工质量验收规范》中有关分部、分项、检验批划分的规定，完成建筑节能分部工程资料信息采集与分部、子分部、分项、检验批的划分并填写表2-2-88。

3. 实训步骤与指导：见表2-2-87所列。

实训步骤、指导与评价　　　　　　　表2-2-87

一、针对工作任务搜集有关资料及采集相关信息	1. 工作准备：搜集相关资料、文件、规范、技术标准、教材、参考书。 2. 背景资料：分部工程概况（下表按工程实际发生项在□内打√或在空格内填写）	
	工程名称	
	墙体节能工程	主体结构基层□　保温材料□　饰面层□
	幕墙节能工程	主体结构基层□　隔热材料□　保温材料□　隔汽层□　幕墙玻璃□　单元式幕墙板块□　通风换气系统□　遮阳设施□　冷凝水收集排放系统□
	门窗节能工程	门□　窗材料□　门窗玻璃□　遮阳设施□
	屋面节能工程	结构基层□　保温隔热层□　保护层□　防水层□　面层□
	地面节能工程	结构基层□　保温层□　保护层□　面层□
	采暖节能工程	系统制式□　散热材料□　阀门与仪表□　热力入口装置□　保温材料□　调试□
	通风与空气调节节能工程	系统制式□　通风与空调设备□　阀门与仪表□　绝热材料□　调试□
	空调与采暖系统的冷热源及管网节能工程	系统制式□　冷热源设备□　辅助设备□　管网□　阀门与仪表□　绝热材料□　保温材料□　调试□
	配电与照明节能工程	低压配电电源□　照明光源□　灯具□　附属装置□　控制功能□　调试□
	监测与控制节能工程	冷、热源系统的监测控制系统□　空调水系统的监测控制系统□　通风与空调系统的监测控制系统□　监测与计量装置□　供配电监测控制系统□　照明自动控制系统□　综合控制系统等□
	资料管理软件名称	
	施工工艺标准代号	

续表

		1. 熟悉《建筑工程施工质量验收统一标准》及《建筑节能工程施工施工质量验收规范》中有关分项、检验批划分的规定：参见分部（子分部）工程、分项工程、检验批划分及代号索引。 2. 逐项确认建筑节能工程各子分部的分项工程、检验批数量并填写表2-2-88的内容								
二、进行分项、检验批划分和数量确定										
三、检查评价	工作任务	分值 M_i	评分标准（指标内涵）		评分等级 K_i				学生自评 N_1	教师评价 N_2
			A	C	A	B	C	D		
					1	0.8	0.6	0.4		
	信息采集	20	采集相关信息非常准确、齐全	基本准确、有缺项或错选						
	分项检验批划分	20	分项、检验批划分：科学、合理、符合施工方案要求，便于检验和资料管理实施	分项检验批划分基本准确						
	合计	40			得分 $N=\Sigma K_i M_i$					
	检查评价				师生评价权重				0.2	0.8
					实得分$=0.2N_1+0.8N_2=$					

分部、子分部、分项、检验批划分和数量确定（样表） 表 2-2-88

子分部名称	分项名称	检验批名称	检验批数量

4. 案例分析

建筑节能工程分部、分项、检验批划分，见表2-2-89所列。

××市×中学教学楼建筑节能工程分部、分项、检验批划分　　　表 2-2-89

分部工程	子分部工程	分项工程名称	检验批	检验批数量
建筑节能		墙体节能工程	墙体节能工程分项检验批质量验收记录（按四个墙面）	4
		幕墙节能工程	幕墙节能工程分项检验批质量验收记录	1
		门窗节能工程	门窗节能工程分项检验批质量验收记录（外窗19、外门6）	25
		屋面节能工程	屋面节能工程分项检验批质量验收记录	1
		地面节能工程	地面节能工程分项检验批质量验收记录（按施工段或变形缝，每200m² 可划分为一个检验批）	9
		采暖节能工程	采暖节能工程分项检验批质量验收记录（按系统、楼层分）	6
		通风与空调节能工程	通风与空调节能工程分项检验批质量验收记录（按系统、楼层分）	2
		配电与照明节能工程	配电与照明节能工程分项检验批质量验收记录（按系统、楼层、建筑分）	6

任务 2　建筑节能分部工程资料管理计划编制

1. 实训目的：建筑节能分部工程施工资料管理计划的编制的目的是针对任何施工项目根据建筑节能分部工程的施工特点，施工部位、施工工艺、空间和时间的不同确定施工资料管理任务的范围和基本内容，同时也是施工资料收集工作能力培养的基本方法。

2. 实训内容及成果：依据《建筑工程施工资料计划、交底编制导则》见表2-3-1，完成某工程项目建筑节能分部工程资料管理计划编制及技术交底工作（目录省略）。

3. 实训步骤与指导：见表2-2-90。

实训步骤、指导与评价　　　表 2-2-90

一、施工管理资料计划的编制	参见《施工资料管理计划、交底编制导则》，选择该建筑节能分部工程各子分部工程施工资料内容编制资料管理计划								
二、资料目录编制	依照资料管理计划的顺序列出建筑节能分部工程各子分部工程施工资料组卷目录表的内容。填写时应参照附表的内容进行选项，并按照组卷的方式汇总。有细目的项，应分级填写								
三、检查评价	工作任务	分值 M_i	评分标准（指标内涵）		评分等级 K_i				学生自评	教师评价
			A	C	A	B	C	D	N_1	N_2
					1	0.8	0.6	0.4		
	计划编制	30	资料分类正确、内容完整	资料分类正确、内容不完整						
	目录编制	10	目录正确，内容完整	目录正确，内容不完整						
	态度	20	态度端正具有独立解决问题的能力；任务完善，具有较强的持续性	态度端正，与他人合作完成；独立解决问题的能力不够；工作有时缺乏持续性						
	合计	60			得分 $N = \sum K_i M_i$					
	检查评价				师生评价权重				0.2	0.8
					实得分 $= 0.2N_1 + 0.8N_2 =$					

4. 案例分析

建筑节能分部工程施工资料管理计划（交底）见表2-2-91所列。

第2部分 建筑工程施工资料管理技能实训

建筑节能分部工程施工资料管理计划（交底）

表 2-2-91

工程资料类别	工程资料名称（子目录）	资料分目录	细目	工程资料单位来源	填写或编制	审核、审批、签字
施工管理资料 C1类	分包单位资质报审表*（表C.1.3）	按分包单位列分目录		施工单位	项目经理	专业监理/总监
	建设工程质量事故调查记录（表C.1.4）	按事故发生次数列分目录		调查单位	调查人	被调查人
	建设工程质量事故报告书	按事故发生次数列分目录		调查单位	报告人	调查负责人
	施工检测计划	按检测项目列分目录		施工单位	项目负责人	专业监理
	见证记录*	外墙保温材料见证记录		监理单位	监理见证人	试验取样人
		保温板胶粘剂见证记录				
		纤维网格布见证记录				
		外墙保温材料结锚拉拔试验				
	见证试验检测汇总表（表C.1.5）			施工单位	试验员	(制表人) 技术负责人
	施工日志（表C.1.6）	按专业归类（不单列分目细目）		施工单位	记录人	专业工长
	监理工程师通知回复单（表C.1.7）	按事项列分目录		施工单位	项目经理/项目责任人	专业监理/项目负责人
施工技术资料 C2类	工程技术文件报审表*（表C.2.1）	按施工组织设计、施工方案、重点部位、关键工序施工工艺、四新内容列分目录		施工单位	项目经理/项目责任人	专业监理/总监
	技术交底记录（表C.2.3）	按分项或专业工程设计分目录		施工单位	交底人	审核人、接受交底人
	图纸会审记录（表C.2.4）	按专业归类（不单列分目细目）		施工单位	各方技术、专业负责人	各方技术、专业负责人
	设计变更通知单**（表C.2.5）	按专业归类		设计单位	各方技术、专业负责人	各方技术、专业负责人
	工程洽商记录（技术核定单）**（表C.2.6）	按专业归类		提出单位	各方技术、专业负责人	各方技术、专业负责人

续表

工程资料类别	资料分目录	工程资料名称（子目录）	细目	工程资料单位来源	填写或编制	审核、审批、签字
进度造价资料 C3类	工程复工报审表*（表C.3.2）	按工程暂停令设分目录		施工单位	项目经理/项目责任人	专业监理/总监
	施工进度计划报审表*（表C.3.3）	按约定设分目录		施工单位	项目经理	专业监理/总监
	施工进度计划	按约定设分目录		施工单位	项目负责人	项目经理/项目责任人
	人、机、料动态表（表C.3.4）	按月列分目录		施工单位	机械员、材料员、劳务员	项目经理
	工程延期申请表（表C.3.5）	按延期事项设分目录		施工单位	项目经理/项目责任人	总监
	工程款支付申请表（表C.3.6）	按合同约定设分目录		施工单位	项目经理	总监
	工程变更费用报审表*（表C.3.7）	按事项设分目录		施工单位	项目经理/项目责任人	监理工程师/总监
	费用索赔申请表*（表C.3.8）	按事项设分目录		施工单位	项目经理/项目责任人	总监
施工物质资料 C4类	其他工程物资出厂合格证、质量保证书、检测报告和报关单或商检证书等	按类别设分目录	出厂质量证明文件及检测报告	供货单位	材料员	
	材料、设备的相关检验报告、型式检测报告、3C强制认证合格证书或3C标志	按类别设分目录	进场检验通用表格	供货单位	材料员	
	材料、构配件进场检验记录*（表C.4.1）	按类别设分目录	进场复验报告	施工单位	专业工长	专业工程师
	节能工程材料复试报告	按品种设分目录		检测单位	专业试验员	

第2部分 建筑工程施工资料管理技能实训

续表

工程资料类别	工程资料名称（子目录）	资料分目录	细 目	工程资料单位来源	填写或编制	审核、审批、签字
			通用表格			
	隐蔽工程验收记录*（表C.5.1）	按项目列分目录		施工单位	专业技术负责人/专业质检员/专业工长	专业监理工程师
	施工检查记录（表C.5.2）	按项目列分目录		施工单位	专业质检员	专业技术负责人/专业工长
	交接检查记录（表C.5.3）	按部位列分目录		施工单位	移交单位	接收单位/见证单位
			专用表格			
			建筑节能			
施工记录 C5类	幕墙的抗风压性能、空气渗透性能、雨水渗透性能及平面内变形性能检测报告	按检验批列分目录		检测单位	专业检测员	
	外门窗的抗风压性能、空气渗透性能和雨水渗透性能检测报告	按品种规格设分目录		检测单位	专业检测员	
	墙体节能工程保温板材与基层粘结强度现场拉拔试验	按检验批列分目录		检测单位	专业检测员	
	外墙保温浆料同条件养护试件试验报告	按检验批列分目录		检测单位	专业检测员	
	围护结构现场实体检验	按检验批列分目录		检测单位	专业检测员	专业检测负责人
	室内环境检测报告	按检验批列分目录		检测单位	专业检测员	专业检测负责人
	节能性能检测报告	按检验批列分目录		检测单位	专业检测员	专业检测负责人

续表

工程资料类别	工程资料名称（子目录）	资料分目录	细 目	工程资料单位来源	填写或编制	审核、审批、签字
施工质量验收记录 C7 类	检验批质量验收记录*（表 C.7.1）	墙体节能工程	墙体节能工程分项检验批质量验收记录（4 个，按四个外墙面）	施工单位	专业质检员	专业监理工程师
		幕墙节能工程	幕墙节能工程分项检验批质量验收记录（1 个）			
		门窗节能工程	门窗节能工程分项检验批质量验收记录（25 个，外窗 19 个、外门 6 个）			
		屋面节能工程	屋面节能工程分项检验批质量验收记录（3 个）			
		地面节能工程	地面节能工程分项检验批质量验收记录（9 个，6 个楼地面 3 个楼梯）			
		采暖节能工程	采暖节能工程分项检验批质量验收记录（9 个，6 个楼层、3 个楼梯）			
		通风与空调节能工程	通风与空调节能工程分项检验批质量验收记录（2 个）			
		配电与照明节能工程	配电与照明节能工程分项检验批质量验收记录（6 个）			
	分项工程质量验收记录*（表 C.7.2）	按子分部工程设分目录	墙体节能工程分项工程质量验收记录 幕墙节能工程分项工程质量验收记录 门窗节能工程分项工程质量验收记录 屋面节能工程分项工程质量验收记录 地面节能工程分项工程质量验收记录 采暖节能工程分项工程质量验收记录 通风与空调节能工程分项工程质量验收记录 配电与照明节能工程分项工程质量验收记录	施工单位	专业质检员	专业技术负责人/专业监理工程师
	分部（子分部）工程质量验收记录**（表 C.7.3）			施工单位	专业质检员	施工项目经理、设计勘察项目负责人/总监
	建筑节能分部工程质量验收记录**（表 C.7.4）			施工单位	专业质检员	施工项目经理、设计勘察项目负责人/总监

第2部分 建筑工程施工资料管理技能实训

续表

工程资料类别	工程资料名称（子目录）	资料分目录	细目	工程资料来源单位	填写或编制	审核、审批、签字
竣工验收资料 C8类	工程竣工报告			施工单位	项目负责人	总监
	单位（子单位）工程竣工预验收报验表*（表C.8.1）			施工单位	项目经理	总监
	单位（子单位）工程质量竣工验收记录**（表C.8.2-1）			施工单位	项目技术负责人/项目经理/施工单位技术负责人	建设单位（项目）负责人、总监、施工单位负责人、设计单位（项目）负责人签字并盖公章
	单位（子单位）工程质量控制资料核查记录*（表C.8.2-2）			施工单位	核查人	项目经理/总监
	单位（子单位）工程安全和功能检验资料核查及主要功能抽查记录**（表C.8.2-3）			施工单位	核查人	
	单位（子单位）工程观感质量检查记录**（表C.8.2-4）			施工单位	核查人	
	施工决算（结算）资料			施工单位	造价负责人	
	施工资料移交书			施工单位	移交单位技术负责人	移交单位技术负责人/接受单位技术负责人
	房屋建筑工程质量保修书			施工单位	承包人	发包人/承包人
	C类其他资料					

3 施工资料管理计划、交底编制导则

为了方便计划的编制工作,特别编制了《建筑工程施工资料计划、交底编制导则》见附表2-3-1。《建筑工程施工资料计划、交底编制导则》是依据建筑工程资料管理规程的分类标准设计成一个资料计划、交底编制模版,依据这个编制模版结合分部、分项、检验批划分文件,以分部工程为基本组卷单位,每个分部工程按照四级目录设置,并分为总目录(实际发生的工程资料类别C1~C8类)、子目录(C1~C8各类有多少项)、分目录(每项有多少种)、细目录(每种有多少批次);编制资料计划、交底文件时本着"确实发生的项目详细列,可能发生的事项简约列;不发生的事项就不列"的基本要求。有些资料的份数事先不好确定均已现场实际发生数量确定,在列目录时均以"数份"简约表示,待实际发生数量确定后,可按实际发生数量填写(安全和功能检验资料、观感资料还是以分部工程组卷)。建筑工程施工资料计划、交底编制时还需标注出资料来源、填表人、审核、审批人形成一个完整的资料管理计划。《建筑工程施工资料计划、交底编制导则》见表2-3-1。

建筑工程施工资料计划、交底编制导则　　　　表2-3-1

工程资料类别	工程资料名称（子目录）	资料分目录	细目	工程资料单位来源	填写或编制	审核、审批、签字
施工管理资料 C1类	工程概况表（表C.1.1）			施工单位	项目负责人	项目经理
	施工现场质量管理检查记录*（表C.1.2）			施工单位	项目负责人	总监
	企业资质证书及相关专业人员岗位证书			施工单位	项目负责人	专业监理/总监
	分包单位资质报审表*（表C.1.3）	按分包单位列分目录		施工单位	项目经理	专业监理/总监
	建设工程质量事故调查、勘查记录（表C.1.4）	按事故发生次数列分目录		调查单位	调查人	被调查人
	建设工程质量事故报告书	按事故发生次数列分目录		调查单位	报告人	调查负责人
	施工检测计划	按检测项目列分目录		施工单位	项目负责人	专业监理
	见证记录*	按检测项目列分目录		监理单位	监理见证人	试验取样人
	见证试验检测汇总表（表C.1.5）			施工单位	试验员	（制表人）技术负责人
	施工日志（表C.1.6）	按专业归类（不单列分目录和细目录）		施工单位	记录人	专业工长项目负责人
	监理工程师通知回复单*（表C.1.7）	按事项列分目录		施工单位	项目经理/责任人	专业监理/总监

第2部分　建筑工程施工资料管理技能实训

续表

工程资料类别	工程资料名称（子目录）	资料分目录	细目	工程资料单位来源	填写或编制	审核、审批、签字
施工技术资料C2类	工程技术文件报审表*（表C.2.1）	按施工组织设计、施工方案、重点部位、关键工序施工工艺、四新内容列分目录		施工单位	项目经理/责任人	专业监理/总监
	施工组织设计及施工方案	按专项方案设分目录		施工单位	项目经理/项目责任人	施工单位技术负责人、专业监理/总监
	危险性较大分部分项工程施工方案专家论证表（表C.2.2）	按专项方案设分目录		施工单位	项目经理/项目责任人	组长、专家
	技术交底记录（表C.2.3）	按分项或专业工程设分目录		施工单位	交底人	审核人、接受交底人
	图纸会审记录**（表C.2.4）	按专业归类（不单列分目录和细目录）		施工单位	技术、专业负责人	各方技术、专业负责人
	设计变更通知单**（表C.2.5）	按专业列分目录		设计单位	技术、专业负责人	各方技术、专业负责人
	工程洽商记录（技术核定单）**（表C.2.6）	按专业列分目录		提出单位	技术、专业负责人	各方技术、专业负责人
进度造价资料C3类	工程开工报审表*（表C.3.1）			施工单位	项目经理	总监
	工程复工报审表*（表C.3.2）	按工程暂停另设分目录		施工单位	项目经理/项目责任人	专业监理/总监
	施工进度计划报审表*（表C.3.3）	按约定设分目录		施工单位	项目经理	专业监理/总监
	施工进度计划	按约定设分目录		施工单位	项目负责人	项目经理/项目责任人
	人、机、料动态表（表C.3.4）	按月列分目录		施工单位	机械员、材料员、劳务员	项目经理
	工程延期申请表（表C.3.5）	按延期事项设分目录		施工单位	项目经理/责任人	总监
	工程款支付申请表（表C.3.6）	按合同约定设分目录		施工单位	项目经理	总监
	工程变更费用报审表*（表C.3.7）	按事项设分目录		施工单位	项目经理/责任人	监理工程师/总监
	费用索赔申请表*（表C.3.8）	按事项设分目录		施工单位	项目经理/责任人	总监

续表

工程资料类别	工程资料名称（子目录）	资料分目录	细目	工程资料单位来源	填写或编制	审核、审批、签字
	出厂质量证明文件及检测报告					
	砂、石、砖、水泥、钢筋、隔热保温、防腐材料、轻集料出厂质量证明文件	按类别设分目录		供货单位	材料员	专业质量员
	其他物资出厂合格证、质量保证书、检测报告和报关单或商检证等	按类别设分目录		供货单位	材料员	
	材料、设备的相关检验报告、型式检测报告、3C强制认证合格证书或3C标志	按类别设分目录		供货单位	材料员	
	主要设备、器具的安装使用说明书	按类别设分目录		供货单位	材料员	
	进口的主要材料设备的商检证明文件	按类别设分目录		供货单位	材料员	
	涉及消防、安全、卫生、环保、节能的材料、设备的检测报告或法定机构出具的有效证明文件	按类别设分目录		供货单位	材料员	
施工物质资料C4类	进场检验通用表格					
	材料、构配件进场检验记录*（表C.4.1）	按类别设分目录		施工单位	专业工长	专业工程师
	设备开箱检验记录*（表C.4.2）	按类别设分目录		施工单位	专业工长	
	设备及管道附件试验记录*（表C.4.3）	按类别设分目录		施工单位	专业工长	
	进场复验报告					
	钢材试验报告	按品种设分目录		检测单位	专业试验员	专业试验师
	水泥试验报告	按品种设分目录		检测单位		
	砂试验报告	按品种设分目录		检测单位		
	碎（卵）石试验报告	按品种设分目录		检测单位		
	外加剂试验报告	按品种设分目录		检测单位		
	防水涂料试验报告	按品种设分目录		检测单位		
	防水卷材试验报告	按品种设分目录		检测单位		
	砖（砌块）试验报告	按品种设分目录		检测单位		

第 2 部分　建筑工程施工资料管理技能实训

续表

工程资料类别	工程资料名称（子目录）	资料分目录	细目	工程资料单位来源	填写或编制	审核、审批、签字
施工物质资料 C4 类	预应力筋复试报告	按品种设分目录		检测单位	专业试验员	专业试验师
	预应力锚具、夹具和连接器复试报告	按品种设分目录		检测单位		
	装饰装修用门窗复试报告	按品种设分目录		检测单位		
	装饰装修用人造木板复试报告	按品种设分目录		检测单位		
	装饰装修用花岗石复试报告	按品种设分目录		检测单位		
	装饰装修用安全玻璃复试报告	按品种设分目录		检测单位		
	装饰装修用外墙面砖复试报告	按品种设分目录		检测单位		
	钢结构用钢材复试报告	按品种设分目录		检测单位		
	钢结构用防火涂料复试报告	按品种设分目录		检测单位		
	钢结构用焊接材料复试报告	按品种设分目录		检测单位		
	钢结构用高强度大六角头螺栓连接副复试报告	按品种设分目录		检测单位		
	钢结构用扭剪型高强度螺栓连接副复试报告	按品种设分目录		检测单位		
	幕墙用铝塑板、石材、玻璃、结构胶复试报告	按品种设分目录		检测单位		
	散热器、采暖系统保温材料、通风与空调工程绝热材料、风机盘管机组、低压配电系统电缆的见证取样复试报告	按品种设分目录		检测单位		
	节能工程材料复试报告	按品种设分目录		检测单位	专业试验员	
	通用表格					
施工记录 C5 类	隐蔽工程验收记录＊（表 C.5.1）	按项目列分目录		施工单位	专业技术负责人/专业质检员/专业工长	专业监理工程师
	施工检查记录（表 C.5.2）	按项目列分目录		施工单位	专业质检员	专业技术负责人/专业工长
	交接检查记录（表 C.5.3）	按部位列分目录		施工单位	移交单位	接收单位/见证单位

续表

工程资料类别	工程资料名称（子目录）	资料分目录	细目	工程资料单位来源	填写或编制	审核、审批、签字
	专用表格					
施工记录 C5 类	工程定位测量记录＊（表 C.5.4）			施工单位	施测人	专业工程师
	基槽验线记录			施工单位	验线人	
	楼层平面放线记录	按楼层列分目录		施工单位	施测人/专业技术负责人/专业质量员	
	楼层标高抄测记录	按楼层列分目录		施工单位		
	建筑物垂直度、标高观测记录＊（表 C.5.5）	按楼层列分目录		施工单位		
	沉降观测记录	按约定列分目录		建设单位委托测量单位提供施工单位	观测人	
	基坑支护水平位移监测记录			施工单位	施测人	测量单位负责人/施工技术负责人/监理工程师
	桩基、支护测量放线记录			施工单位	施测人	施工技术负责人/监理工程师
	地基验槽记录＊＊（表 C.5.6）	按施工段列分目录		施工单位	专业质量员	施工、设计、勘察、监理、建设单位项目负责人、总监
	地基钎探记录			施工单位勘察单位	记录人	专业工长/技术负责人勘察单位项目负责人
	混凝土浇灌申请书	按检验批设分目录		施工单位	专业工长、质检员	专业技术负责人
	预拌混凝土运输单	按检验批设分目录		施工单位混凝土供应商	供应单位质量员/供应单位签发人	现场验收人
	混凝土开盘鉴定	按混凝土强度等级列分目录		施工单位	混凝土试配单位负责人	施工技术负责人/监理工程师

第2部分　建筑工程施工资料管理技能实训

续表

工程资料类别	工程资料名称（子目录）	资料分目录	细目	工程资料单位来源	填写或编制	审核、审批、签字
施工记录 C5 类	混凝土拆模申请单	按检验批设分目录		施工单位	专业工长	专业工长/质量员/技术负责人
	混凝土预拌测温记录	按检验批设分目录		施工单位	记录人	
	混凝土养护测温记录	按检验批设分目录		施工单位	测温员	
	大体积混凝土养护测温记录	按检验批设分目录		施工单位	测温员	
	大型构件吊装记录	按检验批设分目录		施工单位	专业质检员	
	焊接材料烘焙记录	按检验批设分目录		施工单位	专业质检员	
	地下工程防水效果检查记录＊（表 C.5.7）	按检验批设分目录		施工单位	专业工长/专业技术负责人/专业质检员	专业工程师
	防水工程试水检查记录＊（表 C.5.8）	按检验批设分目录		施工单位	专业工长/专业技术负责人/专业质检员	专业工程师
	通风（烟）道、垃圾道检查记录＊（表 C.5.9）	按类设分目		施工单位	专业质检员	专业工长/专业技术负责人
	预应力筋张拉记录	按检验批设分目录		施工单位		专业技术负责人
	有粘结预应力结构灌浆记录	按检验批设分目录		施工单位		
	钢结构施工记录	按检验批设分目录		施工单位		
	网架（索膜）施工记录	按检验批设分目录		施工单位		
	木结构施工记录	按检验批设分目录		施工单位		
	幕墙注胶检查记录	按检验批设分目录		施工单位		
	自动扶梯、自动人行道的相邻区域检查记录	按部设分目录		施工单位		专业技术负责人/专业监理工程师
	电梯电气装置安装检查记录	按部设分目录		施工单位		
	自动扶梯、自动人行道电气装置检查记录	按部设分目录		施工单位		
	自动扶梯、自动人行道整机安装质量检查记录	按部设分目录		施工单位		
施工试验记录及检测报告 C6 类	通用表格					
	设备单机试运转记录＊（表 C.6.1）	按设备设分目		施工单位	专业质检员	专业工长/专业技术负责人/专业工程师
	系统试运转调试记录＊（表 C.6.2）	按系统类别设分目录		施工单位	专业质检员	
	接地电阻测试记录＊（表 C.6.3）	按接地类别设分目录		施工单位	专业质检员/专业测试人	
	绝缘电阻测试记录＊（表 C.6.4）	按干线或支线设分目录		施工单位	专业质检员/测试人	

续表

工程资料类别	工程资料名称（子目录）	资料分目录	细目	工程资料单位来源	填写或编制	审核、审批、签字
	专用表格					
	建筑与结构工程					
施工试验记录及检测报告 C6 类	锚杆试验报告	按检验批次设分目录		检测单位	专业检测员	专业检测负责人
	地基承载力检验报告	按检验批列分目录		检测单位		
	桩基检测报告	按检验批设分目录		检测单位		
	土工击实试验报告	按检验批列分目录		检测单位		
	回填土试验报告（应附图）	按检验批列分目录		检测单位		
	钢筋机械连接试验报告	按检验批设分目录		检测单位		
	钢筋焊接连接试验报告	按检验批列分目录		检测单位		
	砂浆配合比申请单、通知单	按砂浆强度设分目录		施工单位		专业技术负责人
	砂浆抗压强度试验报告	按砂浆强度设分目录		检测单位		专业检测负责人
	砌筑砂浆试块强度等级统计、评定记录（表 C.6.5）	按砂浆强度等级设分目录		施工单位	现场试验员统计	专业工长/技术负责人
	混凝土配合比申请单、通知单	按混凝土强度等级设分目录		施工单位	专业试验员	专业技术负责人
	混凝土抗压强度等级试验报告	按混凝土强度等级设分目录		检测单位	专业检测员	专业检测负责人
	混凝土试块强度等级统计、评定记录（表 C.6.6）	按混凝土强度等级设分目录		施工单位	现场试验员统计	专业工长/技术负责人
	混凝土抗渗试验报告	按混凝土抗渗等级、混凝土强度等级设分目录		检测单位		专业检测负责人
	砂、石、水泥放射性指标报告	按类别设分目录		施工单位检测单位	专业检测员	专业检测负责人
	混凝土碱总量计算书	按强度等级设分目录		施工单位		专业技术负责人
	外墙饰面砖样板粘结强度试验报告	按检验批列分目录		检测单位	专业检测员	专业检测负责人
	后置埋件抗拔试验报告	按检验批列分目录		检测单位		
	超声波探伤报告、探伤记录	按检验批列分目录		检测单位		
	钢构件射线探伤报告	按检验批列分目录		检测单位		
	磁粉探伤报告	按检验批列分目录		检测单位		
	高强度螺栓抗滑移系数检测报告	按检验批列分目录		检测单位		

第2部分 建筑工程施工资料管理技能实训

续表

工程资料类别	工程资料名称（子目录）	资料分目录	细目	工程资料单位来源	填写或编制	审核、审批、签字
施工试验记录及检测报告C6类	钢结构焊接工艺评定	按检验批列分目录		检测单位	专业检测员	专业检测负责人
	网架节点承载力试验报告	按检验批列分目录		检测单位		
	钢结构防腐、防火涂料厚度检测报告	按检验批列分目录		检测单位		
	木结构胶缝试验报告	按检验批列分目录		检测单位		
	木结构构件力学性能试验报	按检验批列分目录		检测单位		
	木结构防护剂试验报告	按检验批列分目录		检测单位		
	幕墙双组分硅酮结构密封胶混匀性及拉断试验报告	按检验批列分目录		检测单位		
	幕墙的抗风压性能、空气渗透性能、雨水渗透性能及平面内变形性能检测报告	按检验批列分目录		检测单位		
	外门窗的抗风压性能、空气渗透性能和雨水渗透性能检测报告	按品种规格设分目录		检测单位		
	墙体节能工程保温板材与基层粘结强度现场拉拔试验	按检验批列分目录		检测单位		
	外墙保温浆料同条件养护试件试验报告	按检验批列分目录		检测单位		
	结构实体混凝土强度检验记录＊（表C.6.7）	按检验批列分目录		施工单位	质量员	项目技术负责人/专业监理工程师
	结构实体钢筋保护层厚度检验记录＊（表C.6.8）	按检验批列分目录		施工单位	质量员	
	围护结构现场实体检验	按检验批列分目录		检测单位	专业检测员	专业检测负责人
	室内环境检测报告	按检验批列分目录		检测单位		
	节能性能检测报告	按检验批列分目录		检测单位		
	给水排水及采暖工程					
	灌（满）水试验记录＊（表C.6.9）	按非承压系统工程设分目录		施工单位	专业质检员	专业工长/专业技术负责人/专业监理工程师
	强度严密性试验记录＊（表C.6.10）	按承压系统工程设分目录	按系统列细目	施工单位		
	通水试验记录＊（表C.6.11）	按系统工程设分目录	按分项列细目	施工单位		
	冲（吹）洗试验记录＊（表C.6.12）	按系统分项工程设分目录		施工单位		

续表

工程资料类别	工程资料名称（子目录）	资料分目录	细目	工程资料单位来源	填写或编制	审核、审批、签字
施工试验记录及检测报告C6类	通球试验记录			施工单位	专业质检员	专业工长/专业技术负责人/专业监理工程师
	补偿器安装记录			施工单位		
	消火栓试射记录			施工单位		
	安全附件安装检查记录			施工单位		
	锅炉烘炉试验记录			施工单位		
	锅炉煮炉试验记录			施工单位		
	锅炉试运行记录			施工单位	专业技术负责人	建设、监理管理施工单位项目负责人
	安全阀定压合格证书			检测单位	专业检测员	专业检测负责人
	自动喷水灭火系统联动试验记录			施工单位	专业技术负责人	建设、监理、施工单位项目负责人
	建筑电气工程					
	电气接地装置平面示意图表	按接地类别设分目录		施工单位	专业质检员	专业工长/专业技术负责人/专业工程师
	电气器具通电安全检查记录	按系统工程设分目录	按检验批列细目	施工单位	专业质检员/专业测试人	
	电气设备空载试运行记录*（表C.6.13）	按设备类型设分目录		施工单位	专业质检员	
	建筑物照明通电试运行记录			施工单位		
	大型照明灯具承载试验记录*（表C.6.14）			施工单位		
	漏电开关模拟试验记录			施工单位	专业质检员	
	大容量电气线路结点测温记录			施工单位		
	低压配电电源质量测试记录			施工单位		
	建筑物照明系统照度测试记录			施工单位		

第2部分 建筑工程施工资料管理技能实训

续表

工程资料类别	工程资料名称（子目录）	资料分目录	细目	工程资料单位来源	填写或编制	审核、审批、签字
	智能建筑工程					
	综合布线测试记录*	按分项工程设分目录	按检验批列细目	施工单位	专业质检员	专业工长/专业技术负责人/专业工程师
	光纤损耗测试记录*	按用途设分目录		施工单位		
	视频系统末端测试记录*	按用途设分目录		施工单位		
	子系统检测记录*（表C.6.15）	按子系统工程设分目录		施工单位		检测负责人
	系统试运行记录*	按系统工程设分目录		施工单位		专业工长/专业技术负责人/专业工程师
	通风与空调工程					
施工试验记录及检测报告C6类	风管漏光检测记录*（表C.6.16）	按系统工程设分目录		施工单位	专业质检员	专业工长/专业技术负责人/专业工程师
	风管漏风检测记录*（表C.6.17）	按系统工程设分目录		施工单位		
	现场组装除尘器、空调机漏风检测记录			施工单位		
	各房间室内风量测量记录			施工单位		
	管网风量平衡记录			施工单位		
	空调系统试运转调试记录			施工单位		
	空调水系统试运转调试记录			施工单位		
	制冷系统气密性试验记录			施工单位		
	净化空调系统检测记录			施工单位		
	防排烟系统联合试运行记录			施工单位		
	电梯工程					
	轿厢平层准确度测量记录	按道设分目录		施工单位	专业质检员	专业工长/专业技术负责人/专业工程师
	电梯层门安全装置检测记录			施工单位		
	电梯电气安全装置检测记录			施工单位		
	电梯整机功能检测记录			施工单位		
	电梯主要功能检测记录			施工单位		
	电梯负荷运行试验记录			施工单位		
	电梯负荷运行试验曲线图表			施工单位		
	电梯噪声测试记录			施工单位		
	自动扶梯、自动人行道安全装置检测记录			施工单位		
	自动扶梯、自动人行道整机性能、运行试验记录	按道设分目录		施工单位		

续表

工程资料类别	工程资料名称（子目录）	资料分目录	细目	工程资料单位来源	填写或编制	审核、审批、签字
施工质量验收记录 C7 类	检验批质量验收记录＊（表 C.7.1）	按分项工程设分目录	按检验批列细目	施工单位	专业质检员	专业监理工程师
	分项工程质量验收记录＊（表 C.7.2）	按子分部工程设分目录	按分项设细目	施工单位		专业技术负责人/专业监理工程师
	分部（子分部）工程质量验收记录＊＊（表 C.7.3）			施工单位		施工项目经理、设计勘察项目负责人/总监
	建筑节能分部工程质量验收记录＊＊（表 C.7.4）			施工单位		
	自动喷水系统验收缺陷项目划分记录			施工单位	专业质检员	施工项目负责人/建设单位项目负责人、专业监理工程师
	程控电话交换系统分项工程质量验收记录	按检验批列分目录		施工单位	专业质检员	专业技术负责人/专业监理工程师
	会议电视系统分项工程质量验收记录			施工单位	专业质检员	
	卫星数字电视系统分项工程质量验收记录			施工单位	专业质检员	
	有线电视系统分项工程质量验收记录			施工单位	专业质检员	专业技术负责人/专业监理工程师
	公共广播与紧急广播系统分项工程质量验收记录			施工单位	专业质检员	
	计算机网络系统分项工程质量验收记录			施工单位	专业质检员	
	应用软件系统分项工程质量验收记录			施工单位	专业质检员	
	网络安全系统分项工程质量验收记录			施工单位	专业质检员	
	空调与通风系统分项工程质量验收记录			施工单位	专业质检员	
	变配电系统分项工程质量验收记录			施工单位	专业质检员	
	公共照明系统分项工程质量验收记录			施工单位	专业质检员	

第2部分 建筑工程施工资料管理技能实训

续表

工程资料类别	工程资料名称（子目录）	资料分目录	细目	工程资料单位来源	填写或编制	审核、审批、签字
施工质量验收记录 C7 类	给水排水系统分项工程质量验收记录	按检验批列分目录		施工单位	专业质检员	专业技术负责人/专业监理工程师
	热源和热交换系统分项工程质量验收记录			施工单位	专业质检员	
	冷冻和冷却水系统分项工程质量验收记录			施工单位	专业质检员	
	电梯和自动扶梯系统分项工程质量验收记录			施工单位	专业质检员	
	数据通信接口分项工程质量验收记录			施工单位	专业质检员	
	中央管理工作站及操作分站分项工程质量验收记录			施工单位	专业质检员	
	系统实时性、可维护性、可靠性分项工程质量验收记录			施工单位	专业质检员	
	现场设备安装及检测分项工程质量验收记录			施工单位	专业质检员	
	火灾自动报警及消防联动系统分项工程质量验收记录			施工单位	专业质检员	
	综合防范功能分项工程质量验收记录			施工单位	专业质检员	专业技术负责人/专业监理工程师
	视频安防监控系统分项工程质量验收记录			施工单位	专业质检员	
	入侵报警系统分项工程质量验收记录			施工单位	专业质检员	
	出入口控制（门禁）系统分项工程质量验收记录			施工单位	专业质检员	
	巡更管理系统分项工程质量验收记录			施工单位	专业质检员	
	停车场（库）管理系统分项工程质量验收记录			施工单位	专业质检员	
	综合布线系统安装分项工程质量验收记录	按检验批列分目录		施工单位	专业质检员	专业技术负责人/专业监理工程师
	综合布线系统性能检测分项工程质量验收记录			施工单位	专业质检员	
	系统集成网络连接分项工程质量验收记录			施工单位	专业质检员	
	系统数据集成分项工程质量验收记录			施工单位	专业质检员	
	系统集成整体协调分项工程质量验收记录			施工单位	专业质检员	
	系统集成综合管理及冗余功能分项工程质量验收记录			施工单位	专业质检员	
	系统集成可维护性和安全性分项工程质量验收记录			施工单位	专业质检员	
	电源系统分项工程质量验收记录			施工单位	专业质检员	

续表

工程资料类别	工程资料名称（子目录）	资料分目录	细 目	工程资料单位来源	填写或编制	审核、审批、签字
竣工验收资料 C8 类	工程竣工报告			施工单位	项目负责人	总监
	单位（子单位）工程竣工预验收报验表＊（表 C.8.1）			施工单位	项目经理	总监
	单位（子单位）工程质量竣工验收记录＊＊（表 C.8.2-1）			施工单位	项目技术负责人/项目经理/施工单位技术负责人	建设单位（项目）负责人、总监、施工单位负责人、设计单位（项目）负责人签字并盖公章
	单位（子单位）工程质量控制资料核查记录＊（表 C.8.2-2）			施工单位	核查人	项目经理/总监
	单位（子单位）工程安全和功能检验资料核查及主要功能抽查记录＊（表 C.8.2-3）			施工单位	核查人	
	单位（子单位）工程观感质量检查记录＊＊表 C.8.2-4）			施工单位	核查人	
	施工决算（结算）资料			施工单位	造价负责人	
	施工资料移交书			施工单位	移交单位技术负责人	移交单位技术负责人/接受单位技术负责人
	房屋建筑工程质量保修书			施工单位	承包人	发包人/承包人
	C 类其他资料					

注：资料按子目、分目、细目分层标注，空项则为没有分目或细目。

# 第 2 部分　建筑工程施工资料管理技能实训

4　实训与能力评价

《建筑工程资料管理与实训》是建筑工程技术专业的一门重要实训课程之一，通过该课程的学习，使学生具备施工现场资料管理的能力，该课程也是建筑业企业施工员、质检员、资料员、监理员等管理岗位必备的职业能力。

4.1　实训要求

（1）具有建筑工程资料管理基本知识和基本能力；

（2）能够按照施工图、施工组织设计、质量计划和相关规范和规定要求，采集相关工程项目信息；

（3）依据相关规定和信息，能够编制建筑工程资料管理整体策划方案。包括合理确定分部、子分部、分项、检验批等验收计划；事先初步确定建筑材料进场批次计划和试验计划；事先确定预检计划和隐蔽工程验收计划。

（4）依照《施工资料管理计划、交底编制导则》编制建筑工程施工资料计划和交底文件；

（5）能按照《建筑工程资料管理规程》的要求进行各分部工程施工管理资料、施工技术资料、进度造价资料、施工物资资料、施工记录、施工试验记录及检测报告、施工质量验收记录、竣工验收记录等八类资料文件的收集、分类、核查和组卷。

4.2　实训内容和评价标准

建筑工程资料管理实训内容和评价标准汇总表参见表 2-4-1，评价内容可以根据需要选定实训项目，土建施工专业可以全部选做或只需做前六项，评价体系是以前六项作为基本评价内容，后四项作为选项考虑的，评价的方法是将每个实训项目的所得分值（总计 100 分）乘以该项目的权重即该项目的实际的分值，累计所有实训项目的实际分值即是该实训项目的总分，按照优秀 100~90 分、良好 89~75 分、合格 75~60 分、不合格 60 分以下等级标准确定实训成绩。

建筑工程资料管理实训内容和评价标准汇总表　　　表 2-4-1

综合能力	评价等级	专项能力	权重	单项能力	基本分	实得分
建筑工程资料管理	总分 优□ 良□ 合格□ 不合格□	地基与基础分部工程资料管理能力	0.20	信息采集	40	
				分部、分项、检验批划分	60	
				资料管理计划编制	40	
				资料目录编制	60	

续表

综合能力	评价等级	专项能力	权重	单项能力	基本分	实得分
建筑工程资料管理	总分 优□ 良□ 合格□ 不合格□	主体分部工程资料管理能力	0.20	信息采集	40	
				分部、分项、检验批划分	60	
				资料管理计划编制	40	
				资料目录编制	60	
		装饰装修分部工程资料管理能力	0.20	信息采集	40	
				分部、分项、检验批划分	60	
				资料管理计划编制	40	
				资料目录编制	60	
		屋面分部工程资料管理能力	0.15	信息采集	40	
				分部、分项、检验批划分	60	
				资料管理计划编制	40	
				资料目录编制	60	
		建筑节能资料管理能力	0.15	信息采集	40	
				分部、分项、检验批划分	60	
				资料管理计划编制	40	
				资料目录编制	60	
		竣工验收资料管理能力	0.1	信息采集	40	
				分部、分项、检验批划分	60	
				资料管理计划编制	40	
				资料目录编制	60	
		建筑给水排水及采暖分部工程资料管理能力	附加分 0.2	信息采集	40	
				分部、分项、检验批划分	60	
				资料管理计划编制	40	
				资料目录编制	60	
		建筑电气分部工程资料管理能力	附加分 0.2	信息采集	40	
				分部、分项、检验批划分	60	
				资料管理计划编制	40	
				资料目录编制	60	
		智能建筑分部工程资料管理能力	附加分 0.2	信息采集	40	
				分部、分项、检验批划分	60	
				资料管理计划编制	40	
				资料目录编制	60	
		通风与空调分部工程资料管理能力	附加分 0.2	信息采集	40	
				分部、分项、检验批划分	60	
				资料管理计划编制	40	
				资料目录编制	60	
		电梯分部工程资料管理能力	附加分 0.2	信息采集	40	
				分部、分项、检验批划分	60	
				资料管理计划编制		
				资料目录编制		

5 建筑图节选

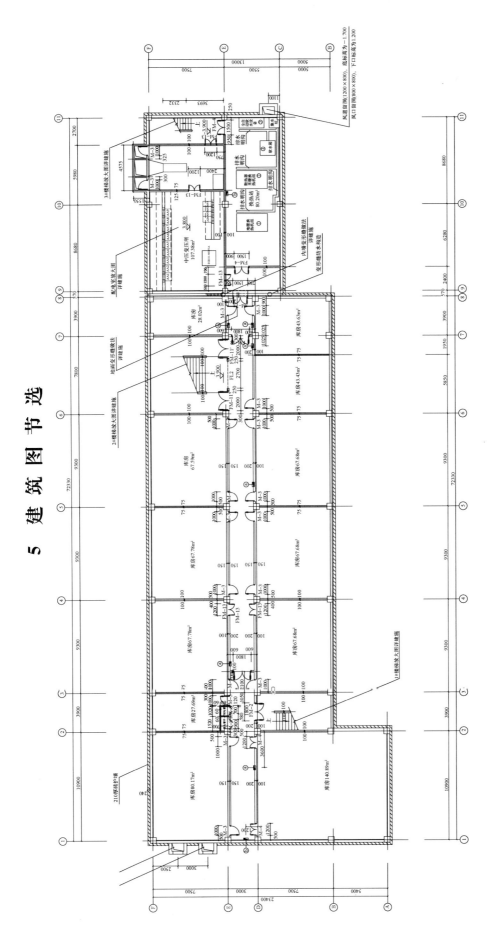

地下一层平面图

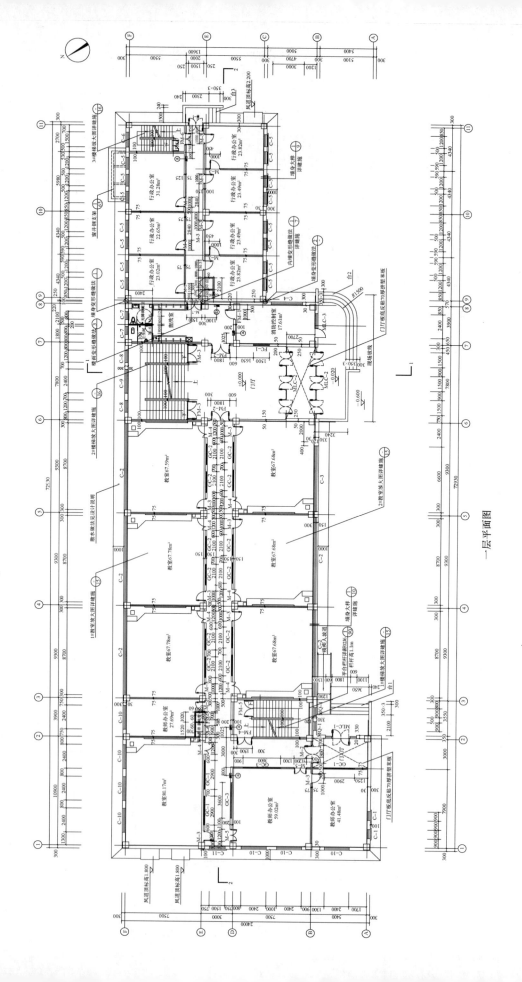

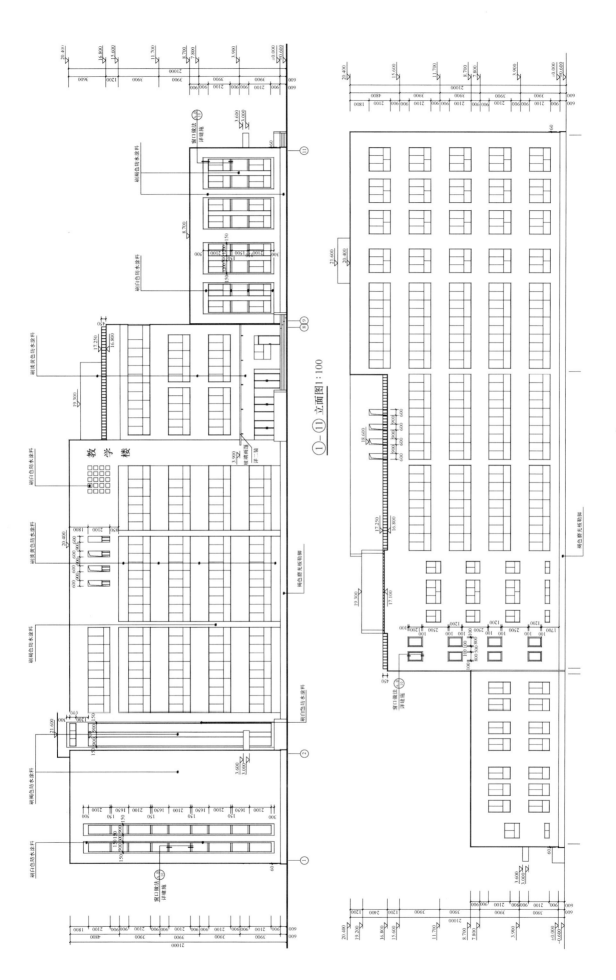

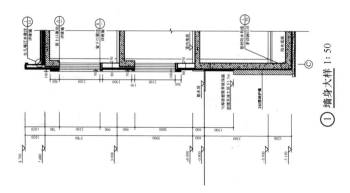

① 墙身大样 1:50

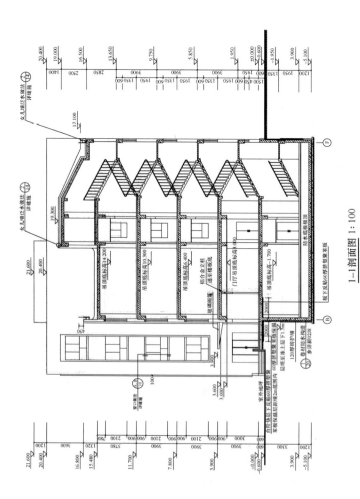

1—1剖面图 1:100

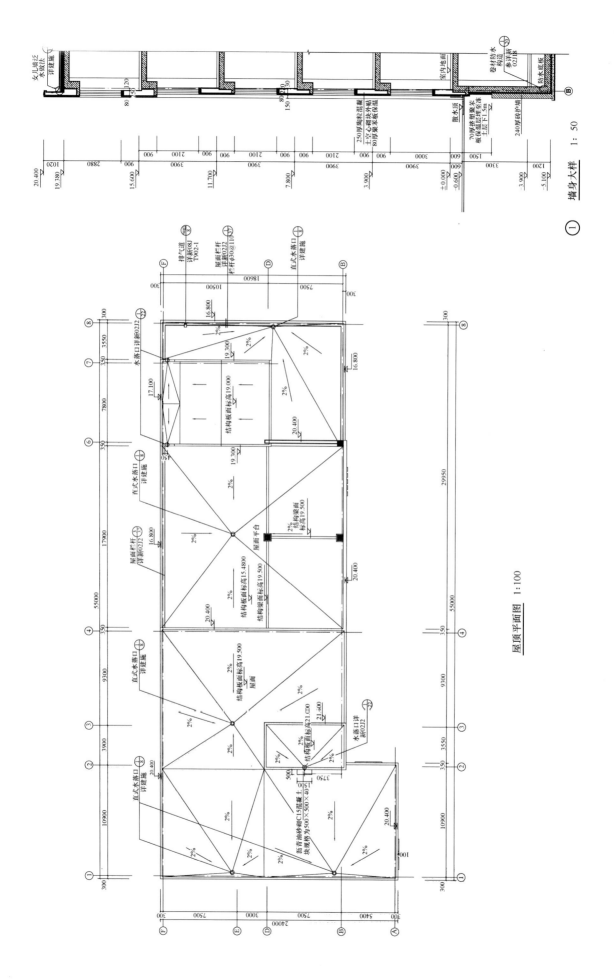

6 结构图节选

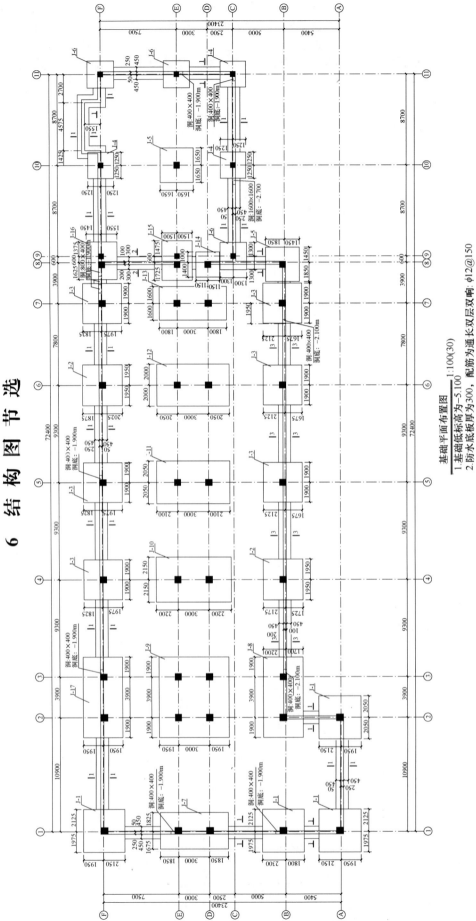

基础平面布置图 1:100(30)
1. 基础底标高为-5.100
2. 防水底板厚为300，配筋为通长双层双向：φ12@150

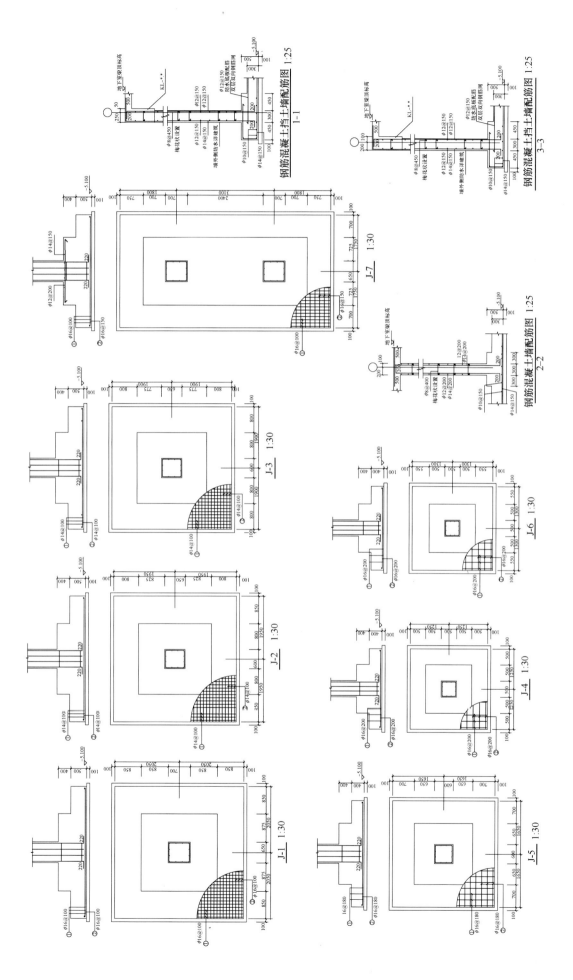

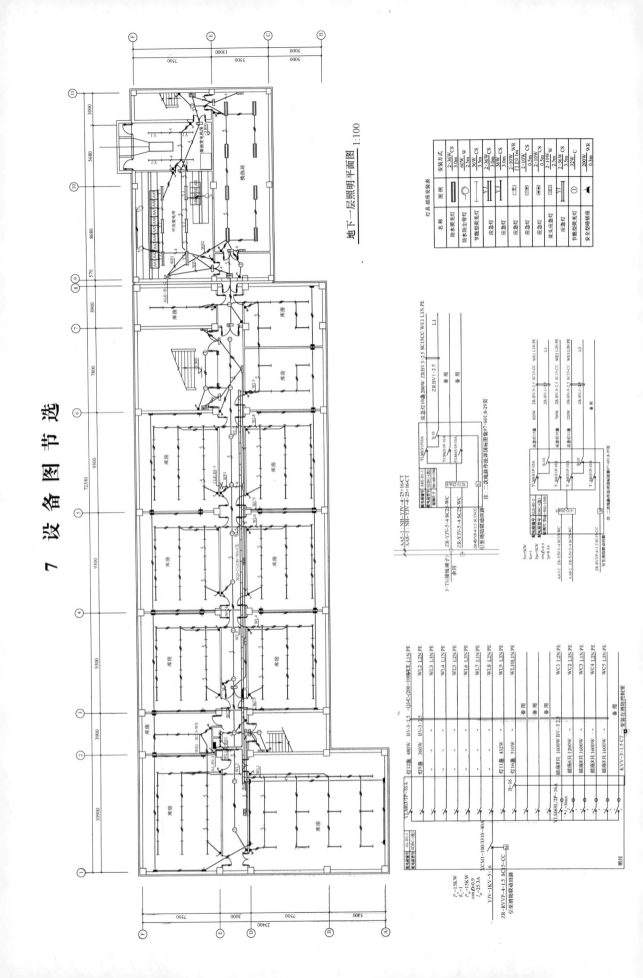

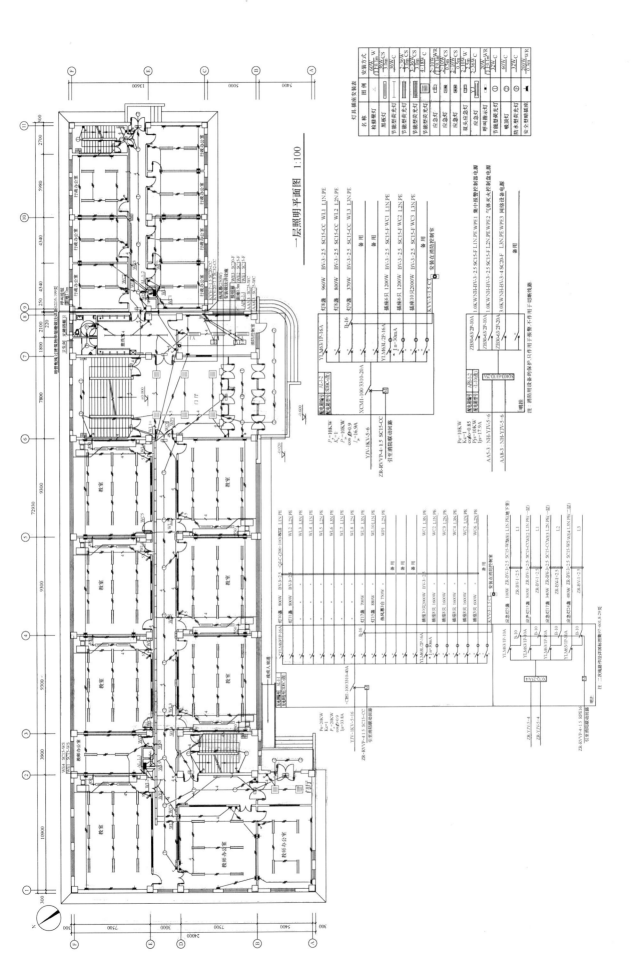

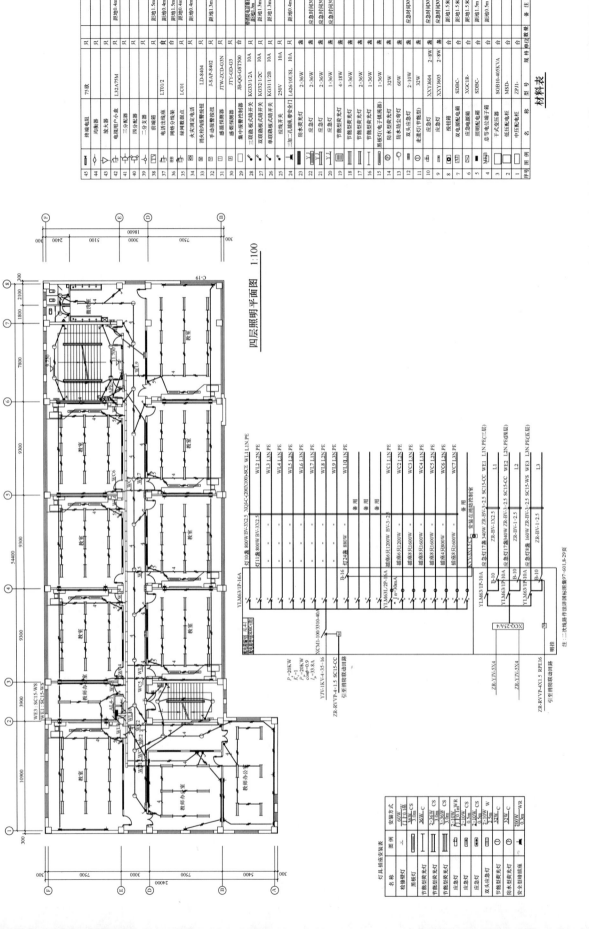

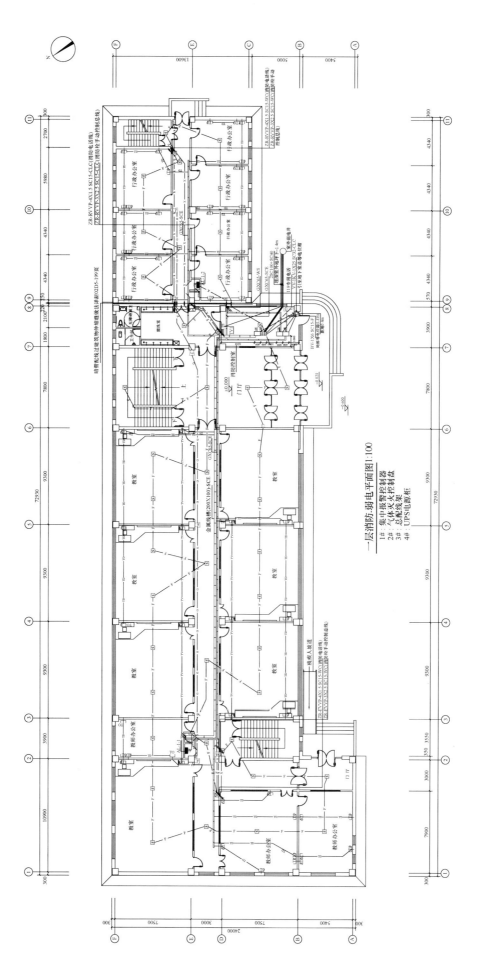

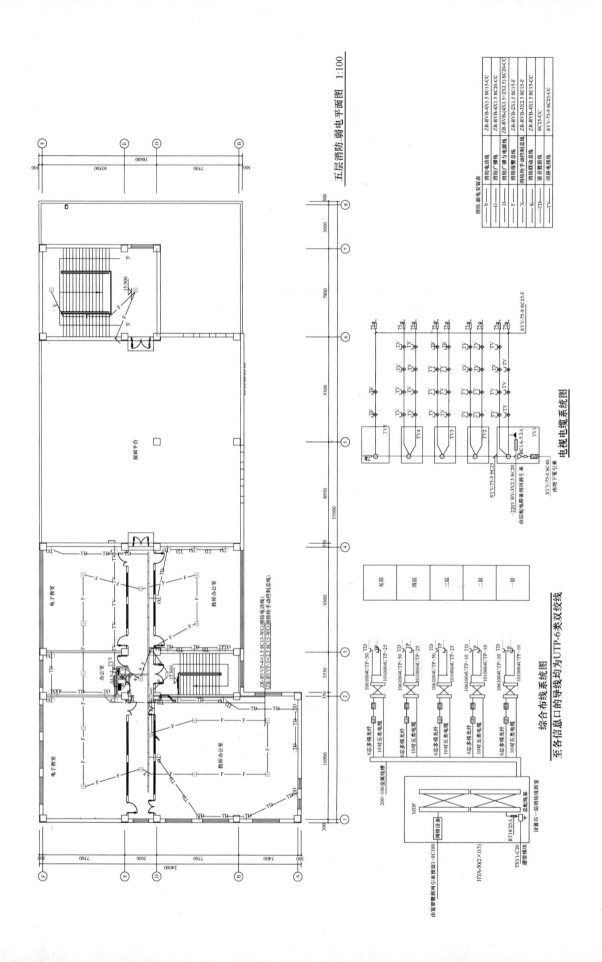

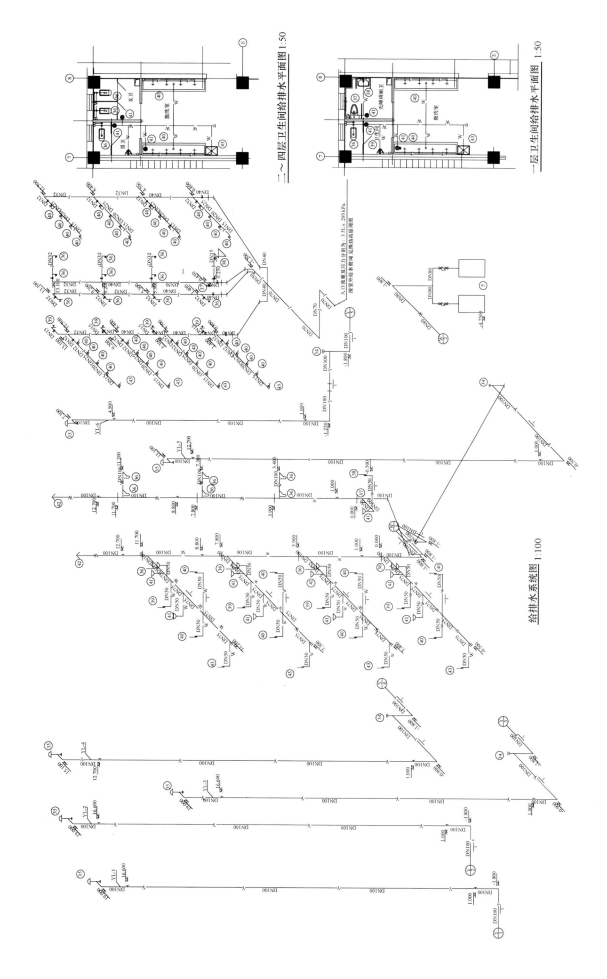

地下室给排水及消防平面图 1:100

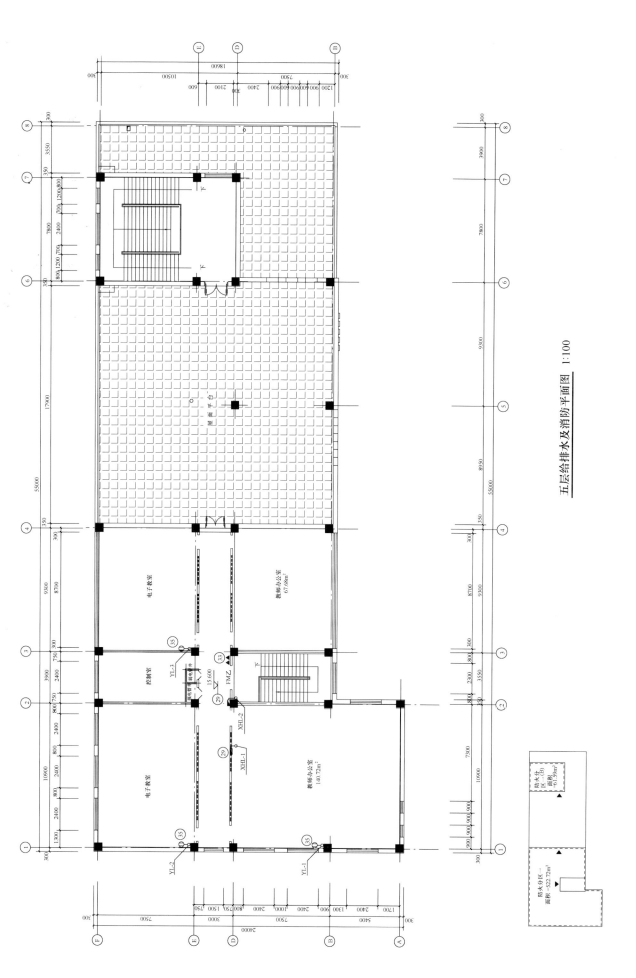

一层采暖平面图 1:100

地下室采暖干管平面图 1:100

二层排烟平面图 1:100

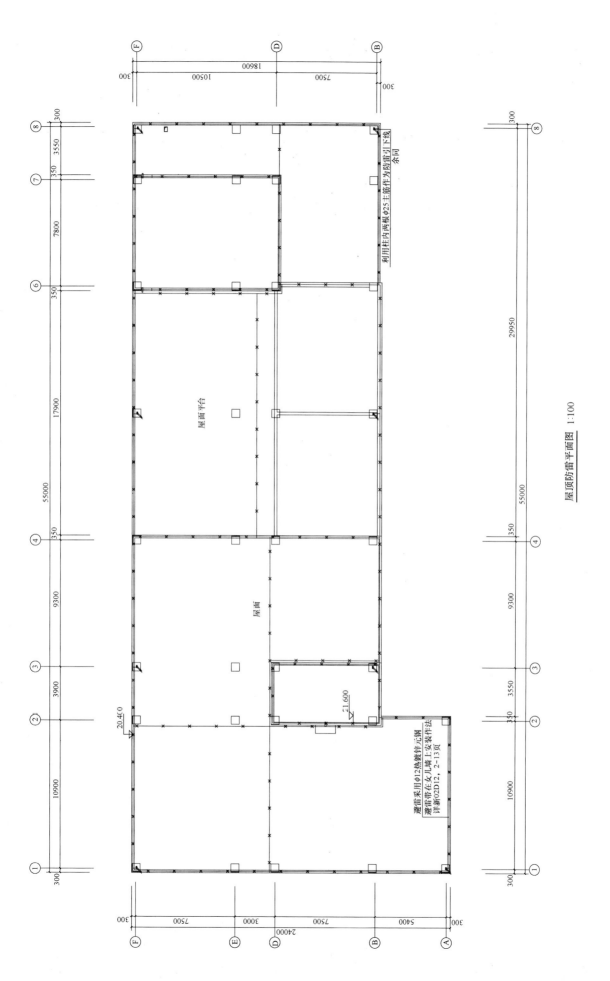

屋顶防雷平面图 1:100

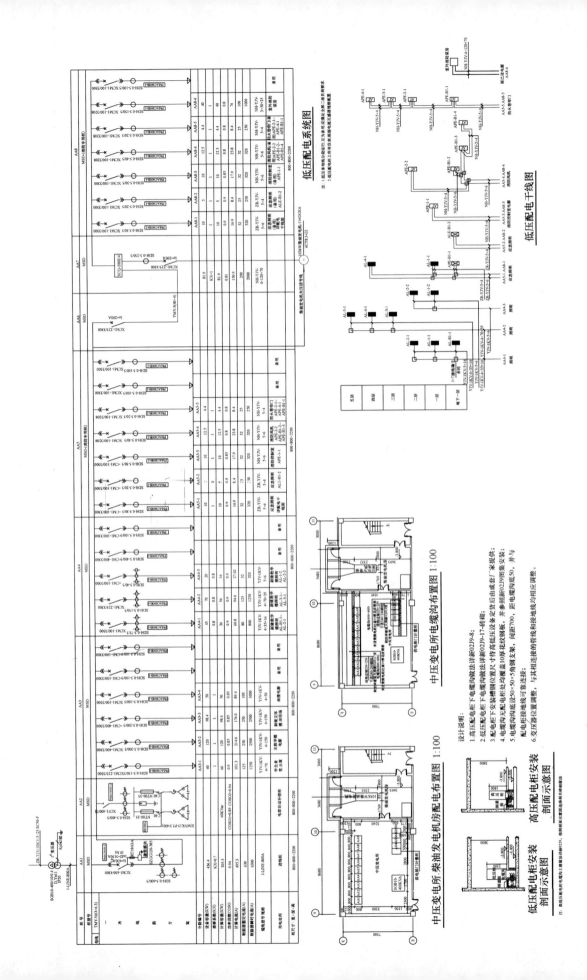

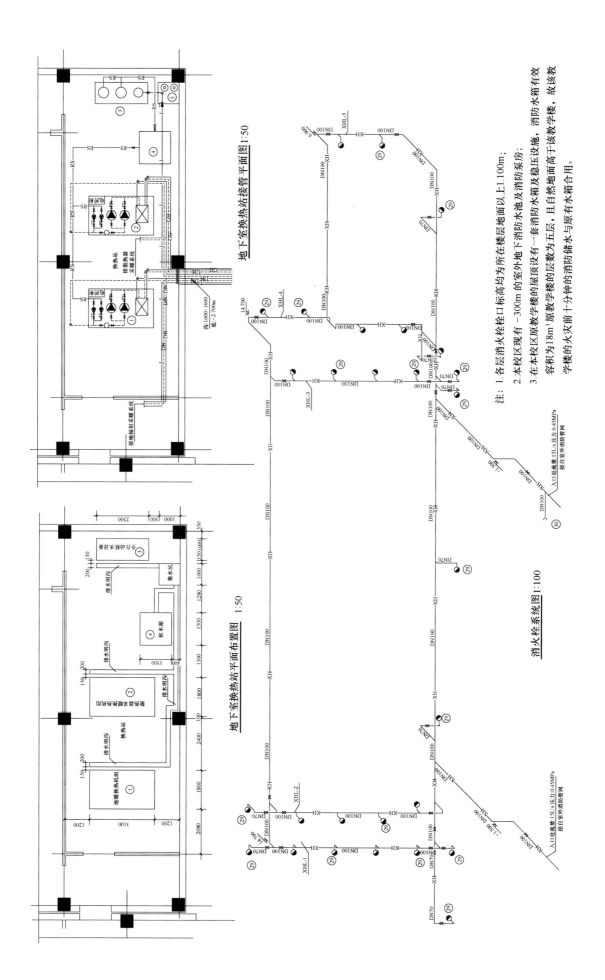

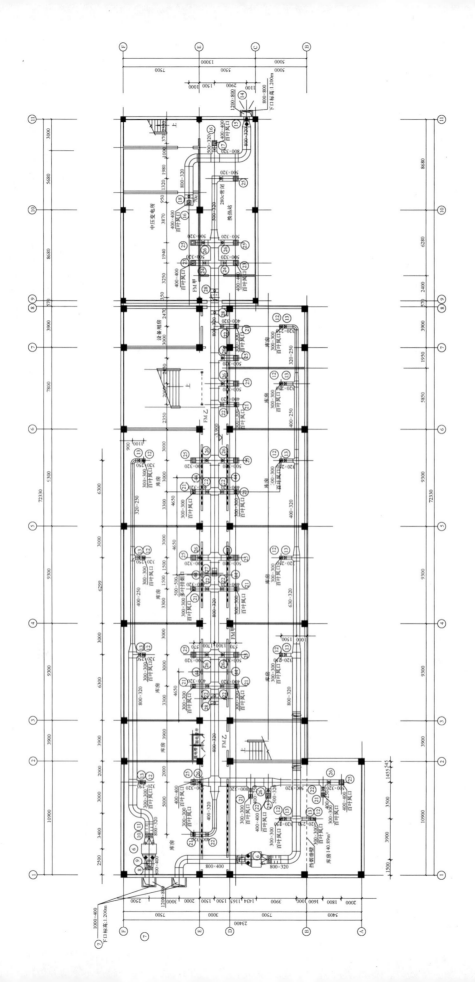

地下室通风及排烟平面图 1:100

参 考 文 献

[1] 王立信主编．建筑工程技术资料应用指南．北京：中国建筑工业出版社，2003．
[2] 吴松勤主编．建筑工程施工质量验收规范．北京：中国建筑工业出版社，2003．
[3] 蔡高金．建筑安装工程施工技术资料管理实例应用手册．北京：中国建筑工业出版社，2003．
[4] 建设工程法律法规选编．北京：中国建筑工业出版社，2004．
[5] 建筑工程和市政基础设施工程实行见证取样和送检的规定 2000．北京：中国建筑工业出版社，2000．